Mari Ronberg
Das verlorene Buch von Montamar

Mari Ronberg

DAS VERLORENE BUCH VON MONTAMAR

Mit Zeichnungen von Neele Böckmann

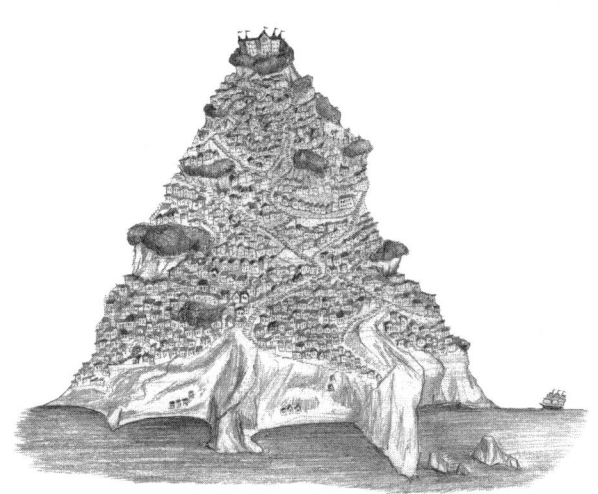

COPPENRATH

ISBN 978-3-8157-9876-8

© 2010 Coppenrath Verlag GmbH & Co. KG, Münster

Alle Rechte vorbehalten, auch auszugsweise

Innenillustrationen: Neele Böckmann

Umschlaggestaltung: Suse Kopp – Buchgestaltung, Hamburg

Umschlagfotos © corbis und masterfile

Lektorat: Nicola Dröge

Satz: Sabine Conrad, Rosbach

Gesamtherstellung: Westermann Druck, Zwickau

Printed in Germany

www.coppenrath.de

All meine Liebe und tiefen Dank
meinen beiden Männern,
dem großen und dem kleinen.
Sowie meinen Lieben,
unserem »anderen Zuhause«
und dem Café, das nicht mehr
denselben Namen trägt.

Dieses Buch ist für L.,
meinen innig geliebten Süßspatz

Inhalt

Reise nach Montamar

Ratternd holperte der Zug durch die Winterlandschaft. Nick sah karge Felder und hin und wieder ein paar kleine Häuser und Bauernhöfe an sich vorbeiziehen. Immer weiter brachte die Eisenbahn ihn von zu Hause fort, immer näher kam er an den Ort, dessen Name in seinem Kopf so vieles auslöste: Montamar.

Würde es so sein, wie er es sich vorstellte? Wie er es sich vorgestellt hatte, seitdem sein Vater zum ersten Mal dorthin gefahren war? Und zurückgekehrt war mit Geschichten von Edelmännern und Piraten, von Rittern, Indianern, römischen Gladiatoren und Wikingern? Seit Nick fünf Jahre alt gewesen war, malte er sich aus, wie es sein würde, auf Montamar, auf dieser Insel der Figuren und Geschichten. Und nun, da es endlich so weit war?

Natürlich war er aufgeregt und gespannt. Wie oft hatte er sich in den vergangenen acht Jahren gewünscht, selbst einmal hierherzukommen. Jetzt konnte er es kaum glauben, dass sie tatsächlich dorthin unterwegs waren. Wenn es da nur nicht diese anderen Gedanken gäbe, und diese Wut.

Nick warf einen verstohlenen Blick zu seinem Vater, der ihm gegenübersaß und in ein dickes Buch vertieft war. Wie so häufig. Eigentlich kannte Nick seinen Vater kaum anders als in dieser Haltung: Entweder las er oder er schrieb. Und wenn er einmal aufsah und sprach, dann meist in ungeduldigem Tonfall, in kurzen Sätzen, mit hochgezogenen Augenbrauen. Jedenfalls, wenn er mit Nick redete. Unterhielt er sich mit Tullia, Nicks Schwester, war seine Stimme weicher, waren die Sätze länger und seine Stirn blieb meist glatt, die Mundwinkel stets zu einem Lächeln verzogen.

Auch Tullia, die neben Nick saß, las in einem Buch. Sie hatte dabei den gleichen Gesichtsausdruck wie ihr Vater und kaum einen Blick für die Landschaft, die am Fenster ihres Abteils vorbeizog und die ganz anders war als die Hügellandschaft bei ihnen zu Hause. Dort, wo Lucas und die anderen jetzt vermutlich Fußball spielten, wie jeden Nachmittag.

Harietta reichte ihm einen Apfel herüber, den sie mit einem Tuch blank geputzt hatte. »Möchtest du?«

Nick schüttelte den Kopf. Er musste seine Rolle, die er seit ein paar Tagen spielte und die zum größten Teil aus schlechter Laune, Wortkargheit und angeblicher Appetitlosigkeit bestand, noch ein wenig beibehalten. Aber er warf Harietta ein kleines Lächeln zu. Sie konnte schließlich nichts dafür. Solange Nick denken konnte, war Harietta für alles und jeden im Hause Münsterbach da, und sie hatte sich ungemein auf diese Reise gefreut. Genau wie Nick. Er wollte, er durfte es nur eben nicht zeigen. Genau wie er nicht zeigen durfte, dass er alles andere als appetitlos war, sich regelmäßig heimlich in Hariettas Vorratsraum geschlichen und sich dort satt gegessen hatte. Harietta hatte das natürlich bemerkt, da war er sich sicher, aber sie hatte kein Wort darüber verloren.

»Ich muss dir sagen, Nicolas«, Wilhelm Münsterbach hob nun den Kopf und sah Nick über den Rand seiner Lesebrille hinweg an, »wenn du nicht in gewissen Abständen etwas isst, wird dir irgendwann auch die Kraft fehlen, mir deinen Unmut kundzutun. Ich rate dir daher, etwas zu dir zu nehmen, wenn es dir so wichtig ist, dein Missfallen auszudrücken.« Damit ließ er den Blick wieder zurück in sein Buch fallen, als sei nichts geschehen.

Nick hasste das. Er verabscheute die stets so gefeilte Sprache seines Vaters und den Hohn, der häufig darin lag, wenn er mit ihm sprach. Nick konnte dem meist nichts entgegensetzen. Er hatte bereits verloren, ehe er überhaupt zu einer Antwort ansetzen konnte. Dabei hatte er eine ganze Menge zu sagen. Und zu fragen: Immer wieder hatte er nachgebohrt, warum sie ausgerechnet jetzt fahren mussten, ausgerechnet zu dieser

Zeit, in der sonst immer seine Mutter für ein paar Wochen nach Hause kam. War seinem Vater das etwa so unwichtig? Wusste er nicht, wie schlimm es war, wenn er den Eindruck erweckte, es sei ihm egal? Sein Vater hatte geantwortet, es sei alles mit ihrer Mutter besprochen und sie würde dieses Mal eben später kommen und das ginge nun einmal nicht anders. Das war alles, was er zu sagen bereit gewesen war. Und es war zu wenig. Viel zu wenig.

Der Zug füllte sich zusehends, je näher sie dem Hafenort kamen, von dem aus man mit einem Boot nach Montamar gelangte. Die Landschaft wurde immer flacher und sehr herb. Sämtliche Bäume waren schief gewachsen, vom andauernden Wind, der auf sie einpeitschte. Und die Dörfer, an denen sie nun vorbeifuhren, standen auf kleinen Anhöhen. Wahrscheinlich, um vor einer möglichen Sturmflut geschützt zu sein. Offenbar waren sie hier schon sehr nah an der See.

Am nächsten Bahnhof würden sie aussteigen müssen und inzwischen hatten auch Tullia und Wilhelm Münsterbach ihre Bücher beiseitegelegt und blickten zum Fenster hinaus.

Wieder fiel Nick auf, wie ähnlich sich Tullia und ihr Vater waren. Sie hatten beide das gleiche schmale Gesicht, die gleichen blauen wachen Augen und die gleichen braunen Haare – die in Tullias Fall jedoch lang waren und die sie meist zu einem Pferdeschwanz geflochten hatte, während die ihres Vaters sehr kurz und bereits grau meliert waren. Nick hingegen ähnelte eher seiner Mutter, mit seinen braunen Augen und den dunkelblonden Haaren, die nie, egal wie lange er sie kämmte, in eine Ordnung zu bringen waren. Der größte Unterschied zwischen seiner Schwester und ihm bestand aber wohl darin, dass Tullia, obschon sie mit ihren vierzehn Jahren nur ein Jahr älter war als Nick, manchmal fast so erwachsen wirkte wie ihr Vater.

Nicks Gedanken schweiften langsam wieder nach Hause zurück: zu seinem Baumhaus, in dem er noch gestern Abend mit Lucas gesessen hatte. Dick in ihre Winterjacken eingepackt, hatten sie dort eine Art Abschiedspicknick veranstaltet. Und zu Mark und den anderen Nachbarsjungen, mit denen sie sich jedes Wochenende heimlich bei der alten Schlossruine trafen, um »Ruinenabenteuer« zu spielen, wie sie es nannten. Eine Mischung aus Räuber und Gendarm, Schnitzeljagd und Mutprobe. Es war verboten, die Ruine zu betreten, und es gab Menschen – darunter Harietta –, die schworen, dass es darin spuke.

Nick war noch vollkommen in Gedanken versunken, als sich plötzlich die Tür zu ihrem Abteil öffnete und eine sehr kleine, sehr seltsam gekleidete ältere Dame eintrat. Sie trug einen weiten grün-orange karierten Rock, der bis auf ihre Schuhe hinabfiel, und dazu einen blau-weiß gestreiften Pullover. Beinahe noch auffälliger – falls überhaupt möglich – war jedoch der riesengroße Strohhut auf ihrem Kopf, mit dem sie fast in der Tür zum Abteil stecken geblieben wäre.

»Verzeihen Sie, geehrte Herr- und Frauschaften, haben Sie hier vielleichtlichst noch einen Platz frei, auf dem ich selbigen nehmen könnte?«

Nick starrte sie verblüfft an und auch sein Vater und Tullia waren zunächst sprachlos vor Erstaunen.

»Aber selbstverständlich«, sagte Wilhelm Münsterbach schließlich, der sich als Erster wieder gefangen hatte und Harietta zunickte, damit sie einen der Sitzplätze von ihren Taschen und Körben befreite.

»Ich danke Ihnen.« Die Dame lächelte freundlich unter ihrem Strohhut hervor. »Ich danke Ihnen verbund-, verband-, verbindlich. Dann kümmere ich mich geschwind und hurtiglich um die Passage meines Koffers in diese angenehme Gesellschaft.« Sie zog ihren Kopf samt Hut wieder aus der Abteiltür und verschwand den Gang hinunter.

Nick beugte sich zu seinem Vater vor, der ein leicht amüsiertes Lächeln auf den Lippen hatte. »Ist das so eine ... eine ... Gestalt?«

Wilhelm Münsterbach zog eine Augenbraue in die Höhe, das Lächeln war aus seinem Gesicht verschwunden. »Ich vermute, du meinst eine ›Figur‹?«

»Ja.«

»Nein, das kann sie gar nicht sein.«

»Und warum nicht?«

Sein Vater seufzte. »Ich bin sicher, dass ich dir auch das schon mehrfach erklärt habe, Nicolas. Du musst dich besser konzentrieren, wenn ich mit dir rede. Also, merke es dir bitte: Die Figuren können Montamar nicht verlassen. Und sie ...«

In dem Moment hörten sie auf einmal ein dumpfes Grollen, das immer näher zu kommen schien. Es endete abrupt im selben Augenblick, in dem die Strohhutdame wieder in ihr Abteil kam, seltsamerweise mit dem Hinterteil zuerst. Ächzend schleppte sie eine riesige Holzkiste hinter sich her, die sie mitten in der Tür stehen ließ, um sich dann prustend und laut nach Luft ringend in den freigeräumten Sitz fallen zu lassen.

»Oh weh, oh weh, Bücher haben schon ein außergeordentliches Gewicht«, keuchte sie. »Außergeordentlich.« Daraufhin schloss sie die Augen, legte die Hände auf den Kopf und äußerte in einer Art gurrendem Singsang: »Hu ha och, hu ha och ...« Schließlich blickte sie strahlend in die Runde. »Atemübungen. Erlesen für das allgemeine Wohlstbefinden. Kann ich Ihnen nur empfehlen.«

Alle nickten höflich, einem Lachanfall gefährlich nahe.

»So«, sagte sie dann, offenbar ging sie wie selbstverständlich davon aus, dass hier niemand etwas anderes zu tun hatte, als ihr zuzuhören. »Sie reisen sicherlich auch nach Montamar?«

Wieder nickten alle höflich.

»Und ich nehme an, Sie sind der Schriftsteller in der Familie?« Sie richtete ihren Zeigefinger auf Wilhelm Münsterbach – so wie es sich überhaupt nicht gehörte.

Nicks Vater nickte höflich.

»Nun, dann wünsche ich Ihnen dort viel des Glückes. Es ist ein wundervollbarer Ort. Ich erreise diesen bereits zum dritten Mal. Er guttut mir so, wissen Sie? Ich schreibe mich stets erneut in einen ›Kreatives Figurisieren‹-Kursus ein und zuletzt konnte man meine Figur sogar schon klardeutlich erkennen. Und dieses Mal – Sie werden es nicht glauben! – dieses Mal wird der Zensor Maximus höchstselbst die Eröffnungsrede herhalten. Der Zensor Maximus höchstselbst! Höchstselbst!« Sie schaute erwartungsvoll in die Runde, offenbar mit dem einen oder anderen »Oh!« oder »Nein, wirklich?« rechnend. Schließlich konnte sie nicht wissen, dass Willibald Regeling, der Zensor Maximus von Montamar, einer der ältesten Freunde Wilhelm Münsterbachs war. Ganz davon zu schweigen, dass sie ja gerade mit Wilhelm Münsterbach sprach, dem dreifachen Gewinner des »Goldenen Literatenbandes«, dem »WM«, wie ihn ein Kritiker einmal bezeichnet hatte, weil er der »Weltmeister der Worte, der Wort-Meister schlechthin« sei.

WM nickte der Strohhutdame freundlich zu. »Das wird ja wahrhaftig ein ganz besonderes Erlebnis!«

»Oh ja!«, gab sie energisch zurück. »Allerdings und allersachens! Das wird es.« Sie lächelte fröhlich und blickte noch einmal in die Runde, dann lehnte sie sich in ihrem Sitz zurück, schloss die Augen und schlief auf der Stelle ein.

Keiner von ihnen hatte gemerkt, dass der Zug inzwischen sein Ziel erreicht hatte.

»Montahavre, Endstation Montahavre!«, rief der Schaffner durch die Gänge. »Bitte alle aussteigen! Das nächste Boot nach Montamar wird fahrplanmäßig erreicht.«

Eilig griffen sie zu ihren Taschen und Mänteln, und Nick half der Strohhutdame dabei, ihre monströse Kiste aus dem Zug zu schieben.

Dann standen sie auf dem Bahnhof.

Das Erste, was Nick auffiel, war die Luft, die hier ganz anders war als zu Hause. Es war Seeluft, die ihm in die Nase stieg, frische, salzige Seeluft.

»Ich danke Ihnen noch einmal verbindlichst«, sagte die Strohhutdame, die sich bereits einen Kutscher organisiert hatte, der ihr Gepäck gerade mit sichtlicher Mühe auf den Wagen stemmte. »Mit Sicherheit und Vorfreude erwarte ich, Sie alle bäldestens wiederzusehen. Gehaben und gebleiben Sie sich wohl!« Daraufhin bestieg sie die Droschke und gestikulierte den Kutscher die Straße hinunter.

»Unser Fuhrwerk müsste eigentlich auch sogleich eintreffen«, sagte WM. »Es ist von hier aus immerhin noch ein ganzes Stück bis zum Fähranleger. Dennoch schlage ich vor, wir laden nur unsere Koffer, Taschen und Körbe darauf und begeben uns zu Fuß zum Hafen. Ein wenig Bewegung sollte uns jetzt guttun.«

»Machen Sie das, machen Sie das«, beeilte sich Harietta zu sagen. »Ich werde derweil auf unser Gepäck aufpassen. Wer weiß, was die Kutscher hier für Halunken sind.«

Nick musste grinsen. Er wusste, wie sehr Harietta Fußmärsche verabscheute. Sie war inzwischen seit über zwanzig Jahren im Hause Münsterbach, und Nick kannte sie beinahe besser als seinen eigenen Vater. Obwohl ihre ganze Leidenschaft dem Kochen galt – wovon ihr ausladender Hüftumfang gewissermaßen Zeugnis ablegte –, war sie weit mehr als eine Köchin oder Haushälterin für sie. In all den Jahren, in denen Nick und Tullia so häufig ohne ihre Mutter hatten zurechtkommen müssen, hatte Harietta sich stets auch um sie und ihr Wohl gekümmert. Wenngleich sie dies meist auf nicht besonders mütterliche Weise getan hatte, sondern auf ihre ganz eigene, bisweilen etwas burschikose Art.

In dem Moment bog ihre Kutsche um die Ecke, und fünf Minuten später waren Nick, Tullia und WM auf dem Weg zum Hafen von Montahavre.

Es war inzwischen Abend geworden. Die Sonne tauchte den kleinen Fischerort in ein warmes rotgoldenes Licht. Nick atmete tief ein. Nach der langen Zugfahrt war es ein wunderbares Gefühl, frische Luft zu tanken und sich endlich wieder die Beine vertreten zu können.

Während sie durch die menschengefüllten Straßen gingen, blitzte immer wieder einmal ein Fetzen Meer zwischen den kleinen Häusern auf. Schließlich hatten Nick, Tullia und ihr Vater das letzte Haus passiert. Sie bogen um die Ecke.

Vor sich sahen sie nun das offene Meer.

Und sie sahen noch etwas anderes.

Nick blieb wie angewurzelt stehen, den Mund offen vor Erstaunen, und starrte auf die See hinaus.

»Ja, das ist Montamar«, sagte WM. »Der Berg auf dem Meer. Ort der Autoren und Figuren.«

Nick fühlte Aufregung und Neugier in sich aufsteigen und vergaß vollkommen, gelangweilt auszusehen. Völlig überwältigt von dem Anblick, rieb er sich die Augen, so als könne er diesen nicht trauen.

Da draußen, am Horizont, ragte mitten aus dem Wasser ein Berg von unfassbarer Größe hervor. Im warmen Abendlicht sah er aus wie eine riesige geheimnisvolle Pyramide. Hunderte, wenn nicht Tausende von Lichtern flackerten Nick von dort entgegen, und es dauerte einen Moment, ehe er begriff, worum es sich dabei handelte: um den Widerschein der Sonne, von zahllosen Fensterscheiben zurückgeworfen, so als wollten sie Signale aussenden. Doch waren es Zeichen des Willkommens? Aus irgendeinem Grund gesellte sich zu seiner Aufregung und Neugier mit einem Mal das ungute Gefühl, dass es sich dabei auch um Warnsignale handeln könnte. Und wie zur Bestätigung erloschen auf einen Schlag sämtliche Lichter, als sich am Himmel eine große dunkle Wolke zwischen die Sonne und Montamar schob und einen düsteren Schatten auf die ganze Insel warf.

Ein Segelschiff kam hinter dem Inselberg hervorgefahren und nahm Kurs auf die offene See. Aus dieser Entfernung wirkte es geradezu verschwindend klein. Nick blickte in die Richtung, in die das Schiff fuhr, konnte dort aber außer Wasser nichts erkennen.

»Wo fährt denn das Schiff da hin?«, fragte er und merkte zu seinem Ärger, dass er damit so etwas wie Interesse bekundet hatte.

Doch sein Vater verzichtete glücklicherweise auf einen Kommentar. »Hierher«, antwortete er.

»Hierher? Das ist aber doch die völlig falsche Richtung!«, rief Tullia.

»Nein, es ist die einzige Richtung, in die es fahren kann. Dort um Montamar herum liegen überall scharfe Felsen und Sandbänke, zum Teil nur knapp unterhalb der Meeresoberfläche. Für größere Schiffe, wie dieses, gibt es nur einen sicheren Weg, der Montamar und das Festland verbindet. So, kommt jetzt. Es ist noch ein Stück bis zum Anleger!«

Nick blieb draußen an Deck, während sich die anderen einen Platz im Inneren des Fährschiffs suchten, wo man etwas zu essen und trinken bekommen konnte. Er knöpfte seinen Mantel bis oben hin zu und schlang sich seinen Schal mehrfach um Kopf und Hals, um sich gegen den eisigen Wind und die beißende Winterkälte zu schützen.

Nur für die ersten paar Minuten, nachdem sie abgelegt hatten, hielt das Fährschiff einen geraden Kurs. Schon bald jedoch begann es, einen Bogen nach dem anderen zu schlagen, denn je näher es Montamar kam, desto zahlreicher und größer wurden die Felsen, die Nick unter sich im Wasser erkennen konnte.

Es war inzwischen so dunkel geworden, dass sich der Berg wie eine große schwarze Masse gegen den Nachthimmel abhob. Und trotz der Lichter, die nun überall auf der Insel entzündet wurden, wirkte Montamar geradezu bedrohlich.

Die Insel schien viel größer zu sein, als Nick zunächst angenommen hatte. Und es standen sehr viel mehr Häuser darauf; allein auf der Seite Montamars, auf die das Fährschiff zuhielt, gab es sicherlich mehrere Hundert Gebäude. Wenngleich es unmöglich gewesen wäre, sie zu zählen. Nick kam es so vor, als seien sie regelrecht ineinander verschachtelt gebaut worden.

Er legte den Kopf weit zurück, um die Burg zu betrachten, die oben auf dem Gipfel des Berges thronte. Doch der Gipfel war bereits in Dunkelheit gehüllt, sodass Nick nur schemenhaft die Umrisse des gewaltigen Gebäudes erkennen konnte.

Ihm lief plötzlich ein Schauer über den Rücken. Aus irgendeinem Grund hatte er ein ungutes Gefühl.

In dem Moment legte ihm jemand eine Hand auf die Schulter. Nick fuhr herum … und schaute in das Gesicht seines Vaters.

»Ein beeindruckender Anblick, nicht wahr?«, fragte dieser.

»Ja«, sagte Nick, als er sich wieder gefangen hatte, »beeindruckend.«

Levin Veroque

Es war stockdunkel, als das Fährschiff neben einem großen Dreimaster festmachte, und es hatte zu regnen begonnen.

Die Münsterbachs verließen als Letzte die Fähre, weil Harietta meinte, einer ihrer Körbe sei verschwunden. Erst nach langem Suchen fiel ihr schließlich wieder ein, dass sie ihn in letzter Minute doch zu Hause gelassen hatte.

Am Anleger wartete noch eine einzige Kutsche. Alle anderen Reisenden waren längst unterwegs in ihre Unterkünfte. WM gab dem Kutscher Anweisungen, wohin er das ganze Gepäck – zusammen mit der aufgewühlten Harietta – zu bringen hatte.

»Wir passen leider nicht alle hinein«, erklärte er Nick und Tullia, »aber ich kenne eine Abkürzung zu unserem Haus, und das bisschen Regen werden wir ja wohl ertragen können, nicht wahr?«

Die Kutsche setzte sich in Bewegung. Als Nick, Tullia und ihr Vater schließlich losmarschierten, war weit und breit niemand mehr zu sehen. Nick war ein wenig enttäuscht. In seiner Vorstellung waren in den Straßen von Montamar stets ganze Horden von Rittern, Cowboys und anderen Figuren unterwegs gewesen.

Nach wenigen hundert Metern bog sein Vater in eine andere Richtung ab als die Kutsche, und kurz darauf liefen sie hintereinander durch immer enger werdende Gassen, die von den alten Backsteinhäusern geradezu zusammengedrückt zu werden schienen. Hin und wieder stellte sich ihnen ein Haus mitten in den Weg, sodass sie mühsam darum herumgehen mussten. Andere Gassen gingen in steile gewundene Treppen über, die bald nach oben, bald nach unten führten oder in kurzen Tunneln sogar durch Häuser hindurch verliefen. Diese überdachten manchmal sogar ganze Aufgänge und waren häufig so niedrig, dass man sie nur in gebückter Haltung durchqueren konnte. Harietta hätte ihre liebe Mühe gehabt, dachte Nick, als er hinter Tullia und seinem Vater eine Treppe erklomm, die kaum breiter war als er selbst. Sein Vater, der von hagerer Statur war, kam nur seitlich gehend vorwärts.

Sie waren nun schon einige Zeit unterwegs, mal bergauf, mal bergab, als Nick sich fragte, ob sein Vater den Weg wirklich kannte. Es kam ihm vor, als seien sie genau diese Gasse schon einmal entlanggelaufen. Aber er hütete sich, ihn danach zu fragen. WM blickte sich, am Ende der Gasse angekommen, um und wandte sich schließlich nach rechts. Nick atmete auf. Er war sich sicher, dass sie vorhin an dieser Stelle in die andere Richtung abgebogen waren.

Bislang waren ihnen nur sehr wenig Menschen begegnet. Offensichtlich hatte das nasskalte Wetter die meisten Einwohner Montamars längst in ihre warmen Wohnzimmer getrieben. Doch plötzlich hörte Nick mitten in der Gasse eilige Fußschritte auf dem Kopfsteinpflaster näher kommen. Genau wie Tullia und sein Vater drückte er sich, so weit wie möglich, an die Hauswand zu seiner Rechten, um den Entgegenkommenden Platz zu machen.

Zwei ältere Herren schoben sich an ihm vorbei. Der hintere der beiden lüftete zum Dank seinen Hut. Erst jetzt sah Nick, dass ihnen noch zwei weitere Personen folgten. Es waren zwei Jugendliche, ein Junge und ein Mädchen, vielleicht ein wenig älter als er selbst, die WM und Tullia höflich grüßten. Nick warfen sie ein freundliches Lächeln zu. Doch genau in dem Moment, in dem sie an Tullia vorüber waren und diese sich wieder in Bewegung gesetzt hatte, verlosch der freundliche Zug um ihren Mund. Und auf einmal ging alles ganz schnell.

Das Mädchen presste Nick eine Hand vor den Mund, der Junge zog seine Arme nach hinten und hielt sie auf dem Rücken fest. Nick war so überrascht, dass er im ersten Augenblick wie gelähmt dastand. Dann versuchte er, sich mit einem Ruck aus dem Griff des Jungen zu befreien.

»He, he!«, rief dieser, packte noch fester zu und riss Nicks Arme nach oben.

Nick schrie vor Schmerz, doch es war ein lautloser Schrei. Die Hand des Mädchens war so fest auf seinen Mund gedrückt, dass kein Ton bis zu seinem Vater oder Tullia dringen konnte, obwohl diese erst ein paar Meter gegangen waren. Nick konnte es nicht fassen. Dreht euch um!, befahl er ihnen in Gedanken. Dreht euch endlich um! Doch die beiden entfernten sich immer weiter von ihm. In dem prasselnden Regen und der Dunkelheit bemerkten sie nicht, was hinter ihrem Rücken geschah.

Nick blieb nur noch eine Möglichkeit, auf sich aufmerksam zu machen. Er begann, wie wild mit den Füßen auf dem feuchten Kopfsteinpflaster herumzutrampeln. Doch augenblicklich trat ihm der Junge von hinten in die Kniekehlen, sodass Nicks Beine einknickten und er in sich zusammensackte. Ohne seine Arme loszulassen, stieß ihn der Junge zu Boden. Nick kam in einer Pfütze zum Knien, nicht in der Lage, sich zu rühren oder einen Laut von sich zu geben. Verzweifelt musste er mit ansehen, wie Tullia und sein Vater die Gasse entlangliefen. Bald würden sie hinter der nächsten Ecke verschwunden sein.

»Dreht euch doch endlich um!«, flehte Nick. Tränen der Wut stiegen ihm in die Augen. In seinem ganzen Leben hatte er sich noch nie so hilflos gefühlt. Er wusste nicht, was er tun sollte, ahnte nicht, was die beiden mit ihm vorhatten.

Und dann waren sie nicht mehr zu sehen, sein Vater und seine Schwester.

Sie waren fort.

Nick war nun endgültig allein.

»Na? Neu hier?«, fragte das Mädchen mit einem bösartigen Lächeln.

Nick hielt es für das Beste, zu antworten, um die beiden nicht zusätzlich zu reizen. Er versuchte zu nicken. Doch das Mädchen presste ihre Hand jetzt noch fester auf seinen Mund, sodass er seinen Kopf keinen Millimeter bewegen konnte.

»Was ist? Bist du zu blöd, eine einfache Frage zu beantworten?« Das Mädchen grinste ihn hämisch an. »Nun sag doch mal was: Bist du neu hier?« Wieder versuchte Nick zu antworten und wieder brachte er keinen Ton heraus. »Du musst ja sogar noch blöder sein, als man sich das vorstellen kann!«, lachte sie. »In so einer Situation die Klappe zu halten!«

Der Junge in Nicks Rücken brach in schallendes Gelächter aus. Für einen kurzen Augenblick lockerte sich dabei sein Griff. Das war die Chance, auf die Nick gewartet hatte. Mit einem Ruck versuchte er, seine Arme zu befreien und aufzuspringen. Doch der Junge war schneller. Sofort griff er wieder zu. »Hehehe!«, rief er und riss Nicks Arme blitzschnell nach oben. Ein stechender Schmerz fuhr Nick in die Schulterblätter.

»Hör mal zu, Freundchen.« Das Mädchen hielt ihr Gesicht nun so dicht an Nicks heran, dass er ihrem übel riechenden Atem nicht ausweichen konnte. Ihm wurde beinahe schlecht. »Auf dieser Insel geht man höflich miteinander um, klar?« Sie unterstrich ihren Satz, indem sie mit der anderen Hand eine weit ausladende Geste machte.

Im gleichen Moment geschah etwas, das Nick einen eiskalten Schauer über den Rücken fahren ließ. Genau in der Richtung, in die das Mädchen mit der Hand zeigte, erleuchtete ein greller Blitz den Himmel. Für den Bruchteil einer Sekunde sah Nick die regennassen Häuser und das Kopfsteinpflaster am anderen Ende der Gasse taghell aufleuchten. Doch er sah noch etwas anderes, etwas, das er gar nicht hätte sehen dürfen, etwas, das ihm den Schrecken in die Glieder fahren ließ: Eine Türklinke, die sich genau hinter der Hand des Mädchens befand. Trotzdem konnte er die Klinke sehen. Durch die Hand des Mädchens hindurch. Die Hand war durchsichtig!

»Was ist?«, fragte das Mädchen. »Was glotzt du so? Und warum antwortest du schon wieder nicht?«

»Weil er eben zu blöde ist!« Der Junge lachte in seinem Rücken und riss ihm erneut die Arme in die Höhe.

Nick bekam es mit der Angst zu tun.

»Ja!« Das Mädchen grinste breit. »Das glaube ich langsam auch. Eine Schande, wen die hier inzwischen so alles auf die Insel lassen. Ich denke, wir sollten ihn jetzt erst einmal ein bisschen erziehen, oder?« Völlig unvermittelt schlug sie Nick ins Gesicht. Nick hätte erwartet, dass ihm eine durchsichtige Hand nicht viel Schmerz zufügen würde, aber er hatte sich getäuscht. Ehe er sich versah, hatte sie ihm bereits eine weitere schmerzhafte Ohrfeige verpasst. Und noch eine und noch eine …

»Das hier«, zischte sie ihm aus kürzester Entfernung zu, »das war nur der Anfang. Links, rechts, links, rechts!«

Als wäre dies ein verabredetes Signal, gab ihm der Junge einen kraftvollen Stoß, sodass er mit der Brust auf den harten Steinen aufschlug. Nur mit Glück und in allerletzter Sekunde konnte er verhindern, dass auch sein Kopf mit voller Wucht auf den Boden prallte.

Der Junge stellte ihm einen Fuß auf den Rücken. Dann verlagerte er langsam sein Gewicht.

Nick wusste kaum mehr, an welchem Körperteil er den größten Schmerz empfand. Seine Angreifer – wer oder was auch immer sie sein mochten – schienen ihn nicht so bald gehen lassen zu wollen. Und weit und breit gab es offenbar niemanden, der ihm helfen konnte. Wo um alles in der Welt blieben nur sein Vater und Tullia? Inzwischen müsste ihnen doch längst aufgefallen sein, dass er nicht mehr da war.

Plötzlich vernahm er hinter sich lautes Rufen und Schritte, die mit großer Schnelligkeit näher kamen. Er war viel zu benommen, um deutlich wahrzunehmen, was als Nächstes geschah, aber er hörte den Jungen unvermittelt aufschreien. Dann löste sich der Druck von Nicks Rücken und der Junge ließ ihn frei. Er riss die Augen auf.

Das Mädchen ballte die Fäuste und wandte sich jemandem zu, der offenbar hinter ihm stand. Nick drehte sich um. Der Junge, der ihn eben noch festgehalten hatte, lag bewegungslos am Boden. Über ihm stand, die Arme vor der Brust verschränkt, ein anderer Junge.

»Eins zu eins«, sagte er zu dem Mädchen. »Und ich würde sagen, ich habe die besseren Karten.«

Das Mädchen hielt ihren Blick einige Sekunden auf ihn gerichtet, offenbar unschlüssig, was sie nun tun sollte. Dann fällte sie eine Entscheidung. Sie senkte die Fäuste und ging ohne ein Wort an Nick vorbei. Sie gab ihrem Freund einen Tritt in die Seite, ehe sie die Gasse hinabzulaufen begann. Ihr Gefährte rappelte sich zähneknirschend auf. Humpelnd folgte er ihr.

Nick sah den beiden hinterher. Er konnte noch immer nicht ganz begreifen, was eben geschehen war.

»Alles in Ordnung?«, fragte der Junge, der die beiden in die Flucht geschlagen hatte. Er streckte ihm eine Hand entgegen.

Nick antwortete mit einem kurzen, aber schmerzhaften Kopfnicken. Er hatte das Gefühl, dass ihm jede Stelle seines Körpers wehtat.

Er ergriff die Hand des Jungen. Erst jetzt sah er, weshalb sich dieser eben so selbstsicher gegeben hatte. Er war nicht nur groß, er war riesig, etwa zwei Köpfe größer als Nick, der selbst alles andere als klein war. Ja, er war geradezu massiv; nicht dick, sondern eher eine Mischung aus muskulös und stämmig, wie jemand, der immer schwere körperliche Arbeit zu erledigen hatte, aber auch mehr als genug zu essen bekam. Er trug kurze dunkelbraune Haare. Die Augen standen eng zusammen und er schien nur eine einzige Augenbraue zu haben. Sein volles Gesicht passte irgendwie gut zum Rest des Körpers. Es war ein Gesicht, wie es Nick von Jungen kannte, die immer und überall Streit suchten und denen er normalerweise lieber aus dem Weg ging.

Plötzlich kam ihm der Gedanke, dass dies vielleicht auch der Grund gewesen sein mochte, weshalb er ihm überhaupt geholfen hatte. Hatte er nur nach einer guten Gelegenheit für einen Kampf gesucht und war jetzt enttäuscht, dass die beiden so schnell die Flucht ergriffen hatten? Dann war Nick vermutlich sein nächstes Opfer.

»Ich heiße Levin«, sagte der Junge und schüttelte Nicks Hand. »Levin Veroque.«

»Ich bin Nick«, stellte er sich vor. »Ich weiß gar nicht, wie ich dir danken soll.«

»Musst du gar nicht«, sagte Levin. »Ich habe ja eigentlich nicht viel gemacht.«

»Oh doch, du hast verhindert, dass man mich ins Krankenhaus hätte einliefern müssen. Falls das überhaupt noch etwas gebracht hätte.«

Levin schüttelte den Kopf und lachte – und sah dabei auf einmal gar nicht mehr Furcht einflößend aus, sondern sehr freundlich. »Nein, so weit wären die beiden nicht gegangen.«

»Woher willst du das wissen? Ich finde, die waren nicht gerade zimperlich. Jedenfalls fühlt es sich so an.« Nick rieb sich die Handgelenke, an denen der Junge ihn festgehalten hatte und die nun schrecklich kribbelten.

»Na ja.« Levin kratzte sich am Kopf. »Also, ich kenne ihren Autor und ich weiß, dass sie Auflagen bekommen haben.«

Nick verstand nicht. Was wollte Levin damit sagen? Dann fiel ihm die durchsichtige Hand des Mädchens wieder ein. »Soll das heißen, die beiden sind … sind …?«

»Ja«, nickte Levin. »Thelma und Bogart sind Buchfiguren, und zwar solche, mit denen niemand viel zu tun haben möchte. Deswegen musste ihr Autor, Ronaldo Zeck, auch gleich mehrere Sondergenehmigungen einholen, bevor er sie figurisieren lassen durfte.«

»Sondergenehmigungen?«

Levin musterte Nick kurz. »Du weißt noch nicht sehr viel darüber, wie das mit den Figuren funktioniert, oder?«

Nick schüttelte den Kopf. »Wir sind gerade erst angekommen. Mit der Abendfähre. Und ich weiß nicht einmal, wo wir wohnen.«

Levin runzelte die Stirn. »Wieso ›wir‹?«

»Mein Vater, meine Schwester, unsere Haushälterin und ich.« Nick berichtete, wie es dazu gekommen war, dass er jetzt allein hier stand.

»Aber die müssten dich doch längst vermissen.«

»Vielleicht wissen sie nicht mehr, welchen Weg sie gegangen sind, und können mich nicht wiederfinden.«

»Das mag natürlich sein.« Levin nickte. »Sogar ich verlaufe mich manchmal noch und ich bin hier geboren.«

Plötzlich kam Nick ein ganz unheimlicher Gedanke. Woher sollte er wissen, ob nicht auch Levin eine Buchfigur war? Nicht dass das unbedingt schlimm wäre. Figuren waren wahrscheinlich auch nur Menschen. Aber irgendwie hatte er das Gefühl, dass sie unberechenbar waren. Und nach seiner Erfahrung mit Thelma und Bogart eben lag er damit vielleicht auch gar nicht falsch.

So unauffällig wie möglich betrachtete er Levin, während er sich weiter mit ihm unterhielt. Offenbar jedoch nicht unauffällig genug, denn auf einmal fing Levin laut an zu lachen und klopfte ihm auf die Schulter. »Nein, bin ich nicht!«, sagte er. »Ehrlich.«

Nick räusperte sich. Anscheinend standen ihm seine Gedanken ins Gesicht geschrieben. »Ähm, tut mir leid. Ich wollte dich nicht beleidigen. Ich hatte nur auf einmal …«

Levin hob abwehrend die Hände. »Das wäre keine Beleidigung gewesen. Die meisten Figuren sind viel spannender als normale Menschen.«

»Oh ja, den Eindruck habe ich eben auch bekommen.«

Levin grinste. »Na gut, Thelma und Bogart sind wahrscheinlich schon ein bisschen zu spannend geraten. Aber wie gesagt, Herr Zeck musste extra …«

»Da ist er!«, hallte auf einmal Tullias Stimme durch die Gasse und im nächsten Moment kamen WM und sie auf Nick zugelaufen. »Wo warst du denn?«, fragte Tullia ungeduldig, jedoch nicht, ohne einen neugierigen Seitenblick auf Levin zu werfen.

Wilhelm Münsterbach blieb ein Stückchen von ihnen entfernt stehen. Er sah prüfend von Levin zu Nick, der eine Schramme auf der Stirn hatte und eine geschwollene linke Hand. Dann fragte er Nick: »Hat dir der Junge etwas getan?«

Nick war wütend, dass sein Vater offenbar aus Levins Äußerem seine Schlüsse zog, obwohl er es kurz zuvor nicht anders gemacht hatte.

»Nein, im Gegenteil«, sagte er schroff. »Levin hat mich gerettet.« In wenigen Sätzen schilderte er, was passiert war und wie Levin Thelma und Bogart in die Flucht geschlagen hatte.

»Nun«, WM reichte Levin die Hand, »dann bitte ich dich, meine Entschuldigung für die Unterstellung und meinen herzlichen Dank anzunehmen.«

»Keine Ursache«, sagte Levin.

»Gut, Nicolas«, erklärte WM, ohne Levin noch eines Blickes zu würdigen. »Wir müssen jetzt weiter! Harietta wird denken, uns sei irgendetwas zugestoßen.«

»Ist es ja auch. Mir jedenfalls!« Nick sah seinen Vater wütend an. Levin hatte ihm gerade das Leben gerettet und mehr als ein kühles »Danke« hatte sein Vater nicht für ihn übrig. Und überhaupt: Welcher Vater merkt es denn nicht einmal, wenn sein Sohn wenige Meter hinter ihm zusammengeschlagen wird? Und welcher Vater fragt seinen Sohn nicht wenigstens, wie es ihm geht, nachdem er verprügelt wurde? Seine Mutter hätte ganz bestimmt nicht so reagiert. Sie hätte ihn in die Arme genommen und Levin wahrscheinlich gleich mit dazu. Dies war einer der Momente, in denen Nick sie besonders schmerzlich vermisste.

Er wandte sich an Levin. »Also, vielen, vielen Dank. Ich weiß wirklich nicht, was ich ohne dich gemacht hätte.«

»Keine Ursache.« Levin grinste breit. »Eigentlich hast du mir einen Gefallen getan. Ich wollte Thelma und Bogart schon lange einen Denkzettel verpassen.«

WM nickte Levin noch einmal zu, dann drehte er sich um und ging einfach los, während Tullia etwas unschlüssig stehen blieb.

»Also dann ...«, sagte Nick.

»Ähm, hättest du Lust ... Also ...« Levin kratzte sich am Kopf. »Also, hättest du Lust, dass ich dir ein wenig die Insel zeige?«

Nick riss begeistert die Augen auf. »Das würdest du tun?«

»Klar, sonst findest du dich hier ja nie zurecht.«

»Sehr gern«, sagte Nick. »Wann?«

»Wie wäre es mit morgen Nachmittag? Ich könnte dich abholen.« Dann grinste er. »Falls dir jemand verrät, wo du eigentlich wohnst.«

»Hermiagasse 25«, sagte Tullia, ehe sie sich umdrehte und auf ihren Vater zuschritt, der ein paar Häuser weiter stehen geblieben war und ungeduldig wartete.

Die Villa in der Hermiagasse

Als Nick am nächsten Morgen aufwachte, wusste er zunächst nicht, wo er war. Er wusste nur, dass er in einem fremden Bett lag. Mit einem Ruck richtete er sich auf. Dabei spürte er plötzlich einen leichten Schmerz im linken Handgelenk.

Verwundert blickte er sich im Zimmer um. Er erinnerte sich beim besten Willen nicht mehr daran, wie er hierhergekommen war. Das Letzte, was er noch wusste, war, wie Tullia, sein Vater und er, nachdem sie sich von Levin verabschiedet hatten, weiter die dunklen Gassen Montamars hinaufgestiegen waren, ehe sie schließlich vor einem großen Haus stehen geblieben waren. Anders als die meisten Häuser, die direkt aneinandergebaut waren, stand dieses ganz frei mitten in einem großen

Garten. Nick entsann sich, die Stufen zur Haustür hinaufgegangen zu sein und dass Harietta ihnen kopfschüttelnd geöffnet hatte. Danach wusste er nichts mehr. Dieses Zimmer jedenfalls hatte er noch nie gesehen.

Es war ziemlich groß, größer als sein eigenes zu Hause, mit einem Holzfußboden aus langen Dielen, die bestimmt bei jedem Tritt knarrten. Unter einem der Fenster stand ein riesiger Schreibtisch mit unzähligen Fächern und Schubladen. Sein Blick fiel auf mehrere Regale, einen Bauernschrank, zwei ausladende Sessel und einen Erker mit einer gepolsterten Fensterbank.

Nick sprang aus seinem Bett und ging zu einem der Fenster. Vielleicht konnte er ja von hier aus sogar das Meer sehen. Er musste jedoch feststellen, dass er überhaupt nichts sah. Alles, aber auch wirklich alles da draußen war in dichten Nebel gehüllt. Es war, als schwebe vor seinem Fenster eine dicke milchig-weiße Wolke.

Nick verbrachte den ganzen Vormittag damit, sich unauffällig in dem großen Haus umzuschauen. Er wollte bei seinem Vater nicht den Eindruck erwecken, als interessiere er sich dafür. Es schien unendlich viele Zimmer zu geben, weit mehr, als sie überhaupt bewohnen konnten, und darüber hinaus unzählige Treppen und versteckte Nischen. Nick schaute in große, kleine, helle und dunkle Zimmer, alle mit demselben knarrenden Holzfußboden, er bewunderte insgeheim die hohen Zimmerdecken, meterlangen Bücherregale und Zeichnungen,

Gemälde, alten Seekarten und seltsamen Gegenstände, von denen er nicht immer sagen konnte, was sie eigentlich waren. Irgendwie, fand er, war dieses Haus ein bisschen wie Montamar im Kleinen: Wenn man nicht aufpasste, konnte man sich furchtbar verlaufen.

Als er schließlich zum Mittagessen hinunterging, war er froh, dass er inzwischen immerhin wusste, wo das Esszimmer lag. Am Morgen war er auf dem Weg zum Frühstück noch endlos herumgeirrt.

Seinen Vater hatte er den ganzen Tag über nicht gesehen, was nicht weiter ungewöhnlich war. Das Frühstück nahm WM meist viel früher ein als seine Kinder und arbeitete dann den ganzen Vormittag in seinem Zimmer, wo man ihn auf keinen Fall stören durfte. Zum Mittagessen jedoch war er stets da, wenngleich er dabei häufig ein geöffnetes Buch neben seinem Teller liegen hatte und nichts um sich herum wahrnahm. Manchmal, wenn er aus seinem Buch aufschaute, erweckte er sogar den Eindruck, als habe er nicht die leiseste Ahnung, wer da mit ihm zusammen am Tisch saß.

Mit Erstaunen stellte Nick fest, dass sein Vater an diesem Tag offenbar nicht mit ihnen aß.

»Er hat Besuch«, sagte Harietta in barschem Tonfall.

»Besuch?«, fragte Nick. »Wen denn?«

Harietta zuckte mit den Schultern und brachte dabei beinahe die Schüssel mit Rindereintopf zum Überschwappen, die sie gerade zum Tisch herübertrug. »Das weiß ich nicht.« Sie setzte sich und griff nach einer großen Kelle. »Und ich sollte es wohl auch nicht wissen«, fügte sie mit beleidigter Miene hinzu.

»Wieso?«, fragte Nick.

»Das wüsste ich auch gern.«

»Nein, ich meine, wie kommst du darauf, dass du das nicht wissen solltest?«

Harietta hob die Kelle in die Höhe und zielte damit auf Nick. »Das kann ich dir sagen. Weil mir euer Vater fast den Fuß gebrochen hat, als ich die Haustür öffnen wollte. Es hatte geläutet, und ich war schon beinahe da, als er plötzlich an mir vorbeischoss, mir auf den Fuß trat, es noch nicht einmal merkte und zu mir sagte, ich solle zurück in die Küche gehen, er mache schon selbst auf.«

Bei dem letzten Satz hatte sie sich immer mehr in Rage geredet und ihre Kelle vor Nicks und Tullias Nase herumgewedelt. Aber das war noch nichts im Vergleich zu der Kellenwedelei, mit der es Nick und Tullia nun zu tun bekamen. »Dabei war ich gar nicht in der Küche gewesen, sondern im Speisezimmer, um die Kiste mit dem guten Besteck zu suchen. Ich habe in diesem Haushalt ja schließlich noch mehr Aufgaben als nur Kochen. Besonders jetzt! Oder wer packt diese ganzen Kisten aus? Doch wohl ich! Wer muss zwischendurch frische Vorräte einkaufen? Ich! Wer schafft es trotzdem, ein vernünftiges Essen zu kochen und das Geschirr und Besteck zu finden, damit man dieses vernünftige Essen dann auch vernünftig essen kann? Ich! Wer hört für all das nicht einmal ein einziges Wort des Dankes? Ich! Wem wird also folgerichtig stattdessen lieber einmal kräftig auf den Fuß getreten? Mir! Wer ist demgemäß jetzt nicht besonders gut gelaunt? Ich! Guten Appetit!«

Und damit versenkte sie die Kelle mit einem lauten Platsch im Rindereintopf, füllte ihren Teller und begann, ohne ein weiteres Wort zu essen.

Nick warf Tullia einen betretenen Blick zu. Solch einen Ausbruch hatten sie von Harietta lange nicht mehr erlebt. Und irgendwie hatte Nick das Gefühl, dass sich ihr Ärger auch gegen Tullia und ihn richtete, obschon sie davon kein Wort gesagt hatte.

Tullia schien den gleichen Eindruck zu haben, denn genau wie er blieb auch sie nach dem Essen noch da und half Harietta dabei einige Kisten auszupacken und die Sachen in Schränke einzuräumen.

Als Nick schließlich in sein Zimmer hinaufging, hatte er bereits vergessen, dass sein Vater Besuch hatte. Doch er wurde schlagartig wieder daran erinnert, als er an dessen Arbeitszimmer vorbeikam und hinter der Tür eine unbekannte Stimme hörte. Er hatte gar nicht vor zu lauschen, doch die Tür war nicht richtig verschlossen und die Stimme, die auf den Flur hinausdrang, klang sehr aufgeregt, ja sogar ängstlich.

»… müssen wir unbedingt etwas tun … gestern erneut … größte Gef…«

In diesem Moment fiel die Tür mit einem lauten Knall ins Schloss. Vor Schreck machte Nick einen Schritt zurück. Hatte sein Vater ihn bemerkt oder war die Tür von allein zugeschlagen? Er horchte kurz, aber jetzt konnte er außer einem leisen Murmeln nichts mehr verstehen.

Nick ging in sein Zimmer und setzte sich in die Fensternische. Noch immer war nichts als Nebel zu sehen. Er versuchte, sich einen Reim auf das zu machen, was er gerade gehört hatte. Wer war dieser Besucher? Und wovor schien er solche Angst zu haben? Und was hatte sein Vater damit zu tun?

Doch er hatte nicht viel Zeit, weiter darüber nachzudenken. Denn in diesem Moment klopfte es an der Tür, und ehe Nick auch nur antworten konnte, platzte Harietta herein. »Der junge Mann hier sagt, er sei mit dir verabredet«, rief sie und warf Nick dabei einen fragenden Blick zu. Hinter ihr im Flur stand Levin.

»Ja, das stimmt«, entgegnete Nick. »Das ist Levin, er will mir ein wenig von Montamar zeigen.«

Harietta musterte Levin mit zusammengekniffenen Augen, so als ob sie befürchtete, dass er irgendetwas Übles im Schilde führte. Schließlich nickte sie, trat wortlos auf den Flur hinaus und verschwand.

»Sie hat heute einen ganz besonders schlechten Tag«, sagte Nick entschuldigend, als Levin die Tür hinter sich geschlossen hatte. »Eigentlich ist sie ganz in Ordnung.«

»Na, dann hat sie aber alles getan, damit ich das nicht merke«, grinste Levin. »Als sie mir die Tür öffnete und ich sagte, dass ich mit dir verabredet sei, hat sie mich am Arm gepackt und hier hochgezerrt. Erst dachte ich, sie hätte mich mit einem Hund verwechselt, aber eigentlich bin ich dafür zu groß.«

Nick musste laut lachen. »Tut mir leid, nächstes Mal warte ich an der Haustür auf dich – wenn ich bis dahin herausgefunden habe, welches der schnellste Weg nach unten ist.«

Levin blickte sich im Zimmer um. »Ihr habt ein tolles Haus«, sagte er. »Ich bin schon häufig daran vorbeigegangen, aber ich war noch nie hier drin.«

»Ja«, bestätigte Nick, »ich finde es auch beeindruckend, aber sag bloß meiner Familie nichts davon!«

»Wieso nicht?«

Nick berichtete, dass er mit dieser ganzen Reise nicht einverstanden gewesen war und dass er noch eine Weile so tun musste, als gefiele es ihm auf Montamar nicht. Warum, wollte er allerdings vorerst für sich behalten. »Aber eigentlich finde ich es inzwischen gar nicht mehr so schlimm«, sagte er. »Es sei denn, es geht so weiter, wie es angefangen hat, und zwei von drei Leuten, die ich hier kennenlerne, wollen mich verprügeln.«

»Das wird nicht passieren«, lachte Levin. »Du hattest wirklich Pech. Viele Menschen und Figuren sind zwar ein bisschen verrückt, aber die meisten sind völlig friedlich.«

»Das glaube ich erst, wenn ich's sehe.«

»Dann lass uns losgehen.«

Sie waren gerade am Arbeitszimmer seines Vaters vorbeigegangen, als Nick hörte, wie sich die Tür öffnete. Nick drehte sich um.

Sein Vater trat auf den Flur hinaus und zog die Tür schnell wieder hinter sich zu. »Guten Tag, ähm, Levin, richtig?«

Levin nickte.

»Noch einmal vielen Dank für deine Hilfe und dass du Nick ein wenig die Insel zeigen willst. Ich habe mich gestern gar nicht vorgestellt. Das ist nun also schon das zweite Mal, dass ich mich bei dir entschuldigen muss.«

Zu Nicks Verblüffung hielt er Levin die Hand hin. »Wilhelm Münsterbach.«

Levins Kinn klappte hinunter. Es dauerte eine ganze Weile, ehe er seine Hand ausstreckte.

»Sie sind *der* Wilhelm Münsterbach?«

»Oh«, sagte Nicks Vater, »mein Name ist dir ein Begriff?«

Levin schluckte. »Natürlich. Hier auf Montamar lernen wir Autorennamen schon im Kindergarten. Noch vor den Farben.« Und dann machte Levin doch tatsächlich eine Verbeugung. »Es ist mir eine Ehre.«

»Na, na, mein Junge. Bitte beschäme mich nicht. Ich bin auch nur ein Mensch.«

Nick, der sich da wahrhaftig nicht immer sicher war, schaute seinen Vater überrascht an. Dass er sich Levins Namen gemerkt und bereits mehr als zwei Sätze mit ihm gesprochen hatte, grenzte an ein Wunder. Wenn Nick zu Hause den Namen eines seiner Freunde erwähnte, egal wie lange er diesen schon kannte oder wie häufig sein Vater ihn schon getroffen hatte, hieß es meist: »Wer ist das denn?«

»Ich wünsche euch einen schönen Nachmittag«, sagte WM mit einem freundlichen Lächeln.

Nick schüttelte den Kopf. Jetzt lächelte sein Vater sogar.

»Vielen Dank«, sagte Levin. »Ich hoffe, dass Sie sich auf Montamar gut einleben werden.«

»Danke, Levin. Bis bald … ähm, würde es dir etwas ausmachen, Nicolas und mich einen kurzen Moment zu entschuldigen?«

»Nein, natürlich nicht«, entgegnete Levin. Diskret machte er ein paar Schritte in Richtung der Treppe.

Nick zuckte mit den Achseln, dann folgte er seinem Vater ein Stück den Flur entlang.

»Bitte denk daran, dass du rechtzeitig wieder da bist. Du weißt ja, wir sind heute Abend beim Zensor Maximus zum Essen eingeladen.«

»Ja, ich weiß.« Nick runzelte die Stirn. Für diese Information tat sein Vater so geheimnisvoll?

»Und noch etwas.« Sein Vater beugte sich nahe an sein Ohr heran, als wolle er ihm etwas zuflüstern. Kurz darauf zog er seinen Kopf jedoch ohne ein Wort wieder zurück.

»Was ist denn?«, fragte Nick.

WM sah ihm ernst in die Augen. Dann massierte er sich die Stirn. Scheinbar wusste er nicht recht, wie er es sagen sollte. Schließlich schüttelte er den Kopf. »Nichts, Nicolas. Es ist alles in Ordnung. Geh nur. Viel Spaß!« Und damit ging er eilig zurück in sein Arbeitszimmer.

Nick blieb noch einen Augenblick stehen. Er überlegte, ob das Verhalten seines Vaters irgendeinen Sinn ergab.

»Mensch, hättest du mir das nicht sagen können?«, fragte Levin, als sie gemeinsam die Treppe hinabstiegen.

»Was?«

»Dass dein Vater Wilhelm Münsterbach ist.«

»Warum ist das wichtig?«

»Na ja, dann wäre ich wenigstens darauf vorbereitet gewesen und hätte mich nicht benommen wie ein Vollidiot.«

»Das hast du doch gar nicht«, entgegnete Nick. »Im Gegenteil. Mein Vater scheint dich zu mögen.«

»Wie kommst du denn darauf?«

»Er hat sich deinen Namen gemerkt, sich bei dir bedankt, zweimal entschuldigt und ›Bis bald!‹ gesagt. Glaub mir, das ist wie Ostern und Weihnachten an einem Tag!«

Als sie in die große Eingangshalle kamen und auf die Haustür zugingen, fiel Nick auf, dass er keine Ahnung hatte, wie das Gebäude von außen aussah. Er öffnete die schwere Doppeltür. Draußen war es noch immer nebelig, sodass er nur wenige Meter weit sehen konnte.

»Der Nebel ist übrigens nur hier unten so dicht«, sagte Levin. »Seenebel, weißt du?«

Nick nickte, aber eigentlich hatte er keine Ahnung. Er war nie zuvor an der See gewesen und von Seenebel hatte er noch nichts gehört.

Er ging vor Levin die Steintreppe hinunter, dann drehte er sich um und betrachtete das Haus. Es war eher eine Villa, aus weißem Stein mit mehreren Erkern und Fensterläden aus dunklem Holz. Auf den ersten Blick schien es Nick ein sehr schönes Haus zu sein, eines, wie er es sich immer erträumt hatte. Doch mit einem Mal kroch ein Gefühl der Unruhe in ihn hinein. Es war ein wenig wie am Tag zuvor, als er zum ersten Mal Montamar gesehen hatte. Plötzlich wirkten die Fenster wie riesige dunkle Augen, die ihn warnend anstarrten. Die Erker, die von allen Seiten aus den Wänden ragten, schienen sich ihm drohend entgegenzustrecken. Ein Schauer fuhr ihm über den Rücken. Eilig wandte er sich ab und folgte Levin, der bereits ein paar Schritte vorausgegangen war.

Seltsame Figuren

Die Hermiagasse mündete in ein etwas breiteres Sträßchen, auf dem recht reger Betrieb zu herrschen schien. Jedenfalls schloss Nick dies aus den Schritten, die auf dem Kopfsteinpflaster hallten, und einigen Stimmen, die durch den Nebel an sie herandrangen. Levin führte ihn über diese Gasse hinweg direkt zu einer Steintreppe auf der gegenüberliegenden Seite, die sich zwischen zwei Backsteinhäusern nach oben wand. Levin hatte recht gehabt. Tatsächlich lichtete sich der Nebel mit jeder Stufe, die sie erklommen, ein wenig mehr, bis er schließlich ganz verschwunden war.

Die Treppe endete am Rande eines kleinen Platzes, auf dem sich Menschentrauben um einige Verkaufsstände drängten. Das

Ungewöhnliche an diesem Platz war, dass er keine geometrische Form aufwies, denn die Geschäfte rundherum kümmerten sich nicht im Geringsten um eine gewisse Ordnung. Überall ragten Häuser hinein oder traten zurück, sodass es unzählige Ecken gab, in die kaum ein Sonnenstrahl fiel. Von oben musste es so aussehen wie ein Stück Papier, aus dessen Rändern einige Teile herausgeschnitten und an anderer Stelle wieder angeklebt worden waren.

»Das ist der Ecken-und-Kanten-Platz«, erklärte Levin.

»Treffender Name!«

»Komm mit!«, rief Levin. Er ging zu einer niedrigen Mauer ein paar Meter weiter rechts, direkt neben einem Laden für Autorenbedarf, und setzte sich. »Hier kannst du am schnellsten erfahren, was Montamar eigentlich ist.«

Nick hockte sich neben ihn und sah sich zum ersten Mal die Menschen um sich herum ein wenig genauer an.

»Fällt dir was auf?«, fragte Levin, nachdem sie ein paar Minuten lang schweigend die Leute auf dem Platz beobachtet hatten.

»Na ja«, sagte Nick, während sein Blick von einer Person zur nächsten wanderte. »Es sind eine ganze Menge Figuren hier, oder?«

Levin nickte. »Und? Weißt du, woran man erkennt, welche Figuren einen ziemlich schlechten Urheber haben?«

Nick ließ seinen Blick auf einem älteren Herrn verweilen, durch den er mühelos den Geschäftseingang, vor dem er stand, sehen konnte. Er musste wieder an Thelmas Hand und den

Blitz denken. »Ich würde sagen, je untalentierter der Autor, desto durchsichtiger ist seine Figur, oder?«

»Ganz genau«, lachte Levin. »Manche Figuren sind so schlecht, dass man sie kaum wahrnimmt. Darum müssen sie nachts immer eine Warnleuchte um den Hals tragen. Aber wenn man gegen sie stößt, fühlen sie sich an wie ganz normale Menschen.«

Nick blickte voller Staunen weiter über den Platz. Hier tummelten sich so viele seltsame Gestalten, wie er sie noch nie auf einem Fleck gesehen hatte. Er entdeckte einen Ritter mit schneeweißen Haaren und einer großen, sehr krummen Nase, umringt von einer Gruppe mittelalterlicher Edelleute, Burgfräulein und einem Narren. An einem Verkaufsstand gleich daneben prüften zwei Piraten mit Augenklappen, langen Narben und Kopftüchern die Qualität einer Bahn schwarzen Flaggenstoffs. Mehrere vornehm gekleidete Gentlemen mit Zylindern und Gehstöcken führten eine angeregte Unterhaltung und ließen sich nicht einmal aus der Ruhe bringen, als eine Horde Indianer in voller Kriegsbemalung und mit hoch erhobenen Tomahawks mitten durch sie hindurchlief. Eine blond gelockte Prinzessin mit einem Krönchen auf dem Kopf wurde in einer samtgepolsterten Sänfte über den Platz getragen und gab vor, nichts zu hören, als einer der Marktschreier sie fragte, ob sie vielleicht Erbsen kaufen wolle. Nick erblickte einige Wikinger, eine orientalische Bauchtänzerin mit drei Schlangen um den Hals, einen steinzeitlichen Germanen samt Keule, einen Ritter, dessen rostige Rüstung bei jedem Schritt quietschte, eine Wahrsagerin auf dem Weg in die Glaserei, Maharadschas und einen Pharao.

»Das Problem sind aber vor allem die sehr gut gelungenen Figuren«, sagte Levin, so als könne er Gedanken lesen. Denn tatsächlich hatte Nick gerade gedacht, wie unglaublich es war, dass diese Personen in den Köpfen von Schriftstellern entstanden und hier zum Leben erweckt worden waren. »Sie sind von echten Menschen kaum zu unterscheiden.«

»Du meinst, wenn man davon absieht, dass man Wikinger heutzutage eher selten trifft.« Nick grinste und deutete auf den wuchtigen Mann mit rotem Bart und einem Kurzschwert, der gerade an ihnen vorbeilief.

»Äh, ja, natürlich«, grinste Levin zurück. »Ich meinte eher die unauffälligen Gestalten, die so aussehen wie du und ich.«

»Und es gibt keine Möglichkeit herauszufinden, ob sie Figuren sind oder Menschen?« Nick ließ seinen Blick abermals über den Platz wandern, auf dem sich neben den offensichtlichen Figuren genauso viele normal aussehende Personen aufhielten.

»Na ja, doch«, sagte Levin langsam. »Eine Möglichkeit gibt es meistens schon.«

»Nämlich?«

»Nun, es ist ihre ›falsche‹ Hand. Die ist irrsinnig schwer zu beschreiben. Deshalb ist bei Figuren, die Rechtshänder sind, die linke Hand meist deutlich durchsichtiger als die rechte. Nur bei sehr guten Autoren ist die ›falsche‹ Hand nicht durchsichtig.«

»Siehst du die Frau mit den braunen Locken da drüben beim Korbmacher?«, fragte Levin.

Nick entdeckte dort eine zierliche junge Frau mit einer unglaublichen Haarmähne. »Ja. Sie scheint irgendwie traurig zu sein.«

»Kein Wunder«, sagte Levin. »Das ist Irmchen. Und ...«

In dem Moment drehte sich die junge Frau um, sah Levin und kam auf Nick und ihn zugelaufen. »Habt ihr mich gerufen?«, fragte sie.

»Äh, ja«, begann Levin. »Ich sagte gerade, wie schön ich Ihre braunen Locken finde.«

Irmchen starrte ihn entsetzt an. »Braune Locken? Ich habe keine braunen ...« Dann hob sie ihre Hand und zog sich eine dicke Haarsträhne vor die Augen. »Oh, habe ich ja doch«, murmelte sie. Dabei stiegen ihr die Tränen in die Augen. Sie drehte sich um, ohne sich zu verabschieden, und ging langsam fort, immer wieder nach einer Haarsträhne greifend, die sie sich vor die Augen hielt. »Ich habe braune Haare«, hörte Nick sie noch zweimal vor sich hin sagen.

»Ist sie irgendwie ... krank?«, fragte er Levin.

Der schüttelte den Kopf. »Sie kann nichts dafür. Ihre Autorin ist schuld. Sie kann sich nicht entscheiden, wie Irmchen aussehen soll. Darum sieht sie beinahe jeden Tag anders aus. Gestern hatte sie noch kurze blonde Haare und war mindestens einen Kopf größer.«

Nick stutzte, dann fiel ihm ein, was er Levin die ganze Zeit hatte fragen wollen. »Was hast du eigentlich gestern gemeint, als du sagtest, Thelma und Bogart hätten eine Sondergenehmigung?«

»Ganz einfach«, sagte Levin. »Es dürfen auf Montamar keine Figuren figurisiert werden, die gewalttätig sind.«

Das leuchtete Nick natürlich ein. Schließlich lebten auf Montamar nicht nur Autoren mit ihren Figuren, sondern auch ganz normale Menschen, die vermutlich ihre Ruhe haben wollten und keine Angst, ständig verprügelt zu werden.

»Und was macht ein Autor, wenn die Figur, die er studieren will, ein Schläger ist?«

»Dann beschreibt er ihn, ohne ihn figurisieren zu lassen, oder er geht nach Alcatar.« Als Levin Nicks fragenden Gesichtsausdruck sah, erklärte er weiter: »Alcatar ist auch eine Insel, allerdings liegt sie viel weiter von der Küste entfernt als Montamar. Dort werden alle gewalttätigen Figuren figurisiert. Natürlich unter Hochsicherheitsbedingungen.«

Nick schüttelte lachend den Kopf. Offenbar hatte man auf Montamar an alles gedacht. »Also, ich weiß nicht«, sagte er, während gerade ein farbenfroh gekleideter Sultan auf einem mit edlen Teppichen ausstaffierten Wagen an ihnen vorbeigefahren wurde, »da bin ich doch lieber hier.«

Levin nickte. »Ja, ich auch. Definitiv.«

»Und was ist nun mit Thelma und Bogart?«

»Nun«, sagte Levin, ein wenig zögerlich, »eine Figur hat ja nicht nur eine gute Seite. Das wäre furchtbar langweilig. Also hat man Kriterien entwickelt, bis zu welchem Grad sie gewalttätig sein dürfen, ohne nach Alcatar geschickt zu werden.«

»Und Thelma und Bogart liegen noch unterhalb dieser Grenze?« Nick konnte sich das beim besten Willen nicht vorstellen.

»Nein. Da kommt diese Sondergenehmigung ins Spiel. Wenn eine Figur nicht zu weit über der Grenze liegt, kann der Autor versuchen, ihren Aufenthalt hier genehmigen zu lassen. Er muss dazu etwa tausend Formulare und Anträge ausfüllen und er muss seine Figur dreimal in der Woche dem Zensoriat vorführen und von einem staatlich geprüften Figurentester untersuchen lassen.«

Nick staunte, wie perfekt alles organisiert und durchdacht zu sein schien und wie gut Levin sich auskannte. »Woher weißt du das?«

Levin lachte. »Mensch, ich bin hier aufgewachsen. Außerdem lernt man das in der Schule.« Levin verdrehte die Augen. »Figurenrecht, grausam!«

Auf einmal sah Nick die Horde Indianer in Kriegsbemalung auf sie zurennen. Im selben Augenblick sprang Levin auf. »Los, komm mit!«

Levin rannte so schnell, dass Nick Mühe hatte hinterherzukommen. Während er ihm zur anderen Seite des Platzes folgte und ihn dann um eine Hausecke biegen sah, fragte er sich nach einem Blick zurück kurz, ob das Zensoriat hier nicht vielleicht doch ein wenig zu großzügig mit seinen Sondergenehmigungen umging.

Als Nick an der Ecke ankam, verschwand Levin gerade hinter einem anderen Haus. Nick musste sich beeilen, wenn er ihn nicht verlieren wollte. Auf einmal stand er mitten in einer Geschäftsgasse mit vielen Menschen, die sich in beide Richtungen drängten. Nur Levin konnte er nirgends entdecken.

Er blieb einen Moment lang stehen und überlegte. Wenn das ein Scherz sein sollte, fand er ihn nicht besonders witzig. Schließlich kannte er sich hier nicht aus. Außerdem waren ihnen die Indianer gar nicht gefolgt. Er musterte die Menschen und die Geschäfte, und gerade als er sich entschieden hatte umzukehren, sah er Levin aus dem Eingang eines Buchladens heraus wild winken.

»Du hättest nicht so zu rennen brauchen«, sagte Nick ganz außer Atem, als er bei Levin ankam. »Die haben uns nicht verfolgt.«

Levin kniff die Augen zusammen. »Wer?«

»Die Indianer!«

»Was für Indianer?« Levin warf ihm einen verblüfften Blick zu.

»Die, vor denen wir weggelaufen sind. Dachte ich jedenfalls.«

»Ach so!« Levin begann zu lachen. »Nein. Um die ging es gar nicht. Wir sind vor Fräulein Vogelsing geflohen. Und die ist schlimmer als eine Horde Indianer, das kannst du mir glauben.« Auf Nicks verständnislosen Blick hin fuhr er fort: »Sie ist Lehrerin an der Hohen Schule, und jedes Mal, wenn sie mich sieht, fängt sie an, mir Vorträge über die figürliche Literaturgeschichte zu halten. Ich weiß wirklich nicht warum, aber aus irgendeinem Grund denkt sie, dass mich das besonders interessiert. Wenn wir nicht die Flucht ergriffen hätten, wären wir heute Abend noch nicht zu Hause. Und jetzt komm! Ich zeige dir, wo ich wohne.«

Zu Nicks Erstaunen öffnete Levin die Tür des Buchladens, und sie betraten einen schmalen Raum, an dessen Ende sich ein riesiger Saal anschloss. Nick blieb vor Überraschung der Mund offen stehen. Von außen hatte das Geschäft ganz klein ausgesehen.

Überall in den deckenhohen Regalen und auf den großen Tischen stapelten sich Bücher über Bücher, dazwischen drängten sich die Kunden.

Levin ging quer durch den Raum auf eine Tür im hinteren Teil des Ladens zu. Gehörte Levins Eltern etwa diese Buchhandlung? Nick wollte Levin gerade fragen, als dieser von einer Frau mit dichten braunen Locken und einer kreisrunden Brille aufgehalten wurde. »Wo hast du denn gesteckt?«, fragte sie ihn ohne jeden Vorwurf. Nick dachte, dass diese Frage bei seinem Vater ganz anders geklungen hätte.

»Ich habe Nick abgeholt und zeige ihm ein bisschen Montamar«, erklärte Levin. »Wieso?«

»Ach, Junge«, sagte die Frau kopfschüttelnd und zwinkerte Nick kurz zu. »Du weißt doch, dass du heute mit den Auslieferungen dran bist.«

»Oh nein!« Levin schlug sich mit der Hand vor den Kopf. »Das habe ich vollkommen vergessen.«

In dem Moment huschte ein hochgewachsener Mann an ihnen vorbei, der Levin wie aus dem Gesicht geschnitten schien. Ohne anzuhalten, drückte er Levin einen Stapel Bücher in die Hand. »Halt die mal bitte!« Dann eilte er auf einen Kunden zu, der gerade den Laden betreten hatte, und begrüßte ihn überschwänglich.

»Also«, hob Levins Mutter an und schüttelte wieder den Kopf, wobei nicht klar war, ob sie damit ihren Sohn oder ihren Mann meinte. Sie wandte sich Nick zu und streckte ihm die Hand entgegen. »Zunächst einmal guten Tag. Du bist sicher Nick. Herzlich willkommen auf Montamar. Ich hoffe, deine Familie und du werdet hier eine schöne Zeit haben.«

»Vielen Dank«, entgegnete Nick und schüttelte Frau Veroques Hand. »Das hoffe ich auch.«

Sie lächelte ihn an und richtete den Blick dann wieder auf Levin. »Seid mir nicht böse, wenn ich euren gemeinsamen Nachmittag an dieser Stelle unterbreche. Vielleicht kann Nick ja bald einmal zum Essen zu uns kommen. Aber heute geht hier alles drunter und drüber, Levin. Es tut mir leid, wir brauchen wirklich deine Hilfe.«

Levin nickte betrübt. »Ja, ich weiß.«

»Doch vielleicht …«, überlegte seine Mutter, »… ich meine, wenn du Nick ohnehin Montamar zeigen wolltest, dann ist so eine Auslieferung doch gar keine schlechte Gelegenheit.«

Levin schaute seine Mutter amüsiert an. »Das hängt ganz stark davon ab, wohin wir die Bücher bringen müssen, oder was meinst du, Nick?«

»Also mir ist es egal, wohin wir gehen. Für mich ist ohnehin alles neu«, sagte er vorsichtig.

»Ganz egal sollte es dir aber lieber nicht sein.« Levins Mutter schüttelte übertrieben den Kopf. »Zum Beispiel könntet ihr Frau Wankenholt aufsuchen müssen. Dann würdet ihr erst wieder aus ihrem Haus kommen, nachdem ihr zwanzig Unterschriften auf ihre Liste zum Schutz ausgebeuteter Figuren gesetzt habt.«

»Oh ja«, stöhnte Levin. »Oder wir könnten Doktor Sibelin beliefern. Der hat Geld wie Heu, aber er ist nie bereit, den vollen Preis für seine Bücher zu zahlen. Und dann verbringt man Stunden damit, ihm zu erklären, dass es auf Bücher keinen Rabatt gibt.«

In diesem Augenblick huschte wieder Levins Vater an ihnen vorbei und riss erneut, ohne anzuhalten, Levin den Bücherstapel aus den Armen, um damit hinter dem Verkaufstresen zu verschwinden.

»Aber keine Sorge«, sagte Levins Mutter. »Heute sind keine Sokus zu beliefern.«

»Sokus?«, fragte Nick verwirrt.

Levin klärte ihn auf. »Sonderkunden. Den Begriff hat Papa irgendwann einmal erfunden.«

»Oder auch sonderbare Kunden«, lachte Frau Veroque.

»Sorgenfaltenkunden«, ergänzte Levin.

»Sonderwunschkunden.«

Nick kam eine Idee. »Fallen darunter auch Sockenschusskunden?«

»Großartig, mein Junge.« Jemand schlug ihm von hinten auf den Rücken. »Großartig! Auf die Idee sind wir noch gar nicht gekommen.« Levins Vater grinste und schon war er wieder weg.

»Jedenfalls ist es heute eine ganz normale Auslieferung«, sagte Levins Mutter. »Aber beeilt euch bitte. Und ihr müsst dringend als Erstes zu Heinrich Lübbenkroog und ihm das bestellte Italienisch-Wörterbuch bringen. Er ist schon ganz verzweifelt. Seine Hauptfigur ist ein Schuhmacher aus Mailand und der gute Lübbenkroog kann kein Italienisch. Er versteht kein Wort von dem, was seine Figur sagt. Und offenbar spricht sie sehr viel.«

Das Gespenst

Jeder mit einem Stapel Pakete unter dem Arm machten sich Nick und Levin auf den Weg.

»Vielleicht ist dies tatsächlich die beste Möglichkeit, dir Montamar zu zeigen«, sagte Levin, während sie durch ein dichtes Gewirr von spitzgiebeligen Häusern, Gassen, Tunneln und Treppen den Berg hinaufstiegen. »Ich bin nämlich eigentlich eher lauffaul, weißt du? Wahrscheinlich hätten wir uns alle zehn Meter irgendwo hingesetzt und ich hätte dir die ganze Zeit nur etwas erzählt.«

»Das hätte mir bestimmt genauso viel Spaß bereitet«, sagte Nick und machte zwei mittelalterlichen Edelfrauen Platz, die ihn dafür keines Blickes würdigten.

Sie begegneten auf ihrem Weg noch einer Unzahl sonderbarer Menschen und Gestalten – am seltsamsten war sicherlich der in Büffelfell gekleidete Steinzeitjäger mit einer Keule in der Hand, dicht gefolgt von dem kleinen bunten Vogel, der sich kurz auf Levins Schulter setzte, ehe er wieder losflog. Nick hätte schwören können, dass der Vogel beim Abflug »Ihr Vollidioten!« gekrächzt hatte, aber ganz sicher war er sich nicht.

Nick sog die neuen Eindrücke auf wie ein Schwamm. All die verwinkelten Häuser, die schmalen gewundenen Wege und steilen Treppen. Die vielen bemerkenswerten Gebäude, wie etwa das Kontorhaus, die riesige Hanseatenvilla, die eine bedeutende Sammlung alter Buchillustrationen beherbergte, oder das altehrwürdige Verlagshaus Sonnenradt, das vor langer Zeit einmal ein Speicher gewesen war. Besonders aber all die Menschen und seltsamen Figuren. Was für ein unglaublicher Ort! Immer wieder blitzte zwischen den Häusern das Meer auf, und wenn sie den Kopf in den Nacken legten, sahen sie weit über sich die Burg dunkel in den Winterhimmel aufragen.

»Sie wirkt irgendwie bedrohlich«, sagte Nick.

»Das sollte sie auch«, erklärte Levin. »Als sie erbaut wurde, musste sich Montamar ständig gegen Feinde wehren. Und die Burg hat tatsächlich allen Angriffen standgehalten. Doch du kannst beruhigt sein: Heute ist das ein ganz freundlicher Ort. Jetzt sind dort das Zensoriat und die Große Bibliothek untergebracht, aber das weißt du sicherlich.«

»Ja«, sagte Nick und blickte ein weiteres Mal zu dem düsteren Gemäuer und seinen hohen, steilen Wänden hinauf. Er konnte nicht genau sagen, warum ihm das Gebäude so einen Schauer über den Rücken jagte. Bei dem Gedanken daran, dass Tullia, sein Vater und er heute Abend dort zum Essen eingeladen waren, wurde ihm ziemlich mulmig zumute.

Es dauerte etwa anderthalb Stunden, bis Levin und er alle Bücher an die Kunden ausgeliefert hatten und wieder vor dem Buchladen der Veroques standen. (Herr Lübbenkroog hatte Tränen vor Dankbarkeit in den Augen gehabt und noch im Türeingang begonnen, in seinem Wörterbuch nach dem italienischen Wort für »Ruhe« zu suchen.)

»Schön, dass du mir geholfen hast«, sagte Levin. »Ohne dich hätte das Ganze längst nicht so viel Spaß gemacht und ich hätte alle Bücher allein schleppen müssen. Was hältst du davon, wenn ich dir jetzt unsere Wohnung zeige und wir zur Belohnung unsere Keksdose plündern?«

»Klar, sehr gern.« Auf einmal jedoch fiel Nick etwas ein, das er inzwischen vollkommen vergessen hatte. Er blickte auf seine Uhr. »Ach du Schande. Können wir das verschieben? Ich muss los. Wir sind ja heute Abend eingeladen.«

»Ja, klar«, sagte Levin. »Kein Problem. Meinst du, du findest allein wieder zurück?«

Nick nickte. »Sicher.«

»Gut, dann hole ich dich morgen zur Schule ab. Die ist nämlich nicht ganz so leicht zu finden.«

»Klasse, vielen Dank!«

»Also, bis morgen. Und viel Spaß heute Abend!«

»Ich fürchte, mit Spaß hat das nichts zu tun. Aber danke! Bis morgen!«

Und damit machte sich Nick auf den Nachhauseweg. Mit Schrecken musste er an den nächsten Tag denken, an dem der »Figurenentwicklungskurs« anfing, zu dem ihn sein Vater gegen seinen Willen angemeldet hatte. Und an dem Tullia nicht teilnehmen musste. Was ihn doppelt ärgerte.

»Deine Schwester kann bereits schreiben. Und ich möchte, dass du es ebenfalls lernst. Ist das klar?«, hatte sein Vater erklärt.

Nick war die Antwort im Halse stecken geblieben. Es nützte ja doch nichts. Er musste tun, was sein Vater sagte.

Aber etwas Positives gab es an dieser leidigen Geschichte mit dem Ferienkurs nun doch: Levin hatte ihm an diesem Nachmittag erzählt, dass er mit von der Partie sein würde. Freiwillig, um seinen Schreibstil und seine Figurengestaltungsfähigkeiten zu verbessern.

Nick hatte verständnislos mit dem Kopf geschüttelt. »Auf die Idee wäre ich nie gekommen. Aber es ist toll, dass wir da zusammen sind.«

»Finde ich auch. Und du kannst mir wirklich glauben: Fräulein Schengensieck und ihre Figurenentwicklungskurse sind einfach legendär!«

»Wie meinst du das?«

»Du wirst schon sehen!« Und dann hatte Levin sehr seltsam gegrinst.

Nick hatte überhaupt keine Lust, zu dem Essen auf der Burg zu gehen, erst recht nicht, nachdem sein Vater Tullia und ihm erzählt hatte, dass auch viele wichtige Persönlichkeiten anwesend sein würden, dass es eine hohe Ehre sei, ins Zensoriat eingeladen zu werden, und dass er von seinen Kindern das allerbeste Benehmen erwartete.

Es war bereits dunkel, als sie das Haus verließen. Überall erhellten hohe Gasleuchten die Gassen, und eine klirrende Kälte zog vom Meer herauf, die in ihre Kleidung kroch. Kaum jemand begegnete ihnen, als sie über das glatte Kopfsteinpflaster bergauf marschierten.

Wie schon am Nachmittag konnte Nick auch jetzt hin und wieder das Gebäude des Zensoriats zwischen den Häusern hindurchblitzen sehen. Anders als am Tag wirkte es jetzt aber nicht so düster, da es von unzähligen Fackeln hell erleuchtet wurde. Und trotzdem überkam Nick wieder dieses seltsam ungute Gefühl.

Sein Vater folgte Nicks Blick. »Keine Sorge, wir müssen nicht den ganzen Weg zu Fuß gehen. Wir nehmen die Zensoriatsbahn.«

»Die was?«, fragte Nick erstaunt.

»Die kleine Bergbahn, die zur Burg hinauffährt. Natürlich ist sie nicht für den öffentlichen Gebrauch bestimmt, sondern nur den obersten Beamten des Zensoriats vorbehalten«, erklärte WM. »Wir dürfen sie heute jedoch benutzen.«

Nick hatte nicht einmal bemerkt, dass es auf Montamar überhaupt so etwas wie eine Bahn gab, und er hatte mit Levin an diesem Nachmittag doch schon einen guten Teil der Insel kennengelernt. Er schüttelte den Kopf und fragte sich, welche Überraschungen hier sonst noch auf ihn warteten.

Wie am Abend zuvor führte ihr Weg auch diesmal über eine Vielzahl enger gewundener Gassen und Treppenstiegen den Berg hinauf. Nick hatte schon nach kurzer Zeit keine Ahnung mehr, wo sie sich eigentlich befanden.

Schließlich erklommen sie eine Treppe, deren Stufen so steil und hoch waren, dass Nick es nicht wagte, den Blick von seinen Füßen zu nehmen. Und so war er völlig überrascht, als er am Ende der Treppe plötzlich am Rande eines Waldstücks stand. Offensichtlich hatten sie den falschen Weg genommen. Doch sein Vater schien gänzlich unbeeindruckt. Ohne zu zögern, trat er auf die Bäume zu und schlängelte sich zwischen ihnen hindurch. Allein hätte Nick vermutlich keinen Fuß in diesen Wald gesetzt. Lediglich eine einzelne Gaslaterne verströmte ein wenig Licht in dem finsteren Dickicht. Dadurch erschienen die knorrigen Äste jedoch nur noch gespenstischer und die Schatten viel düsterer.

Nick atmete auf, als sie, kaum fünfzig Meter weiter, endlich aus dem Wald heraus auf eine kleine grasüberwucherte Lichtung traten.

»Da sind wir«, erklärte WM.

Nick sah sich verwirrt um. An vier oder fünf Stellen taten sich mehr oder weniger schmale Lücken zwischen den dicht stehenden Bäumen auf, so als mündeten hier noch weitere Pfade auf die Lichtung. Er trat ein paar Schritte vor und ließ seinen Blick ringsum wandern. Nach einer Bahnstation sah es hier wahrhaftig nicht aus. Wo zum Beispiel waren die Gleise?

WM schaute belustigt von Tullia zu Nick, dann begab er sich etwa in die Mitte der Lichtung, ging dort in die Knie und begann, im Gras nach etwas zu suchen. Nach wenigen Sekunden hob er eine kleine, vollkommen mit Gras bewachsene Falltür hoch, die so perfekt in den Boden eingelassen war, dass sie von Unwissenden nicht entdeckt werden konnte.

Nick und Tullia traten verblüfft an die Öffnung heran. Darin befand sich ein metallener Griff, an dem ihr Vater nun zog – zweimal lang, dreimal kurz und noch einmal lang. Dann schloss er die Falltür wieder. »So«, sagte er, »es dauert jetzt genau fünf Minuten.« Er blickte auf seine Uhr.

Nick starrte zur Burg hinauf. Von einer Bahn fehlte jedoch jede Spur. Überhaupt fragte er sich, wie das Ganze ohne Gleise funktionieren sollte. Doch als er nun den Boden genauer betrachtete, schien es ihm, als glitzere dort irgendetwas in der Dunkelheit. Er bückte sich und entdeckte zwischen dem hochstehenden Gras Schienen aus dunklem Metall.

Gerade wollte er sich wieder aufrichten, als eine schmale Gondel mit leisem Surren am Rande der Lichtung zum Stehen kam.

WM blickte auf die Uhr. »Wie ich gesagt habe: genau fünf Minuten. Kommt, steigt ein!«

Nachdem sie im Inneren der Bahn Platz genommen hatten, zog WM an einem kleinen Griff direkt neben der Tür, und mit einem leichten Ruck setzte sich die Bahn in Bewegung. Durch das vordere Fenster war nun auch das Drahtseil zu erkennen, an dem sie hochgezogen wurde.

Sie fuhren nicht sehr schnell, vielleicht etwas mehr als zügiges Schritttempo. Sein Vater und Tullia blickten nach vorne zum Fenster hinaus, doch Nick fand es spannender, die vorbeiziehenden Klippen und Bäume zu betrachten. Die dunklen Kiefern standen manchmal so dicht an den Gleisen, dass immer wieder einzelne Zweige an der Gondel entlangkratzten.

Nach ein paar Minuten gelangten sie an eine Stelle, die offenbar besonders steil war. Die Bahn verlangsamte ihr Tempo abermals, sodass sie sich kaum schneller zu bewegen schien als eine Schnecke. Nick hatte gerade einen zurückschnellenden Ast mit den Augen verfolgt, als er direkt vor sich ein kreidebleiches Gesicht sah. Nick war vor Schreck wie gelähmt. Das Gesicht war keine Handbreit von ihm entfernt und es war so weiß wie das eines Gespenstes. Ausdruckslose schwarze Augen starrten ihn unter einer dunklen Kapuze hervor an. Nick lief ein eisiger Schauer über den Rücken. Er öffnete den Mund, bekam jedoch keinen Ton heraus. Wie gebannt blickte er auf die Gestalt, die regungslos zwischen den Bäumen stand.

Nach Ewigkeiten, wie es Nick schien, konnte er sich endlich wieder bewegen. Er drehte sich zu seinem Vater um. Doch immer noch brachte er vor Entsetzen keinen Laut hervor. Ihm blieb nur eines: Er packte seinen Vater an der Schulter und riss ihn herum.

»Bist du von Sinnen? Was ist denn los?«, fuhr WM ihn an.

Nick zeigte hinter sich aus dem Fenster.

Sein Vater blickte über die Schulter hinweg nach draußen und dann wieder zu Nick. »Was soll denn da sein? Ich sehe nichts.«

Nick wandte sich erneut um. Und tatsächlich: Die Gestalt war nicht mehr da.

»Nun?«, fragte sein Vater ungeduldig. »Was war denn? Du siehst aus, als hättest du ein Gespenst gesehen.«

»Das ha… Das habe ich auch. Je… Jedenfalls sah es so …«, brachte Nick heraus. Dann erzählte er, was passiert war.

Sein Vater musterte ihn lange, die Stirn in tiefe Falten gelegt. Schließlich schien er sich wieder zu fangen, räusperte sich und sagte: »Da hat sich bestimmt jemand einen dummen Scherz erlaubt.« Zu Nicks Verwunderung legte er ihm die Hand auf die Schulter. Solche Gesten der Zuneigung waren eher selten für seinen Vater. Selbst Tullia starrte ihn verblüfft an.

Kurz darauf kam die Bahn unterhalb der Burgmauer zum Stehen.

Beinahe im selben Moment wurde die Tür der Gondel von einem Diener in Livrée geöffnet, der ihnen den Weg in die Burg zeigte.

Nicks Beine waren weich wie Gummi, als er hinter den anderen herging. Er konnte den Anblick dieser Gestalt nicht vergessen, die ihn so kalt angestarrt hatte. Es war, als hätten sich ihre Augen für immer in seinem Gedächtnis eingebrannt. Vielleicht war es nur ein Zufall gewesen, doch irgendwie hatte Nick das Gefühl, dass die Gestalt extra an diesen Ort gekommen war, um ihnen einen Schreck einzujagen. Aber warum?

Wortlos geleitete der Diener sie zu einem riesigen Steinportal, in das zwei kleinere schwere Holztüren eingelassen waren, von denen sich die eine wie von Zauberhand öffnete. Sie traten hindurch, und gingen einen langen Gang entlang, der zu beiden Seiten von großen metallbeschlagenen Holzfackeln erleuchtet wurde. Schließlich wies sie der Diener mit einer Handbewegung an, den Raum zu seiner Rechten zu betreten.

Für einen Moment vergaß Nick die bleiche Gestalt. Der Saal, der sich vor ihnen erstreckte, hätte nicht größer und prunkvoller sein können. Hunderte von Fackeln warfen ihr flackerndes Licht von den Wänden und reichten doch kaum aus, um den Raum richtig zu erhellen. An beiden Seiten des Saales loderten Feuer in mächtigen Kaminen und verbreiteten eine angenehme Wärme. In der Mitte stand ein langer Holztisch mit etwa fünf Dutzend geschnitzten, hochlehnigen Stühlen und zahlreichen Kerzen, die ihr Licht auf edles Porzellan, glänzende Weingläser und blitzendes Besteck warfen. Die Bilder, die in dicken goldenen Rahmen an den Wänden hingen, und die riesigen Gobelins erzählten Geschichten von Burgen, Rittern und Drachen. Dazwischen befanden sich Ritterrüstungen, die so aussahen, als hielten sie Wache.

Nick, Tullia und WM waren die ersten Gäste. An jedem anderen Tag hätte sich Nick jetzt die Rüstungen in aller Ruhe und mit größtem Interesse angesehen, doch an diesem Abend empfand er sie als unheimlich. In jeder der Rüstungen, und es mussten an die zwanzig sein, konnte sich jemand versteckt halten und sie beobachten, ohne selbst gesehen zu werden.

Zensor Maximus

Nick und Tullia waren neben der breiten Tür stehen geblieben und hatten, vollkommen überwältigt von der Größe und Pracht, die sich ihnen darbot, ihre Blicke durch den Raum schweifen lassen. Ihr Vater war inzwischen schon forschen Schrittes quer durch den Saal marschiert und studierte eines der mannshohen Ölgemälde.

Da ertönten Schritte auf dem Steinboden des Ganges, die rasch näher kamen. Nick drehte sich um. In dem Moment betrat ein höchst ungewöhnlich gekleideter Mann den Saal. Er bemerkte Nick und Tullia gar nicht, sondern eilte direkt auf WM zu. Der Mann war groß gewachsen und hager, und er trug einen langen tiefblauen Umhang, der beinahe bis zum Boden reichte. Um seinen Hals wand sich ein dunkelroter Kragen, dessen Form Nick an die Lamellen erinnerte, die man unter manchen Pilzen sehen konnte.

Der Mann, der vermutlich der Zensor Maximus war, legte WM zur Begrüßung beide Hände auf die Schultern. »Wie gut, dass du schon da bist«, sagte er mit leiser, aber sehr deutlicher Stimme. »Ich habe dir etwas Dringendes mitzuteilen. Soeben habe ich erfahren, dass ...«

Augenblicklich legte WM den Zeigefinger auf den Mund und machte eine kaum wahrnehmbare Kopfbewegung in Richtung seiner Kinder.

Der Zensor hielt kurz inne, dann drehte er sich langsam zu Tullia und Nick um. Sein stechender Blick traf Nick, der unwillkürlich einen Schritt nach hinten machte. Doch dann legte sich mit einem Mal ein Lächeln auf das Gesicht und so eilig, wie er gerade auf WM zugeschritten war, kehrte er nun zum Eingang des Saales zurück. Nacheinander reichte er Tullia und Nick die Hand. »Entschuldigt bitte meine Unhöflichkeit«, sagte er, und Nick zuckte zusammen, als er die tiefe Stimme hörte. »Ich habe euch beim Hereinkommen gar nicht gesehen. Einen guten Abend wünsche ich euch. Ich bin Willibald Regeling. Ihr müsst Tullia und Nick sein.«

Der Mann in der seltsamen Kluft war also tatsächlich der Zensor Maximus, der Oberzensor, auf dessen Einladung hin sie hier waren. Nick erinnerte sich an die Aufforderung seines Vaters, dass Tullia und er an diesem Abend ihr »allerbestes Benehmen« an den Tag legen sollten. Gerade wollte er sich für die freundliche Einladung bedanken, da fügte der Zensor hinzu: »Und ich muss mich gleich ein zweites Mal bei euch entschuldigen, denn ich möchte euren Vater kurz in einer sehr wichtigen Angelegenheit sprechen. Seht euch doch hier so lange um. Wir sind gleich zurück.«

Damit bedeutete er WM, ihm zu folgen, und die beiden verließen eiligen Schrittes den Saal.

Nick schaute ihnen verblüfft hinterher. Dann sah er Tullia an. »Also, irgendwie hätte ich ihn mir netter vorgestellt.«

»Ja.« Tullia nickte. »Ich auch.«

Nick überlegte, ob er Tullia erzählen sollte, dass ihm noch etwas anderes durch den Kopf ging. Seine Schwester war oft nur sehr schwer einzuschätzen und er wollte sich vor ihr nicht lächerlich machen. Obwohl sie nur ein Jahr älter war als er, schien es ihm manchmal so, als trennten sie Welten voneinander. Und wenn sie mit ihm sprach, was eher selten vorkam, konnte sie eine furchtbar schulmeisterliche Art an sich haben.

»Ich glaube, irgendetwas stimmt hier nicht«, begann er schließlich vorsichtig.

Tullia zuckte mit den Achseln. »Ich weiß nicht. Ich glaube, der Zensor hat nur selten mit Kindern zu tun.«

»Nein«, sagte Nick. »Das ist es nicht. Erinnerst du dich, dass Vater heute Nachmittag Besuch hatte und nicht einmal Harietta mitbekommen durfte, wer sein Gast war?«

Tullia sah ihn verständnislos an. »Ja, und?«

»Der Besucher war der Oberzensor Willibald Regeling. Ich habe seine Stimme wiedererkannt.«

»Bist du ganz sicher?«

Nick nickte. »Wenn du mich fragst, haben der Oberzensor und Vater irgendein Geheimnis. Warum sonst diese Heimlichtuerei? Und warum muss der Zensor Vater jetzt schon wieder so dringend sprechen?«

Tullia dachte eine Weile nach. Dann zog sie die Augenbrauen hoch, so wie sie es immer tat, wenn sie anderer Ansicht war als Nick und überzeugt davon, dass sie mit ihrer Meinung richtig lag. »Es gibt bestimmt eine ganz simple Erklärung dafür. Ich glaube, du siehst Gespenster. So wie vorhin in der Bahn.«

Nick wurde wütend. »Das war kein Gespenst«, zischte er. Er wandte sich von Tullia ab und trat ein paar Schritte in den Saal hinein. Warum hatte er nicht einfach den Mund gehalten?

Gedankenverloren schlenderte er die Wand entlang. Obwohl er die Rüstungen noch immer eher beunruhigend fand und das Gefühl hatte, als beobachteten ihn Hunderte von Augen, begann er, so zu tun, als studiere er die Gemälde und Wandvorhänge.

Er hatte eine ganze Weile ein Bild betrachtet, auf dem ein mittelalterlicher Turnierplatz mit unzähligen Rittern, Pferden und Edelleuten abgebildet war, da nahm er plötzlich aus dem Augenwinkel eine Bewegung wahr. Im ersten Moment dachte er, dass es Tullia war, doch sie stand immer noch am selben Platz wie vorhin. Langsam ließ Nick seinen Blick an der Wand entlangwandern.

Und dann sah er es: Einer der Gobelins schwang sich ganz sacht vor und zurück, so als stehe jemand dahinter. Oder war

71

es nur ein Luftzug gewesen, der den Vorhang bewegt hatte? Aber keines der Fenster war geöffnet und die Luft im Saal stand vollkommen still. Nick wagte kaum zu atmen. Er vergaß, wie wütend er auf seine Schwester war, drehte sich langsam zu ihr um und winkte sie zu sich. Dabei bedeutete er ihr mit dem Finger auf den Lippen, leise zu sein.

Tullia musterte den Gobelin und schüttelte verständnislos den Kopf. Nick zeigte auf den Wandvorhang, der sich nach wie vor leicht bewegte.

Nun bemerkte es auch Tullia. Nachdenklich legte sie die Stirn in Falten. Dann sah sie Nick an, der ihr ein Zeichen gab, ihm zu folgen. Auf Zehenspitzen schlich er näher an den Gobelin heran.

Kurz davor ließ er sich lautlos auf die Knie sinken und versuchte, unter den Vorhang zu blicken. Er wusste nicht genau, was er erwartet hatte. Aber das, was er dahinter sah, überraschte ihn doch.

»Was ist?«, flüsterte Tullia kaum vernehmbar. »Ist da jemand?«

Nick stand wieder auf. »Ich weiß es nicht.«

»Aber?«

Nick beugte sich ganz dicht an Tullias Ohr. »Hinter dem Vorhang gibt es noch einen Raum. Und ich glaube, ich habe da drinnen etwas gehört. Schritte oder so.«

Tullia starrte ihren Bruder an. »Ja, und?«, sagte sie. »Warum sollte da kein weiterer Raum sein und warum sollte sich niemand darin befinden?«

»Weil der Raum stockdunkel ist«, flüsterte Nick zurück. »Warum sollte sich jemand in einem stockdunklen Raum aufhalten?«

Vorsichtig schlich er sich an den Vorhang heran, gefolgt von Tullia, die mit einem lang gezogenen, wenn auch sehr leisen Seufzen deutlich machte, für wie kindisch sie das alles hielt.

Ganz langsam schob Nick den Stoff so weit von der Wand fort, dass Tullia und er gerade dahinter passten.

Dicht an die Wand gepresst, näherten sie sich dem schmalen Durchgang.

Was für ein Raum sich auch immer hier verbarg, es drang kein einziger Lichtstrahl von dort nach draußen, und so angestrengt Nick auch lauschte, er konnte kein weiteres Geräusch mehr vernehmen. Vielleicht hatte er sich geirrt. Dann jedoch nahm er etwas anderes wahr. Zunächst nur schwach, aber dann stieg ihm ein bekannter Geruch in die Nase. Der Geruch von Rauch, so wie von einer ausgeblasenen Kerze.

Nick war inzwischen direkt neben der Öffnung in der Wand angekommen. Er holte tief Luft. Vielleicht war das alles ja ganz harmlos. Vielleicht trafen die Bediensteten in diesem Raum gewisse Vorbereitungen für das Essen oder hielten sich hier während der Mahlzeiten auf, um schnell bereitzustehen, falls der Oberzensor nach ihnen verlangte. Dann würden Tullia und er sich ziemlich lächerlich machen.

Irgendetwas aber sagte Nick, dass er sich irrte. Warum sollte der Raum sonst so gut versteckt sein, und vor allem, warum war er dunkel?

Nick nahm schließlich all seinen Mut zusammen, reckte den Kopf vor und spähte um die Ecke. Er spürte, dass Tullia ihm nachfolgen wollte, aber er hielt sie mit der Hand zurück.

Zunächst musste er sich an die vollkommene Dunkelheit gewöhnen, die ihm entgegenschlug. Es dauerte einige Sekunden, bis er etwas sehen konnte.

Es war kein sehr großer Raum, nur etwa so lang und so breit wie zwei ausgewachsene Männer, und er war auf allen drei Seiten von überquellenden Bücherwänden umstellt. Es gab keine Fenster. Das einzige Licht stammte von den Fackeln, die vom Saal aus unter dem Gobelin hindurchschimmerten. In der Mitte stand ein kleiner Tisch und darauf befand sich eine hohe Kerze, aus deren Docht ein dünner Rauchfaden aufstieg.

Nick trat nun ganz in den Raum hinein. Diesmal hielt er auch Tullia nicht zurück. »Irgendjemand muss eben noch hier gewesen sein und die Kerze ausgepustet haben«, flüsterte Nick.

Tullia nickte. »Aber wo ist er hin?«, flüsterte sie zurück.

Sie suchten jeden Winkel des Raumes ab, es gab jedoch keinen Zweifel: Außer dem Wandvorhang existierte kein weiterer Zugang. Und da ihnen niemand entgegengekommen war …

»Hinter einem der Regale muss eine Geheimtür sein«, wisperte Nick.

Wieder nickte Tullia. »Wir sollten jetzt besser gehen, ehe Vater und der Zensor zurückkommen.«

Gerade als sie hinter dem Vorhang hervorschlüpften, hörten sie von draußen auch schon das laute Lachen und die Schritte mehrerer Personen, die auf den Saal zukamen. Kurz darauf traten etwa zehn Damen und Herren in festlichen Kleidern durch die Tür. Sie waren so angeregt in ein Gespräch vertieft, dass sie Nick und Tullia gar nicht zu bemerken schienen.

Nick war das nur recht. Er hatte ohnehin keine große Lust, sich höflich mit irgendwelchen Menschen zu unterhalten, die er nicht kannte und die sicherlich genau dieselben Fragen stellen würden wie alle Erwachsenen, denen er sich vorstellte: »Wie ist es denn, der Sohn eines so berühmten Schriftstellers zu sein?«, oder: »Du bist doch sicher sehr stolz!« und so weiter. Natürlich waren Tullia und er inzwischen daran gewöhnt. Aber angenehm war es dennoch nicht. Im Gegenteil.

Nick und Tullia standen noch immer neben dem Gobelin und beobachteten die Gäste, die sich inzwischen zu dem großen Tisch begeben hatten, als ihr Vater und der Zensor in der Tür zum Saal erschienen. Sie blieben einen Moment stehen und ließen ihre Blicke über die Gäste schweifen.

Die Augen des Zensors hafteten für einen Moment an dem Gobelin, der sich noch immer ein kleines bisschen bewegte. Dann sah er zu Nick und Tullia herüber. Ahnte der Oberzensor etwa, wo seine Schwester und er eben gewesen waren? Es dauerte eine Weile, ehe Nick sich von den kalten Augen des Zensors losreißen konnte und seinen Vater ansah. Und wenn ihn der Gesichtsausdruck des Zensors bereits hatte frösteln lassen, so lief ihm jetzt ein eisiger Schauer über den Rücken.

Wilhelm Münsterbach war kreidebleich. So bleich, als habe er einen Geist gesehen. Und da er Nick und Tullia überhaupt nicht zu registrieren schien, sondern auf das Parkett vor seinen Füßen starrte, war klar, dass sie nicht der Grund für seine Verfassung sein konnten.

Was war hier los? Ging es ihm nicht gut oder war das, was der Zensor ihm erzählt hatte, so beunruhigend, dass Wilhelm Münsterbach am ganzen Leib zu zittern schien?

Tullia und er wechselten einen Blick. Dann liefen sie quer durch den Saal zu ihrem Vater.

Nick konnte in dieser Nacht kaum in den Schlaf finden. Er hatte sich noch nicht an sein neues Zimmer, das Bett und die fremden Geräusche gewöhnt. Vor allem aber hielten ihn die Ereignisse des vergangenen Abends wach. Immer wenn er kurz vor dem Einschlafen war, drängte sich ihm eine neue Frage auf.

Was hatte es mit der seltsamen Gestalt auf sich, die ihn aus dem Wald angestarrt hatte? Wer war in der Kammer hinter dem Vorhang gewesen und was hatte derjenige dort gemacht? Und was für eine Nachricht des Zensors konnte ihrem Vater so einen Schock versetzt haben.

Als Nick am nächsten Morgen aufwachte, war er beinahe verblüfft, dass er doch noch eingeschlafen war. So, wie er sich fühlte, konnte das aber höchstens fünf Minuten her gewesen sein.

»Mann, du siehst ja völlig übermüdet aus«, begrüßte Levin ihn, als er ihn nach dem Frühstück zur Schule abholte.

»Hier, das soll ich dir übrigens von meiner Mutter geben. Als Dankeschön für deine Hilfe.« Er drückte Nick ein kleines verschnürtes Päckchen in die Hand.

Nick sah ihn verwirrt an. »Dankeschön? Hilfe?«

»Na, du weißt schon: die Auslieferungen! Und jetzt mach es endlich auf, wir müssen los!«

Nick starrte auf das Päckchen in seiner Hand. Dann zog er an der Schnur und öffnete es. Darin befanden sich ein kleines Büchlein mit dem Titel »Montamarer Geschichten« und eine Tafel Schokolade. »Richte ihr bitte meinen Dank aus«, sagte er, »und dass das wirklich nicht nötig gewesen wäre. Eigentlich hast du ja viel eher mir geholfen, indem du mir die Insel gezeigt hast. Du müsstest ein Geschenk von mir bekommen.«

»Quatsch!« Levin grinste. »Ohne dich hätte ich doppelt so viele Bücher tragen müssen und ich hätte mich ganz fürchterlich gelangweilt. Aber jetzt sag endlich: Siehst du so müde aus, weil ihr so lange gefeiert habt?«

Nick zögerte kurz, bevor er antwortete. Es war noch stockfinster an diesem Wintermorgen und nasser Nebel zog vom Meer hinauf und waberte durch die Straßen. Nick starrte einer Nebelschwade hinterher, die sich gerade die Hermiagasse entlangbewegte. Dann entschied er sich, Levin alles zu erzählen. Der hatte ihm schließlich das Leben – oder zumindest die Gesundheit – gerettet, und er brauchte jetzt einen Freund, dem er sich anvertrauen konnte.

Und so berichtete er, während sie sich auf den Weg zur Schule machten, von der Geistergestalt an der Bahn, von dem

Raum hinter dem Wandvorhang, der ausgeblasenen Kerze und von seinem Verdacht, dass der Oberzensor und sein Vater irgendein Geheimnis hüteten. »Er war weiß im Gesicht, als er von dem Gespräch mit dem Zensor zurückkam. So habe ich ihn noch nie gesehen. Aber als Tullia und ich ihn fragten, was los sei, da schaute er uns an, als wären wir nicht ganz bei Trost. Es sei alles in bester Ordnung und wir sollten uns jetzt endlich um die anderen Gäste kümmern, sagte er nur. Ich weiß nicht, Levin …«, Nick schüttelte den Kopf, »aber ich habe das Gefühl, irgendwas stimmt da nicht. Vater gibt vor, wegen seines neuen Buches auf Montamar zu sein. Aber das glaube ich mittlerweile nicht mehr.«

Es dauerte eine Weile, ehe Levin antwortete. »Ich habe den Oberzensor noch nicht häufig selbst getroffen«, begann er langsam, »aber soweit ich weiß, ist er ein sehr strenger und vor allem ein sehr gerechter Mensch. Ich habe noch nie etwas Negatives über ihn gehört.«

Hintereinander liefen sie durch eine dunkle Gasse. Die Gaslaterne am anderen Ende gab nur ein sehr schwaches Licht ab.

Nick dachte noch einmal über das Verhalten des Zensors nach. Vor allem dessen stechender Blick ging ihm nicht aus dem Sinn. »Streng, das passt«, sagte er, als sie von der Gasse abbogen. »Bei dem Essen gestern kam es beinahe zum Streit und dabei sollte der Zensor als Gastgeber so etwas doch wohl vermeiden, oder?«

»Mit wem hat er sich denn gestritten?«, fragte Levin.

»Mit Frau ... ähm ... Frau Wankenholt oder so ähnlich.«

Levin lachte laut auf. »Oh ja, das kann ich mir vorstellen. Die beiden führen eine Art Dauerzwist.«

»Und warum?«

»Na ja, Frau Wankenholt ist Figurenrechtlerin.«

»Sie ist ... was?«

»Figurenrechtlerin. Sie passt darauf auf, dass die Figuren nicht zu stark ausgenutzt werden. Sie ist sehr engagiert und schreibt jede Woche etwa zehn Petitionen an den Zensor Maximus.«

Nick blieb mitten auf einer schmalen Brücke stehen und schaute Levin verwundert an. »Und der Zensor Maximus?«

»Der will die Menschen und vor allem die Autoren schützen. Daher dürfen hier keine gefährlichen oder absonderlichen Figuren leben, darüber hinaus gibt es noch ein paar andere Regeln, die eingehalten werden müssen. Er will, dass die Autoren ihre Figuren so frei gestalten können, wie sie wollen.«

Nick schlug sich mit der Hand an die Stirn. »Das erklärt einiges.« Dann berichtete er, was sich am vorherigen Abend Merkwürdiges zugetragen hatte.

Es waren insgesamt an die zwanzig Gäste geladen gewesen, zu Ehren und zur Begrüßung des großen Wilhelm Münsterbach, wie der Zensor Maximus in seiner Eröffnungsrede mehrfach betont hatte.

Nick erinnerte sich noch gut, wie sein Vater bei diesen Worten in die Runde geschaut, dankend genickt und zu lächeln versucht hatte, ehe er den Blick wieder gedankenverloren auf die gegenüberliegende Wand gerichtet hatte.

Danach hatte der Zensor Maximus die einzelnen Gäste vorgestellt. Auch Nick und Tullia wurden kurz erwähnt und mit einem Kopfnicken begrüßt, ansonsten aber nicht weiter beachtet. Obwohl Nick das zunächst als ungeheuer unhöflich empfand, war er bald sehr dankbar dafür, bedeutete es doch, dass er in aller Ruhe essen und ansonsten die anderen Gäste beobachten konnte.

Vor allem an einem der Anwesenden blieb sein Blick immer wieder hängen. Es war ein junger Mann, der von seinem Äußeren her gar nicht in diese feine Gesellschaft passte. Er trug eine nicht ganz saubere Hose und einen stellenweise abgewetzten Pullover und seine langen blonden Haare waren zu einem Pferdeschwanz zusammengebunden. Nick fiel auf, dass der junge Mann jede Gelegenheit nutzte, um sich ganz ungehörig zu benehmen. Er rülpste, er stützte beim Essen beide Ellenbogen auf, redete mit vollem Mund, ließ absichtlich die Hälfte seines Essens auf die blütenweiße Tischdecke fallen und lachte zu den unpassendsten Anlässen laut auf. Einmal sprang er sogar plötzlich von seinem Stuhl auf und blies einige der Kerzen auf dem langen Esstisch aus.

Es war interessant, dass nur der ältere Herr, der als Professor Zausel vorgestellt worden war, Einfluss auf ihn hatte. Denn während die bösen Blicke und das Kopfschütteln der anderen Gäste überhaupt keine Wirkung zeigten, musste der Professor nur einmal leise »Hör auf damit, Werner!« sagen, und Werner verhielt sich ruhig. Jedenfalls bis zu seinem nächsten Einfall. Dieser Vorgang wiederholte sich noch ein paarmal, bis die anderen Gäste und auch der Zensor Maximus sichtlich verärgert waren.

Und nun geschah etwas, das Nick vollkommen verblüffte: Der Professor seufzte einmal laut auf, dann sagte er: »Werner, du wirst ab sofort ganz still sitzen und dich nicht mehr rühren, bis ich etwas anderes sage.«

Tatsächlich blieb Werner völlig bewegungslos auf seinem Platz sitzen, so starr wie eine Statue.

Nick rechnete jeden Moment damit, dass Werner wieder etwas Neues ausheckte. Aber anscheinend hatte das Machtwort seine Wirkung nicht verfehlt.

Der Professor blickte schüchtern in die Runde. »Bitte verzeihen Sie. Aber Sie wissen ja, ich muss Werner jede Sekunde in meiner Nähe haben, sonst sind die Ergebnisse meiner Studie nicht aussagekräftig.«

Die anderen Gäste nickten höflich, jedenfalls die meisten von ihnen.

»Vielleicht hätte mich der verehrte Zensor Maximus doch besser nicht einladen sollen«, fügte der Wissenschaftler leise seufzend hinzu.

Dieser wischte den Satz gerade mit einer Handbewegung und einem müden Lächeln fort, als sich eine laute Frauenstimme vom anderen Ende des Tisches erhob. »Nun, das ist ja wohl die ganz und gar falsche Schlussfolgerung!«, rief die Frau, die zuvor als Frau Wankenholt vorgestellt worden war.

Alle Gäste wandten sich ihr zu. Nur der Zensor Maximus starrte mit einem kaum wahrnehmbaren Kopfschütteln den großen Deckenleuchter an.

»Ja, ja, zeigen Sie sich ruhig verärgert, werter Zensor, aber ich werde trotzdem meine Meinung sagen«, erklärte die Frau. Rötliche Flecken hatten sich auf ihre Wangen gelegt, die farblich zu ihren feuerroten Haaren passten. »Das«, rief sie und stach mit ihrem Zeigefinger immer wieder in die Luft, »ist doch wohl der beste Beweis für die Unwürdigkeit, unter der die Figuren zu leiden haben!«

Figuren?, dachte Nick. Wieso Figuren? War Werner ...? Er betrachtete den jungen Mann mit einem prüfenden Blick und versuchte, einen Anhaltspunkt dafür zu finden. Aber es fiel ihm keiner auf. Dann jedoch kam ihm Levins Rat wieder in den Sinn. Er sah sich Werners *falsche* Hand genauer an. Und tatsächlich: Die linke Hand war ein wenig, ein ganz klein wenig durchsichtig.

»Was meinen Sie?«, fragte der Oberzensor.

»Nun, das ist ja wohl deutlich«, rief Frau Wankenholt. »Ganz offenbar ist Werner eine Figur mit einem eigenen Kopf und vielen Ideen.«

Professor Zausel schmunzelte nickend in sich hinein.

»Das ist auch der Sinn der Sache«, sagte der Oberzensor, sichtbar bemüht, ruhig zu bleiben. »Sonst wäre das Figurisieren schließlich nutzlos.«

»A-ha!« Frau Wankenholt schien zu triumphieren. »Das sollte dann aber bedeuten, dass den Figuren größtmögliche

Freiheit zugestanden wird, oder?« Sie lächelte den Oberzensor an, als habe sie gerade einen überwältigenden Sieg über ihn errungen.

»Natürlich«, sagte der Zensor. »Aber nur in gewissen Grenzen und nach bestimmten Regeln.«

»Nein! Das wäre nicht ehrlich. Die Figuren sind doch dazu da, dass ihr Autor sie studieren und gegebenenfalls verändern kann, falls sie sich im wahren Leben anders darstellen sollten, als er sich das ausgedacht hat. Richtig?«

»Richtig!«, seufzte der Zensor. Es war offensichtlich, dass sie dieses Streitgespräch nicht zum ersten Mal führten.

»Nun«, fuhr Frau Wankenholt in ihrer Argumentation fort, »wenn das so ist, dann müssen die Figuren vollkommene Freiheit besitzen – und zwar auch vollkommene Gedanken- und Wissensfreiheit. Sonst können sie ja gar nicht echte Figurisierungen sein, weil ihnen immer ein Teil fehlt.«

»Aber auf den Teil, der ihnen fehlt«, seufzte der Zensor Maximus, »können sie gut verzichten. Es ist, wenn sie hier eine Weile leben, sogar besser für sie.«

Nick hatte die ganze Zeit verwirrt in die Runde geblickt. Viel von dem, was er hier hörte, hatte er nicht verstanden. Aber das lag zum großen Teil sicherlich auch daran, dass er mit seinen Gedanken immer noch bei der Gestalt neben der Bergbahn gewesen war, bei dem verborgenen Zimmer und bei dem seltsamen Verhalten seines Vaters. Vor allem fragte sich Nick, wie hier so offen über Figuren und das Figurisieren gesprochen werden konnte, während eine solche Figur am Tisch saß und jedes Wort mithörte. Doch es dauerte nicht lange, bis diese Frage beantwortet wurde.

»Genau«, rief Frau Wankenholt erregt. Sie war sogar kurz von ihrem Platz aufgesprungen und konnte nur mit Mühe von ihrem Tischnachbarn wieder heruntergezogen werden. »Sie haben es so eingerichtet, dass die Figuren in einer Scheinwelt leben. Sie haben diese armen Kreaturen so programmiert, dass sie glauben, sie seien hier auf einer Reise. Das ist eine ganz unerträgliche Manipulation, die den größtmöglichen Eingriff in die Figürlichkeitsrechte darstellt.«

Hierauf stützte der Oberzensor lautstark die Hände auf den Tisch und beugte sich zu seiner Widersacherin vor. »Und wie«, fragte er, »ließe sich den Figuren sonst ein realistisches Umfeld bieten? Wie, meinen Sie wohl, würde sich ein Burgfräulein aus dem Mittelalter auf unserer Insel fühlen? Wie ein englischer Gentleman des achtzehnten Jahrhunderts? Wie der arabische Sultan? Es wäre eine Beschneidung der Figürlichkeitsrechte, diese Figuren in eine ihnen völlig unbekannte, fremde Umgebung umzupflanzen. Wenn sie aber glauben, sie seien im Urlaub auf Montamar, wundern sie sich über nichts, sondern können sich ganz normal benehmen. So leiden sie nicht, Ihre geliebten Figuren. Im Gegenteil, sie fühlen sich wohl.«

»Ach ja?«, brauste Frau Wankenholt auf und streckte ihren Zeigefinger in Werners Richtung. »Macht Werner etwa den Eindruck, dass er sich wohlfühlt?«

Der Zensor schloss die Augen und schüttelte den Kopf, und ein Mann, der ein paar Plätze von ihm entfernt saß, räusperte sich. Nick nahm an, dass er ebenfalls dem Zensoriat angehörte, denn er trug einen ähnlichen Umhang wie der Zensor Maximus, jedoch ohne den prunkvollen Kragen.

»Aber er sieht auch nicht aus, als fühle er sich unwohl, oder? Und Sie werden doch zustimmen, werte Frau Wankenholt, dass es, bei aller wünschenswerten Freiheit der Figuren, notwendig ist, eine gewisse Kontrolle über sie ausüben zu können. Sie wissen schließlich genau, dass es trotz aller Gewissenhaftigkeit unserer Figurentester immer wieder einmal vorkommt, dass eine Figur so geartet ist, dass sie zum Beispiel gegen unseren Verbrecherparagrafen verstößt. Oder wollen Sie das bestreiten?«

Frau Wankenholt schüttelte den Kopf, wenn auch ganz offensichtlich nur sehr widerwillig.

In dem Moment beugte sich die Dame, die gleich neben Nick saß, zu ihrem Nachbarn auf der anderen Seite hinüber und flüsterte etwas zu laut: »Na? Will sich der kleine Stellvertreter bei seinem Vorgesetzten einen guten Namen machen?«

Ihr Nachbar, ein älterer Herr mit tausend Lachfalten um die Augen, der vorhin als Graf Soundso vorgestellt worden war, brach in schallendes Gelächter aus. Er erntete dafür von dem »Stellvertreter« einen bösen Blick, ehe dieser fortfuhr: »Dann ist es doch nur logisch, dass es hier eine kleine Sicherheitsmaßnahme gibt. Und was wäre besser und logischer, als dass der Autor eine Befehlsgewalt über seine Figuren hat? Er hat sie ja schließlich erschaffen. Also ist es nur rechtens, dass diese Figuren generell tun können, was ihrem Wesen entspricht, sie aber gezwungen sind – auch wenn sie nicht wissen, warum –, jeden Befehl ihres Urhebers zu befolgen.« Er warf einen triumphierenden Blick zum Zensor Maximus, der mit geschlossenen Augen seine Zustimmung nickte.

Frau Wankenholt war während dieser Rede ein wenig tiefer in ihren Sitz gesunken. Und ihre Stimme war deutlich leiser, als sie nun noch einmal anhob. »Das alles erklärt aber nicht, warum die Figuren nicht wissen dürfen, dass sie Figuren sind.«

Wie auf Kommando schlugen sich der Oberzensor und sein Mitarbeiter die Hände vors Gesicht und der ganze Saal begann zu lachen.

Nick warf Tullia einen verständnislosen Blick zu.

»Liebe Frau Wankenholt«, ertönte jetzt die Stimme der Frau, die zwischen Nick und dem Grafen saß. »Wie stellen Sie sich das eigentlich vor? Wie sollen wir unsere Figuren studieren können, wenn diese wissen, dass sie keine echten Menschen sind? Es würde sie in tiefste Krisen stürzen. Vielmehr erfahren sie doch eine unermessliche Aufwertung, wenn sie denken, sie seien echte Menschen, oder nicht? Und daher ist es auch nur gut, dass sie Unterhaltungen wie diese von vornherein gar nicht verstehen und auch nicht auf sich selbst beziehen können.«

Und damit sackte Frau Wankenholt endgültig auf ihrem Platz zusammen. Offenbar hatte sie ihr Pulver verschossen und gab auf.

Das Dunkel der Nacht hatte inzwischen einem tiefen Rot Platz gemacht, das von Osten her durch den Nebel zu schimmern begann, als Nick seine Erzählung beendete.

Levin grinste Nick an. »Ja, dieser Streit findet schon seit Jahren statt. Und er wird wohl nicht aufhören, solange Frau Wankenholt hier wohnt. Und?«, fügte er leise hinzu. »Hat euch euer Vater noch irgendeine Erklärung für sein Verhalten gegeben?«

»Nein.« Nick schüttelte den Kopf. »Er behauptet, wir bildeten uns das nur ein und er sei ganz normal gewesen.«

»Hm. Seltsam.«

»Ja«, sagte Nick. »Allerdings. Sehr seltsam.«

Als sie eine weitere Treppe erklommen hatten, sagte Levin: »So, wir sind da. Darf ich vorstellen: die Montamarer Gelehrten- und Literatenschule.«

Er zeigte auf ein dunkles Gemäuer, das wie eine kleine Burg aussah, die mitten aus dem Fels herausgehauen war. Das Gebäude wirkte düster und spiegelte die Stimmung wider, in der Nick sich befand.

»Drinnen ist es freundlicher«, sagte Levin aufmunternd. »Komm mit!«

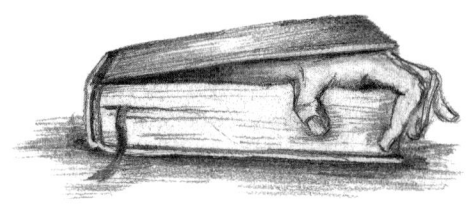

Fräulein Schengensieck

Levin führte Nick über zwei breite Steintreppen und durch lange dunkle Gänge, von denen immer wieder schwere Holztüren abgingen. Nick dachte, dass sie sich genauso gut in einem Gefängnis hätten befinden können, und fragte sich, wie sein Freund wohl darauf kam, dass es hier endlich freundlicher wurde. An den Wänden hingen Porträts großer Autoren und vieler Personen, die Nick nicht kannte.

»Das sind alles ehemalige Schüler, die erfolgreiche Schriftsteller geworden sind, und einige der bekanntesten Figuren, die hier entwickelt wurden.« Sehnsuchtsvoll blickte Levin die Bildergalerie entlang. »Eines Tages würde ich auch gern hier hängen.«

»Ehrlich?«, fragte Nick erstaunt. »Schreibst du tatsächlich so gerne?«

»Ja, sehr gerne.« Levin wandte sich ab. »Aber leider nicht gut. Darum bin ich ja hier.« Er öffnete eine der Holztüren. Zu Nicks Erstaunen strahlte ihnen dahinter ein heller Raum entgegen, dessen Fenster direkt aufs Meer hinausblickten, das nun, da sich der Nebel verzogen hatte, weit unter ihnen zu sehen war.

In dem Raum warteten bereits ein Mädchen mit sehr langen, sehr blonden Haaren und einem Gesichtsausdruck, als würde es gleich in Tränen ausbrechen, und ein rothaariger Junge. Dieser kritzelte gerade etwas an die Tafel und grinste dabei über beide Ohren.

»Hallo, Lina! Hallo, Kalle!«, rief Levin.

Das Mädchen lächelte Levin und Nick freundlich an, aber Nick hatte den Eindruck, als koste es sie eine Menge Energie. »Hallo, Levin!«

Der Junge drehte sich zu ihnen um. »Hallo, ihr zwei.« Und an Nick gewandt: »Du bist sicher der Neue, oder?«

Nick antwortete mit einem Kopfnicken.

»Bist jetzt hier, um deinem Vater zu beweisen, dass du auch schreiben kannst, was?«

Kalle schien ein Dauergrinsen im Gesicht zu haben, sodass Nick nicht wusste, ob die Frage freundlich oder beleidigend gemeint gewesen war. Vor allem aber war er erstaunt, wie schnell sich herumgesprochen zu haben schien, dass sein Vater nach Montamar gekommen war.

»Ehrlich gesagt, ist es umgekehrt. Mein Vater lässt sich nicht davon abbringen, dass ich doch eigentlich auch etwas von seinem Talent geerbt haben müsste.«

»Und ist enttäuscht, dass du das bisher nicht gezeigt hast?«

»So ungefähr«, sagte Nick.

Kalle, der sich noch nicht von der Tafel wegbewegt hatte, kam auf Nick zu und schlug ihm einmal kräftig auf die Schulter. »Willkommen im Klub der Kinder, die die Erwartungen ihrer Eltern erfüllen sollen. Ich gestatte dir hiermit feierlich, mich Kalle zu nennen.«

Nick grinste jetzt auch. »Das hätte ich wahrscheinlich sowieso getan. Aber im Ernst: Hast du auch eine Berühmtheit in der Familie?«

Kalle schüttelte den Kopf. »Nein. Es ist noch viel schlimmer: Meine Eltern möchten, dass ich die erste Berühmtheit in der Familie werde. Aber frag doch mal Franko.« Kalle nickte jemandem hinter Nick und Levin zu.

Nick drehte sich um. Zu seiner Verwunderung saß dort ein Junge, den er gar nicht hatte hereinkommen sehen. Er hatte sehr kurze dunkle Haare. Sein Gesicht konnte Nick nicht erkennen, weil er sich tief über ein Buch gebeugt hatte, das vor ihm auf dem Pult lag.

»Stimmt's, Franko?«, rief Kalle.

Der Junge hob den Kopf und warf Kalle einen unfreundlichen Blick zu, ehe er sich wieder in sein Buch vertiefte. Kalle schob sich dicht an Nicks Ohr heran, redete dann aber so laut, dass Franko hätte taub sein müssen, um ihn nicht zu hören.

»Wundere dich nicht über ihn. Der ist immer so. Oder, Levin, hast du unseren Grafensohn schon mal anders erlebt?«

Levin schüttelte den Kopf, aber der Blick, den er Kalle dabei zuwarf, signalisierte, dass dieser lieber damit aufhören sollte, Franko zu provozieren.

Nick fragte sich, was mit diesem Jungen los war und warum Levin Konfrontationen mit ihm lieber vermeiden wollte. Schließlich war Levin sehr viel größer, breiter und kräftiger als dieser Franko. Doch dann hatte er keine Zeit mehr, sich weiter darüber Gedanken zu machen. Die Tür öffnete sich.

Herein trat eine mittelalte Dame, deren wirr auf dem Kopf zusammengebundene Haare nicht recht zu ihrem grauen Kostüm passten. Schief auf der Nasenspitze saß eine runde Brille. Sie befand sich mitten im Gespräch mit einem Mädchen, das zusammen mit ihr den Raum betrat.

»Ich weiß, Fräulein Schengensieck, und darum bin ich Ihnen ja auch so dankbar, dass ich trotzdem an dem Kurs teilnehmen darf«, sagte das Mädchen gerade, während es der Lehrerin bis zum Pult folgte und dabei keinen der anderen Schüler auch nur eines Blickes würdigte.

»Aber Wanda, ich freue mich natürlich.« Ein Lächeln zog sich über das Gesicht der Lehrerin. »Und wenn du es tatsächlich nicht als Zeitverschwendung und unter deinem Niveau empfindest ...«

»Nein, gar nicht«, beteuerte das Mädchen. »Wie könnte ich es als Zeitverschwendung empfinden, mehr von Ihnen lernen zu dürfen?«

Nick sah, wie Kalle gequält die Augen verdrehte.

»Schön, Wanda, sehr schön«, sagte Fräulein Schengensieck. »Ich freue mich auf deine Figuren.«

Während sich Wanda einen Platz in der ersten Reihe suchte, stellte Fräulein Schengensieck ihre Tasche auf dem Lehrerpult ab und lächelte freundlich in die Runde.

»Gott sei Dank«, dachte Nick, »die Lehrerin scheint wenigstens nett zu sein – wenn ich meine Ferien schon in diesem Kurs verbringen muss.«

»He!« Plötzlich brüllte jemand Nick aus nächster Nähe an. Er blickte auf und sah direkt in das Gesicht von Fräulein Schengensieck, die auf einmal gar nicht mehr freundlich lächelte. »Wo bist du mit deinen Gedanken? Das kann ja heiter werden. Wir haben den Kurs noch nicht einmal begonnen und schon fehlt es an der richtigen Arbeitshaltung und dem gebührenden Respekt!« Sie brüllte wirklich sehr laut. »Du bist Nick Münsterbach, nehme ich an.« Es klang eher wie ein Vorwurf als wie eine Frage.

»Ja, ich …«

Fräulein Schengensieck schob sich noch näher an ihn heran. »Dann merk dir schon gleich einmal eines, junger Mann: Wer oder was dein Vater ist oder was er kann, ist mir vollkommen egal. Es spielt hier keine Rolle, und zwar gar keine, ist das klar? Hier geht es allein darum, wer oder was *du* bist und was *du* kannst. *Ist auch das klar?*«

Nick schluckte und nickte.

»Das heißt: ›Ja, Fräulein Schengensieck!‹«

»Ja, Fräulein Schengensieck!«

»Gut«, sagte Fräulein Schengensieck und setzte wieder ihr Lächeln auf. »Dann haben wir das ja schon mal geklärt.« Sie ging wieder hinter ihr Pult, stützte sich mit beiden Armen darauf und beugte sich zu ihren Schülern vor. »Guten Morgen, allerseits.«

»Guten Morgen, Fräulein Schengensieck.« Alle sechs Schülerinnen und Schüler legten so viel Begeisterung wie nur möglich in ihre Begrüßung.

»Wir müssen wohl keine Zeit damit verschwenden zu klären, weshalb ihr hier seid. Ihr alle – mit Ausnahme von Wanda natürlich – nehmt an diesem Kurs teil, weil ihr nicht in der Lage seid, auch nur eine einzige Figur zustande zu bringen, die wenigstens alle Gliedmaßen besitzt. Nicht wahr, Lina?« Ihr Blick fiel auf das Mädchen mit den blonden Haaren, dem sofort Tränen in die Augen stiegen. Nick sah, wie über Wandas Gesicht für einen ganz kurzen Moment ein Lächeln flog. Fräulein Schengensieck bemerkte nichts von beidem, sondern beugte sich noch weiter nach vorne. »Und jetzt denkt ihr: fein! Da müssen wir ja nur diesen kleinen Ferienkurs belegen und danach sind wir wahre Schreibgenies. Nun, ich kann euch eines versprechen.« Ihre Pupillen wurden hinter den Brillengläsern auf einmal so eng wie die einer Katze, kurz bevor sie sich auf eine Maus stürzt. »Wenn ihr arbeitet, arbeitet, arbeitet und euch ganz, ganz, ganz genau an das haltet, was ich euch sage, dann habt ihr eine Chance, eine winzig kleine Chance, tatsächlich einmal passable Schriftsteller zu werden. Ist das klar?«

»Ja, Fräulein Schengensieck.«

Es verging noch eine weitere halbe Stunde, in der Fräulein Schengensieck dem Kurs Verhaltensmaßregeln vortrug – Strafen bei Verspätungen, Fehlverhalten, unangemessenen Figuren, dummen Rahmenhandlungen, Gebrauch von Bleistiften statt Füllfederhaltern und so weiter. In dieser halben Stunde wagte es Nick nicht ein einziges Mal, Levin etwas zuzuflüstern. Er hatte zwar keine Ahnung, was er eigentlich sagen wollte, aber das war auch unwichtig. Im Grunde ging es ihm nur darum, sich nicht so allein und ausgeliefert vorzukommen.

Erst als Fräulein Schengensieck ihre zusammengekniffenen Augen wieder zu einer etwas menschlicheren Form öffnete und sich zur Tafel umdrehte, wagte es Nick, sich zu Levin hinüberzubeugen. »Ist die immer so?«, fragte er so leise, dass er eigentlich nur seine Lippen bewegte.

Levin nahm die Augen nicht von Fräulein Schengensieck, während er nickte und beinahe ebenso lautlos antwortete: »Darum habe ich dir ja vorher lieber nichts von ihr erzählt.«

»Was soll das?«, brüllte Fräulein Schengensieck in diesem Moment wutentbrannt los.

Nick zuckte zusammen, ganz sicher, dass sie Levin und ihn meinte.

Doch die Lehrerin zeigte mit spitzem Zeigefinger auf die Tafel.

Ganz klein, unten in der linken Ecke – genau genommen an der Stelle, an der sich Kalle befunden hatte, als Levin und Nick ins Klassenzimmer gekommen waren – war die Kreidezeichnung eines weiblichen Kopfes zu sehen, auf dem ein Haufen von Haaren aufgetürmt war und dessen Augen aus zwei Strichen hinter dicken Brillengläsern bestanden. Es war keine brillante Zeichnung, aber es war überdeutlich, wer damit gemeint war. Darunter stand »Ich liebe Schüler« geschrieben.

»Wer war das?«, zischte Fräulein Schengensieck.

Niemand antwortete.

Fräulein Schengensieck begann, durch den Raum zu gehen und vor einem nach dem anderen, mit Ausnahme von Wanda, stehen zu bleiben. Jedes Mal fragte sie mit einem bitterbösen Blick: »Warst du das?«, und immer wurde ihr mit einem Kopfschütteln geantwortet.

»Nun gut«, sagte sie schließlich. »Kalle, wisch das ab! Und zwar sofort«

Alle Augen wandten sich Kalle zu. Er machte ein Gesicht, als sei er sich nicht sicher, ob sie ihn durchschaut hatte.

»Wenn Vorkommnisse dieser Art in den nächsten Wochen unsere gemeinsame Arbeitsbasis darstellen sollen, dann kann ich euch sagen: Ihr habt eine schlechte Entscheidung getroffen. Meine Planung verlief eigentlich dahin gehend, euch ausführlich und unterstützend auf eure erste Aufgabe vorzubereiten, aber offenbar legt ihr auf Kommunikation keinen großen Wert.« Fräulein Schengensieck – oder vielmehr ihr Mund – lächelte einmal in die Runde und entblößte dabei verblüffend spitze Zähne. Ihre Augen blieben eiskalt. »Ihr werdet also vorerst ganz auf euch allein gestellt sein.« Daraufhin klatschte sie zweimal in die Hände.

Direkt hinter Fräulein Schengensieck öffnete sich eine Tür. Nick sah Levin erstaunt an, und auch ihm klappte das Kinn hinunter bei dem Anblick, der sich ihnen nun bot.

Lina hatte nicht einmal genug Zeit, sich vor Schreck die Hand vor den Mund zu halten, als plötzlich ein Junge auf sie zustürmte, einen Säbel zückte und diesen in die Luft warf. Der Säbel vollführte dort oben mehrere Salti, ehe er steil wieder herabfiel. Der Junge, der kaum älter sein mochte als Nick, fing ihn geschickt hinter seinem Rücken auf und setzte ein breites Grinsen auf, wobei ein Goldzahn in seinem Mund aufblitzte. Dann sprang er auf Linas Tisch und gab dort eine Art Stepptanz zum Besten. In den schwarzen Stiefeln, die ihm bis zur Mitte der Oberschenkel reichten, konnte das nicht ganz einfach sein, dachte Nick, schon gar nicht bei dem Tempo.

Lina war inzwischen mit ihrem Stuhl so weit nach hinten gerutscht, dass sie an den Tisch in ihrem Rücken gestoßen war. Genau wie sie konnte auch Nick vor Staunen seinen Blick nicht von dem Jungen wenden, der wie eine Mischung aus Pirat und Gangster aussah und dessen Tanz schneller und schneller wurde. Zwischendurch warf er seinen Säbel hoch in die Luft und fing ihn mit dem Fuß, dem kleinen Finger oder sogar mit den Zähnen wieder auf. Schließlich sprang er in einem Satz von Linas Tisch, rief einmal laut »Olé!« und verbeugte sich vor Fräulein Schengensieck.

Diese begann, begeistert zu klatschen. »Bravo, Ramon. Bravo!«, rief sie. »Ramon, ich möchte dir die Mitglieder des Ferienkurses für effektive Figurenentwicklung vorstellen.«

Ramon zog die rechte Augenbraue so hoch, dass sie bis an seinen Haaransatz zu reichen schien. Sein Blick wanderte langsam von einem zum anderen. Dabei sah er aus, als wolle er sie alle am liebsten töten.

»Also, Ramon«, fragte Fräulein Schengensieck ihn, »was denkst du über meinen Kurs?«

Ramon legte den Kopf schief. »Nun, ich ssspekuliere, sie können sich ein Leben ohne die ssönste aller Lehrerinnen nicht vorssstellen«, sagte er in einem Akzent, der vielleicht spanisch sein mochte – Nick kannte sich damit nicht so gut aus. »Der Gedanke, sie müssten die ganzen Ferien ohne Sie, angebetete Señora Sssengensieck, dahindorren, ist ihnen ganz unerträglich.« Er ergriff Fräulein Schengensiecks Hand, beugte sich über diese und gab ihr einen Kuss.

Die Lehrerin lächelte milde. Offenbar kannte sie diesen Ramon und seinen Charme bereits.

Unter normalen Umständen wäre Nick jetzt in schallendes Gelächter ausgebrochen, aber er war so verblüfft, dass er die Szene nur mit offenem Mund beobachtete.

»Nun, Ramon«, sagte Fräulein Schengensieck mit einem Lächeln – und diesmal lächelten ihre Augen mit –, »ich glaube, da schmeichelst du mir ein wenig.«

»Ich?« Ramon riss beide Augenbrauen weit in die Höhe. »Wie könnte ich? Im Gegenteil. Es gibt keine Worte, die Ihrer Ssönheit, Ihrer Klugheit, Ihrer Anmut nur im Ansatz … wie sagt man? Ah ja: gerecht werden könnten. Keine Blume der Welt dürfte das Recht haben, den Ssstrahlen der Sonne entgegenzublicken, wenn Sie in der Nähe sind, sondern müsste betreten zu Boden sssauen. Das Abendrot möge …«

»Ramon, es ist genug«, sagte Fräulein Schengensieck. Allerdings hatte sie dabei ein Glänzen in den Augen, als könne sie ihm noch stundenlang weiter zuhören. »Bitte setze dich kurz.« Sie zeigte auf einen Stuhl an der Fensterseite und schaute dann ihre Schüler an.

»Nun«, sagte sie. »Als erster Eindruck dürfte das reichen, denke ich.« Ihr Lächeln war jetzt wieder kalt. »Eure Aufgabe besteht nun darin, Ramon nachzugestalten. Und ja«, fügte sie an, als sie Linas erschrockenes Gesicht sah, »ich habe Ramon zu einer besonders schwierigen Figur gemacht. Ihr werdet also eure Mühe haben.« Sie warf einen Blick auf die Uhr. »Ihr habt genau drei Stunden Zeit.«

Alle, mit Ausnahme von Wanda, stöhnten laut auf.

»Und natürlich den ganzen Nachmittag zu Hause, falls ihr mehr Zeit benötigt.« »Ach«, kam ihr plötzlich noch ein Gedanke, »wir haben ja einen Neuling unter uns. Karl-Heinz!«

Kalle zuckte zusammen, als er seinen Namen hörte. Fräulein Schengensieck trat an seinen Tisch heran und blieb mit verschränkten Armen vor ihm stehen. »Was muss Nick wissen, um seinen Ramon ausarbeiten zu können?«

»Er muss … Er muss eine Geschichte erfinden, in der Ramons Charakter deutlich wird.«

Fräulein Schengensieck nickte. »Weiter! Levin?«

»Er muss den Charakter durch seine Handlungen und im Verhältnis zu anderen Gestalten deutlich werden lassen.«

»Klang auswendig gelernt. Ist aber richtig. Was noch, Franko?«

Der Junge, der bislang nur stumm die Tischplatte angestarrt hatte, hob langsam den Kopf. »Nichts.« Seine Stimme war wie ein leises Zischen. »Es ist alles Wesentliche gesagt.«

»So, meinst du?«, fragte Fräulein Schengensieck. Doch zu Nicks Verwunderung ließ sie sogleich wieder von Franko ab, und gab die Frage an alle weiter.

Nur Wanda meldete sich. »Er muss beim Schreiben oder hinterher beim Korrekturlesen überprüfen, ob er auch keine widersprüchlichen Eigenschaften entwickelt hat. Sonst wird seine Figur schizophren und dadurch gefährlich.«

»Sehr, sehr gut, Wanda! Wie immer! So!« Plötzlich stand Fräulein Schengensieck direkt vor Nick. »Hast du das alles verstanden?«

Nick hatte große Zweifel, ob er auch nur ein Wort verstanden hatte. Es schien ihm jedoch wenig ratsam, das in dieser Situation zuzugeben. Also nickte er.

»Gut, dann könnt ihr beginnen.« Und an Ramon gewandt: »Du darfst jetzt gehen. Aber erschrecke nicht wieder die kleinen Kinder. Ich will heute einmal keine Klagen über dich hören.«

Ramon grinste breit, dann stand er auf und schlug drei Salti rückwärts, ehe er sich vor Fräulein Schengensieck verbeugte und den Raum verließ.

»Noch etwas«, erhob Fräulein Schengensieck erneut ihre Stimme. »Ziel dieses Kurses ist es, eure eigene Figur zu entwickeln und figurisieren zu lassen. Und um diese beobachten zu können, damit ihr sie – und das wird bei jedem von euch vonnöten sein – daraufhin korrigieren könnt, solltet ihr sie bei euch zu Hause beherbergen. Nur in Ausnahmefällen erlaube ich es, dass eine Figur im Figurenwohnheim untergebracht wird. Bitte klärt das mit euren Eltern.«

Nick musste ein Aufstöhnen unterdrücken.

Als Nick und Levin drei Stunden später endlich das Klassenzimmer verlassen konnten, war keiner von ihnen mit der Aufgabe fertig. Und beide hatten nicht das Gefühl, dass es ihnen überhaupt gelingen würde.

Als sie aus dem düsteren Schulgebäude traten, setzten sie sich erschöpft auf eine niedrige Mauer, von der aus sie auf die Häuser tief unter sich und auf das Meer blicken konnten.

»Ich weiß nicht, wie ich das machen soll«, sagte Nick frustriert. »Ich glaube, bis jetzt wird durch meine Geschichte gerade einmal klar, dass Ramon einen schwarzen Pferdeschwanz hat. Und das auch nur, weil ich geschrieben habe, dass er einen schwarzen Pferdeschwanz hat. Und dabei ist ›schwarz‹ auch noch ein Adjektiv, und die sollen wir ja gar nicht benutzen.«

»Tröste dich«, lachte Levin. »Bei mir läuft es auch nicht besser und ich habe schon seit zwei Jahren Figurenentwicklung in der Schule.« Er schüttelte den Kopf.

Eine Weile starrten sie auf die See hinaus, wo sich gerade eine Fähre zwischen den Klippen hindurchmanövrierte. Dabei entdeckte Nick etwas Erstaunliches: eine kleine Insel, vielleicht einen Kilometer von Montamar entfernt. Sie war ihm zuvor gar nicht aufgefallen, wahrscheinlich, weil es durch all diese verwinkelten Gassen und Treppen kaum einmal die Gelegenheit gab, einen vollständigen Blick aufs Meer zu haben.

»Was ist das da für eine Insel?«

»Das ist die Felseninsel. Geografisch gehört sie zu Montamar. In Wirklichkeit aber gehört sie dem Grafen van den Hoff.«

Nick war darüber so erstaunt, dass er den lila-gelb gestreiften Vogel nicht bemerkte, der sich gerade neben ihnen auf der Mauer niedergelassen hatte. »Frankos Vater? Ihm gehört die ganze Insel?«

Levin nickte. »Ja. Dort lebt die Familie. Kannst du die Burg erkennen?«

Nick kniff die Augen zusammen. Tatsächlich sah er ein großes Gemäuer zwischen den dichten Bäumen hindurchschimmern. »Unglaublich.«

»Der Graf hat eine ganze Menge Geld. Er verkauft ja auch jede Menge Bücher.«

Nick erinnerte sich an den Mann, der beim Empfang des Zensors neben ihm gesessen und über die Kommentare seiner Nachbarin laut gelacht hatte. Wie ein Schriftsteller hatte er eigentlich nicht ausgesehen.

»Was für Bücher schreibt er denn?«

»Ach!« Levin winkte ab. »Liebes- und Abenteuerromane. Wir haben in unserem Laden ein ganzes Regal voll davon. Und jedes Jahr kommen zwei bis drei neue Romane dazu. Das sagt ja wohl alles.« Levin schüttelte noch einmal unmerklich den Kopf. »Aber sein Feuerfest ist immer großartig.«

»Das stimmt«, sagte der Vogel und nickte eifrig.

Nick blickte überrascht zu dem seltsamen Flattertier, wandte sich jedoch schnell wieder Levin zu. »Ein Feuerfest?«

»Ja, der Graf lädt jedes Jahr am Ende des Winters halb Montamar dazu auf seine Insel ein.«

Nick blickte zu dem kleinen Eiland hinüber. Wenn es doch nur schon so weit wäre, dann hätte er diesen elenden Kurs endlich hinter sich, schoss es ihm durch den Kopf.

Levins Gedanken schienen in eine ähnliche Richtung zu gehen. »Pass auf, ich habe eine Idee. Was hältst du davon, wenn wir uns heute Nachmittag im Café Einfall treffen und dort zusammen an unseren Texten arbeiten? Wir könnten uns vielleicht gegenseitig helfen, wenn wir nicht weiterkommen. Und die heiße Schokolade dort ist die beste auf ganz Montamar.«

»Gern«, sagte Nick. Er hatte schon von dem Café gehört, das auf der Insel sehr beliebt war.

Im gleichen Moment erhob sich der komische Vogel mit aufwendigem Geflatter in die Lüfte und flog ihnen vor der Nase herum. »Na, wie schön, dass ihr das geklärt habt. Aber können wir jetzt vielleicht endlich mal zum Wesentlichen kommen? Habt ihr ein paar Sonnenblumenkerne für einen armen alten Vogel?«

Nick und Levin schüttelten bedauernd den Kopf.

Der Vogel kniff die Augen zusammen und starrte von einem zum anderen. »Mann, Mann, Mann«, fluchte er dann, »und dafür vergeudet man seine kostbare Zeit und hört sich dieses ganze Geschwafel an. Das hättet ihr mir auch früher sagen können, ihr flugunfähigen Bodenhocker!« Und damit machte er sich unter wütendem Geflatter und Schnabelschütteln davon.

Als Nick nach Hause kam, wirbelte Harietta wie eine Furie in der Küche herum. Beim Kochen führte sie sich immer so auf. Sie rannte mit der Pfanne in der Hand hin und her, und es war besser, ihr aus dem Weg zu gehen.

Daher hielt er sich jetzt etwas übertrieben dicht am Küchenschrank, als er zum Tisch am anderen Ende der Küche zu gelangen versuchte. Tullia saß bereits dort und las in einem Buch.

»Alles anders«, murmelte Harietta, stürmte in den Vorratsraum, rumorte dort lautstark herum und kam schließlich mit einem Einmachglas in der Hand wieder heraus. »Alles ganz anders. Ich verstehe das nicht.«

Nick beugte sich zu Tullia vor und flüsterte: »Wovon spricht sie?«

»Davon, dass Vater nicht da ist und dass sie nicht weiß, ob er überhaupt zum Essen kommen wird«, sagte Tullia, ohne aufzusehen.

Nick starrte seine Schwester an. Ihr Vater war zu einer seiner heiligen »Ich bin in meinem Arbeitszimmer und will dort nicht gestört werden«-Zeit unterwegs? Das gab es zu Hause so gut wie nie und war mehr als merkwürdig. Aber vielleicht bekam er aus seinem Vater heraus, was hier eigentlich los war.

Zum Abendessen würde er bestimmt wieder da sein. Und das war auch aus einem anderen Grund wichtig, dachte Nick mit einem sehr mulmigen Gefühl im Magen. Es gab nämlich noch etwas anderes, das er ihn fragen musste.

»Wie war dein Kurs?«, wollte Tullia wissen, den Blick noch immer in ihrem Buch.

»Furchtbar. Grauenhaft. Schrecklich. Die Lehrerin ist schlimmer als alle Lehrerinnen, die du dir vorstellen kannst. Sei froh, dass du nicht dahin musst!«

»Ach, ich weiß nicht«, sagte Tullia. »Die ganzen Ferien lang hier herumzusitzen ist auch langweilig. Und in dem Kurs kann man doch bestimmt ein paar nette Leute kennenlernen, oder? Und etwas über das Figurisieren zu lernen, kann ja nicht schaden. Außerdem habe ich noch nie Probleme mit Lehrerinnen gehabt. Vielleicht mach ich doch noch mit.«

Zum zweiten Mal innerhalb weniger Minuten starrte Nick seine Schwester entgeistert an. »Ich überlasse dir sehr gern meinen Platz, ehrlich!«, entgegnete er schließlich.

Tullia grinste. »Das ist sehr großzügig von dir, aber unnötig. Wenn ich recht informiert bin, ist der Kurs gar nicht voll. Aber trotzdem vielen Dank!«

»Gern geschehen«, seufzte Nick. Es wäre auch zu schön gewesen.

Das Café Einfall

Wenn man nicht wusste, wo sich das Café Einfall befand, war es aussichtslos, es zu finden. Es lag einige Gassen und Treppen unterhalb der Geschäftsgasse, in der Levins Eltern ihren Laden hatten, und nichts, nicht einmal ein kleines Schild, wies darauf hin, was sich hinter der dunklen schweren Holztür befand, die mitten in den schroffen Fels eingelassen war, sodass man meinen konnte, dahinter verberge sich der Zugang zu einer Höhle.

Und genau dies war es auch, dachte Nick, als er Levin hineinfolgte. Eine Höhle. Seine Augen brauchten eine Weile, um sich an die Düsternis zu gewöhnen. Da es keine Fenster gab, fiel auch kein natürliches Licht in den Raum, und die Fackeln und Kerzen an den Wänden und auf den schweren Holztischen konnten nur mit Mühe gegen die Dunkelheit anleuchten, die von den grob behauenen Steinwänden zurückgeworfen wurde.

Tiefer und tiefer gingen die beiden in das Gewölbe mit den unzähligen Ecken und Nischen hinein.

»Wo willst du eigentlich hin? Hier sind doch genügend Plätze frei.«

»Ja«, sagte Levin, »aber das kann sich sehr schnell ändern. Bald wimmelt es hier nur so von Autoren, die angeblich Korrektur lesen, was sie vormittags geschrieben haben. Meist ist das aber nur ein Vorwand, um sich mit anderen Schriftstellern zusammenzusetzen und zu jammern. Und wir wollen doch in Ruhe arbeiten, oder?«

Schließlich zeigte Levin auf eine freie Nische und sie setzten sich an einen großen Holztisch. Nach Nicks Schätzung mussten sie mindestens hundert Meter zurückgelegt haben. »Gibt es hier auf Montamar viele Räume, die so tief in den Berg hineingehauen sind?«

Levin begann zu grinsen. »Mehr, als du glaubst. Und mehr, als auf der offiziellen Karte von Montamar eingezeichnet sind.«

In dem Moment trat jemand an ihren Tisch, der nur eine Figur sein konnte. Nick musste sich stark zusammenreißen, um die junge Frau nicht unhöflich anzustarren.

»Guten Tag! Wie schön, die Herrschaften heute bei uns begrüßen zu dürfen«, flötete sie. Von ihrem Kopf, den Armen und Beinen abgesehen, war sie so durchsichtig, dass Nick die

Spinnweben an der Wand hinter ihr klar erkennen konnte. »Womit kann ich Ihnen dienen? Oder wollen Sie zunächst einen Blick in die Speisekarte werfen?« Schon streckte sie ihnen zwei dünne Hefte entgegen.

»Nein, danke«, sagte Levin. »Wir hätten gerne eine Riesenkanne Schokolade mit Schlagsahne und eine Schale Hausgebäck.« Und an Nick gewandt, fragte er: »Das ist doch in Ordnung, oder?«

Nick nickte, ohne den Blick von der jungen Frau zu nehmen, die in einer Hand die Speisekarten hielt, mit der zweiten einen Bestellblock aus der Schürze zog und mit der dritten einen Bleistift hervorholte.

»Eine Riesenkanne Schokolade mit Schlag und einmal Hausgebäck«, wiederholte sie und notierte die Bestellung. Ihre Arme vier, fünf und sechs hielt sie auf dem Rücken verschränkt, was ausgesprochen anmutig aussah, als sie sich daraufhin noch einmal verbeugte. Dann entfernte sie sich wie der Blitz in Richtung Küche. Nick starrte ihr gebannt hinterher. Er hätte es nicht für möglich gehalten, dass jemand so schnell laufen konnte.

Levin musste grinsen, als er Nicks Gesichtsausdruck bemerkte. »Genau gegen diese Art von Figuren kämpft Frau Wankenholt seit Jahren an, aber erfolglos. Es ist Laden- und Restaurantbesitzern nicht verboten, auch Bücher zu schreiben. Und was soll man dagegen tun, wenn sie alle behaupten, dass ihre Figuren nun einmal Verkäufer und Kellner sind und ganz zufällig viele Arme und Beine haben?«

Als ein paar Minuten später die sechs Hände der Bedienung eine riesige Kanne Schokolade, eine Schüssel Schlagsahne, Schokoladenpulver, Zucker, Becher und eine ungeheuer große Schale mit Gebäck auf ihren Tisch stellten, hatten die beiden bereits widerwillig ihre Schreibhefte aufgeschlagen und brüteten über ihren Geschichten.

Zwei Stunden und eine weitere Kanne der dicken, heißen Schokolade später bekam Nick einen Krampf in seiner Hand.

»Jetzt hätte ich auch gerne sechs Hände«, sagte er.

Levin hob seinen hochroten Kopf und nickte.

Mit zittrigen Fingern griff Nick nach seinem Becher, um zum krönenden Abschluss seiner Geschichte feierlich die letzten Schlucke zu trinken. Nicht, dass es an seinem Text viel zu loben gab – er war sicher, sein Ramon hatte mit dem Original etwa so viel Ähnlichkeit wie eine Rosine mit einer Weintraube –, aber er hatte sein Bestes gegeben. Er konnte jetzt einfach nicht mehr. Und er wollte auch nicht mehr.

Auf einmal fing seine Hand so sehr an zu zittern, dass die Schokolade über seine Hände und geradewegs auf die Hose schwappte.

Levin fing an zu lachen. »Vielleicht solltest du auch mal zur Autorenmassage gehen. Es gibt da einen zwanzigarmigen Masseur im Haus gleich neben uns, der ...«

»Ach, hör auf!« Auch Nick musste lachen. Dann erhob er sich, um sich auf die Suche nach der Toilette zu machen.

Er hatte bei all der konzentrierten Arbeit überhaupt nicht gemerkt, wie sehr sich das Café inzwischen gefüllt hatte, und war überrascht, dass beinahe alle Tische besetzt waren. Während er die Toiletten ansteuerte, schweifte sein Blick über die Gäste. Viele von ihnen hatten einen Stapel Zettel vor sich liegen, in den sie jedoch kein einziges Mal hineinschauten. Offensichtlich unterhielten sie sich lieber ernst und kopfschüttelnd mit ihren Tischnachbarn. Nick musste grinsen, als er daran dachte, was Levin zuvor über die Autoren im Café Einfall gesagt hatte.

Endlich entdeckte er einige Meter vor sich eine Tür. Zielstrebig ging er darauf zu. Doch gerade als er die Tür öffnen wollte, nahm er aus dem Augenwinkel etwas wahr, das ihn veranlasste, sich umzudrehen.

Er erstarrte. Dort, in einer besonders düsteren Nische, sah er zu seiner Verblüffung den Zensor Maximus und seinen Vater. Sie hatten die Kerzen ans andere Ende des Tisches geschoben, sodass sie in beinahe völliger Dunkelheit saßen. Die Köpfe zusammengesteckt, waren sie in eine angeregte Unterhaltung vertieft.

Nick blieb eine Weile unschlüssig stehen. Sollte er zu den beiden hinübergehen und sie begrüßen? Aber etwas hielt ihn davon ab. Es war der sichere Eindruck, dass die beiden nicht entdeckt und gestört werden wollten.

Eilig öffnete Nick die Toilettentür und verschwand dahinter. Ein paar Sekunden lang lehnte er sich gegen das dunkle Holz, um sich zu sammeln und nachzudenken. Was hatte sein Vater mit dem Oberzensor zu besprechen? Und warum diese Geheimniskrämerei? Und mit einem Mal war er überzeugt davon, dass sein Vater nicht nur zum Figurenstudium nach Montamar gekommen war.

Hastig begann er, an dem Schokoladenklecks auf seiner Hose herumzureiben, mit dem Ergebnis, dass der Fleck dadurch stetig größer und auffälliger wurde. Frustriert gab er auf, öffnete die Tür und eilte, ohne auch nur in Richtung seines Vaters zu blicken, zu Levin zurück.

»So!«, rief sein Freund in diesem Moment und schlug sein Heft zu.

»Auch fertig?«, fragte Nick.

»Ja, endlich.« Levins Kopf war rot wie der furchtbare Tomatensaft, den Harietta den Münsterbachs dreimal in der Woche einzuflößen versuchte. »Ich habe bestimmt den schlechtesten Ramon aller Zeiten entwickelt, aber das ist mir jetzt auch egal. Ich kann nicht mehr.«

»Also, den schlechtesten Ramon kannst du schon mal gar nicht haben. Den habe ich«, sagte Nick.

»Glaube ich nicht. Aber du hast garantiert die dreckigste Hose.« Levin grinste.

»Sehr witzig.«

»War allerdings überhaupt nicht als Witz gemeint.« Levin grinste noch breiter. »Komm, wir sollten jetzt lieber gehen! Draußen ist es ja auch bereits dunkel. Da fällt das mit deiner Hose gar nicht so auf.« Er signalisierte der Bedienung, dass sie bezahlen wollten, und sie räumten ihre Sachen zusammen. Als sie wenig später aufbrachen, konnte sich Nick einen Blick in die Nische, in der sein Vater gesessen hatte, nicht verkneifen. Doch der Tisch war leer.

»Gerade rechtzeitig, junger Mann!«, sagte Harietta, als er die Tür aufschloss. »Wir sitzen schon alle.«

Nick folgte ihr ins Speisezimmer, den Raum, den er in dem riesigen Haus am wenigsten mochte. Trotz des Kaminfeuers und der Kandelaber war er immer ein wenig zu kalt, wahrscheinlich, weil er so groß und kaum möbliert war. Die einzigen Möbelstücke waren der immense Esstisch, die hohen lederbezogenen Stühle und die dunkle Holzanrichte, die beinahe die ganze Wand einnahm. Aber obwohl es viel gemütlicher war, in der Küche zu essen, bestand WM darauf, dass das Abendessen im Speisezimmer eingenommen wurde. Genauso, wie er ausnahmslose Pünktlichkeit erwartete.

»Wo kommst du jetzt her?«, fragte er Nick vorwurfsvoll.

Nick sah seinem Vater fest in die Augen. »Levin und ich waren im Café Einfall.«

Nick war sich sicher, dass sein Vater für einen kurzen Moment die Augen zusammenkniff, so als überlege er, wie er darauf reagieren sollte. »Und was habt ihr da gemacht?«, fragte er, ohne sich etwas anmerken zu lassen.

»Wir mussten die Aufgabe für den Figurisierungskurs fertig machen, die uns die Schengensieck aufgegeben hat.«

»Du meinst Fräulein Schengensieck.«

»Ja, die meine ich.«

»Und was ist das für eine Aufgabe?«

Nick hatte das Gefühl, dass sein Vater irgendwie ablenken wollte. So genau erkundigte er sich normalerweise nie nach seinen Hausaufgaben. Während Harietta das Essen auftrug, erzählte er, was Fräulein Schengensieck von ihnen verlangte. Dabei erwähnte er möglichst oft das Café Einfall. Aber sein Vater zeigte keinerlei Reaktion.

Nick dachte darüber nach, wie er aus seinem Vater doch noch herauslocken konnte, was er im Café Einfall mit dem Oberzensor besprochen hatte. Aber es kam ihm einfach keine vernünftige harmlose Frage in den Sinn. Na Glückwunsch, dachte er, wenn er nicht einmal dafür genug Fantasie hatte, konnte er das mit dem Schreiben ja auch gleich vergessen. Er sah Ferien um Ferien vor sich, in denen er von Fräulein Schengensieck mit einem Nachhilfekurs nach dem anderen gequält wurde. Doch dann kam ihm, ganz unverhofft, Tullia zuhilfe.

»Sag mal«, wandte sie sich an ihren Vater, »wo warst du denn heute Nachmittag? Ich wollte dich etwas fragen, konnte dich aber nicht finden.«

Nick stockte der Atem, während er versuchte, so zu tun, als sei er ganz auf seine Suppe konzentriert.

»Ich?«, fragte WM, ohne den Blick vom Teller zu heben. »Ich war bei einem Treffen des Konzils der Literaten. Im Haus von Professor Zausel. Wir überarbeiten dort die neunzehnte Fassung des Grundregulariums.«

»Aha«, sagte Tullia.

»War der Oberzensor auch dort?«, rutschte es Nick heraus und er biss sich schnell auf die Zunge.

Sein Vater schaute vom Teller auf. Eine tiefe Furche zog sich quer über seine Stirn. Er sah Nick eine Sekunde lang an, bevor er antwortete. »Nein, das war er nicht. Warum fragst du?«

Nick zuckte die Achseln. »Weiß nicht. Nur so.« Schnell löffelte er seine Suppe weiter, spürte jedoch, dass die Augen seines Vaters noch eine Weile auf ihm ruhten. Wollte WM etwa prüfen, ob Nick ihn im Café Einfall gesehen hatte?

Tullia hatte das Gespräch verständnislos mitverfolgt und schüttelte jetzt ungeduldig den Kopf. »Jedenfalls wollte ich dich fragen, ob ich nicht auch an dem Kurs teilnehmen darf.«

WMs Stirnfurche grub sich noch tiefer ein. »Wozu denn das? Das hast du doch gar nicht nötig. Willst du tatsächlich deine Zeit damit vergeuden, irgendwelche unsinnigen Piraten zu entwickeln, während du an deinem Roman weiterarbeiten könntest?«

Nick schluckte. Wie immer fiel es seinem Vater nicht auf, wie sehr er ihn mit diesen Worten verletzte. Und das als Schriftsteller, der angeblich so großartig mit Worten umgehen konnte.

Tullia hingegen merkte es sehr wohl und warf Nick einen entschuldigenden Blick zu, ehe sie ihrem Vater antwortete. »Es ist langweilig, hier den ganzen Tag im Haus zu sitzen. Ich würde auch gern mal jemanden kennenlernen. Ich dachte mir, der Kurs wäre eine gute Möglichkeit dazu.«

WM schüttelte kurz den Kopf, sagte dann aber: »Na gut, wenn es dir so wichtig ist. Ich spreche morgen mit Fräulein Schengensieck.«

Es beschäftigte Nick immer noch, dass sein Vater, der ihnen beigebracht hatte, Ehrlichkeit sei eine der wichtigsten Tugenden, vorhin selbst gelogen hatte. (Ganz zu schweigen davon, dass er ihm wieder einmal unter die Nase reiben musste, dass seine kleine Schwester bereits an einem ganzen Roman arbeitete, während er große Schwierigkeiten hatte, auch nur eine Kurzgeschichte zustande zu bringen.)

Irgendwie aber schaffte es Nick, sich trotz dieser Demütigung seines Vaters zusammenzureißen. Schließlich hatte er selbst auch ein Anliegen – und noch dazu ein ziemlich unangenehmes.

Er räusperte sich. »Ähm, was ich noch sagen wollte ...«

Sein Vater sah ihn ungeduldig an.

»Wir müssen für diesen Kurs ja unsere eigene Figur entwickeln und studieren, sozusagen als Dauerhausaufgabe. Und die Figuren sollen so bald wie möglich figurisiert werden.«

»Interessant«, murmelte sein Vater, der inzwischen in sein *Montamarer Autorenblatt* vertieft war.

»Und Fräulein Schengensieck besteht darauf, dass die Figuren bei uns zu Hause wohnen.«

Harietta beugte sich erschrocken vor. »Alle Figuren? Hier bei uns?«

»Nein«, sagte Nick. Und in genau diesem Moment fiel ihm eine Möglichkeit ein zu verhindern, dass sich seine Figur den ganzen Tag unter den Augen seines Vaters befand, der garantiert jede Gelegenheit nutzen würde, sie zu kritisieren und sich über Nicks dürftige Fähigkeiten als Schriftsteller lustig zu machen. »Jeder soll seine eigene Figur beherbergen. Aber auch das ist für Harietta bestimmt eine ziemliche Mehrarbeit und Belastung. Deswegen kann man seine Figur auch gern im Figurenwohnheim unterbringen.« Nick holte tief Luft. »Und ich nehme an, dass das wohl die beste Lösung wäre, oder?«

»Aber keineswegs«, sagte WM mit einem Lächeln, das Nick nicht recht deuten konnte – war es vielleicht Schadenfreude? »Deine Figur wird selbstverständlich hier bei uns wohnen. Platz haben wir schließlich genug. Und deine auch, Tullia. Vermutlich wirst du diese Aufgabe ja ebenfalls gestellt bekommen.«

Tullia nickte freudig lächelnd.

»Oder, Harietta«, fügte WM an, »meinst du, es wird dir zu viel?«

Nick sah Harietta flehentlich an, doch diese bemerkte seinen Blick gar nicht und schüttelte eifrig den Kopf. »Nein, überhaupt nicht. Zwei Personen mehr oder weniger machen für mich keinen großen Unterschied. Solange es nicht gleich alle Figuren dieses Kurses sind«, kicherte sie.

»Na also«, WM nickte gut gelaunt, »dann haben wir das ja geklärt.« Und damit versank er wieder in sein Autorenblatt.

Nick fragte sich kurz, ob er sich sofort oder erst später allein in seinem Zimmer dafür ohrfeigen sollte, dass er seinem Vater davon erzählt hatte, dass die Figuren bei ihnen zu Hause wohnen sollten. Er hätte seine ja auch direkt ins Figurenwohnheim bringen und Tullia bitten können, dasselbe zu tun. Irgendein Grund wäre ihnen Fräulein Schengensieck gegenüber schon eingefallen. Dann jedoch dachte er daran, dass ihr Vater natürlich Wind von der Sache bekommen hätte. Es half alles nichts. Nick würde mit der Dauerkritik seines Vaters leben müssen. Und auch damit, dass Tullias Figur demnächst ebenfalls hier wohnen würde, die bestimmt zehnmal besser und weniger durchsichtig war als alle Charaktere, die Nick in seinem Leben je zustande bringen würde.

Nick konnte auch an diesem Abend nicht einschlafen. Immer wieder wälzte er sich von einer Seite auf die andere, aber die vielen Gedanken in seinem Kopf ließen ihn nicht zur Ruhe kommen. Schließlich stand er auf und entzündete eine Kerze. Es war bereits halb zwölf. Wenn er nicht bald einschlief, würde er am nächsten Tag völlig übermüdet sein. Vielleicht würde ein großes Glas Milch helfen.

Er nahm die Kerze, trat leise aus seinem Zimmer und schlich die Treppe hinab. Gerade hatte er die unterste Stufe erreicht, als er von oben ein Geräusch vernahm. Es klang nach der Tür zu WMs Arbeitszimmer. Rasch versteckte er sich unter dem Treppenaufgang.

Über sich hörte er es knarren. Es gab keinen Zweifel: Da kam irgendwer die Treppe hinunter. Aber seltsamerweise konnte Nick keinen Lichtschein erkennen. Wieso ging jemand im Dunkeln ohne Kerze durchs Haus? Nick spähte um den Treppenaufgang herum.

Als die Person das Erdgeschoss erreicht hatte, zog Nick sich tiefer in sein Versteck zurück. Die Schritte bewegten sich auf die Haustür zu. Nick wagte sich erneut ein Stück hervor. Die

Person öffnete die Tür. Und gegen das spärlich einfallende Licht erkannte Nick nun auch, wer es war: Von Kopf bis Fuß in dunkle Sachen gekleidet, verließ in diesem Moment sein Vater das Haus. Um halb zwölf in der Nacht.

Nick wartete noch ein paar Minuten ab. Womöglich kehrte sein Vater bald zurück. Doch alles blieb still. Schließlich schlich er in die Küche und goss sich etwas Milch ein. Vielleicht gab es eine einleuchtende Erklärung, dachte er, während er das Glas halb leer trank. Aber es fiel ihm beim besten Willen keine ein.

Die Figurisierung

»Nun mal nicht so langsam dahinten«, brüllte Fräulein Schengensieck Lina an, die ein wenig den Anschluss verloren hatte. »Bei dem Tempo kommen wir ja morgen noch nicht an!«

Der Kurs war auf dem Weg ins Zensoriat, wo sämtliche »Ramons« figurisiert werden sollten. Und anders als vor ein paar Tagen, musste Nick diesmal auf die Bequemlichkeit einer Bahn verzichten und den ganzen steilen Weg zu Fuß zurücklegen. Zwischen Häusern und Treppenabsätzen konnte er immer wieder die Burg hindurchscheinen sehen.

»Woher hat die Schengensieck so eine Kondition?«, fragte Nick keuchend. »Sie sieht doch wirklich nicht besonders sportlich aus.«

Levin konnte vor lauter Anstrengung nicht sprechen und zuckte nur hilflos die Achseln.

»Los jetzt, Lina! Reiß dich mal zusammen!« Fräulein Schengensieck schüttelte den Kopf, sodass ihre seltsam gesteckte Frisur aussah, als würde sie im nächsten Moment auseinanderfallen. »Ich kann es nicht fassen! Was für ein schlapper Haufen! *Mens sana in corpore sano* – ist euch das kein Begriff? Los, schneller!«

Als die Gruppe eine halbe Stunde später auf dem Burghof eintraf, wandte sich Fräulein Schengensieck nicht der Tür zu, durch die Nick vor ein paar Tagen das Gebäude betreten hatte, sondern marschierte nach rechts zum Haupteingang. »Los, mitkommen!«, kommandierte sie und stapfte voran in die Eingangshalle, wo ein großer Schalter beinahe die ganze Breite des Raumes einnahm.

»Figurisierung, Information oder Beschwerde?«, fragte die Frau hinter dem Schalter gelangweilt.

»Wir haben einen Erstfigurisierungstermin bei Zensor Bucklinger«, sagte Fräulein Schengensieck.

»Erstfigurisierung, hm?« Die Frau schien sich ein Gähnen verkneifen zu müssen. »Einen Moment, bitte. Herr Bucklinger holt Sie gleich ab.«

»Was genau passiert hier denn eigentlich?«, fragte Nick leise Levin, der, wie die anderen Schüler, natürlich schon häufig im Zensoriat gewesen war.

»Als Erstes werden unsere Geschichten eingelesen und danach werden sie verscheibt.«

»Eingelesen? Verscheibt?«

»Ja. Die Scheibner geben unsere Texte in einen Apparatus ein und ... Das heißt ...« Levin kratzte sich am Kopf. »Das stimmt gar nicht. Sie geben nur die Charakterzüge deiner Figur ein. Und danach ...«

In dem Moment öffnete sich eine Tür im hinteren Bereich der Halle und ein hochgewachsener Mann eilte auf sie zu. Nick erkannte ihn sofort wieder. Es war der Mann, der bei dem Abendessen dem Oberzensor zur Seite gesprungen war, als Frau Wankenholt angefangen hatte, das Prinzip der Figurisierung zu kritisieren.

»Lale, wie schön, Sie hier begrüßen zu dürfen.« Er reichte Fräulein Schengensieck die Hand. »Wieder einmal mit einer Schülergruppe unterwegs?«

»Wie Sie sehen! Und wir haben heute nicht sehr viel Zeit!«, sagte Fräulein Schengensieck schroff und trat einen Schritt zur Seite. Offensichtlich war sie über dieses Treffen weitaus weniger erfreut als der Zensor.

»Ich verstehe.« Zensor Bucklinger lächelte und verbeugte sich. »Dann lassen Sie uns gleich anfangen. Also«, rief er Nick und den anderen zu, »wer von euch hat noch nie eine Figurisierung vornehmen lassen?«

Nur Nick hob die Hand.

Bucklinger schaute ihn an. »Ach, der junge Münsterbach. So schnell sieht man sich wieder. Nun, in Fräulein Schengensieck hast du ja eine ganz ausgezeichnete Schrift... äh ... Lehrerin, die sich hier hervorragend auskennt.«

Auf Zensor Bucklingers Versprecher hin war Fräulein Schengensieck kurz zusammengezuckt und hatte ihm einen vernichtenden Blick zugeworfen.

»Jedenfalls«, fuhr der Zensor fort, »habe ich heute Morgen auch nur begrenzt Zeit und wäre Ihnen daher sehr dankbar, liebe Lale, wenn Sie die Führung und alle Formalien weitgehend selbstständig durchführen könnten, ja?«

»Mit dem größten Vergnügen«, sagte Fräulein Schengensieck eisig, den Blick immer noch voller Abneigung auf den Zensor gerichtet.

»Gut, dann verabschiede ich mich erst einmal. Sollte es irgendwelche Probleme geben, stehe ich selbstverständlich jederzeit zur Verfügung!« Wieder verbeugte er sich, machte eine elegante Drehbewegung, die seinen schwarzen Zensorsumhang hochwehen ließ, und schritt auf die Tür zu, aus der er zuvor herausgetreten war.

»Los, kommt mit!«, bellte Fräulein Schengensieck und eilte forschen Schrittes allen voran auf eine Schwingtür zu ihrer Rechten zu.

Mehrere Flure und Durchgänge später stieg der Kurs gerade eine breite Treppe hinauf, als ein sehr ungleiches Paar denselben Weg nach unten nahm: eine Dame, deren Kopf unter einem riesigen Sombrero versteckt war, und ein Mädchen, dessen Arme, Beine und Hals beinahe ganz durchsichtig waren, sodass Kopf, Hände und Füße in vager Nähe um ihren Oberkörper herumzuschweben schienen. Dabei war das arme Geschöpf etwa drei Meter groß.

»Oh Gott, oh Gott!«, ertönte es unter dem Sombrero hervor. »Ich habe mir dich ganz anders vorgestellt. Aber wirklichst ganz und ganzer anders!«

Nick musste grinsen, als er begriff, wer unter dem großen Hut steckte. Es war die Strohhutdame aus dem Zug. Während sie auf Nick zuging, schüttelte sie so eifrig den Kopf, dass sie ihren Sombrero beinahe verloren hätte.

»Oh, gutesten Tag, mein lieber junger Freund!«, sagte sie, als sie Nick erkannte. »Wie schönlichst, hier ein bekanntes Antlitz wahrnehmen können dürfen zu sollen!«

»Guten Tag!« Nick lächelte. »Wie geht es …«

»Gut, gütlichst, vielsten Dank, wennsofort man mir hier allerleiderlichst offenbar eine ganz fälschliche Figur anhausgestellt hat.« Sie zeigte sombreroschüttelnd auf das Mädchen neben sich. »Daher muss ich nun zeitnächst die Beschwerdigungsabteilung ausfindigen. Denn nie, niemals und nimmerdar ist dieses seltsame Geschöpf meine Figur! Es ist geradestraßigs unmöglich!« Und mit einem »Gehabet euch noch fernerhin wohlig!« hob sie ihre Hand zu einem wedelnden Winken und schritt weiter die Treppe hinab, das Mädchen vor sich her schiebend.

»Wer war denn das?«, fragte Levin.

Nick schüttelte grinsend den Kopf. »Die Strohhutdame.«

»Wie bitte?«

»Wie sie wirklich heißt, weiß ich nicht. Wir haben sie im Zug kennengelernt. Wenn du mal Atemprobleme hast, kann sie dir bestimmt weiterhelfen.«

Levin blickte der Dame hinterher. »Also, manche Leute sind ja noch viel seltsamer als ihre Figuren.«

Schließlich hielt die Gruppe vor einer Doppeltür an, auf der ein großes Schild mit der Aufschrift *Klopfen und erst nach ausdrücklicher Aufforderung eintreten!!!* angebracht war.

Fräulein Schengensieck ignorierte den Hinweis, öffnete die Türen und ließ den ganzen Kurs eintreten. Die Dame hinter dem Schalter hob erbost den Kopf. Als sie jedoch sah, wer dort in der Tür stand, verdrehte sie kurz die Augen. »Gehen Sie nur einfach durch, Fräulein Schengensieck. Sie kennen sich ja bestens aus«, sagte sie und vertiefte sich wieder in das Buch auf ihrem Tisch. Nicks Blick fiel auf die unzähligen seltsamen Geräte hinter dem Schalter. Sie standen in mehreren Reihen, und an jeder dieser großen hölzernen Apparaturen saß eine Person, die fortwährend den Kopf nach links bewegte, offenbar etwas las und dann eine Tastenkombination in das Gerät tippte. Bei jedem Tastendruck ertönte ein leises *Rrrrt*, sodass der gesamte Raum von einem summenden Rattern erfüllt war.

»So«, sagte Fräulein Schengensieck, »die meisten von euch kennen das Prozedere ja bereits. Holt eure Geschichten heraus und gebt sie am Schalter ab. Danach weise ich euch in einem der Konferenzräume in die Kurzgeschichtentheorie ein, bis eure Ramons fertig sind. Nur Nick und Wanda bleiben hier, nachdem sie ihre Texte abgeliefert haben!«

Nicks Kopf schoss aus seiner Tasche hervor, in der er gerade nach seiner Geschichte suchte.

»Nick braucht eine Einführung in den Figurisierungskatalog und dazu eignet sich Wanda wohl am besten.«

Wanda warf Nick einen bitterbösen Blick zu, der seinerseits ebenfalls alles andere als glücklich über Frau Schengensiecks Anweisung war. »Kann mir nicht Levin den Katalog erklären?«, fragte er.

»Ha!«, lachte Fräulein Schengensieck. »Levin brauchte eigentlich selbst eine Einführung in den Figurisierungskatalog.«

»Gern!«, sagte Levin, ohne lange nachzudenken. »Darf ich bei Wanda und Nick zuhören?«

Fräulein Schengensieck legte den Kopf schief und musterte Levin mit zusammengekniffenen Augen. Schließlich sagte sie: »Nein!«, und zu dem Rest des Kurses: »Los, mitkommen!« Sie machte auf dem Absatz kehrt und eilte auf den Schalter zu.

»Blöde Kuh«, zischte Nick.

Levin nickte. »Ich weiß nicht, ob du die Schengensieck meinst oder Wanda, aber du hast in jedem Fall recht.« Er seufzte. »Na, dann wünsche ich dir mal viel Spaß mit deiner neuen Lehrerin!«

»Du glaubst ja nicht, wie leid du mir tust«, sagte Kalle und klopfte ihm auf die Schulter. »Steh das gut durch, Junge, und komm wohlbehalten zurück!« Beide warfen Nick ein tröstendes Lächeln zu, dann gingen alle drei hinter Fräulein Schengensieck her zum Schalter.

Als Nick an der Reihe war, reichte er seine Geschichte der Dame, die ihm ein freundliches Lächeln schenkte. Sie vermerkte auf dem Deckblatt seiner Geschichte eine Nummer und überreichte Nick einen Zettel mit der gleichen Nummer. »Scheibe nur gegen Beleg!«

Nick war sich nicht sicher, ob er richtig gehört hatte. »Wie bitte?«

»Sag mal, weißt du denn gar nichts?« Ohne dass er es bemerkt hatte, war Wanda neben ihn getreten. »Ohne diesen Beleg kannst du nachher deine Figurenscheibe nicht abholen und ohne deine Scheibe kannst du deine Figur nicht figurisieren lassen. Verstanden?«

»Klar!« Nick schüttelte unmerklich den Kopf. Das konnte ja eine ganz besonders angenehme Unterrichtsstunde werden.

»Dann komm mit!«

»Oh weh!«, flüsterte die Dame hinter dem Schalter Nick zu. »Da bist du ja wohl vom Regen in die Traufe gekommen, was?«

Nick folgte Wanda zu einem großen Schreibtisch, der in einer Ecke des Raumes stand. Darauf lag ein dicker Katalog – genau so einer, wie ihn auch die Mitarbeiter hinter den seltsamen Geräten vor ihrer Nase liegen hatten. Und daneben befand sich ein Stapel Zettel. Übungszettel, wie sich wenig später herausstellen sollte.

»So«, sagte Wanda mehr als gelangweilt und ließ sich in einen der Stühle fallen. »In diesem Katalog sind alle Charakterzüge verzeichnet, die ein Mensch oder Tier haben kann. Sie sind nach Kategorien wie äußeres Erscheinungsbild, Handlungsweise, Sprechakte, Denkweise und Gefühlslage sortiert und innerhalb dieser Kategorien in alphabetischer Reihenfolge. Klar so weit?«

Nick starrte auf das Buch und nickte. Er war sprachlos. Gab es tatsächlich so viele verschiedene Charakterzüge?

»Gut, dann wirf als Erstes einen Blick auf die Einträge unter *Handlungsweisen* und erst danach auf die anderen Kapitel.« Demonstrativ gähnend, lehnte sich Wanda in ihrem Stuhl zurück.

Nick schlug den Katalog auf und begann, in dem Kapitel zu blättern, das Wanda ihm genannt hatte. Er wusste nicht genau, womit er gerechnet hatte, auf keinen Fall mit dem, was er hier las. Die Einträge bestanden allesamt aus Formulierungen wie

Nickt häufig mit dem Kopf, um Verständnis zu zeigen – BF 142,

Nickt häufig mit dem Kopf, um zu zeigen, dass er/sie nachdenkt – BiP 87 oder

Köpft Eier, statt sie mit dem Löffel aufzuklopfen – MC 873.

Dann blätterte er zum Kapitel *Äußeres Erscheinungsbild*. Dort fanden sich an die tausend verschiedene Einträge über Haarlängen, Haarfarben und Frisuren (HMB 82–1157).

»So«, unterbrach ihn Wanda. »Wenn du nur einen Funken Intelligenz besitzt – wovon ich nicht wirklich überzeugt bin –, hast du das Prinzip jetzt verstanden. Nimm dir einen Übungszettel, lies die dazugehörige Geschichte und schreibe die Codes aller direkt oder indirekt geschilderten Charaktereigenschaften der Hauptperson darauf. Ich bin in ein paar Minuten wieder da, falls du Fragen haben solltest – was ich dir nicht raten möchte.« Damit stand sie auf und ging einfach fort, ehe Nick auch nur die Chance hatte zu fragen, um wie viele Eigenschaften es sich denn ungefähr handeln müsste. Aber vermutlich hätte sie ihm das ohnehin nicht verraten.

Es dauerte etwa eine halbe Stunde, bis Wanda tatsächlich wieder zurückkam – genau in dem Moment, als Nick überhaupt keine Lust mehr hatte, noch nach einem einzigen Charakterzug zu suchen. Er hatte 23 Codes gefunden, aber es waren drei Eigenschaften übriggeblieben, die er einfach nicht zuordnen konnte. Und er hatte auch keine Ahnung, wo er danach suchen sollte. Es war schließlich nicht einfach, eine treffende Formulierung für jemanden zu finden, der sich immer genau fünf Mal die Schuhe abtritt, ehe er in ein Haus geht, und den Eintrag »Tritt sich immer fünf Mal die Schuhe ab« gab es nicht. Also hatte er kurzerhand den Code für »Zwanghaft übergenau« aufgeschrieben – TiK 572.

Wortlos überreichte er Wanda seinen Zettel, woraufhin diese ein Lösungsblatt zückte, das sie vom Schalter mitgebracht hatte, und mit einem Rotstift auf Nicks Zettel herumkritzelte. Das tat sie mit einem besonders gemeinen Lächeln im Gesicht. Langsam, aber sicher wurde sie Nick wirklich richtig unsympathisch.

Endlich hielt Wanda ihm genüsslich den Zettel unter die Nase und schaute ihn mit zusammengekniffenen Augen an. Irgendwie sah sie in diesem Moment beinahe genauso aus wie

127

Fräulein Schengensieck. »Ein Code war falsch und zwei fehlen.«
Sie kniff die Augen noch weiter zusammen. »Nicht schlecht
für einen Anfänger!« Ohne ein weiteres Wort zu sagen, stand
sie auf und verließ schnellen Schrittes den Raum.

Nick folgte ihr in den Konferenzraum, in dem Fräulein Schengensieck gerade ihren Vortrag beendete. Auf den Tischen lagen
stapelweise vollgeschriebene Zettel. Und allen im Raum schienen heftig die Köpfe zu rauchen.

»Na, das passt ja!«, rief Fräulein Schengensieck Nick zu.
»Wir sind soeben fertig. Alle aufstehen und los zum Scheiben-
abholen!«

»War sie früher eigentlich einmal beim Militär?«, flüsterte
Nick Levin zu.

»Nein, ich glaube, den Ton hat sie sich selbst beigebracht«,
stieß er grinsend hervor.

Die ganze Gruppe ging zurück in den Saal, aus dem Nick
gerade gekommen war. Einer nach dem anderen gab der Dame
hinter dem Schalter seinen Beleg und erhielt im Gegenzug
etwas, das aussah wie eine Scheibe.

Als Nick an der Reihe war, warf ihm die Dame erneut ein
freundliches Lächeln zu. »Na, du hast deine Sache ja sehr
gut gemacht. Herzlichen Glückwunsch. Diese Woche hatten
wir bislang noch niemanden mit mehr als achtzehn richtigen
Codes.«

Nick starrte auf die zentimeterdicke Metallscheibe zwischen seinen Fingern, die ungefähr den Durchmesser seiner

Hand hatte. Auf der Oberfläche befanden sich an die dreißig Einkerbungen.

Gerade als Nick Levins Scheibe betrachtete, die in etwa so aussah wie seine eigene, wenngleich die Markierungen darauf ein anderes Muster ergaben, ging Wanda an ihnen vorbei und warf einen verächtlichen Blick auf ihre Scheiben. »Na«, sagte sie mit hochgezogener Augenbraue, »ob das wohl reicht?«

Nick wollte sie schon fragen, was sie damit meinte, da fiel ihm Wandas Scheibe auf, die mit über hundert Einkerbungen übersät war. Langsam dämmerte es Nick, dass vermutlich jede Kerbe für einen Charakterzug stand. Jedes Mal also, wenn der zuständige Scheibner einen Charakterzug identifiziert hatte und auf seinem Apparat eine Tastenkombination drückte, entstand auf der Scheibe, die irgendwo in den Apparat eingelegt worden war, eine Vertiefung. Nun war Nick doch sehr gespannt, wie aus dieser Scheibe eine Figur entstand. Obwohl er, wenn er ehrlich war, seinen Ramon lieber gar nicht kennenlernen wollte.

In dem Moment betrat Zensor Bucklinger lächelnd den Saal. »Nun, meine Liebe«, sagte er zu Fräulein Schengensieck, »sind die Scheiben fertig?«

»Das sehen Sie doch!«, fuhr sie ihn an.

Zu Nicks Überraschung wurde das Lächeln des Zensors noch breiter. »Gut, dann schlage ich vor, ich nehme die Scheiben jetzt an mich, lasse sie figurisieren und führe die Figuren anschließend in den Kennenlernraum eins. Wenn ihr alle dort so lange warten möchtet?«

Fräulein Schengensieck nickte und der Zensor sammelte die Scheiben ein. Als dabei sein Blick auf Kalles Scheibe fiel, sah es so aus, als müsse er sich ein Lachen verkneifen. Nick fragte sich, ob der Zensor womöglich schon jetzt erkennen konnte, welche Figur dabei herauskommen würde.

»Haben Sie Ihren Schülern wieder Ihren Ramon aufgegeben?«, fragte dieser.

Fräulein Schengensieck legte den Kopf schief und kniff misstrauisch die Augen zusammen. »Ja, er eignet sich schließlich am besten.«

»Sicher, sicher, das denke ich auch«, sagte der Zensor schmunzelnd. »Wenn ich da an Ihre anderen Figuren denke ...«

Fräulein Schengensieck schluckte. »Verschonen Sie mich mit Ihren Einschätzungen«, zischte sie, machte auf dem Absatz kehrt und stürmte aus dem Saal.

Sechsmal Ramon

Der Kennenlernraum eins war nichts anderes als ein großes holzgetäfeltes Wartezimmer, in dem sich eine Vielzahl verschiedener Sitzgruppen befand. Fräulein Schengensieck suchte sich für ihren Kurs die mit den unbequemsten, härtesten Stühlen aus. »Hinsetzen!«

Wortlos kamen alle ihrem Befehl nach.

Zaghaft hob Nick die Hand. Ihm lag schon seit einiger Zeit eine Frage auf dem Herzen, und dies schien der geeignete Moment zu sein, sie endlich zu stellen.

»Was ist?«, bellte Fräulein Schengensieck ihn an und Nick biss sich auf die Zunge. Vielleicht war der Moment doch nicht so günstig. Aber jetzt gab es kein Zurück mehr.

Er räusperte sich. »Ist es … ähm … also … ist es möglich, vielleicht einmal bei einer Figurisierung zuzusehen?«

Wanda brach in schallendes Gelächter aus, während Fräulein Schengensieck tief Luft holte. Aus dem Augenwinkel sah Nick, wie Levin ganz leicht den Kopf schüttelte. Offensichtlich war dies keine sehr kluge Frage gewesen. Verdammt, dachte er, warum habe ich nicht erst Levin gefragt?

Fräulein Schengensieck blickte ihm lange und fest in die Augen, bis sie endlich den Mund öffnete. »Nein, ist es nicht!« Ohne eine weitere Erklärung wandte sie sich Wanda zu, die vor Lachen einen hochroten Kopf bekommen hatte, und raunte ihr etwas zu.

Nick sah Levin Hilfe suchend an.

»Später!«, wisperte dieser.

»So!«, rief Fräulein Schengensieck und sprang auf. »Damit ihr eure Figuren, oder was ihr dafür haltet, besser beurteilen könnt, habe ich noch einmal den echten Ramon mitgebracht. Seht ihn euch ganz genau an. Es wird euch dann leichter fallen, eure eigenen Figuren mit ihm zu vergleichen.« Sie klatschte zweimal in die Hände.

Unverzüglich öffnete sich die Tür und Ramon sprang herein. Wie am Tag zuvor trug er eine rote Pluderhose und hohe schwarze Stiefel. Sein weißes Hemd war bis zum Gürtel aufgeknöpft, sodass auf seiner braun gebrannten Brust eine lange schwere Goldkette zum Vorschein kam. Ramon verbeugte sich kurz, dann wirbelte er seinen Säbel in der Luft herum, warf ihn hinter sich und machte drei Salti rückwärts, um ihn genau im richtigen Moment wieder aufzufangen. Und zwar mit den Zähnen.

Nick beobachtete dieses Spektakel sprachlos und schluckte. Nie und nimmer würde sein Ramon zu so etwas in der Lage sein.

Derweil raste Ramon zu der Sitzgruppe hinüber, in der der ganze Kurs versammelt war. Er warf Wanda und Lina Handküsse zu, während er die Jungen nicht einmal wahrzunehmen schien. Schließlich ließ er sich auf seine Knie hinab, rutschte Fräulein Schengensieck entgegen und ergriff ihre Hände. »Verehrteste, gnädigste, anbetungswürdigste aller weiblichen Wesen! Wie kann ich verhehlen, welch tiefe Gefühle in mir aufwallen bei Ihrem bloßen Anblick?! Wie könnte ich ...«

»Es ist gut!«, kicherte Fräulein Schengensieck. »Vielen Dank!«

»Aber nein, es ist nicht gut!«, rief Ramon entrüstet. »Ihrer ssstrahlenden Grazie und Vortrefflichkeit ist noch lange nicht Genüge getan. Ich muss ...«

»Du musst jetzt still sein, Ramon«, sagte Fräulein Schengensieck nun ein wenig forscher. Ihrem geröteten Gesicht war jedoch anzusehen, wie sehr ihr Ramons Gerede gefiel. »Bitte warte draußen auf mich!«

Ramon erhob sich nur zögerlich und wischte sich gleichzeitig theatralisch eine vermeintliche Träne aus den Augen. Dann verließ er gesenkten Hauptes den Raum.

Nick bemerkte, dass sich Kalle, der rechts neben ihm saß, beide Hände vor den Mund hielt, um nicht laut loszulachen.

Nick hatte keinen blassen Schimmer, was Kalle in diesem Moment so komisch fand. Ihm selbst war eher unbehaglich zumute. Was, wenn sein eigener Ramon nicht die geringste Ähnlichkeit mit dem Original-Ramon haben würde?

»Gut«, sagte Fräulein Schengensieck, jetzt wieder mit normaler Gesichtsfarbe. »Dann wollen wir uns mal eure Ramons ansehen. Franko, hol sie bitte herein!«

Franko warf ihr einen bösen Blick zu. Einen Moment lang rechnete Nick damit, dass er etwas Ungehöriges erwidern würde. Aber schließlich stand er auf und verschwand nach draußen.

Nick wurde ein wenig nervös. Natürlich konnte niemand erwarten, dass er gleich beim ersten Versuch eine gute Figur zustande bringen würde, aber vollständig blamieren wollte er sich auch nicht. »Es wird furchtbar werden«, raunte er Levin und Kalle zu.

»Mach dir mal keine Sorgen!«, flüsterte Kalle zurück. »Es wird nur für mich furchtbar werden, egal wie schlecht eure Ramons sind.«

»Was meinst du damit?«, fragte Levin, doch bevor Kalle antworten konnte, öffnete sich die Tür. Franko betrat kopfschüttelnd den Raum und eilte zu seinem Platz.

»Das kann ja was werden!«, murmelte er vor sich hin.

Nick sah Levin überrascht an. »Ich glaube, ich habe Franko zum ersten Mal sprechen hören.«

»Ja«, sagte Levin grinsend. »Das ...« Schlagartig wurde er durch ohrenbetäubenden Lärm unterbrochen. Eine Gruppe von sechs energiegeladenen, unterschiedlich durchsichtigen Jungen stürmte in den Raum. Sie alle hatten pechschwarze Haare – bis auf einen, der blond war – und trugen ungefähr die Kleidung, die Ramon getragen hatte – bis auf einen, der ein rosafarbenes Kleid mit hellblauen Schleifchen anhatte –, und sie alle wedelten wild mit ihren Säbeln in der Luft herum – bis auf den blonden mit dem rosafarbenen Kleid, der ein weißes Sonnenschirmchen mit Spitzenbesatz in der Hand hielt, das er immerfort auf- und zumachte.

Nick spürte einen Lachanfall in sich hochsteigen und hielt sich verzweifelt die Hand vor den Mund. Auch alle anderen, mit Ausnahme von Wanda und Fräulein Schengensieck, konnten sich kaum mehr beherrschen, und Kalle, von dem diese Witzfigur natürlich stammte, prustete unverhohlen los.

Fräulein Schengensieck stand der Mund weit offen. Sie sah so aus, als wolle sie etwas sagen, aber es kam kein Wort aus ihr heraus.

In diesem Moment begannen die fünf *normalen* Ramons, ihre Säbel in die Luft zu schleudern und dabei verschiedene Tänze aufzuführen, wobei zwei von ihnen sofort umfielen und sich nur mit größter Mühe wieder aufrichten konnten. Auf einmal flogen drei Säbel mit hoher Geschwindigkeit auf die Sitzgruppe zu, sodass sich Nick und die anderen schnell in Sicherheit bringen mussten. Nachdem die Säbel direkt neben ihnen in verschiedenen Möbelstücken stecken geblieben waren – einer vibrierte unmittelbar vor Levins Nase in der Tischplatte –, wagten es alle, die Köpfe wieder zu heben. Gerade rechtzeitig, um mitzuerleben, wie sich der blonde Ramon auf seine Zehenspitzen stellte, den Sonnenschirm aufspannte und einen Balletttanz zum Besten gab. Dazu pfiff er eine Melodie, die mehr oder weniger nach »Hänschen klein« klang. Die übrigen Ramons bewegten sich derweil auf Fräulein Schengensieck zu: Einer – vermutlich Wandas – rutschte auf Knien, zwei gingen tief vornübergebeugt, einer kam nur in extremen Schlangenlinien, dafür aber rasend schnell vorwärts, und der letzte lief unerklärlicherweise rückwärts. Nur der blonde Ramon tänzelte noch immer auf Zehenspitzen im Raum herum. Hin und wieder raffte er dabei sein Kleid und machte einen Knicks.

Nick verfolgte das Geschehen mit sehr gemischten Gefühlen. Da es sich bei dem Ballettpiraten auf gar keinen Fall um seine Figur handeln konnte, musste er es also immerhin geschafft haben, seinem Ramon das richtige Äußere zu geben. Und darauf war er durchaus ein wenig stolz. Schließlich war dies die allererste Figur, die er entwickelt hatte. Andererseits kam ihm langsam der böse Verdacht, dass es sich bei seiner Figur um diesen Schlangenlinienmann handelte – jedenfalls konnte er sich nicht daran erinnern, geschrieben zu haben, Ramon solle gerade gehen. Das hatte er einfach als selbstverständlich vorausgesetzt. Wohl aber war er sich sicher, dass er Ramon mit den Eigenschaften *schnell* und *flink* versehen hatte, als es um dessen Säbeljonglierkünste ging. Vielleicht war dies vom Figurisierer automatisch auch auf sein Gehtempo übertragen worden.

Als Nächstes sah Nick, wie die beiden vornübergebeugten Ramons direkt aufeinander zusteuerten. Da prallten sie auch schon mit den Köpfen gegeneinander und landeten rücklings auf dem Boden. Der Schlangenlinien-Ramon rannte kurz darauf den Rückwärtsgeher um, sodass dieser ebenfalls hinfiel und liegen blieb. Dann nahm er Kurs auf Fräulein Schengensieck, die sich gerade noch rechtzeitig hinter dem Tisch in Sicherheit bringen konnte. Bei dem Versuch, um den Tisch herumzugehen, bekam er schließlich einen Drehwurm und kippte ebenfalls um.

Es sah so aus, als sei der Knierutscher, der nur sehr langsam, dafür aber zielstrebig vorankam, jetzt der Einzige, der auf die Lehrerin zusteuerte. Nick beobachtete, wie sich ein zufriedenes Lächeln auf Wandas Gesicht legte. Doch offenbar hatten weder sie noch ihr Ramon mit Kalles Figur gerechnet. Diese schlich sich nun tänzelnd von hinten an den Knierutscher heran, setzte sich auf dessen Unterschenkel, sodass er sich keinen Zentimeter mehr bewegen konnte, und begann laut zu singen: »O-ho-ho, Fräulein Schengensieck, ich ha-ha-ha-be dich so lieb!«

Wanda sprang auf. »Sag ihm, dass er das lassen soll!«, fuhr sie Kalle an.

Kalle zog die Augenbrauen hoch. »Ich? Wieso ich? Was kann ich denn dafür, wenn ...?«

»Hör doch auf!«, schrie Wanda. »Das ist deine idiotische Figur da. Und mein armer Ramon ist der Leidtragende. Dabei ist er hier weit und breit der einzige Vernünftige.«

»Wie bitte?«, fragte Kalle ganz ruhig. »Ich finde, meiner ist bedeutend origineller. Deiner ist nun wirklich einfach nur langweilig.«

»Genug jetzt!«, rief Fräulein Schengensieck.

Wanda zuckte zusammen.

»Alle«, zischte Fräulein Schengensieck, »alle hier werden sofort ihre absonderlichen, armseligen Kreaturen für ein paar ernüchternde Kennenlernminuten zu sich bitten und ihnen danach befehlen, draußen auf dem Flur zu warten. Und zwar still. Ist das klar?«

Nick schluckte. Es war ihm immerhin gelungen, eine Figur zu schaffen, die sich bewegte – wenn auch möglicherweise nicht sehr gerade. Und nun würde sich zeigen, wie viel oder wenig ihm darüber hinaus bei seiner Arbeit geglückt war. Und natürlich, ob es stimmte, dass die Figuren immer taten, was ihre Urheber von ihnen verlangten.

Nick holte tief Luft. »Ramon, ich möchte, dass du zu mir herüberkommst.«

Tatsächlich war es der Schlangenlinienmann, der sich jetzt erhob und, nach einem sehnsüchtigen Blick auf Fräulein Schengensieck, auf Nick zuging. Seltsamerweise, ohne Schlangenlinien zu laufen.

Nick traute seinen Augen kaum, und Fräulein Schengensiecks Gesicht sagte ihm, dass auch sie verblüfft war.

»Ehrenwerter Herr!« Ramon verneigte sich beinahe bis auf den Boden, als er vor Nick stehen blieb.

»Nein, nein! Sag bitte Nick zu mir!«

»Wie'sss beliebt.« Ramon verneigte sich erneut, diesmal jedoch nur halb so weit. »Sssseid gegrüßt, ehrenwerter Herr Nick!«

Nick musste sich ein Lachen verkneifen. »Dir auch einen guten Tag, Ramon!«

»Oooooh«, juchzte dieser, sah sich zu Fräulein Schengensieck um und vollführte aus dem Stand eine doppelte Pirouette. »Ich danke Euch für Euren guten Wunsss, werter Herr Nick, aber lasst mich Euch sssagen: Esss kann, esss kann, esss kann nur ein guter Tag sssein, wenn ich dieses liebliche Wesen dort in meiner Nähe wähnen, ihr zartes Antlitz betrachten, ihre Anmut bewundern darf. Das Abendrot möge ...«

»Ich verstehe, ich verstehe!«, beeilte sich Nick, ihn zu unterbrechen. »Aber, bitte, sag mir, wie es kommt, dass du vorhin die ganze Zeit Schlangenlinien gelaufen bist und jetzt ...«

Ramon begann zu grinsen, dabei blitzte ein Goldzahn in seinem Mund auf. Zu Nicks Verärgerung über sich selbst befand sich dieser jedoch auf der falschen Seite. »Das war Sssssstrategie«, verkündete Ramon laut und offenbar voller Stolz. »Einfach nur Sssssstrategie.«

»Pscht, nicht so laut!«, raunte Nick ihm zu, der in diesem Moment begriff, dass er es mit Ramons spanischem Akzent vielleicht ein wenig übertrieben hatte.

»Aber es darf ruhig jedermann erkennen, wie sssstrahlend meine Fähigkeiten sind!«, empörte sich Ramon, keineswegs leiser. »Ich erbte diese Talente von meinem Großvater, dem großen Don Miguel. Und ich bin sssstolz auf sie.« Er schwang seine Hand in einer eleganten Drehbewegung gen Zimmerde-cke und folgte ihr mit den Augen. »So sssstolz! Ihr müsst wissen, ehrenwerter Herr Nick: Als ich den Kindesbeinen noch kaum entwachsen war, nahm Don Miguel mich mit auf eine Reise, eine große Reise hin zu den Völkern des kalten bergreichen Nordlandes. Und er führte mich in ein Haus, ein Haus voller Gläser und Tische und Bänke und Männer. Und dort, in einem langen Raum, lehrte er mich, was ich nie vergaß: Don Miguel zeigte mir Figuren am Ende dieses Raumes. Und dann zeigte er mir eine Kugel.« Ramons Hände deuteten eine Kugel an, so als handele es sich dabei um einen heiligen Gegenstand. »Don Miguel legte sie in meine Hand. ›Wenn du es saffst‹, sagte er, ›mit nur einem Wurf alle Figuren zu erlegen, dann komm zu mir. Ich warte bei den Männern und ihren gefüllten Gläsern.‹

Ich warf die Kugel sssstundenlang, Herr Nick, Sssstunde um Sssssstunde. Aber kein einziges Mal gelang es mir, alle Figuren auf einmal zu erlegen – bis, ja bis mir die Kugel entfiel, aus Versehen. Sie rollte in Sssslangenlinien auf die Figuren zu. Und was gesssah? Sie fielen um. Sie fielen alle um!« Ramon warf die Arme hoch, dann zückte er seinen Säbel und schleuderte ihn in die Luft. Nick ging in Deckung. Er hatte keine Ahnung, wie gut er Ramons Fähigkeit, mit dem Säbel umzugehen, wirklich beschrieben hatte. Ramon drehte sich ein paarmal um die eigene Achse und fing den Säbel dann hinter seinem Rücken wieder auf. »Ein Slauerer als ich hätte es früher begriffen, aber nun wurde es auch mir klar – und das, Herr Nick«, er beugte sich zu ihm vor und flüsterte ihm ins Ohr, »war die wichtigste

Lektion meines Lebens: Willst du einen Gegner erlegen, dann sei wie diese Kugel! Verssssstehen Sie nun?«

»Oh ja.« Nick lächelte. »Jetzt verstehe ich.«

»So!« Fräulein Schengensieck klatschte mehrfach in die Hände. »Genug mit dem Unsinn! Schickt eure Ramons hinaus!«

»Ramon!« Nick streckte ihm die Hand entgegen. »Es war mir eine Ehre, dich kennenzulernen. Und eine große Freude. Jetzt musst du aber bitte vor die Tür gehen.«

»Auch mir war es eine Ehre! Gehaben Sie sich wohl, Herr Nick!« Ramon vollführte ein letztes Mal eine tiefe Verbeugung, drehte sich elegant auf dem Absatz um und verließ den Raum, nicht ohne Fräulein Schengensieck noch einige Handküsse zuzuwerfen.

Lächelnd blickte Nick ihm hinterher. Auch wenn ihm nicht alles geglückt war, was er hatte darstellen wollen: Sein Ramon hatte einen interessanten Charakter, und Nick war ziemlich stolz, egal was Fräulein Schengensieck dazu zu sagen hatte.

Als Minuten später endlich auch Wandas Figur auf Knien aus dem Raum gerutscht war, blickte Fräulein Schengensieck stumm in die Runde. Mit einem Kopfnicken bedeutete sie allen, sich zu setzen. Dann starrte sie eine Ewigkeit, so kam es Nick zumindest vor, aus dem Fenster, ehe sie leise, sehr, sehr leise, zu flüstern begann. Nick musste sich weit vorbeugen, um sie überhaupt verstehen zu können. »Ihr seid wohl mit Abstand, und zwar mit unermesslichem Abstand, der schlechteste, armseligste, traurigste Kurs, den diese Insel je gesehen hat, und ich bin ganz kurz davor, euch wegen grober Unfähigkeit hinauswerfen zu lassen.«

Wanda entfuhr ein undefinierbarer Laut.

Fräulein Schengensieck sah sie strafend an. »Mit einer Ausnahme vielleicht. Aber alle anderen haben hier nichts verloren. Allein meine Arbeitsauffassung und meine Vertragsbedingungen hindern mich daran, euch alle nach Hause zu schicken. Immerhin sehe ich jetzt, nach den heutigen Vorfällen, nach dieser bodenlosen Unverschämtheit, die ich mir soeben gefallen lassen musste, wahrhaftig keinerlei Veranlassung mehr, auch nur einen Deut mehr Energie als nötig in diesen talentlosen Haufen zu stecken. Daher will ich mich kurzfassen, damit ihr mir so schnell wie möglich aus den Augen entschwindet:

Erstens: Eure Ramons werden sofort defigurisiert.

Zweitens: Jeder von euch wird innerhalb der nächsten drei Tage eine eigene vernünftige Figur entwickeln, und zwar im Rahmen einer schlüssigen Kurzgeschichte, die ihr mir vorzulegen habt. Die Geschichte muss mindestens fünfzehn und darf höchstens dreißig Seiten umfassen. Und nicht vergessen: Eure Figur muss den Bestimmungen des Figurisierungsgesetzes genügen. Studiert dort die Paragrafen 17cT bis 65a III.

Ihr habt es nicht verdient, aber ich gebe euch dennoch einen Ratschlag: Wählt für eure Figur Charakterzüge, die ihr selbst gern hättet; mit diesen habt ihr euch erfahrungsgemäß schon am meisten auseinandergesetzt.

Drittens: Vormittags haltet ihr euch weiterhin in der Schule auf und arbeitet dort.

Viertens: Nach der Erfahrung von eben verweigere ich euch jedwede Unterstützung. Ich stehe nur für höchst intelligente Fragen zur Verfügung. Da diese allenfalls von Wanda zu erwarten sind, die aber schon alles weiß, erwarte ich keinerlei Fragen. Ist das klar?«

Die Kursmitglieder nickten stumm.

»Gut! Dann geht mir jetzt aus den Augen. Aber schnell! Und zwar alle, bis auf Karl-Heinz!«

Kalle nickte kurz. Natürlich hatte er damit gerechnet, dass sein Ramon noch ein Nachspiel haben würde.

»Ich möchte jetzt nicht in Kalles Haut stecken«, brummte Levin, als sie gemeinsam den Flur entlang auf die große Treppe zugingen.

Franko zuckte nur mit den Achseln und Wanda sagte: »Das hat er sich alles selbst zuzuschreiben!«, ehe sie an ihnen vorbeistolzierte und die Stufen hinabeilte.

»Hoffentlich wirft ihn die Schengensieck nicht aus dem Kurs«, seufzte Nick. »Wenn sie nur ein Fünkchen Humor besäße, hätte sie bemerkt, dass Kalle der Einzige von uns ist, der sich richtig etwas hat einfallen lassen.«

»Ja, und das wird ihm nun zum Verhängnis. Denn das kann sie gar nicht leiden.«

»Aber warum eigentlich nicht?«, fragte Nick. »Schließlich sollen wir doch lernen, eigene Figuren zu entwickeln. Und wenn Kalles Ramon keine eigene Figur war, dann weiß ich es auch nicht.«

Levin grinste vielsagend. »Stimmt. Aber das war eben nicht die Aufgabe. Und außerdem hat die Schengensieck Probleme mit Leuten, die mehr können als sie.«

Nick sah seinen Freund überrascht an. »Wie meinst du das?«

»Na ja«, sagte Levin. »Die Leute hier sagen, dass sie eigentlich auch Schriftstellerin werden wollte, aber es fehlte ihr das Talent. Und jetzt soll sie Schülern etwas beibringen, was sie selbst nicht besonders gut kann. Und unterrichten gehört ebenfalls nicht zu ihren Stärken. Mein Vater sagt, dass sie deshalb so eine Zicke ist. Trotzdem hat er Wert darauf gelegt, dass ich diesen Kurs besuche …«

Nick dachte einen Moment darüber nach.

Sie waren inzwischen aus dem Zensoriat hinausgetreten und stiegen auf alten durchgetretenen Stufen den Burgberg hinab. »War es das, worauf der Zensor vorhin anspielte, als er über ihren Ramon sprach?«

Levin nickte. »Vermutlich, ja.«

»Dann frage ich mich, warum sie Wanda so gerne mag. Die hat doch offensichtlich großes Talent.«

Levin legte den Kopf schief. »Stimmt«, sagte er und fügte lächelnd hinzu: »Vor allem großes Talent zum Schleimen. Und dagegen ist die Schengensieck völlig machtlos.«

Plötzlich hörten sie hinter sich ein lautes Grollen, das rasend schnell näher zu kommen schien. Sie drehten sich um. Gerade noch rechtzeitig schafften sie es, sich mit einem hastigen Sprung zur Seite in Sicherheit zu bringen. Eng an die Seitenwand der Treppe gedrückt, sahen sie, wie eine hölzerne, etwa mannshohe Maschine mit hoher Geschwindigkeit an ihnen vorbei die Stufen hinunterpolterte.

»Was ist denn das?«, fragte Nick, als er seine Sprache wiedergefunden hatte. »Ich habe keine Ahnung«, sagte Levin heiser. »Nur eine Vermutung.«

»Nämlich?«

Aber Levin kam nicht dazu zu antworten. In diesem Augenblick eilte ein älterer Herr mit sehr langen, sehr weißen Haaren die Treppe hinunter. »Habt ihr sie gesehen? Habt ihr sie gesehen?«, fragte er Nick und Levin aufgeregt. »Sie funktioniert. Sie funktioniert wirklich! Grandios! Grandios!«

»Ja, Doktor Winkelstädter«, sagte Levin. »Das haben wir. Sie hätte uns beinahe umgerissen. Was war denn das für ein Gerät?«

»Das?« Der Doktor fuchtelte mit seinem Gehstock in der Luft herum. »Ist das nicht offensichtlich? Das ist eine Treppenabstiegstransporthilfe. Man kann ihr all seine Einkäufe anvertrauen. Im Moment befördert sie vier Kisten Kartoffeln. Grandios!« Ohne ein Wort des Abschieds eilte er weiter die Stufen hinunter. »Grandios!«

Nick sah Levin verständnislos an. Dieser fing an zu lachen. »Das hatte ich mir schon fast gedacht, dass der Doktor dahintersteckt. Oder besser Emil.«

»Wieso Emil?«

»Emil, sein Erfinder. Der Doktor selbst wollte immer schon große Dinge entwerfen, und er hat fast sein ganzes Leben darauf verwandt, irgendwelche Apparate zu konstruieren. Aber sie haben nie funktioniert. Und dann hatte er irgendwann den zündenden Gedanken. Er schrieb einen Roman und kam nach Montamar, um seine Hauptfigur figurisieren zu lassen: Emil, einen erfolgreichen Erfinder. Und seitdem begegnen einem hier hin und wieder ganz seltsame Apparate. Letzten Monat zum Beispiel hat er auf dem Ecken-und-Kanten-Platz eine Vervielfältigungsmaschine ausgestellt, die nur zwei Minuten brauchte, um eine Seite abzuschreiben.«

»Und hat sie dabei auch alle umgerannt, die ihr in den Weg kamen?«

»Nein.« Levin grinste. »Die war unbeweglich. Aber sie hat einer Autorengymnastin eine Kanne Tinte ins Gesicht gesprüht, weil sie ein Leck hatte.«

Die schwarze Gestalt

Die nächsten drei Tage waren für Nick vor allem dadurch geprägt, einen überzeugenden Charakter in einer spannenden Kurzgeschichte zustande zu bringen. Es war wirklich nicht einfach, sich auf Befehl eine Geschichte auszudenken.

Ein Schulvormittag verging allein damit, dass Nick vergeblich nach einer interessanten Figur und einer Handlung suchte. Sein einziger Trost war, dass Levin sich genauso schwertat wie er.

Zu allem Überfluss nahm jetzt auch noch Tullia an dem Kurs teil und schien sich nicht nur mit Fräulein Schengensieck, sondern auch noch ausgerechnet mit Wanda blendend zu verstehen. Ganz davon abgesehen, dass die beiden geradezu um die Wette schrieben, während Nick die meiste Zeit damit verbrachte, auf seinem Stift herumzukauen und aus dem Fenster zu starren. Es war klar, dass die beiden ihre Geschichten fertig haben würden, bevor Nick auch nur einen einzigen Satz aufs Papier gebracht hatte.

Am Mittag trotteten Nick und Levin wortlos und mit hängenden Köpfen nach Hause. Nick bemerkte nicht einmal die beiden Gladiatoren, die ihnen, mit ihren Kurzschwertern und Fangnetzen kämpfend, entgegenkamen, oder die Gruppe mittelalterlicher Musikanten, an denen sie sich in einem der schmalen Gänge vorbeizwängen mussten.

Doch dann kam Hilfe von ganz unerwarteter Seite ...

Als Nick die Haustür aufschloss, stand Harietta schon im Flur und starrte auf seine Hände. Sie kniff die Augen zusammen, verschränkte die Arme vor der Brust und fuhr ihn bitterböse an: »Jetzt sag mir nicht, du hast das Brot vergessen!«

Nick stöhnte auf. Auch das noch!

»Kann man sich denn nicht ein einziges Mal auf dich verlassen?«, zeterte sie. »Du hast mir fest versprochen, beim Bäcker vorbeizugehen. Was sollen wir jetzt heute Abend essen? Das kann doch wohl nicht wahr sein ...«

Nick hörte gar nicht mehr zu. Ganz plötzlich war ihm eine Idee gekommen, eine großartige Idee. Ohne es zu wollen, fing er an zu grinsen.

»Was gibt es denn da zu lachen?« Zu Hariettas Verblüffung beugte Nick sich zu ihr vor und gab ihr einen Kuss auf die Wange. »Danke, Harietta, du hast mich gerade gerettet! Ich gehe vor dem Abendessen noch einmal los und kaufe Brot, versprochen!«

Er lief an der kopfschüttelnden Harietta vorbei ins Haus und rannte die Treppe hinauf in sein Zimmer, wo er seine Tasche in die Ecke warf, sich an seinen Schreibtisch setzte und begann, sich Notizen zu machen. Eine halbe Stunde später, als Harietta zum Mittagessen läutete, legte er den Stift aus der Hand und lehnte sich erleichtert zurück. Das war es! Er hatte seinen Charakter gefunden, und zwar tatsächlich mit genau den Eigenschaften, wie er sie selbst gern hätte: Ein Junge, der nie etwas vergaß und immer seine Versprechen hielt.

Und wie von selbst war Nick auch eine passende Handlung eingefallen: Weil der Junge ein so gutes Gedächtnis hatte, wollten ihn seine Eltern zur Universität schicken. Der Junge hatte jedoch nur einen Wunsch: Er wollte Bäcker werden, wie sein Großvater, und die besten Brote und Kuchen der Welt backen.

Über die Einzelheiten, die Namen für die Figuren und über das Ende der Geschichte konnte er sich später noch Gedanken machen. Das Wichtigste jedenfalls hatte er. Und das hatte er Harietta zu verdanken. Und natürlich seiner eigenen Vergesslichkeit.

Am nächsten Morgen erzählte ihm Levin, dass auch ihm inzwischen eine gute Idee gekommen war. Und so verbrachten sie die nächsten beiden Schultage damit, ihre Geschichten weiterzuentwickeln. Nick schrieb, las und strich ganze Seiten wieder durch, änderte Namen und Wörter, runzelte so lange die Stirn, bis er das Gefühl hatte, dort habe sich eine tiefe Furche eingegraben, und merkte irgendwann nicht einmal mehr, wenn Fräulein Schengensieck hinter ihm stand und ihm über die Schulter sah.

Hin und wieder hatte er den Eindruck, dass alles, was er bislang geschrieben hatte, katastrophal schlecht war. Dann war er kurz davor, von vorn anzufangen. Aber wenn er die Seiten las, stellte er erstaunt fest, dass er sie gar nicht so übel fand. Eines jedenfalls wurde ihm mehr und mehr klar: Die Arbeit eines Schriftstellers war wahrhaftig nicht leicht.

Als er schließlich das Wort »Ende« unter seine Geschichte setzte, den Stift aus der Hand legte und den Text noch einmal überflog, war er gleichzeitig froh, erleichtert und … enttäuscht. Froh und erleichtert, dass es vorbei war und er tatsächlich eine einigermaßen plausible Geschichte zustande gebracht hatte. Enttäuscht, weil er seine Grenzen kennengelernt hatte: Für manche Szenen hatte er nicht die richtigen Worte finden können. Beim Lesen waren ihm dann ganz andere Bilder in den Kopf gekommen als die, die er hatte beschreiben wollen.

Am Nachmittag machte er sich auf den Weg zu Levin. Sie hatten ausgemacht, einmal den Text des anderen zu lesen, ehe sie ihre Geschichten morgen zum Figurisieren geben mussten.

Levin saß mit hochroten Wangen am Schreibtisch, als Nick an seine geöffnete Zimmertür klopfte. Levins Mutter hatte ihn hereingelassen und ihn mit einer Mischung aus Belustigung und Mitleid angeschaut. »Na«, hatte sie gesagt, »du siehst ja auch nicht viel besser aus als Levin. Ich bringe euch gleich mal zwei Tassen heiße Schokolade.«

»Ich weiß nicht«, sagte Levin. »Ich weiß nicht, was es ist, aber irgendwie ist die Geschichte noch nicht rund. Irgendwie gefällt mir das alles nicht.«

»Geht mir auch so«, erwiderte Nick. »Wahrscheinlich liegt es einfach daran, dass diese Geschichten eine Art Auftragsarbeit sind.«

»Da hast du vermutlich recht. Wollen wir anfangen?«

Nick zog sein Schreibheft aus der Tasche und reichte es Levin. Im Gegenzug bekam er dessen Text.

Eine halbe Stunde lang waren sie in die Geschichte des anderen versunken. Levin hatte seine Handlung in der Seeräuberzeit angesiedelt. Seine Hauptfigur war Fabiano, der Sohn eines spanischen Piratenkapitäns, der sein ganzes Leben lang versuchte, die Schatzkarte richtig zu verorten, die er als junger Mann bei einem Gemetzel dem Kapitän eines britischen Dreimasters abgenommen hatte. Fabiano hatte kein anderes Ziel, als diesen Schatz zu finden, und schließlich war tatsächlich er es, dem es mit seiner Intelligenz und seinem Mut gelang, das Versteck aufzuspüren und den Schatz auszugraben.

Stellenweise blieb Nick der Atem stehen, so spannend war die Geschichte, und als er sie zu Ende gelesen hatte, bedauerte er, dass sie nicht noch länger war.

Er legte die Seiten aus der Hand und bemerkte, dass auch Levin mit dem Lesen fertig war und ihn musterte.

»Ich weiß«, sagte Levin. »Fabiano erinnert sehr an Ramon, und vermutlich wird die Schengensieck sagen, ich hätte ihn ihr geklaut, aber ...«

»Quatsch! Das finde ich gar nicht«, unterbrach Nick ihn. »Fabiano ist ganz anders als Ramon. Ramon ist nur ein Angeber ohne was dahinter, aber Fabiano hat Mut und Charakter und er ist klug. Außerdem redet er nicht so viel.«

Levin sah ihn zweifelnd an. »Meinst du das ehrlich? Du musst das nicht sagen, weißt du?«

»Schon klar. Das würde ich auch nicht tun, wenn ich deine Geschichte nicht wirklich toll fände. Sonst wäre ich ja kein besonders guter Freund.«

Levin wurde schlagartig rot. »Wirklich?«

»Wirklich!«

»Ich deine auch!«

»Das kann gar nicht sein. In meiner Geschichte passiert nicht einmal ein Zehntel von dem, was in deiner los ist.«

»Ja, eben. Das macht sie ja gerade so gut.«

Nick verstand ihn nicht recht. »Wie meinst du das?«

»Na, in deiner Geschichte geht es viel mehr um das, was die Figuren denken und sagen, und dadurch wird besonders gut deutlich, was für ein Mensch Robyn ist. Ich kann ihn richtig vor mir sehen und das war schließlich unsere Aufgabe.«

»Ich brauche also nichts mehr zu ändern?«

»Auf keinen Fall!«, rief Levin. »Die Geschichte ist perfekt, so wie sie ist.«

»Danke«, sagte Nick und errötete nun ebenfalls.

»Gut«, grinste Levin. »Ich finde, das müssen wir feiern. Komm, ich lade dich ins Einfall ein.«

Es war schon dunkel und dicke Schneeflocken wehten Nick ins Gesicht, als er zwei Stunden später das Einfall verließ und sich auf den Heimweg machte. Er zog sich die Mütze tief ins Gesicht. Bei dem Schneetreiben war kaum jemand unterwegs. Ihm begegneten nur drei Yetis, die sich laut jubelnd durch den Schnee rollten, und zwei beinahe durchsichtige Figuren, mit denen er fast zusammengestoßen wäre, weil sie gegen Paragraf 124 b der Figurisierungsordnung verstießen und das Nachtlicht nicht trugen, das Figuren einer gewissen Durchsichtigkeit in der Dunkelheit dabeihaben mussten.

Als Nick in die Hermiagasse einbog, ließ der Schneefall ein wenig nach. Er kramte in seiner Tasche nach dem Haustürschlüssel. Gerade als er ihn zu fassen bekam, glitt er ihm aus den Fingern und fiel in den Schnee. Nick suchte mit den Augen den Boden ab und entdeckte, dass sich neben seinem linken Schuh ein Loch in die schon mindestens knöcheltiefe Schneedecke gefressen hatte. Er bückte sich und genau in diesem Moment nahm er aus dem Augenwinkel eine Bewegung wahr. Langsam hob er den Kopf und sah eine dunkle Gestalt hinter einem Mauervorsprung am Dienstboteneingang des gegenüberliegenden Hauses verschwinden. Nick bemühte sich, sich so unauffällig wie möglich zu verhalten. Er zog den Schlüssel aus dem Schnee, öffnete die Tür und schloss sie langsam wieder hinter sich, nachdem er eingetreten war. Dann rannte er, so schnell er konnte, die Stufen zum ersten Stock hinauf und direkt in sein Zimmer. Ohne eine Lampe anzuzünden, bewegte er sich vorsichtig auf das Fenster zu, von dem aus man auf das Haus gegenüber schauen konnte.

Die schwarze Gestalt stand noch immer hinter dem Mauervorsprung, völlig bewegungslos. Sie trug einen großen Hut, den sie tief ins Gesicht gezogen hatte, und beobachtete das Haus der Münsterbachs. Nick wurde ganz flau im Magen. Was hatte die Gestalt vor? Was gab es hier zu sehen? Nick konnte sich keinen Reim darauf machen, doch eines wusste er sicher: Irgendetwas stimmte hier nicht. Ganz und gar nicht. Sein Herz raste. Er versuchte, sich zu beruhigen und zu überlegen, was er nun tun solle. Aber er konnte keinen einzigen klaren Gedanken fassen.

Auf einmal entdeckte er seinen Vater. Er kam von rechts auf das Haus zu.

Die schwarze Gestalt hatte jedoch keine Möglichkeit ihn zu sehen, weil ihr die Sicht auf die Straße durch das Haus verdeckt war.

Nick beobachtete weiter seinen Vater. Erst jetzt bemerkte er, dass sich dieser ganz seltsam benahm. Immer wieder drehte er sich hektisch um, und die ganze Zeit über hielt er die rechte Hand auf seine Brusttasche gepresst, so als habe er dort etwas Wichtiges versteckt und befürchte, dass es ihm herausfallen könne.

Als er vor dem Münsterbachschen Haus ankam, sah er sich noch einmal um. Blitzschnell duckte sich die schwarze Gestalt hinter die Mauer. WM blieb einen Augenblick lang stocksteif stehen.

Nick war sich sicher, dass er die Gestalt bemerkt hatte. Er hielt den Atem an. Was würde sein Vater jetzt tun? Nachsehen, wer sich da versteckt hielt? Schließlich zog dieser seinen Schlüssel aus der Tasche und ging ins Haus. Nick sprang von seinem Platz am Fenster auf und rannte zur Treppe. Da hörte er von unten einen merkwürdigen metallenen Klang, den er nicht zuordnen konnte. Kurz darauf wurde die Haustür wieder geöffnet. Nick lief zum Fenster zurück, gerade rechtzeitig, um seinen Vater über die Straße eilen zu sehen, einen großen Kaminhaken in der Hand. Entschlossenen Schrittes ging er direkt auf den Dienstboteneingang zu, den Kaminhaken über seinem Kopf.

Nick traute seinen Augen kaum. Was hatte sein Vater bloß vor?

WM näherte sich langsam dem Mauervorsprung. Dann blieb er stehen. Es sah so aus, als spreche er mit der Gestalt, den Kaminhaken hielt er zum Schlag bereit. Vorsichtig trat er an die Mauer heran.

Nick stockte der Atem.

Doch auf einmal ließ WM den Haken sinken, blickte sich noch einmal in alle Richtungen um und kehrte schließlich ins Haus zurück. Die schwarze Gestalt war anscheinend nicht mehr da. Sie musste in dem Moment verschwunden sein, als WM das Haus betreten und Nick seinen Beobachtungsposten verlassen hatte.

Nick stürmte nach unten. Er kam am Treppenabsatz an, als sein Vater gerade wieder durch die Tür trat.

»Er muss fortgelaufen sein, als du kurz reingegangen bist«, sagte Nick außer Atem.

Sein Vater stutzte und schaute Nick dann mit einem Gesichtsausdruck an, den dieser nicht genau deuten konnte. Aber Nick bemerkte sehr wohl, dass sein Vater Angst hatte, denn sein Gesicht wirkte angespannt und war fast so weiß wie der neu gefallene Schnee draußen. WM trat an Nick heran. »Hör mir jetzt gut zu«, flüsterte er. »Und zwar sehr gut! Ich weiß nicht, von wem oder von was du sprichst. Hast du mich verstanden?«

Nick starrte seinen Vater entgeistert an. »Aber …«

»Kein Aber«, flüsterte WM, »kein, gar kein, überhaupt kein Aber.« Dann drehte er sich um und ging die Treppe hinauf, ohne Nick auch nur eines weiteren Blickes zu würdigen. Dass er dabei noch immer den Kaminhaken in der Hand hielt, schien er nicht zu bemerken.

Robyn

Als sich Nick am nächsten Morgen auf den Weg zu Levin machte, hatte er noch immer keine plausible Erklärung dafür gefunden, was er am Vorabend beobachtet hatte. Und er war zum Umfallen müde, weil er die ganze Nacht lang entweder aus dem Fenster gestarrt und nach der Gestalt Ausschau gehalten oder aber gegrübelt hatte. Was wurde hier bloß gespielt? Wieso hatte jemand ihr Haus beobachtet? Und was war eigentlich mit seinem Vater los? Hatte er tatsächlich etwas unter seinem Mantel versteckt und sich immer wieder umgedreht, weil er damit rechnete, verfolgt zu werden?

Je später es geworden war, desto verrückter waren seine Gedanken gewesen: Sein Vater hatte eine Bank überfallen und sein ehemaliger Komplize, den er damals übers Ohr gehauen hatte, hatte ihn nun ausfindig gemacht und versuchte, an die Beute heranzukommen. Oder er war ein Superagent, der jetzt, nach Jahren des Unentdecktseins, von der feindlichen Seite enttarnt worden war. Noch mindestens zehn andere Geschichten waren ihm eingefallen, die ihm jedoch allesamt nicht sehr wahrscheinlich vorkamen.

Eines aber war ihm klar geworden: Er hatte es sich nicht eingebildet, dass sein Vater in irgendein Geheimnis verwickelt sein musste. Die Frage war nur: War er Täter oder Opfer?

»Ist irgendwas?«, fragte Levin, als sie auf dem Weg zum Zensoriat geduckt durch einen Gang mit einer tief hängenden Decke krochen. »Du hast noch nicht ein einziges Wort gesagt, seit du mich abgeholt hast.«

Nick machte eine abwehrende Handbewegung. »Ach, nichts Besonderes. Nur mal wieder Ärger mit meinem Vater.«

Levin nickte verständnisvoll.

Nick wusste nicht, ob er Levin davon berichten sollte, was letzte Nacht geschehen war. Vielleicht gab es ja doch eine ganz einfache Erklärung für den Vorfall … Und mit seiner Antwort hatte Nick seinen Freund wenigstens nicht angelogen.

Sie gingen eine Weile schweigend weiter. Schließlich fragte Nick: »Weißt du schon, wo du Fabiano unterbringen wirst?«

Levin lachte laut auf. »Ich glaube, heute stellen wir beide immer die falschen Fragen. Darüber streite ich mich mit meinen Eltern schon seit Tagen.«

»Warum?«

Levin seufzte. »Der einzige freie Raum, den wir haben, ist ein Abstellraum, der vom Laden abgeht. Da lagern noch alte Kisten und Regale mit Dekorationsmaterial und jeder Menge Krimskrams. Fabiano würde sich da bestimmt heimisch fühlen. Auf seinem Piratenschiff sieht es ja schließlich genauso aus. Genau genommen hat mich dieser Abstellraum überhaupt erst auf die Idee gebracht, wie es auf dem Schiff aussehen könnte.«

»Ja, aber das klingt doch perfekt. Wo ist denn dann das Problem?«

»Meine Eltern wollen nicht, dass Fabiano so dicht am Laden ist. Sie haben Angst, dass er immerzu rein- und rausläuft und die Kunden vergrault.«

»Hm, und jetzt?«

Levin seufzte erneut. »Jetzt muss ich ihn im Figurenwohnheim unterbringen. Und da kann ich ihn natürlich längst nicht so gut studieren.«

Nick schüttelte den Kopf. »Die Welt ist ungerecht. Ich wünschte, ich dürfte Robyn im Figurenwohnheim einquartieren. Dann müsste ich mir zu Hause nicht die ganzen nervigen Sprüche anhören.«

Levin schüttelte vehement den Kopf. »Aber Robyn wird eine super Figur. Sie werden gar keinen Grund finden, ihn zu kritisieren.«

Nick blieb stehen. »Oh doch, Levin«, sagte er. »Oh doch, das werden sie.«

Nick und Levin erklommen die letzten Stufen zum Zensoriat, vor dem es heute vor Figuren und Schriftstellern nur so wimmelte, und Fräulein Schengensieck, Wanda und Tullia in ein angeregtes Gespräch vertieft waren. Fräulein Schengensieck klopfte Tullia gerade auf die Schulter und lächelte sie anerkennend an.

»Na, das ist ja ein hübsches Gespann«, sagte Nick und machte einen großen Bogen um die drei. »Ich glaube, mir wird schlecht«, flüsterte er, als Levin und er sich zu Kalle und Lina gesellten.

Kalle lachte laut auf. »Das geht schon die ganze Zeit so. Aber vielleicht haben wir Glück, und es wirkt sich positiv auf die Schlangensieblaune aus, wenn sie zwei Starschülerinnen um sich hat.«

»Ach, seid ihr auch endlich da!«, brüllte Fräulein Schengensieck in dem Moment und warf Nick und Levin einen bitterbösen Blick zu. »Das wird ja auch Zeit! Wenn ihr noch ein Mal zu spät kommt, lasse ich euch einen ganzen Nachmittag nachsitzen. Ist das klar?«

Nick und Levin nickten betreten und Kalle sagte: »Es kann natürlich auch sein, dass es sich negativ auf ihre Laune auswirkt.«

Nick fragte sich gerade, mit was für einer Ansprache Franko erst zu rechnen haben würde, wenn er hier eintraf, als er bemerkte, dass dieser schon da war. Abseits von allen anderen stand er an die Wand des Zensoriats gelehnt und starrte unbeweglich wie eine Statue auf das Meer hinaus.

»Irgendwie ist er mir unheimlich«, raunte Nick Levin zu.

»Ja«, sagte Levin. »Mir manchmal auch. Obwohl ich ihn schon lange kenne.«

»Los, mitkommen!«, unterbrach sie Fräulein Schengensieck mit erhobener Stimme und eilte auf die Eingangstür zu, wo sie jedoch von einem Strom von Autoren und ihren Figuren aufgehalten wurde. Darunter befanden sich auch ein älterer Herr, der in einem fort kicherte, und ein junges Mädchen, das Nick als Irmchen wiedererkannte.

Irmchen hatte jetzt grüne Haare. Sie warf Levin und Nick ein hilfloses Lächeln zu, als sie an ihnen vorbei nach draußen ging.

»Montage!«, rief Fräulein Schengensieck. »Ich hasse diese Montage. Es ist immer das Gleiche: Diese ganzen Möchtegernschriftsteller, die sich am Wochenende hinsetzen, zweieinhalb Seiten schreiben und meinen, sie hätten Weltliteratur geschaffen.«

Vor der Tür zum Verscheibungsraum bedeutete sie der ganzen Gruppe stehen zu bleiben. »So, folgende Vorgehensweise: Ihr gebt eure Geschichten hier ab, danach treffen wie uns im Konferenzraum IIb, wo ich die Abschriften eurer Texte bekomme. Dort folgen weitere Anweisungen. Anschließend nehmt ihr eure Figuren in Empfang. Also los!«

Nick atmete tief ein. »Das kann alles nicht gesund sein«, flüsterte er Levin zu. »Mir wird schon wieder ganz schlecht.«

»Mir auch.« Levin verdrehte die Augen.

Eine halbe Stunde später vermerkte Fräulein Schengensieck in einem kleinen Notizbuch, wer ihr seine Abschrift überreicht hatte und wie umfangreich diese war.

»Du hast viel zu wenig geschrieben, Karl-Heinz!«

»Aber Sie sagten doch, Sie wollen zwischen fünfzehn und dreißig Seiten haben.«

Fräulein Schengensieck fixierte Kalle mit zusammengekniffenen Augen. »Ja«, erklärte sie eisig. »Aber ich sagte nicht: zwanzig Seiten, die so groß geschrieben sind, dass meine Großmutter sie vom Festland aus lesen kann!« Sie trat so nahe an Kalle heran, bis sich beinahe ihre Nasen berührten. Kalle war es deutlich anzusehen, dass er am liebsten einige Schritte zurückgemacht hätte, aber er riss sich zusammen und wich keinen Zentimeter von der Stelle. »Das sind zehn Minuspunkte, Karl-Heinz! Und das, bevor ich auch nur angefangen habe, deine geistigen Ergüsse zu lesen. Schlecht, Karl-Heinz, ganz schlecht!« Danach drehte sie sich um und bewegte sich langsam auf Lina zu. »Wo ist deine Geschichte?«, bellte sie sie an. Lina zuckte zusammen, dann überreichte sie mit zittriger Hand ihren Text.

Fräulein Schengensieck blätterte durch die Seiten. Schließlich fixierte sie Lina mit einem Blick, der noch furchterregender war als die zusammengekniffenen Augen, mit denen sie Kalle gemustert hatte: Ihr linkes Auge war beinahe vollständig geschlossen, während das rechte so weit aufgerissen war, dass ihre Augenbraue nur kurz unter dem Haaransatz haltmachte.

»Was soll das hier sein, Lina?« Ihre Stimme war kaum mehr als ein Flüstern, das Nick eine Gänsehaut über den Rücken jagte. »Ich sehe hier dreißig Seiten, so klein beschrieben, dass ich sie nicht einmal mit einer Lupe entziffern kann. Und das bedeutet genau Folgendes, Lina: zu viel Information, viel zu viel Information! Du kannst einfach nicht denken, das ist dein Problem! Wenn du das könntest, wüsstest du, wie man sich auf das Wesentliche beschränkt. Zu viel Information ist noch schlimmer als zu wenig. Zwölf Minuspunkte!« Mit einer achtlosen Handbewegung warf sie Linas Zettelstapel hinter sich auf den Tisch und machte betont viele Notizen in ihr kleines schwarzes Buch, sodass sie nicht bemerkte, dass Lina angefangen hatte zu weinen.

Nick wollte zu ihr gehen, um sie zu trösten. Aber Kalle war schneller, etwas unbeholfen legte er seinen Arm um ihre Schulter. Als Nick seinen Blick daraufhin von Kalle zurück zu Fräulein Schengensieck schweifen ließ, streifte er auf halbem Weg Franko. Und blieb erstaunt an ihm hängen. Denn Franko starrte Fräulein Schengensieck so hasserfüllt an, als würde er ihr gleich an die Kehle gehen.

Doch nicht einmal dies bemerkte ihre Lehrerin. Im Gegenteil. Nachdem sie ihre Notizen abgeschlossen hatte, wandte sie sich noch einmal Lina zu. »Hör auf zu heulen, Lina! Denn eines kann ich dir gleich sagen: Wenn du nicht in der Lage bist, konstruktive Kritik anzunehmen, wirst du im Schriftstellerberuf nie etwas werden. Falls du überhaupt jemals das Talent zu schreiben entwickeln solltest. Was meinst du, was du da alles zu hören bekommen wirst? Also gebe ich dir zwei gut gemeinte Ratschläge: Heul weniger und lern endlich zu denken!«

Nick wunderte es nicht im Geringsten, dass Lina nun noch mehr weinte. Ihn wunderte allerdings sehr, dass Franko mit geballten Fäusten zwei schnelle Schritte auf Fräulein Schengensieck zu machte. Diese riss die Augen auf, als sie Franko auf sich zukommen sah. Etwa einen Meter vor ihr blieb er schließlich stehen, den Blick weiterhin voller Abscheu auf sie gerichtet.

Nick wartete mit angehaltenem Atem auf ihre Reaktion. Ein weiterer Wutausbruch war wohl das Mindeste, mit dem Franko rechnen musste.

Fräulein Schengensieck sah Franko fest in die Augen. Franko und sie schienen geradezu ein Blickduell auszutragen, dachte Nick. Verblüffenderweise tat Fräulein Schengensieck jedoch nichts weiter, als sich zu räuspern und wieder in ihr Notizbuch zu schauen. »Ach ja, ähem, richtig, Franko. Du bist der Nächste. Verstehe ich das richtig? Du willst deine Geschichte abgeben?«

Franko musterte Fräulein Schengensieck noch einige Sekunden lang, ging dann aber zu seinem Tisch zurück, griff nach seinem Stapel Zettel und reichte ihn ihr wortlos hinüber. Sein Blick allerdings war so hasserfüllt wie zuvor.

Fräulein Schengensieck blätterte kurz durch die Seiten, nickte und sagte: »In Ordnung.« Anschließend machte sie mit ihrem Stift eine schnelle, nach einem Haken aussehende Bewegung.

Irgendetwas musste Frankos Verhalten bei ihr ausgelöst haben, denn auch Nicks, Levins und Tullias Abschriften nahm sie zu deren großer Verwunderung kommentarlos entgegen. Ja, sie vergaß sogar, Nicks Geschichte auf die Seitenzahl hin zu überprüfen.

Als alle ihre Texte abgegeben hatten, räusperte sich Fräulein Schengensieck erneut, blätterte in ihrem Notizbuch und sagte: »So! Ich werde eure Geschichten bis morgen …«

In dem Moment klopfte es an der Tür, und Zensor Bucklinger betrat den Raum, gefolgt von sechs mehr oder weniger durchsichtigen Jugendlichen. Und von einem Hund, der einen Zettel in der Schnauze trug. »Guten Morgen, Fräulein Schengensieck«, begrüßte sie der Zensor freundlich lächelnd. »Hier bringe ich Ihren Schülern ihre Figuren.«

Fräulein Schengensieck riss die Hände in die Luft. »Das ist viel zu früh! Ich habe doch deutlich gesagt, dass ich am Schalter Bescheid gebe, wenn ich so weit bin.«

»Tut mir leid.« Zensor Bucklinger fuhr unbeeindruckt fort. »Aber wir sind heute vollkommen ausgelastet, wie Sie sicher gesehen haben. Wir haben keinen Platz mehr im Figurenwartezimmer.«

»Aber das ist doch …!« Fräulein Schengensieck führte ihn in eine Ecke und redete wild gestikulierend auf ihn ein.

Nick verfolgte den Disput schon längst nicht mehr. Er ließ seinen Blick von einer Figur zur anderen wandern. Levins war eindeutig zu erkennen: Es gab nur einen einzigen Jungen, der wie ein Pirat aussah. Er stand direkt neben einem Mädchen mit lockigem Haar, das ein Kleid trug, wie höhere Töchter vor zweihundert Jahren in England. Daneben befanden sich zwei Jungen, die beide Robyn sein konnten. Sie waren unauffällig, wenn auch etwas altmodisch gekleidet, hatten braune Haare, die ihnen beinahe in die Augen fielen, und waren kaum durchsichtig. Einer hatte allerdings eine Narbe am Kinn.

Nick versuchte sich zu erinnern, ob Robyn in seiner Geschichte vielleicht in eine Prügelei geraten war, die zu dieser Narbe geführt haben mochte.

»So!«, unterbrach Fräulein Schengensieck ihn in seinen Gedanken. Offenbar war sie wieder ganz die Alte. »Das ist ja nun alles andere als planmäßig verlaufen. Ich erwarte dennoch eure volle Aufmerksamkeit, bevor ihr euch mit euren Figuren beschäftigt.«

Kalle fing an zu kichern und erntete prompt Fräulein Schengensiecks bitterbösen Blick.

»Erstens …« Sie sah von einem zum anderen und betrachtete zuletzt die Gruppe von Figuren. »Ihr werdet eure Figuren ab sofort sorgfältig studieren und alles, was ihr euch an ihnen anders vorgestellt habt, in euren Geschichten korrigieren. Ich werde eure Änderungsschritte genauestens verfolgen und bewerten. Und wenn ich mir diesen Haufen von Möchtegernfiguren so ansehe, wird es da eine Menge Verbesserungen geben müssen!«

In dem Moment begann der Hund zu kläffen, wobei ihm der Zettel aus der Schnauze fiel. Sofort hob er ihn mit den Vorderpfoten auf und steckte ihn sich wieder in die Schnauze. Kalle

166

zwinkerte Nick und Levin stolz zu und Nick grinste zurück. Mit Kalles Hund würden sie bestimmt noch viel Spaß haben.

Fräulein Schengensieck schüttelte langsam den Kopf, dabei fixierte sie Kalle mit stechenden Augen. »Ich dachte eigentlich, wir hätten uns verstanden, Karl-Heinz. Aber gut. Du wirst schon sehen, wohin dich all das noch führen wird.« Damit wandte sie sich erneut dem restlichen Kurs zu. »Weiter: Ab morgen wird jeden Tag einer von euch seine Figur in einer umfangreichen Disputatio präsentieren.«

Nick sah Levin verwirrt an, und der Hund bellte zweimal, wobei er mehrfach seine langen spitzen Ohren ein- und ausklappte.

»Für diejenigen von euch, die nicht einmal wissen, was eine Disputatio ist: Nachdem ihr eure Figur präsentiert habt, werden eure Mitschüler eure Figur bewerten und sowohl das Positive als auch das Negative herausstellen. Und ihr werdet, sofern ihr dazu überhaupt in der Lage seid, eure Charakterisierungs- und Figurisierungsentscheidungen verteidigen. Ein Tipp: An eurer Stelle würde ich die Kritik der anderen ernst nehmen und als Anregung verstehen, die Geschichte zu Hause eingehend zu überarbeiten.«

Nick sah, wie Wanda Tullia milde anlächelte und übertrieben gähnte. Tullia lächelte kurz zurück, wandte sich dann aber schnell wieder Fräulein Schengensieck zu, die weitere Erläuterungen und sogenannte gute Ratschläge austeilte. Nick wurde langsam unruhig, er hatte keine Lust mehr, sich diese ganzen Ausführungen anzuhören. Er wollte endlich Robyn treffen.

Und auch die Figuren fingen offensichtlich an, sich zu langweilen. Sie begannen, miteinander zu flüstern und zu kichern. Gerade machte ein Mädchen, das nach ihrer Bekleidung und Statur zu urteilen wie eine Zirkusakrobatin aussah, aus dem Stand einen Salto rückwärts, als sich erneut die Tür öffnete und Graf van den Hoff eintrat.

»Guten Morgen, guten Morgen allerseits«, rief er laut und hob seine Hand zum Gruß. »Keine Sorge, ich will wirklich nicht stören!«

»Das tun Sie aber«, fuhr ihn Fräulein Schengensieck barsch an. »Wir sind noch nicht fertig. Sie müssen einen Moment auf Ihren Sohn warten. Am besten draußen!«

»Oh, wegen Franko bin ich eigentlich gar nicht gekommen«, antwortete der Graf fröhlich. »Ich wollte vor allem …«

»Dann lassen Sie mich jetzt bitte fortfahren.«

»Sicher, sicher!« Der Graf lachte. Doch anstatt wieder hinauszugehen, machte er es sich auf einem Stuhl am Fenster gemütlich.

Fräulein Schengensieck schnappte kurz und voller Missfallen nach Luft, fuhr dann aber mit ihrem Vortrag fort. »Also, eure Originalscheiben werden hier im Zensoriat verwahrt, sodass ihr keinen Zugang zu ihnen habt, es sei denn, ich erteile euch die Genehmigung. Das ist, wie ihr wisst, hier Usus. Nicht wahr, Herr Graf? Das gilt auch für … ähem … hochrangige Autoren wie Sie.« Ihr Lächeln ließ keinen Zweifel, dass sie dies als boshafte Anspielung auf die Qualität seiner Bücher gemeint hatte.

Graf van den Hoff ließ sich jedoch nicht beirren. »Wenn Sie es sagen«, entgegnete er freundlich. »Sie müssen es schließlich am besten wissen.«

Fräulein Schengensieck schluckte kurz. Sie schien zu überlegen, wie sie mit dieser Spitze umgehen sollte, und entschied sich offenbar dafür, sie zu ignorieren. »Habt ihr noch Fragen?«

Alle schüttelten den Kopf.

»Gut, morgen fängt Wanda mit der Präsentation und Disputatio zu ihrer Figur an. Ist dir das recht, Wanda?«

Wanda lächelte süßlich. »Selbstverständlich, Fräulein Schengensieck.«

»Hervorragend.«

Angewidert schüttelte der Graf den Kopf. Ob er damit Fräulein Schengensieck oder Wanda meinte, vermochte Nick nicht zu sagen.

»Sooo«, erklärte Fräulein Schengensieck, »dann wollen wir doch einmal sehen, was dieser … dieser … dieser Köter da von seinem Figurisierer für ein Begleitschreiben mitbekommen hat.« Sie machte ein paar Schritte auf das kleine weiße Fellbündel zu, aber der Hund ging ebenso viele Schritte rückwärts. Sie versuchte es erneut und wieder wich er zurück. Dieses Spiel wiederholte sich noch ein paarmal, bis der Vierbeiner schließlich mit dem Rücken an der Wand stand und laut zu knurren begann, ohne jedoch den Zettel freizugeben.

Nick musste sich stark zusammenreißen, um nicht laut loszulachen, und auch die anderen hielten sich die Hand vor den Mund oder bissen fest die Zähne aufeinander. Nur der Graf tat sich keinen Zwang an und lachte so laut und schallend, dass ihm die Tränen über das Gesicht liefen.

»Karl-Heinz!«, brüllte Fräulein Schengensieck schließlich. »Ich gehe wohl recht in der Annahme, dass der dir gehört?!«

Kalle nickte, die Lippen fest zusammengepresst und die Fäuste so sehr geballt, dass seine Knöchel kreideweiß hervortraten.

»Nimm ihm den Zettel aus der Schnauze und gib ihn mir!«

»Den Hund?«, fragte Kalle scheinheilig, und nun konnte auch Nick sein Lachen nicht mehr zurückhalten.

»Den Zettel natürlich«, zischte Fräulein Schengensieck.

Kalle ging auf seinen Hund zu und tätschelte ihm sacht den Kopf, woraufhin das Tier sofort anfing, wie wild mit dem Schwanz zu wedeln und immerfort an Kalle hochzuspringen. Dieser nahm ihm vorsichtig den Zettel aus der Schnauze und überreichte ihn Fräulein Schengensieck.

Mit spitzen Fingern und angewidertem Gesichtsausdruck entfaltete sie den Zettel, der vom Speichel des Hundes ganz feucht war, legte ihn vor sich auf den Tisch, wischte sich die Hände am Rock ab und las mit sichtlichem Genuss vor, was darauf stand: »Gemäß Paragraf 17b II JG der Figurisierungsordnung ist die vorliegende Figur im eigentlichen Sinne unzulässig und lediglich ob der Observation durch eine legitimierte Autorität figurisierbar, deren Einwirkung auf den Autor mit dem Ziele einer Verzulässigung innerhalb zweier Wochen vonstattenzugehen hat. Eine nicht zu vollziehende Verzulässigung erwirkt umgehend eine Zwangsdefigurisierung seitens der Zensurbehörde. (Siehe hierzu Paragraf 294a IV der FO.) Folgende Detaillierung unterliegt der Änderungsnotwendigkeit: Die vorliegende Figur ist in ihren Qualitäten zu wenig kategoriengetreu und daher eine potenzielle Gefahrenquelle für die Bevölkerungs- und Figurengesellschaft.« Fräulein Schengensieck lächelte Kalle süßlich an. »Alles verstanden, Karl-Heinz?«

»Ehrlich gesagt: kein einziges Wort«, sagte Kalle, der noch immer seinem Hund den Kopf tätschelte.

»Nun, dann werde ich es dir erklären. Wenn du diesen ... diesen ... diesen Hund nicht innerhalb von zwei Wochen zu einem ganz normalen Hund machst, was *ich* zu kontrollieren habe, ist er weg. Klar?«

Kalle nickte betrübt.

Nick war entrüstet. »Aber hier gibt es doch alle möglichen seltsamen Gestalten, wie zum Beispiel diesen komischen sprechenden Vogel«, sagte er. »Warum darf der denn sprechen?«

Fräulein Schengensieck schenkte Nick einen langen herablassenden Blick. »Weil der Autor dieses Vogels ein namhafter Schriftsteller ist, der weiß, was er tut, und sich daher auf Paragraf 7b II JH berufen kann. Für Schüler wie euch gilt das nicht. So!« Sie klatschte einmal laut in die Hände. »Genug jetzt mit all diesen Ablenkungen. Ich habe dem lieben Gott nicht die Zeit gestohlen. Ruft endlich eure Figuren zu euch!«

Nick atmete tief durch. Er sah, dass auch Levin aufgeregt war. Jeder rief nun den Namen seiner Figur und tatsächlich setzten sie sich sogleich in Bewegung und kamen auf ihre Verfasser zu.

171

Eine Weile blieb unklar, ob der Junge mit der Narbe Nicks oder Frankos Figur war, doch als die beiden ein wenig näher gekommen waren, lösten sich Nicks Zweifel schnell auf. Seine Figur musste eine Unmenge Lachfältchen um die Augen haben und der Junge mit der Narbe hatte keine einzige. Schließlich ging dieser auch auf Franko zu und der andere Junge zu Nick. Ja, er lächelte Nick sogar an, wobei sich die Zahl seiner Lachfältchen zu verdoppeln schien, und streckte ihm die Hand entgegen. »Guten Tag«, sagte er mit einer leichten Verbeugung. »Mein Name ist Robyn.«

Nick schluckte. »Und ich bin Nick.«

»Sehr erfreut.« Robyn verbeugte sich noch einmal.

»Ja, ich auch.« Nick schüttelte ihm die Hand. Aus der Nähe betrachtet, hatte Robyn längst nicht mehr so große Ähnlichkeit mit Frankos Figur, wie dies zunächst den Anschein erweckt hatte – nicht nur wegen der Lachfältchen. Seine Gesichtszüge waren feiner, die Augen unter dem braunen Haarschopf deutlich intelligenter, sein Körper athletischer. Und jede seiner Bewegungen wirkte wohlüberlegt.

»Ist es richtig, dass ich bei Ihnen wohnen darf und wir gleich diesen Ort mit der schrecklichen Frau verlassen?«

»Ja, das stimmt.« Nick konnte sich ein Grinsen nicht verkneifen.

»Das ist gut. Ich habe ja keine Ahnung, wovon sie eigentlich gesprochen hat, und ich möchte auch nicht unhöflich erscheinen, aber sie macht auf mich einen kolossal unfreundlichen Eindruck«, flüsterte Robyn.

»Ja«, flüsterte Nick zurück, »das finde ich auch.« Er war unendlich erleichtert, weil Robyn so zu sein schien, wie er ihn sich ausgedacht hatte. Er war höflich, aber dennoch kritisch, und offensichtlich hatte er Humor.

Fräulein Schengensiecks weitere Erklärungen verhallten im Raum. Jeder war auf seine Figur konzentriert und von überall her waren lautes Lachen und rege Unterhaltungen zu vernehmen. Auch Levin war mit seinem Fabiano offenkundig sehr zufrieden. Nur Tullia ging in einem fort um ihre Figur herum – es war das eingebildet wirkende englische Mädchen mit dem Namen Constance – und beäugte sie kritisch von allen Seiten. Daneben stand Franko mit seiner Figur. Er unterhielt sich sehr angeregt mit ihr, allerdings im Flüsterton. So viel hatte Nick ihn noch nie reden sehen.

Nick und Levin hatten sich gerade verständigt, dass sie sich langsam auf den Heimweg machen wollten, als der Graf auf einmal lautstark das Wort ergriff.

»Bevor ihr alle geht, möchte ich die Gelegenheit nutzen, euch zu meinem alljährlichen Feuerfest einzuladen.« Er machte mit seinen Händen eine ausladende Bewegung. »Und natürlich bringt ihr auch eure großartigen Figuren mit!«, rief er. »Ich muss schon sagen: Kompliment, Kompliment! Wenn ich diese wunderbaren Wesen so sehe, ist mir um die Qualität der nachfolgenden Schriftstellergeneration nicht bange. Also, bis in einer Woche dann!« Damit eilte er, so plötzlich wie er gekommen war und ohne Fräulein Schengensieck oder Franko eines Blickes zu würdigen, aus dem Konferenzraum II b.

173

Neue Mitbewohner

Nick hätte niemals damit gerechnet, dass der Heimweg mit Robyn, Fabiano und Constance so amüsant werden würde. Der Spaß begann schon im Ausstattungsraum, in dem das Gepäck der Figuren zur Abholung bereitlag. Während Levins Fabiano nur einen schmutzigen Leinensack mit aufgesticktem Piratenkopf über den Schaltertisch gereicht bekam und Robyn eine alte, ausgebeulte Ledertasche, die er sich schwungvoll über die Schulter warf, gab es bei Tullias Constance offenbar ein Problem.

Die Dame hinter dem Schalter sah Constance kopfschüttelnd an, als Tullia ihr den Abholschein übergab, und sagte: »Einen Moment, bitte! Das ist Sondergepäck.«

174

Es dauerte ein paar Minuten, bis schließlich zwei Zensoriatsmitarbeiter einen riesigen Schrankkoffer hereinschoben, der ungefähr so groß war wie Constance selbst.

Diese zeigte mit dem Finger auf Fabiano und sagte in starkem englischem Akzent: »Du! Trag das Koffer!«

Tullia starrte Constance entsetzt an, während Nick und Levin grinsten und gespannt auf Fabianos Reaktion warteten.

»Trag ihn doch selbst!«, sagte der.

»Ick bin der Tockter eines Grafes, ick trage nie! Du bist – wie sagt man? Gering! Du tragst!«

Fabiano lachte laut auf, wandte Constance den Rücken zu und sagte zu Levin: »Können wir jetzt gehen?«

»He!«, rief Constance, das eigentlich bleiche, von Sommersprossen übersäte Gesicht puterrot. »Ick habe dir einen Order gegiven!«

»Hör mal zu!«, fuhr Tullia sie nun an. »Du magst die Tochter eines G-r-a-f-e-n sein, aber du bist verarmt, verstanden?«

Zur Verblüffung aller senkte Constance betreten den Kopf und nickte schließlich.

»Gut«, sagte Tullia. »Wenn du dich also entschieden hast, trotzdem Gepäck wie eine Prinzessin mit dir herumzuschleppen, dann musst du dich auch selbst darum kümmern. Kapiert?«

Constance nickte erneut. Zwei dicke Tränen liefen ihr die Wangen hinab. Sie tat Nick beinahe leid.

»Ich werde den Koffer tragen«, sagte in dem Moment Robyn, trat auf das Ungetüm zu und begann, es an seinem Griff hinter sich herzuziehen. Constance warf ihm ein dankbares Lächeln zu.

»Ich wusste gar nicht, dass ich ihn so kräftig gemacht habe«, sagte Nick stolz. »Kommt bestimmt vom Teigkneten.«

»Wusstest du denn wenigstens, dass er so ein Gentleman ist?«, fragte Tullia.

»Ja«, grinste Nick. »Das wusste ich.«

Nick hatte sich in den vergangenen Tagen häufig gefragt, wie Robyn wohl sein würde. Mit allem Möglichen hatte er gerechnet: dass Robyn so unsichtbar war, dass er ihn kaum erkennen konnte; dass er ganz anders war als geplant oder dass er bestimmte Charakterzüge hatte, die Nick nicht mochte. Dass er mit Robyn rundum zufrieden sein würde, davon war er jedoch nicht ausgegangen. Würde er überhaupt etwas an ihm ändern müssen? Aber irgendeinen Haken musste es geben, denn so gut konnte er ja nicht schreiben, oder?

Es war eine ungewöhnliche Gesellschaft, die sich da über das Kopfsteinpflaster den Berg hinab in Bewegung setzte – jedenfalls für die Welt außerhalb Montamars. Allen voran gingen Fabiano und Robyn, der offenbar mühelos Constances Koffer hinter sich herzog. Fabiano trug außer seinem Piratensack auch Robyns Ledertasche, die er ihm mit einem betont verächtlichen Blick auf Constance abgenommen hatte. In einigem Abstand folgten Nick, Levin und Tullia und weit dahinter Constance. Mit ihren hohen Absätzen konnte sie sich auf dem unebenen Pflaster kaum halten. Immer wieder knickte sie um.

Tullia war schon sichtlich genervt.

Schließlich rief Constance, nachdem sie etwa zum zehnten Mal beinahe hingefallen wäre: »Stopp!«

Abrupt blieben alle stehen. Constance humpelte auf sie zu, schob mit den Ellenbogen Nick und Levin beiseite und steuerte dann Robyn an.

»Offen bitte das Koffer«, sagte sie lächelnd.

Robyn legte den Koffer auf den Boden und machte sich an dem komplizierten Schloss zu schaffen.

»Moment mal!«, fuhr Fabiano Constance an. »Offen das Koffer doch selber! Und lern erst mal richtig sprechen, bevor du hier Befehle gibst!«

»Hehehe«, rief jetzt Levin. »Kannst du etwa Englisch, Fabiano?«

Der schüttelte den Kopf. »Nein, ich glaube nicht.«

»Dann mach dich gefälligst nicht über Constance lustig! Dafür, dass es nicht ihre Muttersprache ist, spricht sie sehr gut Deutsch.«

Constance schenkte nun auch Levin ihr süßestes Lächeln.

Tullia verdrehte die Augen und flüsterte Nick zu: »Warum war ich nicht so schlau wie du?«

»Was meinst du damit?«

»Du hast dir eine Figur ausgedacht, die man mögen kann. Mir geht Constance jetzt schon auf die Nerven.«

»Wenn ich ehrlich bin, war das eher Zufall. Aber vielleicht ist Constance ja eigentlich ganz nett und nur im Augenblick ein bisschen … ein bisschen, ähm … angespannt.«

Robyn hatte den Verschluss inzwischen geöffnet und wollte gerade den Deckel heben, als Constance kreischte: »Stopp! Stopp! Du darfst nix sehen, was ick habe in das Koffer! Das ist – wie sagt man – unschicklick! Geh weg! Geh weg! Vor allem you da, Fabi-dingsdangs. Weg!«

Tullia wandte sich von Constance zu Nick. »Ein bisschen … angespannt?«

Nick biss sich auf die Unterlippe. »Möglicherweise.«

Constance verschwand hinter ihrem geöffneten Koffer und wühlte darin herum, während Fabiano ungeduldig auf und ab ging und sich säbelschwingend mit einem unsichtbaren Gegner duellierte.

Endlich juchzte Constance triumphierend auf. Sie streckte ein Paar flache Schuhe in die Luft. »Hier hab ick sie!«

»Wird auch Zeit!«, sagte Fabiano, bevor er seinen Gegner mit einem gut gezielten Hieb erledigte. »Touché!«

»Oh, du spreckst Französisch! Vielleickt bist du dock nickt so stupid wie ick dackte.«

»Und vielleicht benutzt du lieber nicht so viele Wörter mit ›ch‹«, konterte Fabiano.

»Hört jetzt auf, ihr beiden!«, sagte Robyn bestimmt. »Constance, zieh endlich deine Schuhe an, und Fabiano, hilf mir, den Koffer zu verschließen!«

Tatsächlich taten die beiden, was ihnen gesagt worden war.

Nick, Levin und Tullia sahen sich sprachlos an.

»So viel Autorität hätte ich Robyn gar nicht zugetraut«, staunte Levin.

Nick schüttelte den Kopf. »Ich auch nicht.«

Als Levin und Fabiano in Richtung Figurenwohnheim abbiegen mussten, gab Fabiano Robyn seine Tasche zurück und fragte ihn: »Sehen wir uns morgen?«

Robyn nickte. »Klar, gern.«

»Kannst du fechten?«

»Nein.«

»Hmmm.« Fabiano rieb sich das Kinn. »Gut, dann gehen wir zum Hafen und schauen uns die Segelschiffe an. Ich wollte die Seeleute sowieso etwas fragen.«

Robyn nickte wieder. »Gut, machen wir das.«

Levin runzelte die Stirn. »Was willst du die Seeleute denn fragen?«

Fabiano dachte einen Moment lang nach. Dann sah er sich verstohlen zu beiden Seiten um und flüsterte: »Ich will sie fragen, ob sie wissen, wo Silver's Cross liegt. Oder wisst ihr das?«

»Ha!«, rief Constance. »Das war ganz falscher Englisch. Es muss heißen *Silver Cross*, silberner Kreuz. Oder ist dieser Silver eine Person? Nur dann ist ricktick.«

»Pscht!«, zischte Fabiano. »Sei still!« Erneut blickte er sich nach allen Seiten um.

»Aber ick bin ricktick!«, rief Constance.

»Ja«, herrschte Fabiano sie an. »Ricktick doof! Das muss heißen: Ich habe recht.«

»Na gut.« Constance stampfte mit dem Fuß auf. »Ick habe reckt.«

179

»Recht!«

»Reckt.«

»Recht!«

»Reckt.«

»Schluss jetzt!«, rief Tullia. Dann raunte sie Nick und Levin zu: »Ich glaube, ich bekomme Kopfweh.«

Constance fing derweilen an zu weinen. »Aber ick habe reckt«, schluchzte sie und sah dabei Robyn aus großen feuchten Augen Hilfe suchend an.

Robyn bemerkte das jedoch nicht, sondern schaute interessiert zu Fabiano. »Was ist denn dieses Silver's Cross?«, flüsterte er so leise, dass es kaum zu verstehen war.

»Das erkläre ich dir später«, sagte Fabiano. Freundschaftlich legte er Robyn eine Hand auf die Schulter. »Wenn ich ganz sicher bin, dass ich dir trauen kann.«

Robyn nickte. »Das verstehe ich.«

»Also!« Fabiano blickte sich wieder um. »Weiß nun einer von euch, wo dieser Ort liegt?«

Alle schüttelten den Kopf, nur Constance schluchzte weiter beleidigt vor sich hin.

Während Fabiano und Robyn klärten, wo und wann sie sich am nächsten Tag treffen würden, sagte Levin zu Nick: »Da wäre ich gern dabei.«

»Ja, ich auch.«

»Das wäre doch auch eine gute Gelegenheit für unser Figurenstudium. Lass uns den beiden morgen nachgehen und sie beobachten.«

Nick zögerte kurz. Normalerweise war es gar nicht seine Art, jemandem hinterherzuspitzeln. Aber Levins Vorschlag mit dem Figurenstudium machte natürlich Sinn. »Gute Idee«, sagte er schließlich.

Der Rest des Heimweges verlief mehr oder weniger ereignislos, abgesehen davon, dass Constance mit aller Kraft versuchte, mit Robyn Schritt zu halten und ihn in ein Gespräch zu verwickeln.

»Ich glaube, da hat sich jemand verliebt«, sagte Nick grinsend.

»Das kann beim besten Willen nicht sein«, entgegnete Tullia. »Ich habe sie extra so charakterisiert, dass sie nur in sich selbst verliebt ist.«

»Na, dann ist sie zumindest sehr neugierig.«

»Ja, das ist sie«, stimmte Tullia ihm zu, runzelte aber die Stirn, so als ob sie doch nicht ganz sicher sei.

Obwohl Nick mit Robyn alles in allem sehr zufrieden war, hoffte er inständig, dass sein Vater nicht zu Hause sein würde, wenn sie dort ankämen. Er wollte Robyn erst selbst ein bisschen besser kennenlernen, ehe er sich WMs Kritik aussetzte. Und die würde garantiert noch härter ausfallen als die von Fräulein Schengensieck.

Aber es gab einen weiteren Grund, weshalb er seinen Vater jetzt lieber nicht sehen wollte: Nach den Ereignissen des vergangenen Abends wusste er noch immer nicht, wie er sich ihm gegenüber verhalten sollte.

Umso entsetzter war er, als WM ihnen die Tür öffnete und gut gelaunt »Na, da seid ihr ja endlich!« rief.

Nick und Tullia sahen sich verblüfft an, als ihr Vater auch noch Constance und Robyn die Hand reichte und außerordentlich freundlich begrüßte. »Mein Name ist Wilhelm Münsterbach«, sagte er, »seid herzlich willkommen! Nick und Tullia, zeigt unseren Gästen doch ihre Zimmer und kommt dann alle wieder herunter. Harietta hat ein besonderes Begrüßungsessen vorbereitet.«

Als sie die Treppen zum zweiten Geschoss hinaufstiegen, wo Constance und Robyn ihre Zimmer haben würden, fasste Nick einen Entschluss. Er würde Tullia später erzählen, was sich in der letzten Nacht zugetragen hatte. Vielleicht hatte sie ja eine Erklärung für alles oder wenigstens eine Idee, was sie nun tun sollten. Denn dass ihr Vater jetzt so überschwänglich freundlich war, erschien Nick nur noch verdächtiger.

WMs Stimmung blieb auch während des Essens hervorragend. Interessiert hörte er zu, wie Constance ihr schweres Schicksal beklagte und darüber jammerte, was sie und ihre Familie alles hatten zurücklassen müssen: die Ländereien, Pferde, Kutschen. »Und fast all meine Kleidstucke!«, schluchzte sie.

»Wie bitte?« Robyn riss die Augen auf. »Du hast noch mehr davon?«

»Oh yes. Noch viel, viel mehrere!« Inzwischen liefen Constance dicke Tränen die Wangen hinunter. »Sie waren mein … mein … mein großester Schatz.«

WM reichte ihr ein Taschentuch und Constance vergrub sofort ihr Gesicht darin.

»Und was ist dein größter Schatz?«, fragte WM an Robyn gewandt.

»Meine Rezepte!«, erklärte dieser stolz. »Über tausend Rezepte. Die sind mein größter Schatz.«

»Und wo hast du die?«, fragte Tullia erstaunt. »So viel passt doch gar nicht in deine Tasche.«

»Die habe ich im Kopf«, sagte Robyn stolz.

»Was?«, rief Tullia. »Du kennst tausend Rezepte auswendig?« Sie sah Nick ungläubig an, aber der lächelte nur kopfnickend.

»Ja«, sagte Robyn. »Ich weiß auch nicht, woher ich diese Fähigkeit habe, aber das war schon so, als ich noch ein ganz kleines Kind war. Ich kann mir alles merken, was ich will, egal wie viel es ist.«

Tullia schüttelte den Kopf. »Unglaublich!«

WM jedoch hörte für einen Moment auf zu lächeln und musterte Robyn mit einem Ausdruck, den Nick nicht genau deuten konnte.

Als Harietta ein paar Minuten später den Nachtisch hereintrug, schluchzte Constance noch immer in WMs Taschentuch. Die Unterhaltung war ein wenig ins Stocken geraten, und Nick war froh über die Aussicht, bald aufstehen zu dürfen.

»Ooooh!«, rief Robyn, als er einen Löffel der weißen Creme probierte, die Harietta nach einem Spezialrezept zubereitet hatte. »Das ist ganz hervorragend, Harietta! Ganz, ganz hervorragend!«

Harietta lief rot an. Solch überschwängliches Lob war sie aus dieser Familie nicht gewohnt. Zumindest von WM glaubte sie, dass er nicht einmal merkte, was er aß.

Robyn nahm einen weiteren Löffel und ließ ihn sich langsam auf der Zunge zergehen. »Ich schmecke da beste Sahne, mehrere Vanilleschoten, feinsten Puderzucker, Eischaum, Karamell und … und … und einen Hauch Schokoladenlikör, richtig?«

Harietta nickte überrascht. »Ja, absolut richtig. Das ist …«

In dem Moment sprang Constance von ihrem Platz auf. »Ick mockte mir jetzt zuruckziehen.«

»Aber du hast doch deinen Nachtisch noch gar nicht angerührt!«, sagte Tullia.

Constance sah sie an, als komme sie von einem anderen Stern. »Ick esse nie Dessert! Das ist ganz schleckt fur mein Figur und meinen Hut.«

Nick runzelte die Stirn. »Für welchen Hut?«

Constance schüttelte den Kopf und klatschte sich auf die Wangen. »Hut! Fur meinen Hut!«

Nick begriff langsam. »Ach, du meinst ›Haut‹!«

»Ja, Haut. Dafur ist Dessert schleckt und darum ick gehe jetzt.«

»Es gehört sich aber zu warten, bis alle fertig sind«, sagte Tullia bestimmt. »Das wird dir doch aus deinen vornehmen Kreisen bekannt sein, oder?«

»Aber ick mockte jetzt mein Sacken auspacken«, erklärte Constance. Und zu Tullias Entsetzen kehrte sie daraufhin allen den Rücken zu und verließ den Raum.

184

WM räusperte sich. »Robyn, wenn du möchtest, darfst du auch aufstehen und dich in deinem Zimmer einrichten.«

Nick war darüber ein wenig erbost. Natürlich war sein Vater der Herr des Hauses, aber Robyn war seine Figur. Doch bevor Nick seinem Ärger Luft machen konnte, fragte Robyn Nick: »Darf ich?«

Nick lächelte ihn an. »Ja, sicher. Ich komme später bei dir vorbei und sehe nach, ob du alles hast, was du brauchst.«

Als Robyn die Tür hinter sich geschlossen hatte, klopfte WM erst Tullia und dann Nick anerkennend auf die Schulter. »Also, ich muss schon sagen: Da habt ihr zwei ganz großartige Figuren geschaffen.«

Nick blieb der Mund offen stehen. Er war Lob noch viel weniger gewohnt als Harietta, jedenfalls aus dem Mund seines Vaters.

»Selbstverständlich solltet ihr das eine oder andere ändern oder verbessern, aber alles in allem sind das zwei sehr runde Figuren. Herzlichen Glückwunsch!«

»Danke«, sagte Tullia. »Wenn ich allerdings ehrlich bin, wünschte ich, ich hätte mir eine andere Figur ausgedacht und nicht so eine blöde Ziege!«

WM lachte auf. »Ach, weißt du, man braucht eine ganze Menge Talent, um eine gute blöde Ziege zu schaffen. Und Constance ist eine sehr gute blöde Ziege. Und bei dir, Nicolas, muss ich mich entschuldigen: Ich hoffe, du wirst es mir nachsehen, dass ich dich zur Teilnahme an diesem Kurs gezwungen habe, aber er sollte dir neben der Bekanntschaft mit Levin spätestens jetzt auch die Erkenntnis gebracht haben, dass du sehr wohl Talent zum Schreiben hast.«

Nick konnte nur mit Mühe »Danke« stammeln. Inzwischen hatte seine Sprachlosigkeit aber eher mit Wut als mit Verblüffung zu tun, denn ihm war der Gedanke gekommen, dass WMs Verhalten wahrscheinlich nichts als bloße Strategie war. Sein Vater versuchte, gut Wetter zu machen und so zu tun, als sei am vorherigen Abend überhaupt nichts Außergewöhnliches passiert. Aber Nick würde sich dadurch nicht ablenken lassen. Und er würde, wie er es sich vorgenommen hatte, nachher mit Tullia sprechen.

»Wie bist du denn auf den Einfall gekommen, dass sich Robyn alles merken kann?«, fragte WM.

»Weil ich das eben nicht kann«, antwortete Nick kurz angebunden.

»Ha!«, rief sein Vater lachend. Übertrieben lachend, wie Nick fand. »Erlesene Idee! Und darum ist ja auch Constance so eine ›blöde Ziege‹: weil Tullia das eben nicht ist.«

Ein schwaches Lächeln zog sich über Tullias Gesicht. »Danke.«

»Und?«, fragte WM weiter. »Hast du Robyn noch andere besondere Charakterzüge gegeben?«

Nick hatte eigentlich keine Lust, ausgerechnet mit seinem Vater, dem großen Schriftsteller WM, darüber zu sprechen. Wieso interessierte er sich überhaupt so sehr für ihre Figuren, vor allem für seinen Robyn? Andererseits war dies natürlich die beste Gelegenheit zu beweisen, dass er mehr konnte, als ihm sein Vater bisher zugetraut hatte. Selbst wenn er genau wusste, dass dieses Interesse nur von dem Vorfall am gestrigen Abend ablenken sollte.

»Na ja«, begann Nick schließlich. »Vielleicht noch eine besondere Eigenschaft: Robyn hält jedes Versprechen, das er gibt. Und das ist es, was ihn dann in solche Schwierigkeiten bringt. Er hat seinen Eltern versprochen zu studieren, aber seine Leidenschaft ist das Backen.«

WM sah Nick nachdenklich an. Schließlich räusperte er sich, sagte »Gut, gut« und wandte sich Tullia zu. »Und wie ist es mit Constance?«

Tullia winkte ab. »Constance denkt, sie kann alles, und muss feststellen, dass sie gar nichts kann. Sie ist zudem ziemlich ungeduldig, daher lernt sie auch nur sehr langsam dazu. Und weil sie wenig selbstkritisch ist, gibt sie dafür anderen die Schuld. Eine blöde Ziege eben!«

Nick musste schlucken. Oje, dachte er, dagegen hatte er Robyn ja eher einfach gestrickt. Das war sicher auch der Grund dafür, weshalb Robyn deutlich durchsichtiger war als Constance. Daran würde er noch ein wenig arbeiten müssen.

»Gut, Tullia, sehr, sehr gut. Das ist ausgesprochen stimmig«, lobte WM auch Tullia, wenngleich er in Gedanken schon wieder ganz woanders zu sein schien. »So, ich muss jetzt wieder an die Arbeit.« Und damit stand er vom Tisch auf und ging eiligen Schrittes aus dem Raum.

Nick und Tullia blickten ihm wortlos hinterher, beide unsicher, wie sie dieses ungewohnte Lob auffassen sollten.

Schließlich ergriff Tullia das Wort: »Ich glaube, ich gehe mal nachsehen, was Constance so macht.«

»Und ich schaue bei Robyn vorbei«, sagte Nick und fügte hinzu: »Kann ich dich nachher mal sprechen?«

Tullia runzelte kurz die Stirn, so als frage sie sich, warum er nicht einfach jetzt mit ihr redete. Dann nickte sie jedoch. »Ja, sicher.«

Küchenchaos

»Tja, und heute tut er so, als sei nichts geschehen«, beendete Nick seinen Bericht von der schwarzen Gestalt, die ihr Haus observiert hatte. Und von WMs Reaktion, als er ihn darauf angesprochen hatte.

Nachdem er bei Robyn gewesen war, der gerade in einem Buch mit dem Titel »Die Backkünste des Zarenhaushaltes« las, hatte er an Tullias Zimmertür geklopft und ihr alles erzählt, was an dem Abend geschehen war.

»Und zu allem Überfluss benimmt er sich heute auch noch so übertrieben freundlich und überhäuft uns mit Lob, was er sonst nie tut, jedenfalls nicht bei mir. Das passt doch einfach alles nicht zusammen«, fügte Nick hinzu.

Tullia stützte nachdenklich das Kinn in die Hand. »Nein, du hast recht«, sagte sie schließlich. »Da stimmt wirklich etwas nicht.«

Nick atmete übertrieben laut auf. »Heißt das, du glaubst mir endlich?«

Tullia blickte für einen Moment aus dem Fenster. »Ich habe dir immer geglaubt«, sagte sie langsam. »Ich habe bisher nur nicht wahrhaben wollen, dass Vaters Verhalten übermäßig seltsam ist. Aber jetzt denke ich das auch. Dass er allerdings in irgendwelche üblen Machenschaften verstrickt sein soll, kann ich mir einfach nicht vorstellen. Er ist doch so ganz und gar ...«

»Moralisch«, ergänzte Nick.

»Genau.«

»Ich kann es ja auch nicht glauben, aber ich habe mir die ganze Nacht lang das Hirn zermartert und ich finde einfach keine sinnvolle Erklärung.«

Aus dem Treppenhaus drangen Geschrei und Gezeter. Constance regte sich offenbar lautstark über den angeblich viel zu kleinen Kleiderschrank und – falls Nick sich nicht verhört hatte – fehlende »Ballkleidbugel« auf.

Tullia verdrehte genervt die Augen und starrte danach wieder aufs Meer hinaus. »Mir fällt nur eine einzige Möglichkeit ein«, sagte sie nach langem Nachdenken. »Er wird irgendwie bedroht oder erpresst.«

»Ja, den Gedanken hatte ich auch schon.« Nick hob hilflos die Schultern. »Aber womit denn, ohne dass er sich irgendwas hat zu Schulden kommen lassen? Außer ...«

»Außer was?«

»Außer jemand erpresst ihn damit, dich oder mich zu entführen, wenn er nicht eine bestimmte Summe Geld zahlt.«

»Nein.« Tullia schüttelte entschieden den Kopf. »Dann würde er uns hier nicht so frei herumlaufen lassen.«

»Ja, du hast recht. Aber dann fällt mir wirklich nichts mehr ein.«

»Nein«, stimmte Tullia zu. »Mir auch nicht.«

»Und was machen wir nun? Ihn zur Rede stellen?«

»Erst mal noch nicht. Wir sollten ihn lieber eine Zeit lang beobachten, bevor wir das tun. Vielleicht fallen uns ja weitere Dinge auf. Wenn wir ihn jetzt zu sehr bedrängen, zieht er sich ganz zurück. Du kennst ihn doch.«

Nick musste zugeben, dass das stimmte. Wenn WM über eine Sache nicht sprechen wollte, dann sprach er nicht darüber. Das hatte Nick schon unzählige Male miterleben müssen. Zuletzt in der vorigen Nacht.

Ein paar Stunden später saß Nick in seinem Zimmer und versuchte, sich auf seine Geschichte zu konzentrieren, aber seine Gedanken schweiften immer wieder ab. Was hatte die dunkle Gestalt gestern vor ihrem Haus gemacht? Wen oder was hatte sie beobachtet? Und, vor allem, wieso hatte sein Vater sofort zu einer Waffe gegriffen?

Erst jetzt dachte Nick wieder daran, dass noch etwas anderes komisch gewesen war: Sein Vater hatte sich schon so seltsam benommen, als er auf das Haus zugekommen war, also noch bevor er die dunkle Gestalt überhaupt bemerkt haben konnte. Hatte er ...?

In diesem Moment tönte ein schriller Schrei durchs ganze Haus. »Ojeojeojeoje!« Es war Hariettas Stimme und sie wurde immer lauter. »Das darf doch nicht wahr sein! Oh nein, oh nein!«

Nick rannte aus seinem Zimmer und die Treppe hinab, dicht gefolgt von Tullia und ihrem Vater.

Als sie die Küche erreicht hatten, verschlug es Nick die Sprache. Was er dort sah, hätte er sich in seinen kühnsten Träumen nicht vorstellen können. Auf allen Tischen, Stühlen, Schränken, auf jeder noch so kleinen Abstellfläche türmten sich mehrstöckige Torten, Brote, Kekse, Kuchen mit Äpfeln, mit Pflaumen, mit und ohne Schokoladenüberzug, und andere Backwaren, die Nick noch nie gesehen hatte. Der Fußboden und der große Arbeitstisch in der Mitte der Küche lagen unter einer dichten Mehldecke, und an den Wänden und Schranktüren klebten Teigreste und etwas, das nach Eigelb aussah.

Und mitten in diesem Chaos saß seelenruhig Constance, aß ein Stück Schokoladentorte und himmelte Robyn an. Dieser wiederum starrte ein wenig beschämt zu Boden, was vermutlich daran lag, dass Harietta vor ihm hin und her rannte und auf ihn einschimpfte: »Meine gesamten Vorräte: weg! Verschwunden! Verbacken! Das Mehl sollte eigentlich bis Ostern reichen. Und da waren zehn Dutzend Eier. Alle weg! Das ganze Obst: weg! Der große Sack Zucker: weg! Die Butter: weg! Was hast du dir bloß dabei gedacht?« Und so weiter. In ihrer Rage hatte sie bislang nicht einmal bemerkt, dass sie inzwischen noch drei weitere Zuhörer hatte.

»Ähem«, machte sich schließlich WM bemerkbar. Harietta blieb abrupt stehen und drehte sich zu ihm um.

»Würdest du mir bitte erklären, was das hier zu bedeuten hat?«, fragte er sie.

Harietta fuchtelte wild mit den Armen herum, während sie nach Worten rang. »Dieser ... dieser ... dieser Möchtegernbäcker hat all unsere Vorräte verbacken!«, rief sie schließlich. »Ich war nur kurz auf dem Markt, und als ich zurückkam, um das Abendessen vorzubereiten, da ... da ... Aber das sehen Sie doch selbst!«

Nick wusste nicht, ob er lachen oder weinen sollte, und er zuckte zusammen, als sein Vater ihn fragte: »Hast du Robyn den Auftrag dazu gegeben?« Benommen schüttelte er den Kopf.

WM wandte sich daraufhin an Robyn. »Warum hast du das gemacht?«, fragte er gefährlich ruhig.

»Ich wollte Ihnen einen Gefallen tun und mich für die freundliche Aufnahme hier bedanken«, flüsterte Robyn.

»Ha! Einen Gefallen!« Harietta schien nun kurz vor einem Nervenzusammenbruch zu stehen. »Das ist der schlimmste Gefallen, den mir je einer getan hat! Das ...«

»Aber er ist dock wonderbar!«, meldete sich Constance zu Wort.

»Constance, sei still!«, fuhr Tullia sie an. »Und überhaupt: Ich dachte, du isst nie Dessert!«

»Aber das ist nickt Dessert!«, rief Constance entrüstet. »Das ist Kunst! Robyn hat …«

»Genug jetzt! Ich habe gesagt, du sollst still sein.« Tullias Augen blitzten vor Wut.

Nick lag es auf der Zunge zu sagen, dass Tullia vielleicht ein bisschen unfair war. Schließlich hatte sie Constance eine Frage gestellt und diese hatte nur versucht zu antworten.

»Nun gut«, sagte WM schließlich. Er hatte, während er redete, die Augen geschlossen und massierte sich mit zwei Fingern die Stirn. »Wenn ich die Lage korrekt beurteile, haben wir jetzt die Wahl: Entweder essen wir zum Abendbrot Kuchen oder …«

»Nein!«, schrie Harietta. »Auf keinen Fall! Ich werde hier keine einzige Mahlzeit zu mir nehmen oder zubereiten, solange es in meiner Küche so aussieht!«

WM atmete tief durch. »Ich wiederhole: Entweder essen wir Kuchen zum Abendbrot – wonach mir persönlich nicht recht der Sinn steht – oder wir gehen alle essen.«

»Oh ja!«, sagte Harietta triumphierend. »Was für eine wunderbare Idee! Und in der Zwischenzeit räumen diese Figuren da meine Küche auf!«

WM überlegte kurz. »Nein«, sagte er dann. »Das werden sie hinterher tun. Sie kommen mit uns. Wer weiß, was sie hier sonst noch anstellen.« Er wandte sich Robyn zu. »Und du fragst bitte das nächste Mal Nicolas oder Harietta, bevor du wieder deinem Backeifer zu erliegen drohst. Haben wir uns verstanden?«

Robyn nickte betreten, aber er hatte – so war Nicks Eindruck – keine Ahnung, was er eigentlich falsch gemacht hatte. Er tat Nick beinahe leid.

»Gut«, sagte WM. »Dann lasst uns essen gehen!« Er machte sich auf den Weg zur Tür, drehte sich jedoch noch einmal zu Nick um. »Eines muss ich deinem Robyn ja lassen: Er backt ziemlich schnell!«

Der gesamte Haushalt der Münsterbachs stapfte wenig später die schneebedeckten Gassen und Treppen zur *Festung* hinauf – dem vornehmsten Gasthaus Montamars, das tatsächlich früher einmal eine Festung gewesen war.

Von ihrem Tisch aus konnten sie durch Schießscharten auf den Hafen hinunterblicken, wo an die hundert Öllampen und Fackeln ihr spärliches Licht durch die wabernden Nebelschwaden der einsetzenden Nacht auf die vor Anker liegenden Segelschiffe warfen, sodass diese geradezu gespenstisch aussahen.

Mehrere livrierte Kellner, die so hochnäsig umherstolzierten, wie es sich für ein Erste-Klasse-Gasthaus gehörte, versuchten ihnen jeden Wunsch zu erfüllen.

Am meisten von allen genoss Harietta diesen Abend. Sie hatte sich extra eine Bluse mit sehr vielen Rüschen angezogen und die Haare sorgfältig hochgesteckt. Sie brauchte etwa eine Viertelstunde, ehe sie sich endlich etwas von der Speisekarte ausgesucht hatte. Dann rieb sie sich die Hände und strahlte fröhlich in die Runde. Doch sie war offenbar die Einzige, die an einer Unterhaltung interessiert war und dieses Essen als etwas besonders Angenehmes betrachtete. WM war wieder in eine seiner nachdenklichen Schweigephasen verfallen, in denen man ihn nicht ansprechen konnte oder sollte, und Nick und Tullia waren zu sehr damit beschäftigt, ihre Figuren im Auge zu behalten. Robyn konzentrierte sich vollkommen auf sein Essen – vermutlich aus Verlegenheit, weil dieser Gasthausbesuch ihm und seiner Backwut zu verdanken war – und Constance verwandte alle Energie darauf, ihre feine Herkunft deutlich zu machen. Mit abgespreiztem kleinem Finger schob sie Miniaturportionen in ihren Mund, die sie sehr lange kaute; bisweilen nippte sie an ihrem Weinglas, das sie elegant am Stiel anfasste. Außerdem schüttelte sie permanent den Kopf über drei Herren, die am Nebentisch saßen. Einmal sprach sie diese sogar an, bevor Tullia sie daran hindern konnte. »Wissen Sie, dass Sie die Fisch mit die falsche Forke essen?«

Die drei Herren sahen sie einen Moment verblüfft an und brachen dann in schallendes Gelächter aus. »Nein«, sagte einer von ihnen prustend, bevor er sich seine Gabel ganz dicht vor die Augen hielt und sie von allen Seiten genau studierte. »Und mir war nicht einmal aufgefallen, dass das eine Forke ist.« Seine beiden Tischgenossen klopften sich vor Lachen auf die Schenkel.

Auch Nick und Tullia grinsten. Constance hingegen lief hochrot an, murmelte »Freckheit!« und konzentrierte sich wieder darauf, ein möglichst kleines Stück von ihrem Filet abzuschneiden. Ein paar Minuten später jedoch lehnte sie sich zu Tullia hinüber und flüsterte: »Heißt das nickt ›Forke‹?«

»Nein«, antwortete Tullia und zwang sich, ernst zu bleiben.
»Das heißt ›Gabel‹. Eine Forke hat was mit Mist zu tun.«

Nick atmete erleichtert auf, als sie sich schließlich alle erhoben, um nach Hause zu gehen. Bis auf die Episode mit Constance und ihrer Forke war es ein seltsam stilles Essen gewesen, vor allem, weil WM kein einziges Wort gesprochen, sondern immerfort vor sich hin gestarrt hatte. Wenn Tullia ihn nicht irgendwann angestupst hätte, wären sie wahrscheinlich bis zum nächsten Morgen sitzen geblieben. WM war zusammengeschreckt, hatte sich einmal verwirrt umgesehen, so als wisse er nicht, wo er war, und dann so getan, als hätten sie einen amüsanten Abend verlebt. »Was für ein hervorragendes Essen!«, erklärte er, woraufhin Harietta laut zu husten begann.

»Längst nicht so gut wie deine Küche natürlich, Harietta«, ergänzte er schnell und Harrieta lächelte versöhnt.

Als sie die Festung verließen und durch den neu einsetzenden Schneefall nach Hause gingen, nahm Nick an, dass dieser Tag ereignisreich genug gewesen war und sie zu Hause sofort schlafen gehen würden.

Noch nie hatte er sich so sehr geirrt.

Das Erste – und bei Weitem erfreulichste Ereignis – war, dass ihnen nur wenige Schritte vor dem Eingang der Festung ganz unvermutet Levin begegnete. Zunächst bemerkte er sie gar nicht und wäre, die Augen fest auf den Schnee vor seinen Füßen geheftet, sogar an ihnen vorbeigegangen, wenn Nick ihn nicht angesprochen hätte.

»Hallo, Levin!« Nick klopfte ihm auf die Schulter.

Levin zuckte zusammen und wandte sich um. Dann lächelte er, wenn auch etwas mühsam, wie Nick fand. »Oh, hallo.«

»Was machst du denn hier?«

Levin blickte von einem zum anderen und seufzte. »Ich habe gerade Fabiano wieder in sein Wohnheim gebracht.«

Nick runzelte die Stirn. »Und jetzt hast du ein schlechtes Gewissen?«

»Nein.« Levin schüttelte den Kopf. »Jedenfalls nicht gegenüber Fabiano.«

»Sondern? Was ist denn passiert?«

Levin hob hilflos die Schultern. »Ich habe ihn vorhin mit in unseren Laden genommen, damit meine Eltern ihn kennenlernen.« Levin stockte. Er begann, mit dem Schuh ein Häuflein Schnee hin und her zu schieben.

»Ja, und?«

»Dann hat er in nur zwei Minuten das ganze Geschäft verwüstet. Das hat vor ihm nur ein versehentlich figurisierter Elefant geschafft – und der hat deutlich über fünf Minuten gebraucht.«

»Aber warum ...?«

»Er hat all die Bücher gesehen und sofort angefangen, in ihnen nach Silver's Cross zu suchen. Ich hatte noch gar nicht begriffen, was er da macht, da hatte er schon die Hälfte unserer Bücher auf den Boden geworfen.«

»Oje!« Nick konnte sich vorstellen, dass Frau Veroque das nicht besonders lustig gefunden hatte.

»Meine Eltern haben einen Anfall bekommen, vor allem meine Mutter. Mein Vater stand eigentlich nur da und war völlig fassungslos, aber meine Mutter ist auf Fabiano zugerannt, hat ihn gepackt und nach draußen befördert.« Levin schüttelte sich. »Und zu allem Überfluss hat sie auch noch zu mir gesagt, dass ich eine ganze Menge an Fabiano ändern muss, bis ich ihn mal wieder unter Leute lassen kann. Und dass ich ja wohl auch einige Fehler in meiner Charakterisierung gemacht habe. ›Wo gibt es denn Piraten, die lesen können?‹, hat sie mich gefragt. Und das habe ich mich dann auch gefragt.«

Zu Nicks Überraschung legte WM Levin eine Hand auf die Schulter. »Das wird schon wieder, Levin, glaub mir!«, sagte er freundlich. »Was meinst du, kann dich vielleicht ein Stück Schokoladentorte aufmuntern? Oder vielleicht Vanilletörtchen, Erdbeerschnitten, Nougatkuchen, Nussbeißer?«

Levin sah WM an, als habe dieser vollkommen den Verstand verloren. »Wie bitte?«

»Ach, weißt du, Levin«, erklärte WM und warf Nick dabei ein kurzes Lächeln zu, »deine Figur ist wahrhaftig nicht die einzige, die es heute ein bisschen übertrieben hat.«

Nick stutzte. Während des Abendessens war sein Vater so in sich gekehrt gewesen, und jetzt tat er alles, um Levin zu trösten, einen Jungen, den er kaum kannte. Irgendetwas stimmte mit ihm doch nicht. Und Nick war entschlossener denn je, herauszufinden, was das war.

Das Kellergewölbe

Inzwischen hatten sie die Villa erreicht, hoch und dunkel hob sie sich gegen die Schneemassen auf der Straße ab.

WM schloss die Tür auf. Im selben Moment war von drinnen, irgendwo im hinteren Teil des Hauses, ein lautes Krachen zu hören.

Nick erstarrte und schaute erschrocken Tullia und seinen Vater an, die ebenfalls stehen geblieben waren.

»Ihr bleibt, wo ihr seid!«, rief WM und trat in die Dunkelheit der Eingangshalle. Er zündete eine Gaslampe an.

Nick stockte der Atem. Sämtliche Möbel waren umgestürzt, Schubladen aufgerissen, Bücher lagen über den Boden verstreut. War ein Einbrecher im Haus?

»Oh Gott, oh Gott, oh Gott!«, rief Harietta und schlug die Hände vor den Mund.

In diesem Augenblick waren auf der Kellertreppe Schritte zu hören.

WM zögerte nicht lange und rannte los. Über die Schulter hinweg rief er noch einmal: »Bleibt, wo ihr seid!« Aber Nick ließ sich davon nicht zurückhalten, genauso wenig wie Tullia und Levin.

Sie eilten hinter ihrem Vater den Flur entlang und die Treppe ins Kellergewölbe hinunter.

Dort unten war es stockfinster. Sie hatten Mühe, in dem flackernden Lichtschein, den WMs Lampe vor ihnen warf, die Stufen zu erkennen.

Der Keller unter dem Münsterbachschen Haus war genau genommen ein riesiges Kellergewölbe, das vom ursprünglichen Erbauer des Anwesens, einem Weinhändler, als Lager angelegt und genutzt worden war. Insgesamt nahm es mindestens die Fläche eines Fußballfeldes ein.

Nick hatte sich bislang erst ein einziges Mal hier umgesehen, weil ihm die großen Backsteinkammern unheimlich vorgekommen waren, so wie ein dunkles Verlies. Doch obwohl ihm jetzt das Herz bis zum Hals pochte, zögerte er keine Sekunde, seinem Vater dorthin zu folgen. Irgendwo vor sich in dem langen Gang konnte er die dumpfer werdenden Schritte des Eindringlings hören, und einmal hatte Nick sogar den Eindruck, dass dort etwas aufgeflackert war, etwas, das sehr seltsam aussah, nicht wie ein Mensch, sondern eher wie das Spiegelbild eines Menschen in einer Fensterscheibe. Aber die gab es hier unten natürlich nicht.

Ganz plötzlich verstummten die Schritte.

WM hob die Hand und bedeutete ihnen damit, stehen zu bleiben. Offenbar hatte er vergessen, dass er ihnen eigentlich verboten hatte mitzukommen.

Nick, Tullia und Levin wagten nicht zu atmen. Sekundenlang verharrten sie vollkommen still. Doch von dem Eindringling war kein einziger Laut mehr zu vernehmen. Er musste sich in irgendeinem der Räume versteckt haben, die auf beiden Seiten des Ganges lagen.

Auf einmal – ganz ohne erkennbaren Anlass – lief WM wieder los. Er rannte geradewegs auf eine der Kammern zu. Für einen kurzen Moment verschwand er aus Nicks Blickfeld, tauchte jedoch sofort wieder auf. »Verdammt!«, rief er. Zu Nicks Überraschung hastete er an ihnen vorbei in Richtung Eingang.

Warum brach ihr Vater die Suche nach dem Einbrecher so plötzlich ab?

Nick dachte nicht lange darüber nach und heftete sich an WMs Fersen. Tullia und Levin taten dasselbe.

Wie besessen raste WM die Treppe hinauf. »Verriegelt die Tür!«, rief er, als Nick, Tullia und Levin am Fuß der Treppe ankamen. Dann lief er weiter nach oben.

Die drei warfen sich gegenseitig verständnislose Blicke zu, schlossen die schwere Holztür hinter sich und schoben alle drei Riegel vor.

Nick, Tullia und Levin folgten WM in dessen Arbeitszimmer. Er hatte sich auf einen Stuhl gestützt und atmete schwer, wirkte aber sichtlich erleichtert. »Gott sei Dank!«, keuchte er. »Hier war er nicht.«

Nick schaute sich im Zimmer um, das tatsächlich so aussah wie immer.

»Wir haben ihn offenbar überrascht, als wir das Haus betraten«, sagte WM. Constance, Robyn und Harietta waren inzwischen auch hinaufgekommen und schauten WM nun ängstlich und erwartungsvoll an. »Was für ein Glück, dass er nicht hier oben gewesen ist.«

»Wieso ›er‹?«, fragten Nick und Tullia wie aus einem Mund.

WM runzelte die Stirn. »Na ja, statistisch gesehen sind es eher Männer als Frauen, die Verbrechen begehen.«

»Und warum ist es so wichtig, dass er nicht im Arbeitszimmer war?«, fragte Harietta mit zittriger Stimme. »Was unten passiert ist, ist doch wohl schlimm genug. Wir wissen ja noch nicht einmal, was dort alles angerichtet worden ist.«

Nick blickte seinen Vater erwartungsvoll an.

WM begann zu stammeln, was ganz und gar nicht zu ihm passte. »Weil ... also weil ... ich könnte mir vorstellen ...« WM hielt inne und überlegte. »Also, ich könnte mir vorstellen, dass ... dass es der Einbrecher auf ... auf ... auf die Planungen für mein neues Buch abgesehen hat.«

Nick konnte seine Verblüffung kaum verbergen und auch Tullia betrachtete ihren Vater mit einem eigentümlichen Blick.

»Wer könnte denn damit etwas anfangen?«, fragte Nick.

»Oh, eine Menge Leute! Mehr, als ihr glaubt!«, versicherte WM, auf einmal wieder deutlich gefasster.

»Hast du denn irgendeinen konkreten Verdacht?«, wollte Nick wissen.

Langsam wandte sein Vater sich ihm zu. Er wusste genau, dass Nick mit dieser Frage auf die Ereignisse des vorigen Abends anspielen wollte.

»Nein, den habe ich nicht. Aber lasst uns jetzt nach unten gehen und nachsehen, wie viel Schaden der Einbrecher dort angerichtet hat und ob etwas Wertvolles fehlt.«

Etwa eine halbe Stunde lang versuchten alle, Ordnung in das Chaos zu bringen. Als schließlich das schlimmste Durcheinander behoben war, sagte WM: »Ich glaube, es fehlt nichts.«

»Sollten wir denn nicht trotzdem die Inselwache verständigen?«, fragte Harietta, deren Stimme vor Angst ein wenig bebte. »Der Einbrecher ist doch sicher noch im Keller.«

»Das halte ich für keine gute Idee!«

Plötzlich ertönte eine Stimme hinter ihnen. Alle Köpfe fuhren herum. Nick konnte seinen Augen kaum trauen. Der Oberzensor betrat in diesem Moment das Wohnzimmer und blickte in die Runde.

Nick sah seinen Vater an. WMs Gesicht war aschfahl geworden.

»Wie sind Sie hereingekommen?«, fragte Tullia.

»Nun ja«, lächelte der Oberzensor ein wenig herablassend, »das war nicht weiter schwierig, die Haustür stand offen.«

WM holte tief Luft. »Du hättest dir keinen besseren Augenblick für einen Überraschungsbesuch aussuchen können!«

»Überra...?« Der Zensor warf WM einen verständnislosen Blick zu. »Ach so, ja. Natürlich!« Er nickte ein paarmal. »Ich war gerade in der Gegend und ... und ... ähm.« Wie um nach Worten zu suchen, blickte er sich im Zimmer um. »Was um Himmels willen ist denn hier passiert?«

Während WM in kurzen, präzisen Sätzen zu erläutern begann, was geschehen war, beobachtete Nick abwechselnd den Zensor Maximus und seinen Vater. Es war überdeutlich, dass der Zensor keinen Überraschungsbesuch machte. Wenn der Zensor und sein Vater ohnehin verabredet waren, warum sagten sie das dann nicht einfach? Irgendetwas stimmte hier nicht.

»Könntet ihr uns jetzt bitte allein lassen?«, bat WM Nick und Tullia. »Ich möchte mich ein wenig unter vier Augen mit dem Zensor Maximus beraten.«

»Aber das hier geht uns doch wohl alle an!«, rief Tullia entrüstet.

»Selbstverständlich!«, beeilte sich WM zu sagen. »Wir werden auch noch alle gemeinsam darüber sprechen. Aber zuerst benötige ich den Rat des Oberzensors. Nur er kennt sich schließlich mit dem korrekten Prozedere hier auf Montamar aus. Also bitte geht in eure Zimmer!«

Mit einem wütenden Blick auf ihren Vater verließ Tullia als Erste den Raum, Nick, Levin, Harietta, Robyn und Constance folgten ihr.

»Moment, eines noch!«, rief WM plötzlich hinter ihnen her. »Harietta, hast du vorhin die Tür zum Kellergewölbe offen gelassen?«

»Ach, bin ich jetzt etwa auch noch schuld?« Harietta stemmte entrüstet die Hände in die Hüften.

»Nein, natürlich nicht!«

»Und weshalb ist das überhaupt wichtig? Wahrscheinlich habe ich sie offen gelassen, nachdem ich entdeckt hatte, dass Nicks Figur all unsere Vorräte aufgebraucht hat. Aber wenn ich das widerum nicht getan hätte, wäre der Einbrecher gar nicht in den Keller gerannt und wir hätten ihn da nicht fangen können und ...«

»Schon gut, schon gut!«, sagte WM schnell. »Es lag ja gar kein Vorwurf in meiner Frage.«

»Und was passiert nun mit dem Einbrecher?«, wollte die Haushälterin wissen.

WM zögerte kurz und sah den Zensor fragend an. Dieser schaute ihm fest in die Augen, dann nickte er kaum merklich.

WM wandte sich wieder an Harietta. »Um den werden der Zensor und ich uns kümmern. Geht ruhig!«

Kurze Zeit später saßen Nick, Tullia und Levin auf dem Fußboden in Nicks Zimmer, vor sich eine Platte voll mit Kuchen und Gebäck. Nick hatte sich endgültig dazu entschlossen, mit seiner Schwester und Levin über die Vorfälle der letzten Tage zu sprechen. Schließlich war Levin gerade selbst Zeuge der neuesten seltsamen Begebenheiten geworden.

Harietta räumte währenddessen zusammen mit Robyn und Constance die Küche auf.

Als Nick zu Ende erzählt hatte, kaute Levin nachdenklich auf einer Nussecke herum.

»Also, ich kenne euren Vater ja kaum«, sagte Levin nach einer Weile, »aber ich muss zugeben, dass mir ein paar Dinge sehr komisch vorgekommen sind.«

»Zum Beispiel?« Nick war gespannt, ob seinem Freund das Gleiche aufgefallen war wie Tullia und ihm.

»Ich frage mich, warum wir erst dem Einbrecher hinterhergelaufen sind und ihn dann auf einmal nicht weiterverfolgt haben. Und warum hat euer Vater nur in einem einzigen Raum nach ihm gesucht?«

»Und warum«, fügte Tullia hinzu, »hat er Harietta gefragt, ob sie die Tür offen gelassen hat?«

Levin atmete tief ein und aus und blickte langsam von Tullia zu Nick. »Ich glaube, es gibt dafür nur eine Erklärung.«

»Nämlich welche?« Nick schaute seinen Freund fragend an.

Doch die Antwort kam von Tullia. »Ganz einfach«, sagte sie aufgeregt. »Levin, hältst du es für möglich, dass es hier auf Montamar … also, dass es hier Geheimgänge gibt?«

»Mehr, als ihr euch vorstellen könnt«, entgegnete Levin.

Tullia stand auf und begann, im Zimmer auf und ab zu gehen. »Das dachte ich mir.«

»Und einer davon endet bestimmt in eurem Kellergewölbe. Und zwar genau in dem Raum, in den euer Vater eben gelaufen ist.«

»Stimmt. Nur so kann der Einbrecher hereingekommen sein!«, rief Tullia.

Für Nick ergab das im ersten Moment überhaupt keinen Sinn. Ein Geheimgang, der direkt in dieses Haus führte? Es klang unglaublich. Doch je länger er darüber nachdachte, desto klarer wurde ihm, dass dies tatsächlich die plausibelste Erklärung war. »Und deshalb ist Vater auch gar nicht auf den Gedanken gekommen, die Inselwache zu verständigen. Er wusste, dass der Einbrecher längst weg war.«

»Ich wüsste nur gern, was der Zensor Maximus eigentlich mit all dem zu tun hat«, sagte Tullia, noch immer auf und ab gehend.

Nick griff nach einem Stück Blätterteiggebäck und drehte es zwischen den Fingern hin und her. »Jedenfalls finde ich es höchst verdächtig, dass er so plötzlich hier aufgetaucht ist. Ich glaube nicht, dass das ein Zufall war. Wie merkwürdig er allein reagiert hat, als Vater von einem ›Überraschungsbesuch‹ sprach!«

»Vielleicht hat der Zensor etwas mit dem Einbruch zu tun«, überlegte Levin.

»Ja«, sagte Nick. »Ich hatte auch das Gefühl, dass er …«

»Nein, nein!«, unterbrach Tullia ihn. »Gefühle bringen uns jetzt nicht weiter. Wir müssen ganz logisch an die Sache herangehen.«

Nick schaute seine Schwester erwartungsvoll an.

»Es gibt noch eine andere Möglichkeit«, fuhr Tullia fort. »Denkt mal an die Bergbahn!«

»Die Bergbahn?« Levin sah von Tullia zu Nick und zurück. »Die zum Zensoriat?«

Tullia nickte.

»Ja und?«, fragte Nick ungeduldig. »Was ist damit?«

»Ah!« Levin schlug sich mit der Hand vor die Stirn. »Die holt man, indem man die Klingel betätigt, die mit dem Zensoriat verbunden ist.«

»Genau!« Tullia lächelte triumphierend.

Nick verstand nun auch. »Ihr glaubt, hier im Haus gibt es auch so eine Klingel?«

»Warum nicht?«, fragte Levin. »Wenn es einen Geheimgang gibt, warum soll es nicht auch eine Klingel geben?«

Nick biss gedankenverloren in das Gebäckstück in seiner Hand. Falls sich diese Klingel in WMs Arbeitszimmer befand, könnte sein Vater sie gezogen haben, bevor Nick und die anderen ihm nach oben gefolgt waren. Und es kam ihm noch ein anderer Gedanke: »Sollte es wirklich beides in unserem Haus geben, ist es sicherlich kein Zufall, dass wir hier wohnen, oder?«

»Du meinst …?« Tullia wandte sich vom Fenster ab und setzte sich wieder zu ihnen auf den Fußboden. »Wenn ich mich recht erinnere, hat er damals irgendetwas davon gesagt, dass ihn der Zensor Maximus bei der Haussuche unterstützt hat.«

Jetzt erinnerte sich auch Nick. »Ja, du hast recht. Das hat er.«

Sie schwiegen eine Weile nachdenklich. Nick aß langsam das ganze Gebäckstück in seiner Hand auf, während sich seine

Gedanken überschlugen. Immer wieder kreisten sie um die Frage, wonach der Einbrecher gesucht hatte.

»Eines jedenfalls steht endgültig fest«, brach Tullia schließlich das Schweigen. »Vater ist da in irgendeine Sache verstrickt.« Sie holte tief Luft. »Ich weiß, dass Vater vorhin gelogen hat.«

Nick sah seine Schwester überrascht an.

»Vater plant kein neues Buch«, fuhr sie fort.

»Wie kommst du darauf?«, fragte Nick.

»Erinnerst du dich an den Empfang im Zensoriat?«

»Natürlich, da fing ja alles an.«

Tullia nickte. »Ja, das stimmt vermutlich. An diesem Abend stand ich in der Nähe des Oberzensors, als Vater ihm erzählte, dass er noch keine Idee habe, worüber er schreiben wolle, und dass es bestimmt noch einige Wochen dauern werde, ehe er sich für ein Thema entschieden habe.«

Nick schluckte. »Dann ist jetzt auch klar, warum er bisher keinen Charakter hat figurisieren lassen.«

»Ja«, sagte Tullia niedergeschlagen. »Ich verstehe nicht, warum mir das damals nicht gleich aufgefallen ist. Schließlich hat Vater doch gesagt, dass wir nach Montamar reisen, weil er hier am besten ein Figurenstudium betreiben kann.«

Tullia schaute abwechselnd zu Nick und Levin. »Also, ich weiß ja nicht, wie ihr das seht, aber ich kann nicht einfach abwarten und nichts tun.«

Nick grinste. »Das ist eigentlich mein Satz!«

Tullia lächelte.

»Ich denke, wir sollten wirklich herauszufinden versuchen, was hier gespielt wird«, schlug Nick vor.

Tullia und Levin stimmten zu.

»Dann lasst uns am besten mit der Suche nach dem Geheimgang beginnen.«

Nick, Tullia und Levin tauschten einen langen ernsten Blick aus. Ihnen allen war nicht wohl bei dem Gedanken, noch einmal in das dunkle Gewölbe hinabzusteigen. Aber sie hatten keine andere Wahl, wenn sie herausfinden wollten, was hier vor sich ging. Und immerhin wussten sie ja, in welchem Raum sie suchen mussten.

»Sollen wir sofort anfangen?«, fragte Levin, und Nick bemerkte ein leichtes Zittern in seiner Stimme.

Er legte seinem Freund eine Hand auf die Schulter. »Du musst natürlich nicht mitmachen«, sagte er. »Schließlich hast du eigentlich gar nichts damit zu tun.«

»Doch, seit heute Abend schon«, antwortete Levin. »Außerdem kenne ich mich mit Montamars Gängen besser aus als ihr. Und vor allem lasse ich meine Freunde nie im Stich.«

Tullia und Nick lächelten dankbar.

Kurz darauf standen sie auf und schlichen aus dem Zimmer, um im Haus nach Fackeln zu suchen.

Die Erkundung

Auf Zehenspitzen liefen sie die Treppe hinunter und am Wohnzimmer vorbei. Offenkundig waren WM und der Zensor Maximus noch immer in ihr Gespräch vertieft. Bei jedem Knarren der alten Holzdielen blieben Nick, Tullia und Levin stehen und hielten den Atem an. Es kam ihnen vor, als seien Stunden vergangen, als sie endlich vor der verriegelten Tür anlangten, die zum Gewölbe hinabführte.

Aus der Küche war Hariettas laute Stimme zu hören. Im Kommandoton scheuchte sie Robyn und Constance hin und her und befahl ihnen, hier etwas aufzufegen oder dort etwas abzuwischen. Trotz seiner Anspannung musste Nick grinsen. Harietta würde keine Ruhe geben, bis die Küche blitzblank war.

»Verdammt«, flüsterte Tullia, als sie die schwere Tür musterte. »Diese Riegel bekommen wir niemals leise auf.«

Nick runzelte die Stirn. Tullia hatte recht. Die Riegel quietschten so laut, dass es wahrscheinlich im ganzen Haus zu hören war.

Doch im nächsten Augenblick kam ihnen Tullias Figur zuhilfe: »Ick sehe gar nix ein, warum ick eigentlick uberhaupt nock weiter putzeln soll. Ick habe keine Sache gemackt!«, rief Constance.

»Aber du hast Robyns Kuchen gegessen. Also wirst du jetzt mithelfen, den Schaden zu beseitigen. Ist das klar?«, sagte Harietta in ruhigem, aber sehr bestimmtem Tonfall.

»Nein!« Constance rief noch lauter. »Das ist nix clear! Ick will ...«

»Du willst nur eines!« Auch Harietta hob nun ihre Stimme deutlich an. »Dich mit mir wieder gut stellen. Sonst wird das hier nämlich keine schöne Zeit für eine verwöhnte Göre wie dich!«

»Ick bin keine Gore! Und was ist uberhaupt eine Gore?«

Als sich Constance und Harietta schließlich gegenseitig anschrien, nutzte Tullia die Gelegenheit. Ohne ein Wort zu sagen, bedeutete sie Nick und Levin, jeweils eine Hand an einen der Riegel zu legen. Sie selbst übernahm den dritten. »Auf drei!«, flüsterte sie. »Eins ... zwei ... und ... drei!« Gleichzeitig schoben sie die Riegel zurück, die tatsächlich laut quietschten. Aber gegen das Geschrei in der Küche war das Geräusch geradezu lautlos. Sie zogen schnell die Holztür auf, traten auf den dahinter liegenden Treppenabsatz und schlossen die Tür wieder.

Vollkommene Dunkelheit umgab sie. Nur unter der Tür hindurch fiel ein schmaler Streifen Licht. Schnell entzündeten die drei ihre Fackeln. Immerhin konnten sie nun ein paar Meter weit die Treppe hinuntersehen.

Nick lief ein kalter Schauer über den Rücken. Wenn es stimmte, dass sich in ihrem Keller ein Geheimgang befand, dann konnten sich in diesem Moment ganze Scharen von Eindringlingen in diesem Gewölbe aufhalten. Und wenn es nicht stimmte, hielt sich mit Sicherheit einer hier auf.

Tullia schien zu spüren, wie es Nick ging. »Es gibt jetzt kein Zurück mehr«, sagte sie mit fester Stimme. »Oder?«

Nick und Levin schauten sich an und schüttelten den Kopf. »Nein, kein Zurück«, sagte Nick.

»Gut! Also los!«

Nick begann, mit der Fackel den Boden abzuleuchten. Schritt für Schritt tastete er sich die Stufen hinunter, dicht gefolgt von Tullia und Levin.

Ihr Ziel war klar: Wenn es diesen geheimen Gang wirklich gab, konnte er sich nur in dem Raum befinden, in den WM vorhin so eilig gestürmt war.

Nur die ersten drei Räume sahen einigermaßen vertrauenerweckend aus, weil Harietta sie von Grund auf gereinigt hatte, um hier ihre Vorräte zu lagern – als sie noch Vorräte hatte. Außerdem befand sich hier eine kleine Werkstatt. Nicks Blick fiel auf ein paar Fläschchen mit Schmieröl. Schnell ging er hinein und steckte eins in seine Tasche. Das würden sie noch gut gebrauchen können.

Die meisten Kammern, an denen sie vorbeikamen, schienen leer zu sein, jedenfalls soweit man das im Flackern der Fackeln erkennen konnte; in anderen standen eine ganze Menge verstaubtes Gerümpel, alte Möbelstücke oder Kisten.

Sie hatten etwa die Hälfte des Weges zurückgelegt, als von irgendwoher plötzlich ein Geräusch ertönte. Alle drei blieben abrupt stehen. Mit klopfendem Herzen versuchte Nick, in der Finsternis irgendetwas zu erkennen. Doch es war zwecklos. Die Fackeln warfen ihr Licht nur ein paar Meter weit. Dahinter lag alles in tiefes Dunkel gehüllt. Sekundenlang blieben sie wie angewurzelt stehen. Keiner von ihnen traute sich zu atmen. Die Stille war geradezu gespenstisch.

»Was sollen wir tun?«, flüsterte Levin schließlich.

Nick dachte angestrengt nach. Am vernünftigsten wäre es sicher umzukehren. Aber würden sie dann den Mut haben, einen zweiten Versuch zu starten?

Tullia hatte offenbar den gleichen Gedanken. »Wenn wir es jetzt nicht wagen, dann vielleicht nie wieder«, flüsterte sie.

Das Geräusch war erneut zu hören, dieses Mal kam es jedoch von hinten. Nick bekam eine Gänsehaut. Hatte sich der Einbrecher unbemerkt an ihnen vorbeigeschlichen?

»Und nun?«, fragte Tullia.

Wie betäubt standen sie inmitten des kalten, dunklen Ganges. Selbst das Flackern ihrer Fackeln schien jetzt bedrohlich. Nick, Tullia und Levin rückten dichter aneinander.

»Wir haben keine Wahl«, flüsterte Nick. »Wir müssen wieder zurück. Die Kellertür ist nicht verriegelt.« Wer auch immer sich im Keller aufhielt, er konnte nun ungehindert ins Haus gelangen.

»Oh Gott, du hast recht«, sagte Tullia entsetzt und machte einen Schritt in Richtung Ausgang. Plötzlich stieß sie einen Schrei aus. Sie griff hinter sich, bekam Nicks Arm zu fassen und krallte sich an ihm fest.

Nick nahm all seinen Mut zusammen, streckte seinen Arm mit der Fackel aus und leuchtete den Boden ab. Augenblicklich fing er an zu lachen.

Direkt vor ihnen blitzten zwei rote Augen auf. »Eine Ratte!«, rief er erleichtert. Nie hätte er vermutet, dass er jemals so froh sein würde, eines dieser Tiere zu sehen.

Auch Levin lachte erleichtert auf. Doch Tullias Anspannung hatte sich offensichtlich noch nicht so schnell gelöst.

»Tullia, kannst du bitte meinen Arm wieder loslassen?«, bat Nick.

Tullia blickte erst ihren Bruder und dann seinen Arm verständnislos an. Schließlich zog sie schnell ihre Hand zurück und murmelte: »Entschuldigung!«

»Gehen wir weiter?«, fragte Levin.

Tullia nickte.

Als sie endlich vor der Kammer am Ende des Ganges ankamen, war ihnen, als hätten sie schon Stunden hier unten zugebracht. Sie traten ein und leuchteten mit ihren Fackeln um sich.

Der Raum war vollkommen leer. An jeder der Backsteinwände war ein schmiedeeiserner Fackelhalter angebracht. Sonst gab es in dem Raum nichts. Nicht einmal eine Ratte.

»Ich kann keine Tür sehen«, sagte Nick enttäuscht.

»Es wäre auch kein Geheimgang, wenn die Tür so leicht zu erkennen wäre«, sagte Tullia.

Nick ärgerte sich kurz über den schulmeisterlichen Ton seiner Schwester, fing sich aber schnell wieder.

»Wir müssen die Wände ganz genau untersuchen«, schlug Levin vor. »Wenn der Gang von hier abgeht, kann die Tür nur in eine der Wände eingelassen sein. Wir müssen nach auffälligen Ritzen Ausschau halten.«

»Ja«, ergänzte Tullia. »Und nach etwas, das die Tür öffnet. Vielleicht muss man auf einen der Backsteine drücken.«

Sie nahmen sich jeder eine der Wände vor. Nick suchte zunächst oberflächlich nach Ritzen zwischen den Backsteinen, die in ihren Umrissen auf eine Art Tür schließen ließen. Auch die beiden anderen gingen so vor.

Als dies erfolglos blieb, begannen sie, die Wände systematisch Zentimeter für Zentimeter abzutasten und auf jeden einzelnen Ziegelstein zu drücken. Sie untersuchten sogar den Fußboden.

»Nichts«, sagte Nick schließlich. »Gar nichts.«

Die drei sahen sich enttäuscht an. Es war frustrierend. Nichts deutete darauf hin, dass es hier einen Geheimgang gab. Aber der Gang konnte sich nur in diesem Raum befinden. Wenn es ihn gab. Nick hatte keine Ahnung, wie lange sie sich inzwischen schon hier unten aufhielten. Womöglich wurden sie im Haus bereits vermisst.

»Wir sollten noch einmal wiederkommen und dann einen Besen oder so etwas mitbringen. Vielleicht ist der Mechanismus ja irgendwo ganz oben angebracht«, schlug Nick vor.

Tullia und Levin nickten zögerlich, offensichtlich versprachen sie sich nicht viel davon.

Schließlich nahmen sie ihre Fackeln aus den Halterungen und verließen mit gesenkten Köpfen den Raum. So viel Zeit und Mühe für nichts und wieder nichts!

Langsam schritten sie den Gang entlang. Jeder von ihnen hing seinen Gedanken nach. Nick fragte sich, ob die anderen das Gleiche dachten wie er: Wenn es diesen Geheimgang doch nicht gab, dann musste sich der Einbrecher logischerweise noch immer hier unten aufhalten. Oder aber er war inzwischen durch die entriegelte Kellertür entkommen. Letzteres hielt er allerdings für relativ unwahrscheinlich – nachdem sich WM hier unten vorhin so seltsam benommen hatte. Es musste diesen Gang einfach geben. Es musste …

Plötzlich blieb Tullia abrupt stehen und schlug sich die Hand an die Stirn. »Wie kann man so dumm sein?«, stöhnte sie. »Kommt mit!«

Ohne die Reaktion der anderen abzuwarten, machte sie kehrt und rannte zurück. Nick und Levin warfen sich einen verständnislosen Blick zu.

»Nun beeilt euch doch!«, rief Tullia. »Wir haben etwas vergessen.«

Nick und Levin folgten ihr verblüfft. Was sollten sie denn noch außer Acht gelassen haben? Sie hatten doch jeden Millimeter abgesucht.

Zu ihrer Überraschung blieb Tullia draußen vor der Tür stehen und begann, die Wände links und rechts davon ganz genau zu inspizieren. »Warum sind wir eigentlich so sicher, dass sich der Mechanismus *im* Raum befinden muss?« Sie fuhr mit ihren Fingern jeden Zentimeter der Wand entlang.

»Na klar!« Nick schöpfte neue Hoffnung.

»Theoretisch könnte sich der Mechanismus ja sogar in jedem beliebigen Raum hier befinden«, überlegte Levin, der nun ebenfalls angefangen hatte, die Wand abzutasten.

»Theoretisch schon«, stimmte Tullia zu. »Aber das ist unwahrscheinlich. Wenn es jemand eilig hat, den Geheimgang zu erreichen, kostet es ihn zu viel Zeit, erst noch in einen anderen Raum zu laufen. Allenfalls könnte es auf dem Weg hierher ...«

In diesem Augenblick spürte Nick, wie der Stein unter seinen Fingern mit einem leisen Knirschen nachgab. Gleich darauf war ein Geräusch zu vernehmen, das wie ein weit entferntes Donnergrollen klang.

Verblüfft sahen sich die drei an. Dann liefen sie in den Raum hinein. Nick stockte beinahe der Atem. Kein Wunder, dass sie keine Tür hatten entdecken können. Die Tür war ... die gesamte hintere Wand. Sie hatte sich schräg in die Mitte des Raumes geschoben und stand nun direkt vor ihrer Nase.

»Das ist ja Wahnsinn!«, stieß Levin aus. Eine Weile betrachteten sie fassungslos die Wand.

Nick schluckte. »Sollen wir …?«

Tullia nickte. »Ja, kommt!«

Auf Zehenspitzen bewegten sie sich weiter und spähten vorsichtig um die Ecke.

Nick kniff die Augen zusammen. Aber er konnte nichts erkennen. Er wagte ein paar Schritte vorwärts und leuchtete mit seiner Fackel in die Öffnung hinein. »Hier ist tatsächlich ein Gang!«, flüsterte er aufgeregt. Dieser führte ein paar Meter weit nach rechts und machte dann einen Knick.

»Seid mal ganz leise!«, flüsterte Levin. »Vielleicht kann man etwas hören.«

Sie lauschten eine Zeit lang, aber alles blieb still.

»Was machen wir jetzt?«, fragte Nick leise.

Tullia runzelte die Stirn. »Ich denke, wir sollten lieber umkehren und den Gang morgen genau untersuchen. Wir sind alle müde und die Fackeln sind gleich heruntergebrannt. Außerdem werden wir oben vielleicht schon vermisst.«

Nick und Levin stimmten zu. Für heute hatten sie wahrhaftig genug herausgefunden.

Nick drückte auf den Stein, der den Mechanismus ausgelöst hatte, und die Wand schob sich wieder in ihre alte Position zurück. Zügig gingen sie den Gang entlang, dann öffneten sie so leise wie möglich die Kellertür.

Aus dem Haus war kein Laut zu hören. Nick zog das Fläschchen mit Öl aus der Tasche und gab ein paar Tropfen auf die Riegel, die sich daraufhin geräuschlos zurückschieben ließen.

Ein Dreimaster

Am nächsten Morgen hatten Nick, Levin und Tullia alle Mühe,
sich auf Wandas Präsentation zu konzentrieren. Immer wieder
schweiften ihre Gedanken zu den Ereignissen des vergangenen
Abends ab.

Wandas Figur war kein bisschen durchsichtig. Dennoch
hatte Nick den Eindruck, sie überhaupt nicht wahrzunehmen.
Und so bekam er auch nicht mehr von Wandas Bericht mit als
»Gouvernante – blabla – arm – bla – Anstellung im Adelshaus –
blabla – verliebt in den Schwager des Bruders der … blabla-
blabla«.

Nachdem Wanda ihren Vortrag beendet hatte, forderte
Fräulein Schengensieck den gesamten Kurs auf, ihrer Figur

Fragen zu stellen, um herauszufinden, ob deren Charakterisierung auch wirklich zutraf.

Nick und Levin sahen sich panisch an.

»Ich habe kein einziges Wort mitgekriegt«, raunte Levin.

»Ich auch nicht«, entgegnete Nick leise.

»Nick!«, rief Fräulein Schengensieck mit einem Lächeln, das nichts Gutes verhieß. »Sei doch so nett und fang an!«

»Ich … ähm …« Nick zermarterte sich das Hirn. »Ähm …« Doch auf einmal fiel ihm etwas ein. »Warum«, fragte er die junge Frau, die nervös mit dem grauen Halstuch in ihren Händen spielte, »wollten Sie Gouvernante werden?« Wanda und Franko fingen schallend an zu lachen, während Kalle, Lina und Tullia Nick voller Mitleid ansahen.

»Das hat uns Wanda soeben geschildert, Nick«, sagte Fräulein Schengensieck streng. »Und zwar sehr ausführlich! Levin! Du kannst Nick doch sicher helfen, oder?«

Levin zuckte zusammen. »Ähm … ja … also, sie … sie wollte Gouvernante werden, weil …« Levin blickte Hilfe suchend zu Wanda und ihrer Figur, bekam von dort jedoch keinerlei Unterstützung.

Im Gegenteil: Wanda grinste ihn breit an und fragte kokett: »Nun? Warum?«

»Weil…, weil sie …, weil sie nie Geschwister hatte!«

Erneut füllte lautes Lachen den Raum, bis Fräulein Schengensieck mit einer wütenden Handbewegung zur Ordnung rief. Dann baute sie sich, die Hände in die Hüften gestemmt, vor Levin auf und beugte sich zu ihm hinunter. »Diese junge

Frau dort, Levin, ist das jüngste von vierzehn Kindern«, sagte sie eisig.

Anschließend mussten Nick und Levin eine lange Standpauke über sich ergehen lassen. Seltsamerweise machte das Nick diesmal gar nicht so viel aus; er befürchtete lediglich, Levin oder er würden zur Strafe am nächsten Tag ihre eigene Figur vorführen müssen, was mit so viel Vorbereitungszeit verbunden gewesen wäre, dass sie ihren für den Abend geplanten Ausflug in den Geheimgang nicht hätten machen können.

Doch Fräulein Schengensieck brachte ihre Pläne auf andere Weise in Gefahr. Sie bat Tullia, am nächsten Tag ihre Figur zu präsentieren, »um« – so Fräulein Schengensieck – »einigen deiner Kurskameraden die Gelegenheit zu geben, sich ein Beispiel an echtem Schreibtalent zu nehmen.«

Tullia sah Nick und Levin entsetzt an. Nick ahnte, was das für seine Schwester bedeutete. Sie gehörte zu denjenigen, die immer alle Aufgaben mit übergroßer Genauigkeit und Gewissenhaftigkeit erledigten, während er meist nur so viel tat, wie gerade nötig war. Aber sie wollte an diesem Abend natürlich auch den Gang erforschen und steckte nun in einer wahren Zwickmühle. Und dafür fühlte sich Nick zumindest mitverantwortlich.

»Kann ich dich mal was Persönliches fragen?«, sagte Levin, ohne den Blick von Fabiano zu nehmen.

»Ja, klar«, antwortete Nick, seine Augen fest auf Robyn geheftet.

223

»Was ist eigentlich mit …« Levin rang nach den richtigen Worten. »Also … wo ist eigentlich eure Mutter?«

»In Ägypten«, antwortete Nick nach kurzem Zögern. Er hatte diese Frage schon seit einiger Zeit erwartet.

»In Ägypten? Was macht sie denn da?«

Nick lächelte. »Sie spielt da in ihrer Sandkiste.«

Levin sah ihn verständnislos an.

»So nennt sie das selbst immer«, sagte Nick.

Fabiano und Robyn näherten sich einem Segelschiff, das gerade mit allen möglichen Kisten und Fässern beladen wurde. Nick und Levin saßen etwa hundert Meter von ihnen entfernt auf einer Kaimauer. Sie hatten ihre Notizblöcke auf den Knien und beobachteten unbemerkt ihre Figuren. Es war ein strahlender Winternachmittag und der Hafen sah aus wie gemalt. Eine dünne Schneeschicht überzog die vielen vertäuten Segelschiffe, die sich glitzernd vom dunkelblauen Meer abhoben.

»Meine Mutter ist Archäologin«, erklärte Nick. »Sie verbringt die meiste Zeit des Jahres in Ägypten und sucht nach alten Pharaonengräbern.«

Levin nickte anerkennend. »Dazu hätte ich auch Lust. Das muss spannend sein. Bestimmt hat sie immer viel zu erzählen, wenn sie wieder zu Hause ist, oder?«

»Meist ist sie schon wieder weg, bevor sie die erste Geschichte beendet hat«, schoss es aus Nick heraus.

Levin kniff die Augen zusammen. »Dann siehst du sie nicht sehr oft?«

Nick blickte an Robyn vorbei auf das weite Meer hinaus. Nach einer Weile antwortete er: »Sie kommt zwei- oder dreimal im Jahr, aber nur für ein paar Wochen.«

Auch Levin starrte gedankenverloren auf die See. »Hm, das muss ganz schön komisch für dich sein, oder?«, fragte er schließlich.

Nick hob die Schultern. »Ich habe mich daran gewöhnt, nehme ich an.« Nick versuchte, sich nicht anmerken zu lassen, wie sehr er seine Mutter vermisste. Er wünschte sich, sie würde viel mehr Zeit zu Hause verbringen. Aber das ließ ihr Beruf nun einmal nicht zu. Und der war für sie furchtbar wichtig, das hatte er verstanden. Natürlich hatte er sie oft genug gebeten, länger zu bleiben oder gar nicht mehr wegzufahren. Dann hatte sie stets sein Gesicht in ihre Hände geschlossen, ihm tief in die Augen geblickt und »Du weißt doch, dass das unmöglich ist, mein Liebling« geflüstert. »Aber eines Tages, wenn du groß genug bist, fahren wir gemeinsam nach Ägypten.« Und dann hatten sie zusammen ein bisschen davon geträumt.

Levin beobachtete, wie Fabiano wild gestikulierend eine Gruppe Seeleute ansprach. Diese tauschten Blicke aus und zuckten dann die Achseln. Vermutlich hatten sie noch nie etwas von Silver's Cross gehört.

»Vater konnte mit Tullia immer mehr anfangen als mit mir«, fuhr Nick zögerlich fort. »Und Tullia und ich haben uns nie gut verstanden. So viel wie hier auf Montamar habe ich noch nie mit ihr geredet.« Er beobachtete eine Weile Fabiano und Robyn. Die beiden waren auf dem Weg zu einem großen Dreimaster, der vollkommen menschenleer und ohne Ladung an der Kaimauer lag. Fabiano schaute sich ein paarmal um, sprang an Deck und bedeutete Robyn, es ihm nachzumachen. Robyn schien sich ein wenig zu zieren, vermutlich hatte er Angst, erwischt zu werden. Doch Fabiano gab keine Ruhe und so sprang auch Robyn mit einem Satz über die Reling.

In dem Moment sah Nick eine bekannte Figur die Kaimauer entlangstolzieren. Eine Figur auf sehr hohen Schuhen und mit einer äußerst komplizierten Frisur, in die viele verschiedenfarbige Bänder hineingeflochten waren: Constance. Sie kam nicht besonders schnell vorwärts – und Nick konnte sich auch beim besten Willen nicht vorstellen, wie sich jemand in den Schuhen, die sie trug, sicher über den Schneematsch fortbewegen sollte. Levin und er mussten sich ein Lachen verkneifen. Es sah einfach zu witzig aus, wie Constance über den glitschigen Boden stakste und stolperte und gleichzeitig versuchte, damenhaft zu wirken.

Sie hielt geradewegs auf den Dreimaster zu, auf dem Fabiano inzwischen aufgeregt hin und her sprang, während Robyn sich dort sichtlich unwohl fühlte und ständig Ausschau hielt, ob jemand ihr unbefugtes Betreten bemerkte.

Constance erreichte soeben das Schiff und stand ein wenig zögerlich davor, so als überlege sie, wie sie dort hinaufkommen sollte, da ließ sich Tullia mit einem lauten Stöhnen neben Nick und Levin auf die Mauer fallen. »Du hattest recht, sie ist wohl ein bisschen in ihn verliebt«, sagte sie mit einem Blick auf Constance, die in diesem Moment Robyn zuwinkte. Dieser bemerkte jedoch nichts, weil er dabei war, Fabiano dazu zu bewegen, den Mast wieder hinunterzuklettern, den dieser in Windeseile erklommen hatte. Offensichtlich hatte er, anders als Fabiano, die Seeleute bemerkt, die sich langsam dem Schiff näherten.

»Ja«, sagte Nick, »und jetzt bringt sie Robyn auch noch in Schwierigkeiten.« Er warf seiner Schwester einen überraschten Blick zu. »Was machst du eigentlich hier? Ich dachte, du musst deine Präsentation für morgen vorbereiten.«

»Bin fast fertig«, murmelte Tullia, während sie gleichzeitig Constance beobachtete und sich Notizen machte. Nick kannte sonst niemanden, der schreiben konnte, ohne hinzusehen. »Ich habe mir überlegt«, fuhr sie fort, »dass es sinnvoller ist, weiter Constances Eigenarten zu beobachten, um sie gezielter ändern zu können.«

Inzwischen waren die Seeleute, die durch Constances Winken auf die blinden Passagiere aufmerksam geworden waren, am Dreimaster angekommen.

Nick, Tullia und Levin verfolgten in einer Mischung aus Besorgnis, Interesse und Belustigung, wie die Männer an Bord gingen und die beiden Eindringlinge am Schlafittchen packten. Ihr Gebrüll war bis zur Kaimauer hin zu hören. Selbst Tullia vergaß weiterzuschreiben, als sie sah, wie Constance all ihren Mut zusammennahm, ihre hohen Schuhe auszog und – wenn auch reichlich unbeholfen – über die Reling kletterte. Einen Moment lang war sie verschwunden, weil sie ziemlich ungrazil auf die Schiffsplanken plumpste. Mühsam rappelte sie sich auf und stolzierte auf die vier Seeleute zu, die Fabiano und Robyn umzingelt hatten und nun laut beschimpften.

Robyn stand gesenkten Hauptes da und ließ alles schweigend über sich ergehen, während Fabiano immer wieder das Wort zu ergreifen versuchte, aber jedes Mal von einem der Seeleute einen Stoß dafür bekam.

Als sich Fabiano jedoch noch nicht einmal dadurch bremsen ließ, drückte ihm schließlich einer der Seeleute die Hand auf den Mund. Fabiano strampelte eine Weile, gab aber irgendwann auf sich zu wehren; ihm wurde wohl klar, dass er gegen einen zwei Meter hohen und fast ebenso breiten Seemann eher chancenlos war.

»Das gibt's doch nicht«, entfuhr es Tullia, als sie sah, was Constance vorhatte. »Das hätte ich nie erwartet.«

Constance schlängelte sich zwischen zwei Seeleuten hindurch, stellte sich in die Mitte der seltsamen Gruppe und redete mit einem zuckersüßen Lächeln im Gesicht auf sie ein. Die Männer hörten ihr erstaunlicherweise zu und schienen sich kurz zu beraten. Nach einer Weile nickten sie. Offenbar hatte Constance ihnen einen Vorschlag gemacht.

»Jetzt bin ich mal gespannt«, sagte Nick. Er hatte den Satz kaum ausgesprochen, da wurde Robyn auf einmal freigelassen. Er rannte los, sprang über die Reling auf den Anleger und sah zu, dass er wegkam. Nick war entsetzt. Und enttäuscht. Er hätte nie gedacht, dass sich Robyn so egoistisch und rücksichtslos verhalten könnte. Schnell wurde er jedoch von seinen bitteren Gedanken abgelenkt, als Constance anfing, sehr seltsame Bewegungen zu machen. Sie begann auf der Stelle zu hüpfen und die Beine in die Luft zu werfen.

»Was wird das denn?«, fragte Tullia.

»Keine Ahnung, aber es sieht ziemlich komisch aus«, bemerkte Nick.

»Also, ich bin mir nicht sicher«, hob Levin an. Er hatte die Augen zusammengekniffen und beobachtete Constance sehr konzentriert, »aber ich glaube, das ist ein alter irischer Volkstanz.«

»Irisch?«, fragte Tullia entsetzt. »Wieso irisch? Constance ist Engländerin. Und ich habe ihr meines Wissens keine Tänze angedichtet. Oh Gott!« Sie schüttelte den Kopf. »Langsam verliere ich den Überblick, was ich bei ihr alles falsch gemacht habe.«

»Ach was«, sagte Nick, »das mit dem Tanzen scheint ja gar nicht so falsch gewesen zu sein. Den Männern jedenfalls gefällt es.«

Diese hatten inzwischen begonnen, im Rhythmus mitzuklatschen. Und so entging es ihnen, dass sich Fabiano auf Zehenspitzen Schritt für Schritt zurückzog, bis er mit dem Rücken gegen die Reling stieß. Dort verharrte er einige Sekunden völlig reglos und sprang dann, in einer einzigen katzenartigen Bewegung, über das Geländer. Mit einem eleganten Sprung kam er auf dem Kai zum Stehen und rannte davon.

»Das kann doch nicht wahr sein!«, rief Levin entrüstet.

Nick zuckte zusammen. Er hatte seinen Freund noch nie so laut werden hören.

»Na, der kann was erleben! Eine Dame mit vier ungehobelten Seemännern allein zu lassen, nur um sich selbst in Sicherheit zu bringen.« Er sah Tullia an. »Ich weiß nicht, ob das so üblich ist, aber ich möchte mich hiermit bei Constance und dir für das erbärmliche Verhalten meiner Figur entschuldigen.«

»Das brauchst du nicht«, sagte Tullia. »Ich bin eigentlich fast neidisch. Immerhin verhält sich deine Figur noch glaubhaft.«

»Ja«, bestätigte Nick, »anders als zum Beispiel meine. Ich hätte auch nie gedacht, dass Robyn die anderen einfach so im Stich lassen würde.«

Einige Minuten lang beobachteten die drei das Geschehen an Bord des Dreimasters. Constance vollführte pausenlos ihre lustigen hüpfenden Bewegungen und die Seeleute klatschten noch immer vergnügt mit. Doch was, wenn deren Stimmung plötzlich umschlug?

»Ich glaube, du hast dich ganz schön geirrt, Nick. Sieh mal, dort drüben!«, rief Levin und wies zur gegenüberliegenden Seite des Hafens.

Nicks Blick folgte Levins ausgestrecktem Zeigefinger, der auf Robyn deutete. Zumindest nahm er an, dass es sich um diesen handelte. Von ihm erkennen konnte er nämlich nur Hose und Schuhe, der Rest war hinter einem hohen Stapel Pakete verborgen. Mühsam, aber zügig näherte er sich dem Dreimaster. Sobald er dort ankam, beendete Constance ihren Tanz und machte die Seeleute auf Robyn aufmerksam, woraufhin sie an die Reling gingen und ihm die Pakete abnahmen.

Als Nick erkannte, was Robyn da herbeigebracht hatte, musste er laut lachen. Die beiden anderen stimmten schallend mit ein.

Robyn hatte es doch tatsächlich geschafft, gleich zwei Probleme auf einmal zu lösen: Die Seeleute ließen Constance und ihn wahrhaftig laufen, und der Münsterbachsche Haushalt war einen Großteil der Torten und Kuchen los, ehe alles schlecht wurde.

»Gott sei Dank«, seufzte Nick erleichtert. »Ich dachte schon, ich hätte Robyn aus Versehen zu einem Feigling und Verräter gemacht.«

Als Robyn und Constance freien Fußes den Hafen verlassen hatten, brachen auch Nick, Tullia und Levin auf. Sie verabredeten, wann sie sich am Abend treffen wollten, dann bog Levin in Richtung Figurenwohnheim ab, während Nick und Tullia in der langsam einsetzenden Dunkelheit den Nachhauseweg einschlugen, ohne zu ahnen, dass ihnen jemand folgte.

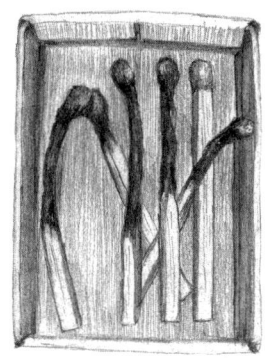

Endlose Gänge

Sie waren nur noch wenige Schritte von der Villa in der Hermiagasse entfernt. Inzwischen war es vollkommen dunkel
geworden. Plötzlich hörte Nick hinter sich ein Husten. Abrupt
drehte er sich um.

»Guten Abend«, sagte der Oberzensor, ohne Nick und Tullia
eines Blickes zu würdigen. Eilig ging er an ihnen vorbei und
klingelte an der Tür.

Sekunden später öffnete Harietta. Freundlich lächelte sie
den Zensor an, doch dieser nickte ihr nur kurz zu und stürzte
dann die Treppe hinauf.

»Ich weiß nicht, wie es dir geht«, sagte Tullia, »aber irgendwie ist er mir nicht geheuer.«

»Das geht mir ganz genauso«, entgegnete Nick und schüttelte verständnislos den Kopf.

Ein paar Minuten später saß Nick an seinem Schreibtisch. Eigentlich hatte er sich vorgenommen, weiter an seiner Geschichte zu feilen, aber er konnte sich wieder nicht darauf konzentrieren.

Da klopfte es und sein Vater betrat das Zimmer. Nick war überrascht.

»Ich komme gleich zur Sache«, sagte WM.

Nick fiel auf, wie schlecht sein Vater aussah. Sein Gesicht war aschfahl und seine Augen rot umrandet, so als habe er die ganze Nacht nicht geschlafen.

»Ist Robyn zu Hause?«, fragte er.

Nick konnte kaum verbergen, wie sehr ihn diese Frage verwunderte. Weshalb interessierte sich WM für seine Figur? Er blickte seinen Vater einen Moment lang irritiert an. »Ja, ich glaube schon.«

»Gut, dann such ihn bitte und sag ihm, dass ich ihn sprechen will. Du kannst dir ja denken, worum es geht.«

Anschließend drehte er sich auf dem Absatz um und verließ den Raum.

Nick schüttelte den Kopf. Das war typisch für seinen Vater. Nick kannte niemanden, dem Regeln und Prinzipien so wichtig waren wie ihm. Jetzt würde Robyn die Standpauke über sich ergehen lassen müssen, zu der es gestern Abend nicht mehr gekommen war.

Er fand Robyn bei Harietta in der Küche, wo er ihr demütig beim Kartoffelschälen half. »Wo ist denn Constance?«, fragte Nick.

Robyn zuckte die Achseln. »Ich glaube, sie wollte sich die Fingernägel feilen. Jedenfalls hat sie das gesagt, als sie vor einer halben Stunde hochging. Aber ich kann mir nicht vorstellen, dass sie so lange ...«

»Oh doch«, fiel ihm Harietta ins Wort, »ich bin mir sicher, dass sie auch ohne Probleme anderthalb Stunden lang ihre Nägel feilen kann.« Sie warf einen kritischen Blick auf ihre Hände.

»Harietta, könntest du Robyn eine Weile entbehren?«, fragte Nick. »Vater möchte mit ihm sprechen.«

Robyn sah ihn erschrocken an.

Über Hariettas Gesicht dagegen zog sich ein breites Grinsen. »Aber sicher. Gern sogar, wenn er mit ihm über gestern sprechen will.« Sie wandte sich Robyn zu. »Und danach kommst du wieder hierher. Es gibt noch etwa zwei Dutzend Zwiebeln zu hacken. Verstanden?«

Robyn nickte benommen. »Ich würde auch zwanzig Dutzend Zwiebeln hacken, wenn ich dafür nicht mit Herrn Münsterbach sprechen müsste.« Dann folgte er Nick mit hängendem Kopf aus der Küche.

Nick klopfte ihm aufmunternd auf die Schulter, als sie vor der Tür zu WMs Arbeitszimmer standen. »Es wird schon nicht so schlimm werden«, sagte er, um einen zuversichtlichen Tonfall bemüht. Aber er kannte die Standpauken seines Vaters und er selbst wollte jetzt wirklich nicht in Robyns Haut stecken. »Kommst du hinterher noch kurz bei mir vorbei und erzählst mir alles?«

Robyn nickte und klopfte zögerlich an die Tür.

Jetzt konnte Nick sich gar nicht mehr auf seine Geschichte konzentrieren. Langsam begann er sich zu fragen, wo Robyn eigentlich blieb. In dem Moment klopfte es endlich an der Tür und Robyn trat ein. Zu Nicks Erleichterung sah er einigermaßen gefasst aus. »Und?«, fragte er. »War es sehr schlimm?«

Robyn überlegte kurz. »Nein, es hielt sich in Grenzen«, sagte er. »Es hätte schlimmer werden können.«

»Was hat er denn gesagt? Du warst ja eine Ewigkeit weg.«

»Eigentlich hat er gar nicht so viel gesagt. Er hat mich hauptsächlich ausgefragt und danach hat er mir Sachen zum Auswendiglernen gegeben«, antwortete Robyn. »Es war seltsam. Irgendwie hatte ich das Gefühl, er will mich testen. Und der andere Mann hat mich die ganze Zeit so komisch angesehen.«

Nick schluckte. Das hätte er sich ja denken können. Sein Vater, der große Schriftsteller, musste selbstverständlich überprüfen, wie gut oder schlecht Nick gearbeitet hatte. Dazu noch vor den Augen und Ohren des ranghöchsten Literaturkritikers. Er sollte Tullia vorwarnen, dass sie sich auch auf Constances Durchleuchtung gefasst machen konnte. Bei dem Wort »Durchleuchtung« musste er beinahe lachen. »Hat er dich auch mit einer Taschenlampe angestrahlt?«, fragte er Robyn.

»Nein. Wieso?« Robyn sah ihn verwirrt an.

»Ach, nur so«, winkte Nick ab und biss sich auf die Zunge. Er wusste ja, dass Robyn jegliche Anspielung darauf, dass er eine Figur war, nicht verstehen konnte.

»Was würdest du denn jetzt am liebsten tun?«, wechselte Nick das Thema.

»Zwiebeln hacken«, grinste Robyn.

Nick grinste zurück. »Na, dann mal viel Spaß!«

Nick, Levin und Tullia schlichen die Treppe hinunter. Dieses Mal entriegelten sie die Kellertür geräuschlos und zogen sie hinter sich ins Schloss. Erst jetzt entzündeten sie ihre Fackeln. Zielstrebig gingen sie den Gang entlang auf den Raum mit der Geheimtür zu.

Nick drückte auf den Stein, der den Mechanismus aktivierte. Als sie die Kammer betraten, bewegte sich die Wand, die zu dem Geheimgang führte, lautlos zur Seite.

»Wir müssen gleich als Erstes nach dem Öffner auf der anderen Seite suchen«, sagte Tullia.

Sie starrten in den dunklen Gang, der nun vor ihnen lag. Nick atmete tief durch. »Also los«, sagte er dann und zwang sich weiterzugehen. Mit seiner Fackel leuchtete er die Wände ab. »Hier ist er schon«, sagte er überrascht, als er nur wenige Zentimeter neben der Maueröffnung einen Messingknopf entdeckte.

»Das war eigentlich klar«, sagte Tullia. »Es gibt ja auch gar keinen Grund, warum der Mechanismus auf dieser Seite versteckt sein müsste.«

Levin drückte auf den Knopf. Als sich die Wand vollständig geschlossen hatte, spürte Nick, wie unangenehm kalt und feucht es hier unten war. Eine unheimliche Stille umgab sie.

»Sollen wir?«, fragte Nick. Levin und Tullia nickten.

Der Gang war gerade mal breit genug für eine Person und so ging Nick voran.

Die ersten Meter kamen sie nur langsam voran, weil sie den Boden unter ihren Füßen sehr genau erkundeten. Als sich ihnen jedoch immer dasselbe Bild bot, begannen sie, etwas schneller zu gehen. Der Weg führte stetig bergan und schon kurze Zeit später standen sie am Fuß einer Treppe, die steil hinaufführte. Im Schein ihrer Fackeln konnten sie nicht einmal das Ende erkennen. An dieser Stelle übernahm Levin die Führung. Nick atmete auf. Besonders angenehm war es nicht gewesen, als Erster gegen die Finsternis anzukämpfen.

Der Aufstieg schien ewig zu dauern. Stufe um Stufe kletterten sie nach oben. Ihre Schritte hallten dumpf von den Wänden wider.

»Puh«, sagte Levin, als sie endlich oben angekommen waren. »Das muss ungefähr ein Viertel des gesamten Berges gewesen sein.«

Vor ihnen lag ein weiterer Gang, er führte um eine Kurve und dann wieder in die entgegengesetzte Richtung zurück. Alle paar Meter hielten sie kurz an und lauschten, aber außer dem einen oder anderen Tropfen, der irgendwo von der Decke zu Boden fiel, war nach wie vor nichts zu hören. Und auch ein Ausgang war nicht in Sicht.

Nick hatte längst die Orientierung verloren. Immer weiter ging es wie in Serpentinen bergan.

Nach der nächsten Biegung blieb Levin plötzlich stehen. Nick und Tullia rannten fast in ihn hinein.

»Da!«, rief Levin. Er zeigte auf eine massive Holzleiter, die vor ihnen aufragte.

Nick schaute nach oben. In die Decke eingelassen befand sich eine Klappe.

Die drei starrten hinauf. »Offenbar gibt es hier mehrere mögliche Ausgänge«, sagte Tullia, deren Blick von der Klappe in den Gang zurückwanderte, der hinter der Holzleiter weiter führte.

»Wollen wir Streichhölzer ziehen, wer als Erster geht?«, fragte Levin. Nick hielt das für eine gute Idee, doch Tullia sagte: »Nein, ich mache das. Ihr beide wart ja schon einmal die Vorhut.«

Nick und Levin wollten protestieren, aber Tullia hatte bereits die ersten Stufen der Leiter erklommen.

Nick spürte einen Kloß im Hals. Was, wenn die Klappe direkt in ein Zimmer führte? Und was, wenn sich gerade jemand in dem Zimmer aufhielt? Was würde derjenige mit ihnen machen, wenn er sie entdeckte? Sie hatten ja keine Ahnung, mit wem sie es eigentlich zu tun hatten. Oder mit was.

»Ihr wartet am besten unten, falls ich schnell wieder zurückmuss!«, sagte Tullia. Vorsichtig setzte sie ihren Fuß auf die nächste Sprosse, um zu prüfen, ob sie hielt. So tastete sie sich Schritt für Schritt nach oben. Nick hielt die Luft an, als Tullia ihre Hand auf die Unterseite der Klappe legte. Sie hob sie vorsichtig Millimeter für Millimeter an.

Dahinter war es vollkommen dunkel. Nick spürte einen eiskalten Lufthauch über sein Gesicht ziehen. Offenbar führte dieser Ausgang direkt ins Freie. Er atmete erleichtert auf. Alles war besser als ein Ausgang, der unmittelbar in einem unbekannten Haus endete.

»Das gibt's doch nicht!«, flüsterte Tullia auf einmal.

»Was ist?«, fragte Nick.

»Kommt, schaut es euch selbst an!« Tullia öffnete die Klappe ganz und kletterte hinaus.

Nick schüttelte den Kopf. »Warum muss sie es einem immer unnötig schwer machen?«, grummelte er. Er ging die Leiter hoch und stieg nach draußen. Nick sah sich um. Wo waren sie hier gelandet? Irgendwie kam ihm der Ort bekannt vor. Und dann begriff er endlich. »Die Bergbahn!«, rief er verblüfft.

»Ja, das macht Sinn«, sagte Levin, der hinter ihm aus der Luke kroch.

»Was macht Sinn?«, fragte Tullia.

»Hier einen Ausstieg aus dem Geheimgang zu haben. Das hier ist einer der wenigen Flecken auf der Insel, von dem aus man gleich mehrere Ziele schnell erreichen kann.« Er zeigte in das Dickicht, das ein paar Meter von ihnen entfernt lag. »Von dort führt ein Trampelpfad direkt bis zum Hafen hinab.« Er wies hinter sich. »Geht man dort zwischen den Bäumen entlang, kommt man zu einer Steintreppe, über die man schnell in alle möglichen Richtungen gelangt.«

Nick erinnerte sich daran, wie sie mit ihrem Vater hierhergekommen waren. Es stimmte, was Levin sagte. Am Fuß der Treppe, die auf der anderen Seite des Wäldchens endete, liefen drei oder vier Gassen zusammen.

»Dann ist dieser Ausstieg also so eine Art Notausgang«, sagte Tullia. »Wenn jemand vor einem Verfolger flüchten muss, hat er von dieser Stelle aus eine gute Chance zu entkommen.«

»Ja«, nickte Levin, »wenn er ein bisschen Vorsprung hat.«

Nick inspizierte die Oberseite der Klappe. Sie war auf so einfache wie geniale Weise getarnt: Dicht mit hohem Gras bewuchert, ging sie in der wild bewachsenen Wiese geradezu unter, genauso wie der kleine Eisenring, mit dem man sie hochheben konnte.

»Los«, sagte Tullia in einem sehr entschiedenen Tonfall, »wir müssen weiter.«

Ohne auf die Zustimmung der beiden anderen zu warten, verschwand sie in dem Loch. Levin und Nick tauschten einen kurzen resignierten Blick aus. Nick verspürte nach diesem Ausflug ins Freie eigentlich keine große Lust mehr, zurück in die dunkle und feuchte Enge zu klettern, und Levin ging es offensichtlich genauso. Aber sie wollten ja herausfinden, wohin der Gang letztlich führte. Und zu wem.

Kilometerlang, wie es schien, liefen sie weiter. Mit einer leichten Steigung ging es um unzählige Biegungen nach oben. Plötzlich versperrte ihnen eine Tür den Weg. Eine massive Holztür.

Schweigend starrten sie sie an. Nick trat einen Schritt vor und untersuchte das Schloss. Und genau in diesem Moment erlosch sein Licht.

Erschrocken blickte er auf die Fackel in seiner Hand, von der nur noch ein wenig Rauch strömte. Keiner von ihnen hatte daran gedacht, Ersatzfackeln mitzunehmen.

Nick überlegte, was sie tun sollten. Wenn auch die beiden anderen Fackeln ausfielen, hatten sie ein echtes Problem. »Nick hast du nicht Streichhölzer dabei?«, fragte er schließlich.

Levin durchsuchte seine Jackentaschen und zauberte tatsächlich eine Streichholzschachtel hervor. Zu Nicks Erleichterung rappelte es darin.

Levin öffnete die Schachtel und seufzte. Alle Streichhölzer, die er sehen konnte, hatten schwarze abgebrannte Köpfe. Er stocherte mit dem Finger darin herum. »Da!«, rief er endlich. »Da ist eins.« Tatsächlich befand sich noch genau ein einziges unbenutztes Streichholz in der Schachtel. Alle drei atmeten erleichtert auf.

Levin nahm die abgebrannten Streichhölzer heraus, schloss die Schachtel und steckte sie wieder in die Jackentasche. Schließlich löschte er seine Fackel.

Nick schluckte. Mit nur einer Lichtquelle war es auf einmal deutlich dunkler und unheimlicher als zuvor.

»Sollen wir jetzt?«, fragte Tullia.

»Ja, los«, sagte Nick und gab Levin ein Zeichen.

Dieser legte sacht eine Hand auf den schweren Türgriff. Vorsichtig drückte er ihn nach unten.

Die geheime Kammer

Nichts geschah. Die Tür ließ sich nicht öffnen.

»Vielleicht braucht man einen Schlüssel«, sagte Nick.

Tullia leuchtete die Tür ab. »Nein«, sagte sie, »da ist kein Schlüsselloch. Versuch es noch mal, Levin, mit aller Kraft!«

Levin drückte den Griff wieder hinunter und stemmte sich mit seinem ganzen Gewicht dagegen. Und tatsächlich gab die Tür mit einem Mal nach. Geräuschlos bewegte sie sich, Zentimeter um Zentimeter.

Nick hielt die Luft an. Dahinter lag ein Raum, so viel konnte er schon erkennen. Aber was befand sich darin? Er blinzelte. Und dann wurde ihm plötzlich klar, was er da sah. »Das sind Bücher!«, flüsterte er. »Hunderte von Büchern!«

Im Schein ihrer einzigen Fackel erkannten sie, dass sie vor einem Raum standen, in dem sich rundherum an den Wänden Bücherregale befanden.

Auf Zehenspitzen traten sie ein. »Darum war die Tür so schwer!«, sagte Levin und zeigte auf das Regal an der Rückseite der Tür, in dem sich Buchrücken an Buchrücken reihte.

Nick schaute sich um und plötzlich blieb ihm beinahe der Atem stehen. Er war so überrascht, dass er zunächst keinen Ton hervorbrachte. »Tullia«, flüsterte er schließlich. »Weißt du, wo wir hier sind?«

Tullia schaute Nick stirnrunzelnd an und richtete ihren Blick auf die Bücherwände hinter sich. Dann schlug sie sich mit der Hand vor die Stirn. »Im Zensoriat!«, sagte sie.

Ihr Bruder nickte. »Genau.« Er dachte einen Moment lang nach. »Und jetzt wissen wir auch, warum die Kerze noch rauchte, als wir hereinkamen.«

Levin sah von Nick zu Tullia und zurück. »Ich nehme an, ihr redet von dem Abend, an dem ihr hier zum Essen eingeladen wart?«

»Ja.« Nick zeigte auf den Tisch mitten im Raum und dann auf den Vorhang zu seiner Rechten. »Hinter dem Wandvorhang befindet sich der Saal, in dem wir gegessen haben. Es muss jemand hier drinnen gewesen sein, der uns kommen hörte. Er hat die Geheimtür geöffnet, die Kerze ausgeblasen und ist durch den Gang verschwunden.«

»Und offensichtlich war es jemand, der sich hier eigentlich nicht hätte aufhalten dürfen«, schlussfolgerte Tullia.

»Oder der in diesem Moment nicht an diesem Ort gesehen werden wollte«, ergänzte Levin.

»Welchen Unterschied macht denn das?«, fragte Nick.

»Na ja«, begann Levin, »wenn …«

»Wollen wir das nicht lieber später besprechen?«, schlug Tullia mit einem sorgenvollen Blick auf ihre Fackel vor.

»Ja, du hast recht.« Nick wandte sich der Tür zu. »Wir sollten besser zurückgehen.«

»Pscht!«, zischte Levin.

Nick sah ihn fragend an. Im nächsten Augenblick hörte er es selber. Schritte! Zunächst ganz fern, wurden sie mit jeder Sekunde lauter. Irgendjemand ging auf der anderen Seite des Vorhangs durch den Saal.

»Schnell!«, flüsterte Tullia.

Sie gingen durch die Regaltür zurück in den Gang und schlossen sie mit vereinten Kräften. Dann rannten sie los.

»Wenigstens geht es jetzt bergab!«, sagte Levin.

»Ja, aber für den Verfolger auch«, antwortete Tullia, die mit ihrer Fackel die Spitze übernommen hatte.

»Vielleicht verfolgt er uns ja gar nicht«, meinte Nick.

»Aber wenn er in den Bücherraum gehen sollte, merkt er sofort, dass gerade jemand da war«, wandte Tullia ein. »Dieser Fackelqualm hängt noch Ewigkeiten in der Luft.«

»Oje, das stimmt!«, rief Levin. »Beeilt euch! Komm, gib mir die Fackel, Tullia!«

Levin rannte voraus. Alle paar Meter blickte er sich um, ob Tullia und Nick noch mitkamen. Dann auf einmal hielt er kurz vor der nächsten Biegung an. Er hob die Hand zum Zeichen, dass sie still sein sollten. Nick und Tullia blieben wie angewurzelt stehen. Besorgt starrten sie in den dunklen Gang hinter sich.

»Ich kann nichts hören«, sagte Nick.

»Ich auch nicht«, stimmte Levin zu. »Aber täusche ich mich oder ist dahinten irgendein Licht?«

Nick kniff die Augen zusammen. »Ich bin nicht sicher.«

»Nein«, sagte Tullia. »Ich auch nicht. Aber wir haben ohnehin keine andere Wahl, als weiterzulaufen.«

Levin rannte wieder los, Nick und Tullia, beide schon ziemlich außer Atem, hinterher. Doch sie waren kaum ein paar Meter weit gekommen, als die Fackel in Levins Hand verlosch. Schlagartig war alles um sie herum stockduster.

»Verdammt!«, rief Levin entsetzt. »Nick, hast du die letzte Fackel griffbereit?«

»Ja, habe ich.« Es war gespenstisch. Nick konnte weder Levin noch Tullia erkennen. Niemals zuvor hatte er sich in einer solchen Finsternis befunden.

»Oh nein«, hörte er Tullia sagen.

»Was ist?«

»Da ist wirklich jemand.«

Nick drehte sich um. Ganz schwach, aber doch deutlich zu erkennen, warf irgendwo hinter ihnen eine Fackel ihr flackerndes Licht in den Gang.

»Hast du das Streichholz, Levin?«

»Ja, soll ich es jetzt anzünden?«

»Nein! Warte, bis ich direkt neben dir stehe!«

Nick ging ein paar unsichere Schritte in die Richtung, aus der Levins Stimme gekommen war. Dann stieß er gegen etwas Weiches.

»Levin?«

»Ja!«

»Du kannst das Streichholz jetzt anmachen.«

»Gut. Halt die Fackel in meine Nähe!«

Nick hörte, wie Levin das Streichholz über die Reibefläche der Schachtel strich.

Nichts geschah.

Levin probierte es erneut. Wieder nichts.

»Oh Gott!«, entfuhr es Tullia.

Noch einmal, mit hörbar mehr Druck, versuchte Levin sein Glück. Das Streichholz flammte auf und erleuchtete sein angespanntes Gesicht.

Schnell führte Nick die Fackel dicht an die Flamme heran. Doch Levins Hand zitterte vor lauter Aufregung und Anspannung so sehr, dass Nick es nicht schaffte, den Docht lange genug in die Flamme zu halten. Nick seufzte. »Jetzt halt doch mal still!«, rief er.

»Das versuche ich doch die ganze Zeit schon!« Levin war der Verzweiflung nahe. Aber seine Hand schien nur noch mehr zu zittern.

Entsetzt musste Nick mit ansehen, wie das Streichholz immer weiter herunterbrannte. Und wie die Flamme durch Levins Zittern schrumpfte und beinahe erlosch.

Dann, in letzter Sekunde, bevor die Flamme ausging, war Levins Hand ganz ruhig. Und endlich, endlich fing die Fackel Feuer.

Alle drei schnappten vor Erleichterung nach Luft.

»Du kannst meinen Arm jetzt wieder loslassen!«, sagte Levin. »Aber danke. Ich hätte ihn nicht alleine ruhig halten können.«

Nick musste beinahe anfangen zu lachen. Tullia hielt Levins Arm mit beiden Händen fest umkrallt.

»Schnell, wir müssen uns beeilen!« Tullia entließ Levin aus ihrem Griff und rannte los.

Nick sah sich um. Ihr Verfolger war bedrohlich näher gekommen. Der Schein seiner Fackel war deutlich heller als zuvor. Sie mussten es wenigstens bis zu der Holzleiter schaffen, bevor der Verfolger sie einholte.

Nick übernahm die Führung. Er lief und lief. Hinter sich hörte er das laute Keuchen von Levin und Tullia. Er hatte keine Ahnung, wie weit es noch war.

»Wir hätten auf dem Hinweg wenigstens die Biegungen zählen sollen«, zischte er über seine Schulter hinweg.

»Achtunddreißig bis zu unserem Keller«, brachte Tullia atemlos hervor. »Sechsundzwanzig bis zum Bergbahnausgang und zwei Treppen!«

Nick konnte es nicht fassen. Seine Schwester war unglaublich. »Und wie viele haben wir schon?«

»Dreizehn«, sagte sie. »Aber das heißt nichts. Die Biegungen kommen ja nicht in gleichen Abständen.«

Nick versuchte, im Laufen hinter sich zu blicken. Aber die beiden anderen versperrten ihm die Sicht. »Kannst du etwas erkennen, Levin? Kommt er näher?«

»Ich weiß nicht«, stieß Levin schwer atmend hervor. »Wir hatten gerade zu viele Biegungen nacheinander. Ich sehe nichts.«

»Wie viele noch, Tullia?«

»Neun.«

Und immer noch zwei Treppen bis zu der Holzleiter. Nick hoffte inständig, dass die Fackel so lange brennen würde. Wenigstens, bis sie die Treppen hinter sich gelassen hatten. Die Vorstellung, im Dunkeln die rutschigen Stufen hinabsteigen zu müssen, war furchtbar.

Sie rannten und rannten.

Inzwischen zählte auch Nick die Biegungen mit. Noch fünf, dann kam die erste Treppe, dann weitere zwei Kurven. Nick war der völligen Erschöpfung nahe. Aber wenigstens schien ihr Verfolger nicht aufzuholen.

Zwei weitere Biegungen waren geschafft. Nick sah vor sich die letzte Treppe. Zum ersten Mal, seit sie im Bibliothekszimmer des Zensoriats losgelaufen waren, verspürte er einen Funken Zuversicht, dass sie es schaffen könnten.

Nach ein paar Schritten hatte er die oberste Stufe erreicht. Er konnte nicht bis zum Fuß der Treppe sehen, aber er meinte sich zu erinnern, dass sie an die hundert Stufen haben musste. Immer zwei Stufen auf einmal nehmend, stürmte er hinab. Plötzlich, ohne jede Vorwarnung, erlosch seine Fackel. Er konnte nicht schnell genug reagieren. Nicks rechter Fuß knickte um und er fiel. Er schrie laut auf, während er einige Meter die Treppe hinunterstürzte.

»Nick!«, riefen Tullia und Levin wie aus einem Mund.

»Sag doch was!« Tullias Stimme klang erschrocken.

Nick stöhnte. Er versuchte sich aufzurichten, aber sofort durchfuhr ihn ein stechender Schmerz. »Ich kann meinen Fuß nicht mehr bewegen.« Tullia und Levin tasteten sich langsam die Treppe bis zu ihm hinab. Dann spürte Nick eine Hand auf der Schulter.

»Komm!«, sagte Levin und streckte ihm die Hand entgegen. »Wir müssen hier weg.«

Nick hielt sich an seinem Freund fest und zog sich an ihm hoch. Dabei merkte er, dass er sich bei dem Sturz auch den anderen Fuß verletzt haben musste, allerdings nicht so schlimm wie den rechten. Er biss die Zähne zusammen.

»Ich gehe vor und sage euch, wie viele Stufen es noch sind«, sagte Tullia und schob sich an Nick und Levin vorbei.

Mit Levins Hilfe hopste Nick weiter die Treppe hinab. Als sie endlich unten angekommen waren, warf er einen Blick nach oben – und sah einen Lichtschimmer. Deutlich heller als zuvor.

»Oh nein«, stöhnte er. »Gleich hat er uns eingeholt.«

»Jetzt nicht aufgeben!«, sagte Tullia. »Es ist nicht mehr weit bis zum Bergbahnausgang.«

»Aber wie sollen wir dort die Leiter hinaufkommen?«, fragte Nick.

Die anderen beiden schwiegen betroffen. Daran hatten sie noch nicht gedacht.

»Das werden wir schon irgendwie schaffen«, erklärte Levin. »Notfalls trage ich dich.«

Sie stolperten weiter durch die Dunkelheit, immer eine Hand nach vorne ausgestreckt, um nirgends gegenzustoßen. Nick war sich sicher, dass er mittlerweile auch Schritte hören konnte.

»Vielleicht ist es gar nicht schlecht, wenn er uns einholt«, sagte er auf einmal.

Levins Griff lockerte sich für einen Moment. »Hast du dich auch noch am Kopf verletzt?«

»Nein«, stöhnte Nick. »Aber dann wissen wir wenigstens, mit wem wir es zu tun haben.«

»Falsch«, erwiderte Tullia. »Dann weiß er, mit wem er es zu tun hat. Und das halte ich im Augenblick nicht für sehr schlau. Kommt jetzt!«

Ohne Levin und Tullia hätte er wahrscheinlich aufgegeben – vor sich tiefste Finsternis, hinter sich einen mysteriösen Verfolger, der immer näher kam, und ein entsetzlich schmerzender Fuß, der es zu einer schier unmöglich scheinenden Aufgabe machte, eine Leiter hinaufzusteigen. Aber er versuchte sich zusammenzureißen.

Der Fackelschein hinter ihnen wurde heller und heller. Und die Schritte immer lauter.

»Wie weit noch, Tullia?«, fragte Levin.

»Das ist die letzte Biegung«, antwortete sie keuchend. »Wir müssen gleich bei der Leiter sein.«

Nick war am Ende seiner Kräfte. Aber irgendwie schaffte er es dennoch, von Levin gestützt, weiterzuhumpeln. Er wusste nicht mehr, was schlimmer war: der Schmerz, die Anstrengung oder die Furcht, eingeholt zu werden.

Endlich sagte Tullia: »Hier ist es. Ich gehe voran und öffne die Klappe.«

»Leg deine Arme um meinen Hals«, sagte Levin. »Ich nehme dich huckepack.«

Nick konnte sich nicht vorstellen, wie das klappen sollte. Aber er sah ein, dass es ihre einzige Möglichkeit war. Und Levin war sehr stark. Tullia stieg vor ihnen die Leiter hoch. Levin kletterte mit Nick auf dem Rücken hinterher.

Inzwischen war Tullia oben angelangt.

Aber auch ihr Verfolger hatte sie beinahe erreicht. Deutlich flackerte der Schein seiner Fackel über die Wände.

Nick krallte sich mit aller Kraft an Levin fest.

Tullia öffnete die Klappe.

Sprosse um Sprosse und mühsam nach Luft ringend, trug Levin seinen Freund die Leiter empor. Quälend langsam bewegten sie sich aufwärts. Als sie endlich etwa die Hälfte geschafft hatten, stieg Tullia durch die Öffnung ins Freie und reichte ihnen eine Hand. Levin atmete schwer. Seine Beine zitterten.

Unter ihnen wurde es immer heller. Und lauter. Gleichmäßig, so als hätte die Person keinerlei Eile, kamen die

Schritte näher. Doch was Nick vor allem einen Schauer über den Rücken fahren ließ, war die gespenstische Tatsache, dass ihr Verfolger ansonsten kein einziges Geräusch machte. Kein Atmen, geschweige denn Keuchen, kein Rascheln von Kleidungsstücken, nichts. Nur die Schritte auf dem Steinboden. Diese fürchterlich gleichmäßigen Schritte. Klack, klack, klack …

Nick sah nach oben. Noch zwei Sprossen, dann waren sie in Sicherheit.

Plötzlich flackerte das Licht im Gang hell auf.

Levin und Nick streckten die Köpfe aus der Luke heraus. Mit letzter Kraft stemmte Levin sich hoch, setzte sein rechtes Knie auf und ließ Nick neben sich ins Gras rollen. Im selben Moment stand er auch schon wieder und hob Nick auf die Füße. Tullia verschloss eilig die Luke. Dann war sie mit einem Satz an Nicks anderer Seite.

»Dort rüber!«, zischte Levin. Mit dem Kopf wies er in Richtung des Dickichts ihnen gegenüber.

Gestützt von Levin und Tullia, humpelte Nick zu dem dichten Nadelgehölz.

Vollkommen erschöpft fielen die drei dahinter zu Boden, wobei sich Levin ganz an den Rand gedrückt hielt, sodass er die Luke zum Geheimgang genau im Blick hatte. Die drei trauten sich kaum zu atmen oder sich zu bewegen. Mit bis zum Zerreißen gespannten Nerven lauschten sie in die Dunkelheit.

Nach ein paar Sekunden stöhnte Levin unvermittelt auf. »Oh verdammt!«

»Was ist?«, fragte Tullia.

»Unsere Fußabdrücke. Im Schnee!«, flüsterte Levin, ohne die Augen von der Luke zu nehmen. »Er wird sehen, wohin wir gegangen sind.«

Nick versuchte aufzustehen. »Dann lasst uns von hier ...«

»Nein«, zischte Levin und zog ihn zurück. »Dazu haben wir keine Zeit mehr.«

Gebannt starrten alle drei auf die Luke. Aber nichts passierte. Die Stille um sie herum hatte etwas Bedrohliches. Sekunden verstrichen, eine Minute, dann zwei oder drei.

»Versteht ihr das?«, flüsterte Levin.

»Vielleicht wollte er nur sicher sein, dass wir aus dem Gang verschwinden«, sagte Tullia.

Nick hatte jedoch einen ganz anderen, furchtbaren Gedanken. »Oder er war überhaupt nicht hinter uns her.«

»Sondern?« Levin schaute Nick fragend an.

»Womöglich war es der Einbrecher von gestern. Vielleicht versucht er es heute noch einmal und ist nur zufällig kurz nach uns losgegangen.«

»Aber dann hätte er uns doch gehört oder gesehen«, warf Levin ein.

»Nicht unbedingt«, sagte Nick. »Erst waren wir zu weit weg und nachher waren unsere Fackeln aus. Und die Akustik war da unten ganz eigenartig. Wir haben seine Schritte ja auch erst gehört, als er hinter uns war.«

»Dann könnte er jetzt auf dem Weg zu unserem Keller sein!«, rief Tullia entsetzt.

»Ja.«

»Oh nein!« Tullia schloss die Augen.«

Blitzschnell überlegte Nick, wer zuerst dort ankommen würde: der Verfolger oder sie. Die Antwort war klar: der Verfolger. Mit seiner Verletzung würde Nick selbst mithilfe der beiden anderen Ewigkeiten für diese Strecke brauchen.

»Es gibt nur eine Lösung«, sagte Tullia eilig. »Wenn ich ohne euch loslaufe, schaffe ich es vielleicht, die Tür zu verriegeln, ehe er sie erreicht.«

Nick und Levin tauschten einen kurzen Blick. Auch wenn ihnen sehr unwohl bei dem Gedanken war, dass Tullia spätabends allein durch Montamar lief: Es war die einzige Chance, den möglicherweise nächsten Einbruch im Münsterbachschen Haus zu verhindern. Sie nickten Tullia zu.

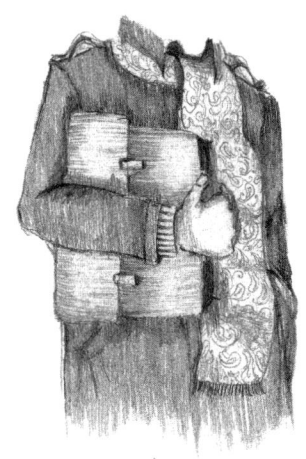

Ein denkwürdiger Auftritt

Auf dem Weg nach Hause quälte Nick die Ungewissheit, ob Tullia es rechtzeitig schaffen würde, die Kellertür zu verschließen. Er fühlte sich unendlich hilflos – und inzwischen tat ihm auch der andere Fuß so sehr weh, dass Levin ihn eigentlich mehr trug als stützte.

Nach Stunden, wie es ihm schien, kamen sie endlich vor der Villa an. Sie lag fast vollständig im Dunkeln. Nick überfiel ein ungutes Gefühl.

Gerade als er die Haustür aufschließen wollte, wurde diese von innen geöffnet.

Im dunklen Flur kam Tullia zum Vorschein. Noch ehe Nick sie fragen konnte, ob alles gut gegangen war, legte sie einen

Finger auf den Mund. Dann streckte sie mit einem Lächeln den Daumen der anderen Hand nach oben.

Nick atmete auf und sank vor Erleichterung und Erschöpfung in sich zusammen. Mit letzter Kraft und Tullias und Levins Hilfe schaffte er es in sein Zimmer. Tullia lief noch einmal nach unten, um etwas zur Stärkung zu besorgen, und Levin sah sich Nicks Füße an. »Hoffentlich sind sie nicht gebrochen, sonst musst du morgen gleich zum Arzt.«

Tullia kam mit einer Kanne heißer Schokolade und einer Nusstorte zurück. »Wisst ihr, dass wir insgesamt nur etwa zwei Stunden weg waren?«, fragte sie ungläubig.

Nick schüttelte den Kopf. »Das kam mir mindestens dreimal so lange vor. Aber jetzt erzähl endlich!«

Tullia musste grinsen. »Ich hatte mich den ganzen Weg hierher gefragt, woran ich eigentlich merken soll, ob unser Verfolger schon im Haus ist oder nicht. Und mir war keine Lösung eingefallen. Ich sah mich bereits Vater und Harietta und die anderen wecken und warnen und uns alle das Haus absuchen und ...«

»Tullia!« Nick hielt es vor lauter Spannung kaum noch aus. »Komm zum Punkt!«

»Na ja«, grinste Tullia. »Wir hatten wieder einmal viel Glück. Nur: die arme, arme Harietta ...«

»Tullia!«, riefen Nick und Levin nun im Chor.

»Ist ja schon gut. Also, als ich die Haustür aufschloss, hörte ich aus der Küche Geräusche. Zunächst habe ich mich furchtbar erschrocken und wusste nicht genau, was ich tun sollte. Ich habe natürlich sofort an den Einbrecher gedacht. Aber dann hörte ich Hariettas Stimme. Ich lief in die Küche. Harietta ging dort auf und ab und redete laut vor sich hin. Sie sah aus, als hätte sie geweint, und ich fragte sie, was passiert sei.

›Ach, Tullia, es ist furchtbar!‹, schluchzte Harietta. ›Mein Kopf lässt nach. Ich werde wohl alt.‹ Und dann fing sie wieder an zu weinen.

Ich fragte sie noch einmal, was denn los sei, und da sagte sie: ›Ich war mir ganz sicher, dass ich die Kellertür verriegelt hatte, nachdem ich heute Nachmittag dort unten gewesen bin. Ganz sicher! Nach der Frage eures Vaters gestern bin ich jetzt doppelt vorsichtig. Aber dann habe ich vorhin festgestellt, dass ich sie doch nicht verriegelt hatte.‹«

Tullia machte Harietta so täuschend echt nach, dass Nick lachen musste.

Sie fuhr fort: »Ich habe Harietta erzählt, dass ich es war, die vergessen hat, den Riegel vor die Tür zu schieben. Sie war so erleichtert, dass sie nicht einmal gefragt hat, was ich da im Keller überhaupt gemacht habe.«

Alle drei lachten und Nick teilte den Kuchen aus und füllte ihre Becher mit Schokolade. Wer auch immer ihr Verfolger war: Wenn er tatsächlich bis an ihre Kellertür vorgedrungen war, war er jedenfalls ganz sicher nicht ins Haus gelangt.

Einige Minuten lang saßen sie nur da, aßen Kuchen und nippten an ihrem Kakao. Erst jetzt merkte Nick, wie müde er war. Und inzwischen konnte er gar nicht mehr genau sagen, was ihm am meisten wehtat. Irgendwie schmerzte sein ganzer

Körper. Auch Tullia und Levin gaben sich alle Mühe, ihr Gähnen zu unterdrücken.

»Also, ich weiß nicht, wie es euch geht«, sagte Nick schließlich mit einem sehnsüchtigen Blick auf sein Bett, »aber ich glaube, ich würde jetzt am liebsten schlafen. Ich könnte auch gar nicht mehr klar denken. Was haltet ihr davon, wenn wir uns morgen treffen und über alles reden?«

»Viel«, sagte Tullia und gähnte herzhaft. »Ich habe ja morgen diese schreckliche Präsentation.«

Levin stimmte ebenfalls zu. »Ich muss jetzt auch los, sonst machen sich meine Eltern noch Sorgen. Wollen wir uns morgen Nachmittag wieder treffen?«

Nick und Tullia nickten. »Und noch einmal vielen Dank, Levin«, sagte Nick. »Das war schon das zweite Mal, dass du mich gerettet hast. Ohne dich wäre ich jetzt ganz bestimmt nicht hier.«

»Das ist richtig«, grinste Levin. »Und wer weiß, was unser Verfolger so alles mit dir angestellt hätte.«

Nick fuhr ein Schauer über den Rücken. »Ich möchte gar nicht darüber nachdenken.«

Als Nick am nächsten Morgen aufwachte, hatte er das Gefühl, beide Füße nicht bewegen zu können. Langsam und mit zusammengebissenen Zähnen hob er die Beine aus dem Bett und versuchte, aufzutreten. Es tat grauenhaft weh, aber nachdem er ein paarmal im Zimmer auf und ab gelaufen war, ließen die Schmerzen nach.

Auf dem Weg zum Frühstück traf er vor seiner Zimmertür auf Tullia, die ganz kleine und so rot umrandete Augen hatte, dass es aussah, als sei sie geschminkt – wenn auch nicht gerade zu ihrem Vorteil.

»Kannst du überhaupt etwas sehen?«, fragte er sie.

»Kaum«, sagte sie, »und du? Gehst du jetzt schon los, damit du rechtzeitig zum Mittagessen ankommst?«

Sie grinsten sich an und gingen zusammen die Treppe hinunter.

»Ich habe die ganze Nacht durchgearbeitet«, seufzte Tullia, »und am Ende war ich genauso weit wie am Anfang.«

»Das erscheint dir nur so!«, versuchte Nick sie aufzumuntern. »Es wird bestimmt eine richtig gute Präsentation werden!«

Plötzlich musste Nick daran denken, dass sich durch diese ganze seltsame Geschichte sein Verhältnis zu Tullia komplett verändert hatte. Und egal wohin dies alles noch führen würde, er hatte das Gefühl, seine Schwester und er würden sich auch in Zukunft gut verstehen. In jedem Fall besser als vorher.

Eine Stunde später stiegen sie, begleitet von der zeternden Constance, die letzten ausgetretenen Stufen der Burgtreppe hinauf. Aus irgendeinem Grund wollte Fräulein Schengensieck auch die heutige Sitzung im Zensoriat und nicht in der Schule abhalten.

Als sie durch das große Hauptportal in das Gebäude traten, blickte Nick zu dem Flügel hinüber, der der Öffentlichkeit nicht zugänglich war und in dem sich der große Saal und das Bibliothekszimmer befanden. Er stieß Tullia sanft mit dem Ellenbogen an. »Findest du es nicht auch seltsam, dass wir erst vor zehn Stunden ...?«

»Ja«, flüsterte sie, »wirklich seltsam.«

In dem Moment holte Levin sie ein. »Hallo!« Dann senkte er seine Stimme. »Ist es nicht ein komisches Gefühl, dass wir erst ...«

Nick lachte. »Ja, das haben wir auch gerade gesagt.«

Sie stiegen die Treppen zum Konferenzraum IIb hinauf. Kurz bevor sie oben ankamen, hörte Nick eine ihm bekannte Stimme.

»Aber ich muss aufs Genaueste protestieren. Keineswegslichst habe ich mir so meine Figur vorhergestellt!«

»Das tut mir ausgesprochen leid, glauben Sie mir.« Zensor Bucklinger nickte freundlich, als er Nick, Tullia und Levin sah, und wandte sich dann wieder der unzufriedenen Dame zu, die Nick nun als die Strohhutdame erkannte.

»Verehrter Herr Oberzensor ...!«

»Nur Zensor, bitte!«

»Nun gütlich, also nur Zensor! Zurück zum Punkte: Ich habe meine Figur im Zuge des Gestaltungsprozesses stets gänzlich genauestvollst vor Augen wie Ohren gehabt und ich kann Ihnen versicherlichen: Sooo wie dies seltsämliche Wesen, das Sie mir soebentlich verantwortet haben, kann sich das Erscheinungsgemälde meiner Figur wahrhaftiglich nicht hier- und darstellen!«

Zensor Bucklinger seufzte. »Noch einmal, meine Liebe: Wir haben die Hauptfigur Ihrer Geschichte inzwischen bereits zweimal verschoben, und es ist jedes Mal dieselbe Figur dabei herausgekommen, die …«

»Ach, Papperlapapundmap! Es muss da Ihrigerseits zu einem Fehler gekommen sein …«

Der Rest des Gespräches entging Nick, weil sie sich langsam beeilen mussten, um rechtzeitig zum Unterricht zu erscheinen.

Levin schüttelte den Kopf. »Oh Gott, den Beruf möchte ich auch nicht haben! Sich den ganzen Tag mit unzufriedenen Schriftstellern herumzustreiten!«

»Nein«, stimmte Nick zu, »ich auch nicht.«

Sie waren inzwischen vor dem Konferenzraum angelangt.

»Also dann«, sagte Tullia, holte tief Luft und legte eine Hand auf die Türklinke. Doch bevor sie sie herunterdrückte, drehte sie sich noch einmal zu Constance um, die sich gerade in einem kleinen Handspiegel betrachtete. »Benimm dich gleich bitte einfach ganz normal, Constance, so wie du bist.«

Constance sah Tullia verblüfft an. »Das ist neu.«

Levin und Nick mussten lachen und selbst Tullias Mundwinkel fingen an zu zucken. »Du musst leider draußen warten, bis ich dich hereinrufe«, sagte sie und öffnete die Tür.

Nick ertappte sich dabei, dass er ein wenig nervös war, während seine Schwester dem ganzen Kurs ihre Geschichte vorstellte.

Tullia begann ihre Präsentation mit sehr leiser Stimme und so schüchtern, wie sie immer war, wenn sie in der Öffentlichkeit etwas sagen sollte. Doch als sie sah, dass Nick, Levin, Kalle und Lina ihr aufmunternd zunickten, gewann sie an Selbstvertrauen und sprach lauter und deutlicher.

Nur Franko starrte ungerührt auf den Tisch vor sich und Wanda schaute mit hochgezogener Augenbraue aus dem Fenster. Den Blick hat sie von Fräulein Schengensieck, dachte Nick.

Als sie ihre Einführung beendet hatte, ging Tullia zur Tür, um Constance hereinzurufen, die nun von den anderen Kursteilnehmern befragt werden sollte.

Doch Constance war nicht da.

Tullia trat in den Flur hinaus. Von seinem Platz aus konnte Nick beobachten, wie sie sich nach allen Seiten umdrehte, den Flur absuchte und dann frustriert die Arme hängen ließ. Auf einmal jedoch begann sie, wie wild zu gestikulieren. Kurz darauf erschien Constance endlich. Mit hochrotem Kopf zerrte Tullia sie in den Raum.

Constance hatte allergrößte Mühe, auf ihren hohen Absätzen hinterherzutrippeln. Ihre Korkenzieherlocken, für die sie extra zwei Stunden früher aufgestanden war, wippten dabei lustig auf und ab.

»Ich habe dir doch gesagt, dass du draußen warten sollst«, zischte Tullia ihr zu.

»Aber das habe ick dock getan«, protestierte Constance. »Du hast nix gesagt, wo draußen.«

Tullia starrte sie wortlos an, während Kalle sein Kichern nicht zurückhalten konnte.

»Gut«, sagte Tullia schließlich und wandte sich kopfschüttelnd dem Kurs zu. »Wer möchte gern eine Frage an Constance richten?«

»Ich!« Wanda blickte weiterhin aus dem Fenster. Ihre rechte Augenbraue befand sich noch immer ziemlich weit oben. »Constance, bitte schildere uns doch, wie wohl du dich im Haus der Münsterbachs fühlst.«

Nick sah, wie Tullia kurz nach Luft schnappte. Es war offensichtlich, dass zwischen Wanda und ihr irgendetwas vorgefallen war. Nick vermutete, es hatte etwas damit zu tun, dass Fräulein Schengensieck Tullia gestern gesagt hatte, sie habe wohl von allen hier das größte Talent.

»Ooooh«, klagte Constance, »darf ick bitte schon ehrlich antworten?«

Wanda lächelte sie zuckersüß an und nickte.

»Es ist eine – wie sagt man? – eine disgrace, eine … eine Schandlickkeit. Diese Haus, in das ick leben muss, ist kleiner als die Gartnerhaus bei mir at home. Und die Gartner wohnt da alone. Aber wir wohnen in diese Haus mit sechs Leuts. Und da ist nur eine Personal. Ick muss … ick muss …« Constance begann, laut zu schluchzen. Sie zückte ein Spitzentuch aus dem perlenbestickten Beutelchen an ihrem Handgelenk und tupfte sich sorgsam die Tränen ab. »Ick muss mein Kammer alone reiniglicken.« Ihr Schluchzen weitete sich nun zu einem Heulkrampf aus, der sie am ganzen Körper schüttelte.

Tullia schaute Nick Hilfe suchend an, aber der konnte auch nichts tun. Die Regel besagte, dass die Kursteilnehmer fragen konnten, was sie wollten, und dass die Figuren so ausführlich antworten durften, wie es ihnen gefiel.

Constance versuchte fortzufahren. »Und ick habe … ick habe uberhaupt nur einen einzigen Kammer. Na ja.« Sie atmete tief ein und setzte ein tapferes Gesicht auf. »Muss ick wenigstens nickt so viel reiniglicken!«

Damit hatte sie ihren Bericht offenbar beendet. Wanda grinste triumphierend. »Vielen Dank, Constance!«

Tullia warf ihr einen vernichtenden Blick zu.

»Wer hat als Nächstes eine Frage?«, sagte sie an die anderen gewandt.

Zur Überraschung aller meldete sich Lina, die bislang kaum etwas von sich aus gesagt hatte. »Wo hast du denn gelernt, dir so eine wunderschöne Frisur zu machen?«

Wanda reckte demonstrativ die Hände gen Zimmerdecke. Die Frage war ihr offenkundig zu niveaulos.

Doch Nick hatte sofort begriffen, was Lina mit ihrer Frage bezweckte.

Constance hob den Kopf und strahlte Lina an. »Oh, endlick jemand, der anerkennlicken kann, wie viele Arbeit das ist, wenn keine Personal dir hilft. Also, zuerst habe ick meine Haare nassend gemackt. Dann habe ick sie mit eine sehr, sehr weiche Tuch getrocknert und viel gekammt. Sehr, sehr viel, sehr, sehr lange gekammt! Und noch mehr gekammt! Dann habe ick sie mit einer special Salbe ganz mild gereibt und …«

Constance berichtete minutenlang und unermüdlich weiter und Nick bedauerte die Regel der unbeschränkten Redefreiheit. Und nicht nur er. Selbst Lina schien ihre gut gemeinte Frage inzwischen zu bereuen.

Nach etwa zehn Minuten detaillierter Schilderungen lehnte sich Levin zu Nick hinüber. »Ich verstehe ja nicht viel davon«, flüsterte er, »aber kannst du mir erklären, wie man sich freiwillig so lange mit seinen Haaren beschäftigt?«

»Nein.« Nick schüttelte den Kopf. »Und erst recht nicht, wie man darüber auch noch so lange reden kann.«

Während Constance immer weiter sprach, sackte Tullia vorne am Pult langsam in sich zusammen. Sie versuchte zwar, weiterhin zu lächeln, aber Nick bemerkte, wie viel Mühe es sie kostete.

Plötzlich klopfte es an der Tür.

»Ja, bitte!«, rief Fräulein Schengensieck, über die Störung sichtlich erleichtert.

Nick traute seinen Augen kaum, als in diesem Moment ausgerechnet sein Vater den Raum betrat.

Er nickte der Lehrerin höflich zu. »Verzeihen Sie bitte, Fräulein Schengensieck, verzeihen Sie. Ich weiß, es gehört sich ganz und gar nicht, und es ist auch – bitte seien Sie dessen gewiss – keinesfalls meine Art, aber wäre es Ihnen möglich, wenige Minuten auf Tullia und Nicolas zu verzichten? Ich muss etwas von höchster Wichtigkeit mit ihnen besprechen.« Während er redete, sah er Nick und Tullia nicht ein einziges Mal an. Es entging ihm völlig, dass Tullia der Klasse gerade ihre Figur

vorstellte. Er hatte ihr am Morgen nicht einmal viel Glück gewünscht.

Fräulein Schengensieck lächelte Wilhelm Münsterbach un-
tertänigst an. »Aber selbstverständlich, verehrter Herr Münsterbach. Nehmen Sie sich so viel Zeit, wie Sie brauchen. Wir
haben bereits einen Eindruck von Tullias Figur gewonnen.«

Erst jetzt schaute Wilhelm Münsterbach sich nach seinen
Kindern um. Als er Tullia vorne am Pult stehen sah, schloss
er für den Bruchteil einer Sekunde die Augen. Offensichtlich
war ihm in diesem Moment klar geworden, dass er mitten in
ihre Präsentation hineingeplatzt war. Er nickte Fräulein Schengensieck kurz zu. »Herzlichen Dank. Bitte entschuldigen Sie
noch einmal die Störung!« Dann verließ er den Raum.

Fräulein Schengensieck wandte sich wieder dem Kurs zu.
»Ihr anderen nutzt inzwischen die Zeit, eure Kritikbögen auszufüllen. Ich werde diese, wie immer, zu Hause durchsehen
und Tullia morgen aushändigen, damit sie eure Anmerkungen
und Anregungen annehmen und etwaige Änderungen vornehmen kann. Nick wird seinen Bogen gleich nachreichen.«

Nick und Tullia folgten ihrem Vater in den Flur. Sanft legte er
Tullia eine Hand auf die Schulter. »Es tut mir furchtbar leid.
Ich hatte überhaupt nicht …«

»Schon gut«, unterbrach sie ihn. »Es war sowieso eine Katastrophe. Wahrscheinlich hast du sogar noch Schlimmeres verhindert.« Sie schien den Tränen nahe, schluckte diese aber
energisch hinunter.

WM sah sie kurz an, als überlege er, ob er nachfragen solle, entschied sich dann aber offensichtlich dagegen. »Ich habe leider nicht viel Zeit«, begann er. »Ich wollte euch nur mitteilen, dass ich heute noch, genau genommen jetzt sofort, für zwei Tage abreisen muss. Harietta weiß Bescheid, und ich bin sicher, ihr findet euch auch ohne mich zurecht, oder?« Er blickte nacheinander Nick und Tullia fest in die Augen. Nick kam es so vor, als wolle er eigentlich noch etwas Wichtiges hinzufügen. Aber er sagte nur: »Also, dann bis übermorgen!«

»Wo fährst du denn hin?«, fragte Nick.

»Zu einer Autorenlesung«, antwortete WM wie aus der Pistole geschossen. »Es hat sich ganz plötzlich ergeben.«

Er drückte die Aktentasche, die er unter dem Arm trug, fest an seine Brust. »Und jetzt muss ich wirklich aufbrechen! Bis bald!«

Langsam, beinahe zögerlich, lief er den Gang hinunter. Nach ein paar Schritten blieb er jedoch auf einmal stehen. Schließlich machte er kehrt und kam wieder zu ihnen zurück. »Falls in meiner Abwesenheit irgendetwas geschehen sollte«, sagte er mit gesenkter Stimme, »dann denkt an den Zensor!« Danach drehte er sich um und ging zielstrebig in Richtung Eingangshalle, ohne sich ein weiteres Mal umzusehen.

Nick starrte seinem Vater hinterher. »Da stimmt doch was nicht«, sagte er.

»Nein«, Tullia schüttelte verwirrt den Kopf, »da stimmt etwas ganz und gar nicht.«

267

Nick schaute seine Schwester an. »Denkst du, was ich denke?«

»Ich denke schon.«

Und damit rannten sie los, den Gang hinunter, um die Ecke und die Stufen der breiten Treppe hinunter. Ihr Vater war nirgends zu finden.

Sie liefen schneller.

Doch WM musste ebenfalls gerannt sein, denn weit und breit fehlte jede Spur von ihm.

Sie zwängten sich durch das Getümmel in der Eingangshalle und stürmten nach draußen, wo sich noch immer Scharen von Schriftstellern mit ihren Figuren befanden.

Nick schaute über den kopfsteingepflasterten Vorhof des Zensoriates hinweg zum gegenüberliegenden Treppenabgang. Und dort konnte er gerade noch den Hut seines Vaters aus seinem Blickfeld verschwinden sehen.

»Vater!«, rief Tullia. Mit wenigen Sätzen waren sie an der Treppe. WM schien sie nicht gehört zu haben. Sie stürzten die ausgetretenen Stufen hinunter.

Und da, endlich, am Fuße der Treppe, entdeckten sie ihn wieder.

»Vater, warte!«, rief Nick.

WM blieb abrupt stehen. Langsam drehte er sich um. Sein Gesichtsausdruck war für Nick nicht eindeutig zu erkennen; es mochte Ärger sein, was er darin las, oder einfach nur Ungeduld.

»Was ist denn noch?«

Nick sah seine Schwester fragend an.

Tullia überlegte kurz, ehe sie zu sprechen begann. »Bitte, Vater, sag uns die Wahrheit! Wo reist du hin?«

WM runzelte verständnislos die Stirn. »Das habe ich euch doch gesagt!«, antwortete er barsch. »Zu einer Autorenlesung aufs Festland.«

Tullia schüttelte traurig den Kopf. »Wir sind uns aber sicher, dass das nicht stimmt. Oder dass es nicht alles ist.«

WMs Mund öffnete sich, aber er brachte nichts heraus. »Was fällt dir ein?«, zischte er schließlich. »Wie kommt ihr dazu, meine Worte anzuzweifeln?« Er blickte abwechselnd von Nick zu Tullia.

Nick starrte zu Boden. »Weil du dich hier auf Montamar so seltsam verhältst. Und … und weil wir wissen, dass du schon einmal nicht die Wahrheit gesagt hast.«

WM stemmte die Hände in die Hüfte. »Was soll das heißen? Wann hätte ich je die Unwahrheit gesagt?«

Tullia schaute Nick an, der ihr kurz zunickte. »Als du behauptet hast, der Einbrecher habe es auf die Planungen für dein neues Buch abgesehen«, sagte sie. »Ich habe dein Gespräch mit dem Zensor neulich zufällig mit angehört. Da hast du gesagt, du habest noch keine Pläne für einen neuen Roman. Und außerdem«, fügte sie hinzu, »egal wer dieser Einbrecher war, wir wundern uns sehr darüber, dass du uns hier einfach so allein zurücklässt, während wir offenbar in Gefahr sind. Wir glauben, dass etwas Schlimmes dahintersteckt, etwas, das du uns nicht erzählen willst.«

WM holte tief Luft, so als wolle er antworten, schwieg dann aber. Er wandte sich ab und blickte auf die Häuser und das Meer unter sich. Sehr lange stand er reglos da. Dann drehte er sich langsam wieder zu ihnen um.

Als Tullia und Nick zurück in den Konferenzraum gingen, bot sich ihnen ein so seltsames Bild, dass sie die Unterhaltung mit ihrem Vater für ein paar Sekunden vergaßen.

Beinahe der ganze Kurs formte einen Kreis und klatschte rhythmisch in die Hände. Selbst Fräulein Schengensieck machte mit.

Lediglich Wanda saß auf ihrem Platz und tat, als studiere sie ihre Notizen. Als Tullia und Nick eintraten, warf sie einen demonstrativen Blick auf ihre Uhr.

»Oh nein«, stieß Tullia aus, als sie sah, was da in der Mitte des Kreises vor sich ging, »nicht auch noch das!«

Dort, inmitten des altehrwürdigen Konferenzraumes II b, in dem schon die namhaftesten Autoren getagt und äußerst wichtige Worte gesprochen hatten, sprang Constance auf und ab und vor und zurück, warf die Beine in die Luft und rief: »Hey, hey!« Offensichtlich vollführte sie ihren seltsamen irischen Volkstanz.

»Kalle hat den Fehler gemacht, Constance zu fragen, was sie denn so alles kann«, raunte Levin Nick und Tullia zu, die sich neben ihn gestellt hatten und fassungslos das Schauspiel betrachteten.

»Ich verstehe«, sagte Tullia.

Es dauerte einige Sekunden, bis Fräulein Schengensieck bemerkte, dass ihr Kurs wieder vollständig war. Im selben Moment schien ihr auch klar zu werden, dass sie ein wenig die Kontrolle verloren hatte. Augenblicklich setzte sie ihre gewohnt finstere Miene auf und brüllte: »Alle sofort auf eure Plätze! Auch du, Tullia! Aber erlöse uns bitte zuerst von dieser Hupfdohle da!«

Tullia führte Constance vor die Tür, teilte ihr für alle hörbar mit, dass sie sich dieses Mal nicht mehr als fünf Meter zu entfernen habe, und kehrte wieder zurück.

»So, Tullia«, sagte Fräulein Schengensieck, »erstens, richte bitte eurem Vater aus, dass ich – bei aller Wertschätzung – sein Zeitverständnis für abenteuerlich halte. Das waren nicht ein paar, sondern mindestens dreißig Minuten. Zweitens möchte ich dir sagen, dass ich es an dieser Stelle ganz besonders bedauere, dass eine Rückmeldung deinerseits in dem heutigen Präsentationsmodus zeitlich nicht mehr möglich ist. Zu gerne hätte ich gehört, wie du selbst die heutige Vorstellung empfunden hast. Aber sei's drum!«

Tullia sackte immer tiefer in ihrem Stuhl zusammen. Nick wie auch Levin versuchten, sie mit einem Schulterklopfen aufzumuntern, hatten jedoch wenig Erfolg.

Fräulein Schengensieck zückte ihre Lesebrille und setzte sie sich auf die Nasenspitze. Dann griff sie zu den Notizen, die sie während Tullias Präsentation gemacht hatte, und überflog sie. Schließlich musterte sie Tullia über den Rand ihrer Brille hinweg. »Zu deiner Figur Constance will und muss ich das Folgende sagen«, hob sie an und warf Tullia einen langen strengen Blick zu. »Constance ist egozentrisch, selbstverliebt, ohne ein Gespür für das Empfinden anderer, ohne jede Bescheidenheit, ohne jegliche Selbstzweifel oder -kritik und ohne irgendwelche Vorzüge, die diese Charakterzüge wettmachen könnten. Mit einem Wort …« Fräulein Schengensieck nahm die Brille von ihrer Nase und betonte damit jede einzelne Silbe wie mit einem Taktstock. »Constance ist unerträglich.«

Tullia starrte zu Boden. Nick konnte sehen, dass sie kurz davor war zu weinen.

»Tullia, schau mich an, wenn ich mit dir spreche!« Fräulein Schengensieck stützte ihre Arme auf Tullias Tisch und beugte sich zu ihr hinunter. »Ich muss schon sagen, da ist dir eine ganz großartige Figur gelungen.«

Tullia sah sie an, als traue sie ihren Ohren nicht. Und auch Nick war sich nicht sicher, ob er wirklich richtig gehört hatte.

Fräulein Schengensieck begann zu lächeln. »Die Figur Constance entspricht in ihrem Charakter zu hundert Prozent den Rahmenbedingungen und der Handlung deiner Geschichte. Ihr Wesen ist vollkommen stimmig und rund, geradezu perfekt. Etwas Vergleichbares habe ich bei meinen Schülern nur selten erlebt. Ich gratuliere dir herzlich. Und ihr anderen«, fügte sie mit einem finsteren Blick in die Runde hinzu, »wart hoffentlich so klug, dies zu erkennen. Eine sehr gute Note für seinen Kritikbogen bekommt nur, wer geschrieben hat, dass Tullia keinerlei Änderungen vornehmen sollte.«

Lina strahlte Tullia an und auch Kalle und Levin grinsten breit. Nur Franko zeigte, wie immer, ein regloses Gesicht, und Wanda warf mit wütenden Blicken nur so um sich.

Tullia wiederum konnte es überhaupt nicht fassen. Sie war hochrot angelaufen und ihr »Vielen Dank, Fräulein Schengensieck!« klang eher nach einem Krächzen.

»Nick!« Fräulein Schengensieck drehte ihren Kopf zur Seite. »Du brauchst verständlicherweise keinen Beurteilungsbogen mehr auszufüllen.« Sie lächelte ihn an. »Aber dafür präsentierst du uns morgen deine Figur. Wir sind sehr gespannt, ob du dich mit den Fähigkeiten deiner Schwester auch nur ein kleines bisschen messen kannst.«

Verschwunden

»Und dann?« Levin sah Nick mit großen Augen an. Es war
inzwischen später Nachmittag. Draußen stoben große Schneeflocken durch die Dämmerung. Die drei saßen in Nicks Zimmer, und dieser erzählte gerade, was sich abgespielt hatte,
nachdem Tullia und er den Konferenzraum verlassen hatten,
um mit ihrem Vater zu sprechen.

»Tja, und dann!« Tullia lehnte mit geschlossenen Augen an
der Wand. Die Strapazen der durchgearbeiteten Nacht und
der nervenaufreibenden Präsentation standen ihr ins Gesicht
geschrieben.

»Und dann nichts!«, sagte Nick.

»Nichts?« Levin runzelte die Stirn. »Was heißt ›nichts‹?«

»Das heißt«, erklärte Tullia, »dass er uns nichts erzählt hat. Stattdessen hat er den Spieß umgedreht und gesagt, wie enttäuscht er darüber sei, dass wir ihn einen Lügner nennen. ›Darüber werden wir noch ausführlicher konversieren, wenn ich wieder da bin!‹, hat er geschimpft. Und: ›Vor allem aber, Tullia, finde ich es geradezu ungehörig, die Gespräche anderer Leute zu belauschen. Auch – oder erst recht – wenn es sich dabei um den eigenen Vater handelt!‹« Tullia öffnete unter sichtlicher Anstrengung die Augen. »Ich habe daraufhin nicht mehr viel zu sagen gewagt, aber Nick wollte sich den Spaß nicht nehmen lassen.« Sie lächelte, es sah jedoch etwas traurig aus.

»Ja«, lachte Nick bitter. »So kann man das auch nennen.«

»Und?«, fragte Levin ungeduldig. »Was hast du gesagt?«

»Ich habe gewagt, Vater alle Gelegenheiten aufzuzählen, bei denen ich sein Verhalten merkwürdig fand, vor allem als er die dunkle Gestalt mit dem Kaminhaken angreifen wollte. Und dann natürlich bei dem Einbruch.«

»Und welche Erklärung hat er abgegeben?«

»Keine. Er hat mich nur mit Vorwürfen überschüttet. ›Wie kannst du deinem eigenen Vater so viel Misstrauen entgegenbringen?‹, hat er mich gefragt. ›Auch darüber bin ich sehr enttäuscht und auch das wird Thema unserer Unterredung sein!‹« Nick seufzte. »Und dann bin ich einen Schritt zu weit gegangen.«

»Nein.« Tullia schüttelte den Kopf. »Bist du nicht! Das war genau richtig so. Vater soll ruhig wissen, dass wir uns nicht so einfach abspeisen lassen.«

»Ja«, räumte Nick ein, »aber es hat ja nichts gebracht.«

»Doch!«, sagte Tullia mit Nachdruck. »Das finde ich schon. Wir wissen jetzt ...«

»Kann mich mal jemand aufklären?«, unterbrach Levin. »Ich verstehe kein Wort.«

Nick fuhr sich mit der Hand durch die Haare. »Na ja, offiziell wissen wir ja gar nichts von dem Geheimgang. Und Vater hat uns nie erzählt, was der Zensor und er eigentlich mit dem Einbrecher gemacht haben. Also habe ich ihn gefragt, ob Regeling und er den Einbrecher überhaupt aufgespürt haben oder ob der noch immer in unserem Kellergewölbe steckt.«

Levin musste grinsen. »Wolltest du, dass er euch von dem Geheimgang erzählt, oder wolltest du so tun, als wüssten wir nichts von dem Gang?«

Nick hob die Schultern. »Das kann ich gar nicht genau sagen. Beides wahrscheinlich. Irgendwie schien es mir jedenfalls eine gute Frage.«

»Das war es ja auch!«, bekräftigte Tullia.

»Oh ja, wenn man es sich mit seinem Vater endgültig verderben will ...«

Levin sah verwirrt von Tullia zu Nick. »Inwiefern?«

Nick seufzte noch einmal. »Vater trat ganz dicht an mich heran, so wie die Schengensieck vorhin bei Tullia, nur mit einem tausendfach böseren Gesichtsausdruck. Und dann sagte er: ›Es reicht, Nicolas! Willst du mir nun etwa auch noch unterstellen, dass ich Menschen tagelang in kalten, dunklen Kellergewölben einsperren würde? Ich bin mehr als enttäuscht, Nicolas! Ich bin entsetzt. Ich werde die Reise nutzen, um über unser künftiges Verhältnis nachzudenken. Und dir rate ich dasselbe.‹«

Tullia legte Nick tröstend die Hand auf den Rücken.

»Und dann ist er ohne ein weiteres Wort gegangen.«

Die drei saßen eine Weile schweigend da.

Levin war schließlich der Erste, der etwas sagte. »Ihr kennt euren Vater viel besser als ich. Gibt es eine Möglichkeit, dass alles ganz harmlos ist?«

Nick biss sich auf die Unterlippe und tauschte einen Blick mit Tullia aus. Beide schüttelten den Kopf.

»Nein«, sagte Tullia. »Dazu hat er sich wirklich zu häufig zu merkwürdig benommen. Allein schon diese Reise zu der angeblichen Autorenlesung! Vater macht nie Autorenlesungen. Hat er noch nie gemacht. Er hält sie für unter seiner Würde.«

»Aber warum sagt er euch nicht einfach, was los ist?«, fragte Levin. »Ihm muss doch klar sein, wie auffällig er sich verhält und dass ihr wisst, dass etwas nicht stimmt. Wieso riskiert er, sich euer Misstrauen einzuhandeln?«

»Gute Frage«, murmelte Nick.

Tullia griff zu einem Bleistiftstummel, den sie auf dem Fußboden neben sich gefunden hatte, und begann, ihn in ihren Fingern hin und her zu drehen. »Jedenfalls muss es sich um irgendetwas Bedeutendes handeln«, sagte sie nachdenklich. »Sonst hätte er es uns erzählt. Er mag sehr streng sein und will meistens auch lieber seine Ruhe vor uns haben, aber er hat uns immer das Gefühl gegeben, dass wir ihm wichtig sind.« Sie blickte auf den Bleistift in ihrer Hand. »Ich glaube«, fuhr sie nach einer Weile fort, »dass er heute Morgen, als er so aufs Meer hinunterstarrte, überlegt hat, ob er uns nicht doch alles erzählen soll.«

»So kam es mir auch vor«, stimmte Nick zu. »Aber aus irgendeinem Grund hat er sich dagegen entschieden.«

»Vielleicht würde es euch in Gefahr bringen, wenn ihr zu viel wisst«, grübelte Levin weiter.

»Dann kennt er uns aber schlecht«, sagte Nick. »Er bringt uns in Gefahr, *weil* er uns nichts erzählt und wir nun allein herausfinden müssen, was los ist.«

»Apropos«, entgegnete Tullia. »Wie sollen wir nun eigentlich weiter vorgehen? Wir haben keinen einzigen Anhaltspunkt.«

»Doch«, widersprach Nick. »Es muss irgendetwas mit dem Oberzensor zu tun haben.«

Tullia sah ihren Bruder kopfnickend an. »Beziehst du dich auf seine seltsame Formulierung vorhin?«

»Welche Formulierung?«, fragte Levin. »Mensch, heute muss man euch ja alles aus der Nase ziehen.«

»›Falls irgendetwas geschehen sollte‹«, zitierte Tullia ihren Vater, »›*denkt* an den Zensor!‹«

»Falls irgendetwas geschehen sollte …«, murmelte Levin vor sich hin. »Für mich klingt das wie ›Wenn euch oder mir etwas zustoßen sollte, wendet euch an den Zensor. Der weiß Bescheid und wird euch helfen.‹«

»Nein«, sagte Tullia und Nick schüttelte den Kopf. »Dann hätte er das so gesagt. Unser Vater wägt jedes Wort mindestens dreimal ab, ehe es seinen Mund verlässt. Für mich klingt das wie ›Wenn euch oder mir etwas zustoßen sollte, dann hat der Zensor damit zu tun.‹«

»Genau«, pflichtete Nick ihr bei, »und mir ist noch etwas anderes eingefallen. Erinnert ihr euch an die Situation, als nach dem Einbruch plötzlich der Zensor vor uns stand?«

Levin und Tullia nickten.

»Vater sah im ersten Moment so aus, als stehe er einem Gespenst gegenüber, er war regelrecht erschrocken.«

»Vielleicht«, überlegte Tullia, »sind die beiden gar nicht befreundet, sondern das Gegenteil ist der Fall. Möglicherweise übt der Zensor Maximus auf irgendeine Weise Druck auf Vater aus.«

Nick versuchte, sich an die Situationen zu erinnern, in denen er seinen Vater zusammen mit dem Zensor gesehen hatte: bei dem Abendessen im Zensoriat, im Café Einfall und bei ihnen zu Hause. »Das ist möglich«, sagte er schließlich. »Besonders freundschaftlich sind sie nie miteinander umgegangen. Immer nur sehr ernst.«

Tullia schaute Nick und Levin nacheinander an. »Und was schlagt ihr vor? Was sollen wir jetzt machen?«

Levin massierte sich gedankenverloren das Kinn. »Den Zensor einfach darauf anzusprechen, ohne dass wir wissen, worum es geht, hat wohl nicht viel Sinn.«

»Wir müssen erst einmal selbst herausfinden, in was Vater eigentlich verwickelt ist und wohin und wozu er abgereist ist«, sagte Nick.

»Ja.« Levin lachte. »Und wie willst du das machen?«

Tullia blickte ihren Bruder an, und er konnte an ihren schreckgeweiteten Augen ablesen, dass sie ahnte, was er vorschlagen würde.

Nick holte tief Luft. »Wir müssen Vaters Arbeitszimmer unter die Lupe nehmen. Vielleicht finden wir dort irgendeinen Hinweis.«

Tullia stand auf und begann, im Zimmer auf und ab zu gehen. »Wenn er das jemals herausbekommt ...«, murmelte sie.

Nick sah seine Schwester nachdenklich an.

Nach ein paar Minuten blieb Tullia endlich stehen. »Also gut«, sagte sie entschlossen, »ich glaube auch, dass das unsere einzige Möglichkeit ist.«

Nick schaute auf die Uhr. »Dann schlage ich vor, dass wir gleich anfangen. Harietta hat heute ihren Einkaufsnachmittag. Es müsste noch eine Weile dauern, bis sie ... Oh nein!« Nick sah noch einmal auf die Uhr. »Das kann doch nicht sein!«

»Was ist denn los?«, fragte Tullia.

Nick schüttelte verwirrt den Kopf. »Robyn sollte heute um vier Uhr zu mir kommen. Ich wollte ihn kurz auf die Präsentation morgen vorbereiten. Und jetzt ist es zwanzig nach vier.«

»Das wäre für Constance immer noch sehr pünktlich«, erwiderte Tullia mit einem Grinsen und Levin nickte zustimmend. »Für Fabiano auch.«

»Ja, aber für Robyn nicht. Ihr wisst doch: Er hält jedes Versprechen.«

»Dann musst du dich geirrt haben«, sagte Tullia. »Vielleicht hast du ihn für fünf Uhr bestellt.«

»Nein.« Nick schüttelte wieder den Kopf, diesmal sehr entschieden. »Für vier, das weiß ich genau. Und Robyn sagte noch, dass ihm das sehr gut passe, weil er vorher Fabiano besuchen und hinterher ein neues Rezept ausprobieren wolle, solange Harietta nicht da ist.«

»Das ist wirklich seltsam«, murmelte Levin.

»Ich gehe mal nachsehen, ob er hier irgendwo steckt«, sagte Nick und sprang auf. Zuerst klopfte er an Robyns Zimmertür. Doch der Raum war leer. Dann fragte er Constance, die auf ihrem Bett lag und etwas im Gesicht hatte, das verdächtig nach Gurken und Quark aussah.

»Iesch abe ihn niescht gesehen«, flötete sie. »Und iesch darf nun niescht weiterspreschen, weil dieser Mask sonst niescht wirkt.«

Danach suchte Nick das restliche Haus ab, aber von Robyn fehlte jede Spur.

»Vielleicht hat er sich mit dem Tag vertan«, startete Levin einen letzten zaghaften Versuch, als Nick mit hängenden Schultern in sein Zimmer zurückkam.

»Nein, auf keinen Fall.« Nick war ratlos. »Unsere Verabredung war ganz eindeutig: heute Nachmittag um vier Uhr in meinem Zimmer. Morgen wäre für die Präsentation ja auch zu spät gewesen.«

»Hast du Constance gefragt?«

»Ja, habe ich. Sie hat ihn auch nicht gesehen. Wäre auch schwierig mit all dem Gemüse auf ihren Augen«, fügte Nick sarkastisch hinzu. »Apropos Constance: Warum hat sie jetzt so einen komischen Akzent? Ich meine, noch komischer als sonst?«

Tullia verdrehte die Augen. »Seit Wanda ihr heute Morgen eingeredet hat, dass französische Damen noch viel feiner sind als englische. Jetzt spricht sie deutsch mit französischem und englischem Akzent.«

Nick musste lachen, wurde jedoch schnell wieder ernst. »Das mit Robyn macht mir wirklich Sorgen«, sagte er.

Levin nickte. »Kann ich gut verstehen. Ich schlage vor, dass wir ihn suchen.«

Tullia blieb im Haus zurück für den Fall, dass Robyn doch noch auftauchen sollte, und Nick und Levin machten sich auf den Weg. Es war inzwischen stockdunkel. Dichte Nebelschwaden zogen vom Meer die Insel herauf. Im Flackern der Gaslampen sahen selbst die normalsten Dinge gespenstisch und bizarr aus.

Nick zog seine Jacke enger um die Schultern. Er ertappte sich dabei, dass er sich immer wieder umsah. Irgendwie hatte er ein sehr ungutes Gefühl, und es hätte ihn nicht überrascht, wenn plötzlich die dunkle Gestalt aus einem Hausvorsprung auf sie zugestürzt wäre.

Sie sprachen nicht viel auf dem Weg zum Figurenwohnheim, das sich ihnen bereits aus weiter Entfernung ankündigte: Stimmengewirr, Gitarrenklänge, Trommeln und andere undefinierbare Geräusche drangen an ihre Ohren, lange bevor das Gebäude in Sicht kam.

Als sie schließlich vor dem Wohnheim standen, äußerte sich Nick verwundert darüber, wie groß es war. Und wie laut.

Levin zeigte auf die Häuser ringsum. »Kein Wunder, dass die inzwischen alle unbewohnt sind, oder?«

Nick lachte. »Ist hier jeden Abend so viel los?« Eine Gruppe Indianer kam aus dem Haus gestürmt und begann, auf dem Vorhof einen Kriegstanz aufzuführen, während sich zwei Gladiatoren unter lauten Anfeuerungsrufen mehrerer Wikinger mit ihren Schwertern bekämpften.

»Du wirst es nicht glauben«, entgegnete Levin grinsend, »aber es ist vergleichsweise ruhig.«

Nick folgte Levin in das alte Gemäuer. Sie gingen einige Flure entlang, dann zwei Treppen hinauf und durch einen langen Korridor. Unterwegs begegneten sie diversen Burgfräulein, einem Gnom, zwei einäugigen Seeräubern, einem Azteken, mehreren Königen, Narren und orientalischen Bauchtänzerinnen. Und einmal stieß Nick sehr schmerzhaft mit einem Ritter in Rüstung zusammen, den er nicht gesehen hatte, weil er beinahe durchsichtig war.

»Also, langweilig wird es hier nicht so schnell«, sagte er. »Fabiano fühlt sich bestimmt wohl, oder?«

»Ja, Gott sei Dank!« Levin seufzte. »Aber ich finde es trotzdem schade, dass meine Eltern ihn nicht bei uns wohnen lassen.«

Sie waren inzwischen vor Fabianos Tür angekommen und Levin klopfte. Aus dem Zimmer war kein Laut zu vernehmen. Levin klopfte erneut. »Fabiano? Mach bitte auf!«

Keine Antwort.

Levin drückte die Klinke hinunter, aber die Tür war verschlossen. Schließlich pochte er mehrmals lautstark dagegen. Nichts geschah.

Nick wollte gerade vorschlagen, im Nachbarzimmer nachzufragen, als sie hörten, wie der Schlüssel im Schloss gedreht wurde.

Die Tür öffnete sich einen Spaltbreit.

Dahinter kam Fabiano zum Vorschein. Er gähnte ausgiebig, ohne die Hand vor den Mund zu nehmen. »Oh, hallo!«, sagte er und rieb sich die Augen. »Ich muss geschlafen haben.«

»Ja, offensichtlich«, seufzte Levin.

»Was gibt's denn? Hast du Silver's Cross gefunden?«

Levin schüttelte den Kopf. »Kannst du nicht mal an etwas anderes denken?«

Fabiano kratzte sich die Stirn und dachte nach. »Nein. Kann ich irgendwie nicht. Ich weiß auch nicht, warum.«

Levin musste grinsen. Vermutlich war ihm gerade eingefallen, dass er selbst dafür verantwortlich war, dass Fabiano nur an seinen Schatz denken konnte. »Wenn du fertig bist mit Gähnen, sag uns bitte, ob Robyn noch bei dir ist.«

Fabiano hielt jäh die Luft an. Dann klappte er den Mund zu und runzelte die Stirn. »Noch? Wieso noch? Er war nie hier. Darum bin ich ja eingeschlafen. Ich habe die ganze Zeit auf ihn gewartet, aber er kam nicht.«

Nick sah Fabiano bestürzt an. »Er ist hier nie angekommen?«

»Nein.« Fabiano schüttelte den Kopf. »Hat mich auch gewundert. Ich kenne keinen, der so zuverlässig ist wie Robyn.
Ich selbst bin ja eher …«

»Schon gut«, fuhr ihm Levin ins Wort. »Wissen wir! Hast du
irgendeine Ahnung, wo er sein könnte? Hat er außer dir noch
andere Freunde oder hat er sich vielleicht verliebt oder …«

»Verliebt?« Fabiano brach in schallendes Gelächter aus. »Der
ist nur in seine Rezepte verliebt. Er würde nicht mal merken,
wenn ein Mädchen ihn mag. Zum Beispiel Constance, das Däm-
chen von Welt, würde …«

Levin legte ihm kurz die Hand auf den Mund. »Sag einfach
nur Ja oder Nein, klar?«

Fabiano nickte.

»Weißt du, wo Robyn stecken könnte?«

Fabiano blickte schnell nach rechts und links, um festzustel-
len, ob jemand diese Demütigung miterlebt hatte. Dann warf
er Levin einen bitterbösen Blick zu. »Nein!«

Wieder draußen zuckte Nick hilflos mit den Schultern. »Ich
verstehe das nicht. Es muss ihm etwas zugestoßen sein.«

»Lass uns erst mal zurück zur Villa gehen«, schlug Levin vor.
»Vielleicht ist er dort inzwischen angekommen.«

Doch als sie einige Minuten später durch die Haustür traten, stand Tullia schon dahinter. »Und?«, fragte sie aufgeregt.
»Habt ihr ihn gefunden?«

Nick ließ die Schultern hängen. »Er ist überhaupt nicht bei
Fabiano gewesen. Und hier ist er wohl auch nicht.«

»Nein.« Tullia zeigte in Richtung Küche. »Aber Harietta ist wieder da. Sie sagt, Robyn sei gegen zwei Uhr zu Fabiano aufgebrochen.«

Sie eilten in die Küche, wo Harietta in einem riesigen Topf herumrührte.

»Nein«, antwortete sie auf Nicks Frage. »Er ist mir gar nicht komisch vorgekommen. Er war ganz normal.«

»Also«, sagte Nick. »Lasst uns noch mal in seinem Zimmer nachschauen. Vielleicht finden wir da einen Hinweis.«

Sie stiegen die Treppen hinauf. Doch in Robyns Zimmer sah alles aus wie immer. Seine Sachen lagen oder hingen ordentlich im Kleiderschrank und die Kochbücher standen nach der Größe sortiert im Regal.

»Dann kann er schon mal nicht weggelaufen sein«, murmelte Nick.

Levin nickte. »Vielleicht sollten wir im Krankenhaus nachfragen und bei der Inselwache.«

Es schien im Moment der beste Vorschlag, und obwohl Harietta sie zurückzuhalten versuchte, weil es schon viel zu spät sei, machten sie sich erneut auf den Weg. Sie gingen kurz am Buchladen von Levins Eltern vorbei, damit diese sich keine Sorgen machten, wenn er nicht zum Abendbrot zu Hause war.

Doch weder im Krankenhaus noch auf der Inselwache wusste man irgendetwas über Robyn. Auch im Café Einfall und unten am Hafen hatte ihn an diesem Tag niemand gesehen.

Mit gesenkten Köpfen kehrten sie schließlich um.

»Die Schengensieck wird dir vermutlich den Kopf abrei-
ßen«, sagte Levin, kurz bevor er nach Hause abbiegen musste.
»Wahrscheinlich«, murmelte Nick. »Aber das ist mir im
Moment völlig egal.«

»Es wird sich schon irgendwie aufklären«, versuchte Levin,
ihn zu trösten. »Ich habe noch nie davon gehört, dass auf Montamar Figuren einfach spurlos verschwunden sind.«

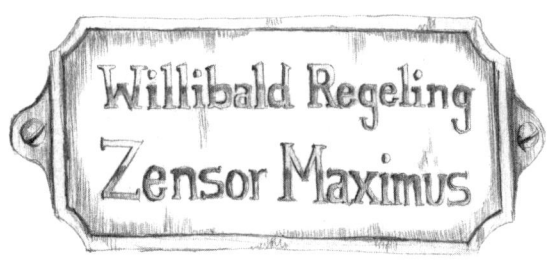

Ein Ding der Unmöglichkeit

Nick lag die ganze Nacht wach und horchte darauf, ob Robyn nach Hause kam. Mit jeder Minute, die verstrich, wurde seine Sorge größer. Hoffentlich war ihm nichts Furchtbares zugestoßen!

Das Frühstück am nächsten Morgen und der Aufstieg zum Zensoriat gehörten zu den trübseligsten Momenten, die Nick je erlebt hatte. Den ganzen Weg über blickte er um jede Häuserecke und jede Treppe hinauf oder hinunter, an der Tullia und er vorbeikamen. Und die Aussicht, Fräulein Schengensieck sagen zu müssen, dass seine Figur verschwunden war und er seine Präsentation nicht abhalten konnte, trug auch nicht dazu bei, seine Stimmung zu heben.

Bis auf Fräulein Schengensieck waren bereits alle im Konferenzraum versammelt. Levin blickte Nick fragend an, der nur den Kopf schüttelte. Nach Reden war ihm nicht zumute.

Fräulein Schengensieck betrat den Raum. Sie warf Nick einen scharfen Blick zu und sah sich suchend im Raum um. »Hat sich deine Figur ein Beispiel an Constance genommen und geht im Zensoriat spazieren?«

Nick war zu ihr nach vorne ans Pult getreten. »Kann ich Sie bitte kurz draußen sprechen?«, fragte er leise.

»Sprechen ja, draußen nein«, antwortete sie. »Ich wüsste nicht, was du mir mitzuteilen haben solltest, das sich nicht auch hier im Raum sagen ließe.«

Nick räusperte sich. »Darf ich Sie bitten, meine Präsentation auf einen anderen Termin zu verschieben?«

»Ha!« Fräulein Schengensieck lachte laut auf. »Warum sollte ich? Für dich gelten die gleichen Regeln wie für alle anderen. Und wenn dein Vater zehnmal der berühmte Münsterbach ist: Deswegen stehen dir noch lange keine Extrawürste zu.«

»Nein«, entgegnete Nick. »Das habe ich nicht gedacht. Aber ich kann heute meine Figur nicht präsentieren.«

»Und warum nicht, wenn ich fragen darf?«

»Weil sie weg ist.«

»Weg?« Fräulein Schengensieck sah Nick verständnislos an. »Was soll das heißen?«

Nick hob hilflos die Schultern. »Robyn ist seit gestern Nachmittag verschwunden. Niemand weiß, wo er ist. Wir haben ihn überall gesucht, aber es fehlt jede Spur von ihm.«

Fräulein Schengensieck kniff die Augen zu zwei dünnen Schlitzen zusammen und musterte ihn wortlos. Dann zischte sie: »Das ist wohl die größte Unverschämtheit, die ich je erlebt habe. Eine Frechheit sondergleichen. Willst du mich für dumm verkaufen?«

Nick hatte unwillkürlich den Kopf eingezogen. »Nein, das will ich nicht. Ich habe die Wahrheit gesagt. Bitte glauben Sie mir!«

»Nein, ich glaube dir nicht!«, fauchte Fräulein Schengensieck. »Ich glaube, du willst dich auf billigste Weise vor deiner Präsentation drücken.«

»Aber er sagt die Wahrheit!«, rief Tullia und Levin fügte hinzu: »Das tut er wirklich!«

Fräulein Schengensieck blickte von einem zum anderen. »So einfach kommst du nicht um deine Präsentation herum, das sage ich dir. Ich sitze am längeren Hebel. Ich werde jetzt deine Scheibe anfordern und eine Genehmigung zur Zweitfigurisierung erwirken.«

Sie trat unangenehm dicht an Nick heran. »In etwa zwanzig Minuten bin ich mit Robyn wieder hier. Nutze die Zeit, dich wenigstens ein kümmerliches bisschen auf deine Präsentation vorzubereiten!« Damit machte sie auf der Stelle kehrt und verließ eilig den Raum.

Nick schloss die Augen. Das konnte doch alles nicht wahr sein. Hatte Fräulein Schengensieck keinerlei Mitgefühl? Sah sie nicht, dass er nicht Robyn II, sondern *seinen* Robyn wiederhaben wollte?

Als er die Augen öffnete, begegnete er zufällig Frankos Blick, und es geschah etwas Seltsames: Franko, der Nick bislang immer vollständig ignoriert hatte, sah ihn voller Mitleid an, und ein kurzes, freundliches Lächeln huschte über sein Gesicht. Dann wurden seine Gesichtszüge wieder starr und ausdruckslos.

Nick ging zurück zu seinem Platz und ließ sich neben Levin auf den Stuhl fallen.

»Wirst du die Präsentation machen?«, fragte dieser.

Nick zuckte die Schultern. »Ich hab ja keine andere Wahl. Irgendwas wird mir schon einfallen.« Er seufzte. »Und wenn nicht, ist es mir auch egal.«

Tullia beugte sich zu ihm herüber. »Zeig es der blöden Ziege!«

Nick sah seine Schwester entgeistert an. Er konnte sich nicht erinnern, dass sie jemals einen solchen Ausdruck gebraucht hatte.

Tullia grinste. »Ich wollte dich nur ein bisschen aufmuntern.«

Hinter ihnen öffnete sich die Tür. Fräulein Schengensieck kam, viel früher als erwartet, in den Raum zurück. Sie setzte sich an ihr Pult, starrte aus dem Fenster und dachte nach. Schließlich sagte sie, den Blick weiterhin nach draußen gerichtet: »Ihr könnt alle gehen. Franko, Montag stellst du deine Figur vor. Nick, du bleibst hier.«

Verwundert packten alle ihre Sachen zusammen und verließen das Konferenzzimmer. Nur Nick blieb sitzen, ohne einen blassen Schimmer, was seine Lehrerin jetzt noch von ihm wollte und warum sie ohne Robyn II zurückgekommen war.

Nach einer Weile kam ihm der Gedanke, dass Fräulein Schengensieck ihn vergessen hatte. Doch dann begann sie zu sprechen, blickte dabei aber weiter zum Fenster hinaus. »Ich muss mich bei dir entschuldigen, Nick«, sagte sie so leise, dass Nick sie kaum hören konnte. »Es scheint, dass du die Wahrheit gesagt hast.« Langsam drehte sie den Kopf zu ihm. Erst jetzt bemerkte er, dass sie sehr besorgt aussah.

Nick wurde langsam mulmig zumute. Was war hier los? Was konnte passiert sein, dass es seine Lehrerin so sehr aus der Bahn warf?

Fräulein Schengensieck hob die Hand. »Es ist etwas ganz Unglaubliches geschehen, Nick, und ich muss dich um größtmögliche Verschwiegenheit bitten. Mir ist klar, dass du deinen Vater und deine Schwester nur schlecht anlügen kannst, und ich möchte dich auch nicht in derartige Gewissensnöte bringen, aber bitte sprich sonst mit niemandem darüber.«

Nick rutschte unruhig auf seinem Platz hin und her. Er hatte das Gefühl zu platzen, wenn sie ihm nicht gleich erzählte, was los war.

Fräulein Schengensieck stützte die Stirn in die Hände. »Nick, deine Scheibe ist fort!«

Nick starrte Fräulein Schengensieck entgeistert an. »Wie bitte?«

Sie massierte sich mit langsamen Bewegungen die Schläfen. »Ich kann es dir nicht erklären. Das ist noch nie vorgekommen und es darf, es *kann* auch gar nicht vorkommen. Alle Scheiben sind zu jedem Zeitpunkt unter bestgesichertem Verschluss. Es ist mir unerklärlich, wie das passieren konnte.« Sie schüttelte den Kopf. »Aber es ist passiert.«

Nick versuchte, einen klaren Gedanken zu fassen, aber es gelang ihm nicht recht. In seinem Kopf wirbelte zu vieles durcheinander: die dunkle Gestalt, sein Vater, der Geheimgang, der Einbruch, der Verfolger im Geheimgang, Robyns Verschwinden und nun die fehlende Scheibe. Dies alles konnte kein Zufall sein. Aber wo war der Zusammenhang? Was hatte Robyn mit all dem zu tun?

»Wir müssen zum Zensor Maximus gehen und ihm den Verlust melden. Er wird entsetzt sein.« Fräulein Schengensieck schüttelte den Kopf und holte tief Luft. »Natürlich hast du das Recht, das Zensoriat auf *fahrlässigen Umgang mit dem geistigen Eigentum anderer* zu verklagen. Aber ich möchte dich bitten, unserem Institut zunächst ein wenig Zeit zu gewähren, um diesen Fall aufzuklären.« Sie sah ihn fragend an.

Er nickte.

»Vielen Dank, Nick«, sagte sie. »Das ist sehr großzügig von dir. Dann lass uns jetzt gehen.«

Nick folgte Fräulein Schengensieck aus dem Zimmer. Sie nahm eine Treppe, neben der ein Schild mit der Aufschrift *Zutritt nur für Personen mit besonderer Genehmigung* stand. Als sie oben ankamen, sah Nick, dass es hier nur eine einzige Tür gab. In goldenen Lettern war *Willibald Regeling, Zensor Maximus* darauf zu lesen.

Fräulein Schengensieck klopfte an. Dann öffnete sie die Tür.

Dahinter befand sich das Vorzimmer des Zensor Maximus. Der Sekretär hatte kurz geschorene graue Haare und eine große Brille auf der Nase, durch die er die Lehrerin abschätzig ansah. »Haben Sie eine besondere Genehmigung, Fräulein Schengensieck?«, fragte er kühl.

»Nein, aber die würde ich ohne Schwierigkeit bekommen. Es handelt sich um einen Notfall.«

»Ach, Fräulein Schengensieck«, lachte der Sekretär übertrieben laut. »Wenn Sie wüssten, wie viele angebliche Notfälle sich hier jeden Tag Zutritt erschleichen wollen!«

Nick starrte Fräulein Schengensiek an. Das würde sie sich bestimmt nicht bieten lassen. Doch zu seinem Erstaunen musterte sie den Sekretär nur einige Sekunden lang und sagte dann gefasst: »Es handelt sich um das Verschwinden einer Scheibe.«

Der Sekretär riss die Augen auf. »Was? Wie? Wieso? Das kann doch nicht …«

»Wenn Sie jetzt bitte den Zensor verständigen würden!« Diesmal war es Fräulein Schengensieck, deren Stimme unterkühlt klang.

»Ja.« Der Sekretär erhob sich von seinem Stuhl. »Ja, selbstverständlich.«

Er ging zum anderen Ende des Raums und klopfte an die Tür. Von innen war ein »Herein!« zu hören. Als wolle er sich vergewissern, dass er sich dies alles nicht nur einbildete, wandte er sich noch einmal zu Fräulein Schengensieck und Nick um und verschwand dann im Raum des Zensors. Nach wenigen Sekunden wurde die Tür wieder geöffnet und der Sekretär ließ sie mit einer eiligen Handbewegung näher treten.

Nick hielt den Atem an. Der Raum war unvorstellbar groß, er schien sich über das gesamte obere Stockwerk der Burg zu erstrecken. Unzählige Fenster lenkten den Blick über ganz Montamar und auf das Meer hinaus. Rundherum an den Wänden standen riesige Bücherregale aus dunklem Holz und hier und da hingen goldene Bilderrahmen mit den Porträts großer Schriftsteller. Vermutlich hatten sie alle eine Zeit lang auf Montamar gewirkt.

Der Zensor lehnte an einem der doppelflügeligen Fenster und schaute auf die Häuser, Gassen und Treppen unter sich. Fräulein Schengensieck räusperte sich diskret.

Es dauerte eine Weile, ehe sich der Zensor endlich umdrehte. Mit einem kaum wahrnehmbaren Kopfnicken begrüßte er sie und Nick. »Ich höre, Sie wollen mir den Verlust einer Scheibe melden, Fräulein Schengensieck?« Seine Stimme war kaum lauter als ein Flüstern.

Sie nickte. »Es handelt sich um die Verscheibung von Nick Münsterbachs Figur Robyn. Die Scheibnerinnen und Scheibner haben mit glaubhaft versichert, dass sie alles abgesucht haben. Sie konnten sie nicht finden. Sie ist weg.« Fräulein Schengensieck schüttelte den Kopf. »Ich verstehe das nicht. Ihr Sicherungsprinzip, verehrter Zensor, macht das Verschwinden einer Scheibe doch vollkommen unmöglich.«

»Ja«, stimmte der Zensor ihr zu. »Unser Figurisierungsapparatus kennzeichnet die Scheiben fehlerfrei. Anschließend wird jede Scheibe von zwei Scheibnern archiviert und die zugehörige Karteikarte alphabetisch einsortiert, was am Abend nach Zensoriatsschließung noch einmal von einem Zensor anhand der Verscheibungsliste des Tages nachgeprüft wird. Und aus dem Archivraum, zu dem niemand Unbefugtes Zugang hat, kann die Scheibe nicht entnommen werden.«

»Ja.« Fräulein Schengensieck nickte ungeduldig und fuchtelte mit den Händen wild in der Luft herum. »Eben deshalb! Die Scheibe kann nicht fort sein.«

Der Zensor Maximus legte ihr beruhigend die Hand auf die Schulter. »Ganz genau, liebes Fräulein Schengensieck. Das kann sie nicht. Ich werde der Sache persönlich nachgehen und Sie dann informieren.«

Fräulein Schengensieck starrte das Oberhaupt des Zensoriats mit weit geöffnetem Mund an. »Aber, Herr Zensor, wie können Sie so ruhig bleiben? Das ist doch eine Katastrophe. Wenn jemand davon erfährt, werden viele Autoren das Vertrauen in die Sicherheitsstandards und in unsere Glaubwürdigkeit verlieren.«

»Es wird sich klären, Fräulein Schengensieck, glauben Sie mir!«

Fräulein Schengensieck runzelte die Stirn, sagte aber nichts weiter. Der Zensor wandte sich jetzt an Nick. »Gewährst du mir bitte ein wenig Zeit, ehe du rechtliche Schritte gegen das Zensoriat einleitest?«

»Ja, natürlich.« Nick wusste nicht einmal, ob er das überhaupt tun würde. »Die Scheibe ist mir ja auch gar nicht wichtig«, fügte er hinzu.

»Sondern?« Der Zensor hatte sich zu seinem Schreibtisch umgedreht und blätterte durch einen Stapel Zettel, als wolle er ihnen signalisieren, dass sie genug von seiner Zeit in Anspruch genommen hatten.

»Sondern meine Figur. Ich möchte Robyn wiederhaben.«

Der Zensor hielt inne. Sekundenlang rührte er sich keinen Millimeter. Dann hob er langsam den Blick und sah Nick durchdringend an. »Wie meinst du das?«, fragte er so leise, dass Nick ihn kaum hören konnte.

Nick holte einmal tief Luft. »Robyn ist weg. Verschwunden.«

»Was?«, schrie der Zensor auf. Nick und Fräulein Schengensieck zuckten zusammen. »Weg? Seit wann? Wie?«

»Seit gestern.« Nick war ein wenig irritiert. Wieso regte sich der Zensor über das Verschwinden einer Figur so auf, während ihn das Abhandenkommen der Scheibe überhaupt nicht interessiert hatte? Für die Figuren übernahm das Zensoriat ausdrücklich keine Verantwortung, sobald sie das Gebäude verlassen hatten, für die Scheiben aber sehr wohl.

Der Zensor musterte Nick mit gerunzelter Stirn. »Kann es nicht sein, dass Robyn nur für einen oder zwei Tage verreist ist? Vielleicht wollte er ...«

»Nein.« Nick schüttelte vehement den Kopf. »Seine Sachen sind noch da, auch seine Kochbücher. Ohne die würde er nie fortgehen. Und vor allem war er nachmittags mit mir verabredet und Robyn hält jedes Versprechen.«

Der Zensor seufzte. Dann wandte er sich von Nick und Fräulein Schengensieck ab und trat wieder ans Fenster. »Habt ihr alle infrage kommenden Orte abgesucht?«

»Ja, haben wir.«

»Freunde, Krankenhaus und so weiter?«

»Ja.«

Der Zensor starrte nach draußen. Dann murmelte er etwas, das wie »Das ist eine Katastrophe« klang, aber vielleicht hatte Nick sich auch verhört.

Einige Zeit schwiegen alle drei. Nick sah Fräulein Schengensieck an, die wiederum den Zensor interessiert musterte.

Schließlich drehte Willibald Regeling sich zu ihnen um. Ein leichtes Lächeln lag auf seinem Gesicht, aber Nick konnte sehen, dass es nicht echt war. »Also gut. Wie gesagt, Nick, ich werde mich um das Verschwinden deiner Scheibe kümmern. Und ich werde tun, was in meiner Macht steht, um deine Figur wiederzufinden. Es wäre mir vor deinem Vater zutiefst unangenehm, wenn er von seiner Reise zurückkehrte und erführe, dass ausgerechnet seinem Sohn sowohl die Figur als auch die Scheibe abhandengekommen sind.«

Jetzt erst begriff Nick, was den Zensor so mitnahm. Es hatte überhaupt nichts mit ihm, Nick, zu tun, sondern nur damit, wie der Zensor vor seinem Vater dastehen würde. »Kann ich dann jetzt gehen und weiter nach Robyn suchen?«, fragte er und versuchte, sich seine Verärgerung nicht anmerken zu lassen.

Der Zensor nickte. »Ja, sicher. Ich möchte dich bitten, mich umgehend zu informieren, wenn du ihn gefunden hast. Wirst du das tun?«

Nick antwortete mit einem Kopfnicken und verließ schweigend den Raum. Der Sekretär warf ihm einen fragenden Blick zu, aber Nick sagte nur »Auf Wiedersehen« und trat durch die Tür ins Treppenhaus.

Er war kaum die Hälfte der Stufen hinabgestiegen, als er Fräulein Schengensieck hinter sich hörte. Er wandte sich zu ihr um. Sie schien ihn jedoch überhaupt nicht wahrzunehmen. Laut atmend war sie oben am Treppenabsatz stehen geblieben, fuhr sich mit zwei Fingern die Stirn entlang und murmelte: »Unglaublich, das ist absolut unglaublich!«

»Und er hat sich nicht darüber aufgeregt, dass deine Scheibe verschwunden ist?«, fragte Levin verwundert, als sie kurze Zeit später im Café Einfall saßen.

»Nein, nur darüber, dass Robyn fort ist«, antwortete Nick und nahm einen Schluck von seiner Schokolade, die ihm eben von einer achtarmigen Kellnerin serviert worden war.

»Das gibt's doch nicht«, platzte es aus Levin heraus. »Das ist wirklich unglaublich.«

»Ja, das hat die Schengensieck auch gesagt.«

Levin griff zu der Schüssel mit Schlagsahne und häufte sich eine große Portion in seinen Becher. »Der Zensor hätte toben müssen. Hier ist noch nie eine einzige Scheibe verschwunden. Das ist eine Katastrophe für Montamar.«

299

»Auch das hat die Schengensieck gesagt.« Nick starrte auf einen der freien Tische neben ihnen. »Ich verstehe das nicht. Langsam werden mir das zu viele ungelöste Rätsel auf einmal.«

Tullia, die bislang geschwiegen und nur gedankenverloren in ihrem Becher herumgerührt hatte, blickte von Levin zu Nick. »Vielleicht sollten wir über die Möglichkeit nachdenken, dass es gar nicht mehrere Rätsel sind, sondern nur eines.«

Nick beugte sich zu seiner Schwester vor. »Du meinst, Robyns Verschwinden könnte etwas mit dem Einbruch, der dunklen Gestalt und Vaters merkwürdigem Verhalten zu tun haben?«

Tullia nickte. »Ich habe allerdings keine Ahnung, welchen Zusammenhang es da geben könnte.«

Levin dachte einen Moment darüber nach. »Zumal ja offensichtlich auch der Zensor mit allen Vorfällen irgendwie zu tun hat«, sagte er dann.

»Genau«, rief Tullia. »Erinnert ihr euch? *Denkt an den Zensor!*«

Eine Weile starrten alle drei in ihre fast leeren Becher. Levin winkte schließlich einem Kellner mit topfgroßen Ohren und bestellte im Flüsterton quer durch den Raum eine weitere Kanne Schokolade.

»Ich glaube, wir können nur eines tun«, brach Tullia nach einigen Minuten das Schweigen. »Wir müssen tatsächlich Vaters Arbeitszimmer unter die Lupe nehmen. Vielleicht finden wir dort irgendeinen Hinweis.«

Byron, Shakespeare und Dickens

Nick hatte ein hohles Gefühl in der Magengegend, als sie das Arbeitszimmer seines Vaters betraten. Er war noch nie allein in diesem Raum gewesen. Ihr Vater hatte es ihnen strikt untersagt. Bei der bloßen Vorstellung, dieser könnte jemals in Erfahrung bringen, dass Tullia, Levin und er sich ohne seine Erlaubnis hier aufhalten, lief Nick ein eiskalter Schauer über den Rücken. Auf Zehenspitzen bewegten sie sich vorwärts.

»Am besten beginnen wir mit dem Schreibtisch«, sagte Nick mit einem Blick auf das gewaltige alte Möbelstück aus geschnitztem Mahagoniholz, auf dem sich Stapel von Büchern, Zetteln und Zeitungsausschnitten häuften.

»Gut«, sagte Tullia. »Fang du am linken Ende an, ich komme von der rechten Seite. Und Levin, du untersuchst am besten erst mal den Papierkorb.«

Nick sah, wie Levin die Nase rümpfte. Ob die Vorstellung, in einem Papierkorb zu wühlen, der Grund war oder Tullias Kommandoton, vermochte er nicht zu sagen. Aber Levin nickte und machte sich an die Arbeit.

Nick hob ein Buch nach dem anderen hoch, merkte sich, wie es gelegen hatte, und blätterte es durch.

Tullia ging an ihrem Tischende genauso vor. Nach etwa einer halben Stunde seufzte sie, legte einen Zeitungsausschnitt über einen schottischen Antiquitätenhändler beiseite und griff zum nächsten, der sich laut Überschrift mit römischen Gottheiten befasste. »Es wäre einfacher, wenn wir wüssten, wonach wir suchen«, sagte sie.

»Allerdings!« Nick, der inzwischen das achte oder neunte Buch durchgeblättert und sämtliche Randnotizen seines Vaters, ja sogar Willibald Regelings ausführliche Widmung im *Kulturführer Montamars* gelesen hatte, richtete sich auf. Nichts, aber auch gar nichts war ihm auffällig erschienen.

»Es wäre einfacher, wenn Schriftsteller nicht so komische Sachen schreiben würden«, fügte Levin mit einem ratlosen Blick auf das Blatt in seiner Hand hinzu. »Byron befindet sich gleich hinter Shakespeare und Dickens.« Er schüttelte den Kopf. »Wer war denn gleich noch Byron?«, fragte er.

»Ein berühmter englischer Dichter«, murmelte Tullia, ohne von ihrem Zeitungsausschnitt aufzusehen.

302

»Warum schreibt euer Vater so etwas auf?«, fragte Levin.

»Wahrscheinlich verfasst er gerade einen literaturkritischen Fachartikel«, sagte Tullia. »Davon gibt er im Jahr etwa zehn heraus. Über Shakespeare muss er mittlerweile insgesamt an die hundert geschrieben haben.«

»Meine Güte«, stöhnte Nick, während er den Zeitungsausschnitt in seiner Hand überflog, »was will er bloß mit all diesen Artikeln? Hier ist einer über den spanischen Stierkampf.«

Es verging eine weitere Stunde, bis sie WMs gesamten Arbeitsbereich durchforstet hatten.

»Nichts«, sagte Nick frustriert. »Bleiben nur noch die Bücherregale.« Er fuhr mit den Augen die prall gefüllten Fächer entlang. Wenn sie jedes einzelne Buch untersuchen wollten, würden sie dazu mindestens eine Woche brauchen.

»Lasst uns morgen weitermachen«, schlug Tullia niedergeschlagen vor. »Ich kann für heute kein Papier mehr sehen.«

In diesem Moment ertönte von unten der Gong zum Abendessen. Alle drei zuckten erschrocken zusammen. »Ich dachte, Harietta bliebe länger im Museum«, sagte Nick.

»Oh Gott, wenn sie hier hereingekommen wäre«, flüsterte Tullia, die Hand vor den Mund gepresst.

Levin stand auf. »Ich gehe dann mal nach Hause.«

»Kannst du nicht mit uns essen?«, fragte Nick, der sich gern hinterher noch mit ihm und Tullia beratschlagen wollte.

»Wenn es Harietta nichts ausmacht, sehr gern«, sagte Levin. »Meine Eltern sind heute Abend sowieso nicht da.«

»Harietta freut sich über jeden Gast«, entgegnete Tullia.

»Ja«, stimmte Nick ihr zu, »es sei denn, er braucht all ihre Vorräte auf und backt daraus Sahnetorten.« Er lächelte, aber es war ein sehr trauriges Lächeln.

Die Unterhaltung während des Abendessens wurde vornehmlich von Constance bestritten, die, noch immer mit französischem Akzent, von den Pferden berichtete, die ihre Familie in England einmal besessen hatte. Nick hörte ihr schon bald nicht mehr zu. Irgendetwas ließ ihm keine Ruhe, etwas, das sich an diesem Nachmittag zugetragen hatte, spukte noch in seinem Kopf herum und wartete darauf, entschlüsselt zu werden. Er kam nicht darauf, was es war, aber er hatte das merkwürdige Gefühl, dass ihm etwas Bedeutendes entgangen war. Doch so angestrengt er auch nachdachte, es wollte ihm einfach nicht einfallen.

»Nick, schmeckt dir mein Schweinebraten nicht?«, fragte Harietta mit vorwurfsvoller Stimme und einem Blick auf seinen noch unangetasteten Teller.

Nick schüttelte schnell den Kopf. »Nein, Harietta, bestimmt nicht. Ich habe nur …«

»Ich weiß schon.« Harietta legte ihm die Hand auf die Schulter. »Du hast an Robyn gedacht. Es tut mir so leid, Nick, dass deine ersten Schritte als Schriftsteller von solchem Pech verfolgt sind.«

In diesem Moment begann es in Nicks Kopf wie wild durcheinanderzuwirbeln. England – Schriftsteller – Byron – Shakespeare – Dickens. Die drei Autoren hatten eigentlich nichts miteinander zu tun. Aber was sollte dann dieser unsinnige

Notizzettel? Byron – Shakespeare – Dickens – Byron – Shakespeare … Minutenlang sagte er diese Namen im Geiste vor sich hin. Immer wieder. Byron – Shakespeare – Dickens – Byron – Shakesp... Und auf einmal fiel es ihm ein. Plötzlich passte alles zusammen. Er hatte die Lösung gefunden.

Nur mit Mühe konnte er sich davon abhalten, sofort aufzuspringen. Stattdessen warf er Tullia und Levin einen eindringlichen Blick zu, der ihnen bedeuten sollte, dass er sofort mit ihnen sprechen musste.

Wenige Minuten später saßen sie in Nicks Zimmer.

»Was ist denn los?«, fragte Tullia ungeduldig.

»Der Zettel, den Levin vorhin vorgelesen hat«, sagte Nick. »Erinnert ihr euch?«

»Klar«, entgegnete Levin. »Byron befindet sich gleich hinter Shakespeare und Dickens.«

»Was für ein sinnloser Satz.« Tullia schüttelte den Kopf.

»Nein, eben nicht.« Nick beugte sich aufgeregt vor. »Bringt die Buchstaben in *Byron* doch einmal in eine andere Reihenfolge!«

Tullia und Levin schauten ihn verwirrt an.

Dann öffnete Tullia erstaunt den Mund. »Robyn«, hauchte sie.

»Das ist es!«, rief Levin. »Das ist der Hinweis, den wir gesucht haben.«

»Aber was hat Robyn mit Shakespeare und Dickens zu tun?«, fragte Tullia. »Und wieso befindet er sich *hinter* ihnen?«

305

»Ich glaube, ich weiß es«, flüsterte Nick. »Wenn man im Zensoriat in die oberen Stockwerke …«

»Natürlich!« Tullia war plötzlich ganz aufgeregt. »Die Bilder in den Gängen. Da hängen überall Bilder berühmter Autoren.«

»Ja«, sagte Nick, »und ich bin sicher, im dritten Stock hängen Shakespeare und Dickens.«

Levin stieß einen leisen Pfiff aus. »Das stimmt. Und danach kommt eine Tür.«

»Genau«, sagte Nick. »Hinter Shakespeare und Dickens befindet sich ein Raum.«

»Und in dem ist oder war Robyn«, ergänzte Tullia.

Levin fuhr sich mit der Hand durchs Haar. »Unglaublich! Aber was macht Robyn in einem Raum im Zensoriat? Ist er da gefangen?«

»Und was hat Vater damit zu tun?«, überlegte Nick. »Und warum schreibt er eine solche Notiz?«

Tullia wandte sich Levin zu. »War es überhaupt Vaters Handschrift?«

Levin versuchte, sich zu erinnern. Er hob bedauernd die Schultern. »Ich weiß es nicht, ehrlich gesagt. Das war der einzige handschriftliche Zettel. Alles andere waren Zeitungen, Handzettel und so weiter.«

»Moment, das haben wir gleich«, sagte Tullia und eilte aus dem Zimmer.

Kaum eine Minute später war sie wieder zurück. Triumphierend hielt sie den Zettel in der Hand. »Ich hab's mir doch gedacht. Es ist nicht Vaters Handschrift.«

»Zeig mal bitte her«, forderte Nick sie auf. Tullia reichte ihm das Blatt.

Nick sah sich den Satz genau an. »Ich denke, ich weiß, wessen Schrift das ist. Dieses F mit dem komischen Haken habe ich heute schon einmal gesehen.« Noch einmal studierte er die Handschrift Buchstabe für Buchstabe. »Kein Zweifel. Diese Notiz hat der Zensor geschrieben. Es ist dieselbe Schrift wie bei der Widmung, die er Vater in eines seiner Bücher geschrieben hat.«

»Also doch!«, stieß Tullia aus. »Wir hatten recht! Der Zensor spielt hier ein ganz übles Spiel. Und wir müssen endlich herausfinden, worum es dabei geht.«

»Ja«, stimmte Levin zu. »Es scheint, als gebe es nur zwei Möglichkeiten. Entweder hat der Zensor euren Vater mit irgendetwas in der Hand oder …«

»… oder Vater spielt freiwillig mit«, ergänzte Nick leise. Er sah Tullia an. Noch vor wenigen Tagen hätte sie vehement bestritten, dass ihr Vater dazu fähig wäre, auch nur eine Stecknadel zu stehlen. Nun jedoch schwieg sie betreten und starrte vor sich auf den Boden. Es hatte sich viel geändert in der letzten Zeit.

Nick hatte inzwischen einen Entschluss gefasst. »Ich werde heute Nacht ins Zensoriat gehen und Robyn dort herausholen«, verkündete er.

Levin warf ihm einen überraschten Blick zu, aber dann nickte er. »Ich komme mit.«

Tullia schluckte. Schließlich stimmte sie ebenfalls zu.

»Eines verstehe ich noch nicht«, sagte Levin. »Wenn der Zensor Robyn entführt hat oder zumindest weiß, wo er ist, und eurem Vater diese Notiz geschrieben hat: Warum hat er sich dann heute dir gegenüber so aufgeregt, als er erfuhr, dass Robyn verschwunden ist?«

Nick blickte aus dem Fenster in die Dunkelheit hinaus. »Berechtigte Frage. Vielleicht ist er ein guter Schauspieler.«

»Nein.« Tullia schüttelte den Kopf. »Gerade damit hat er sich doch verdächtig gemacht.«

»Stimmt«, räumte Nick ein. »Es sei denn, er dachte, dass er mit der Reaktion den Verdacht besonders weit von sich ablenkt.«

Levin runzelte die Stirn. »Noch etwas ist komisch. Was sollte euer Vater eigentlich machen, nachdem er die Notiz bekommen hat? Ist das Ganze womöglich eine Drohung oder eine Erpressung? Und welche Rolle spielt Robyn bei der ganzen Sache?«

»Vielleicht sollte Vater Robyn dort abholen«, schlug Nick vor.

»Aber warum?«, fragte Levin. »Warum ihn dann erst festhalten?«

»Es hat keinen Zweck«, beendete Tullia ihre Überlegungen. »Wir müssen ins Zensoriat und Robyn finden. Er kann uns diese Fragen sicher beantworten. Bis dahin ist alles reine Spekulation.«

»Du hast recht«, pflichtete Levin ihr bei. »Lasst uns sofort aufbrechen!«

Mit drei Fackeln ausgestattet, machten sie sich auf den Weg. Harietta wirbelte lautstark in der Küche umher und bemerkte sie zum Glück nicht. Eilig entriegelten sie die Kellertür und schlüpften hindurch.

Bevor sie die Treppe hinabstiegen, traf Tullia noch eine Vorsichtsmaßnahme: Sie legte ein Streichholz auf die Gewölbetür, das hinabfallen musste, sobald sie geöffnet wurde.

Dann kletterten sie die Stufen hinunter, liefen, so schnell sie konnten, bis zu der Kammer, betätigten den Mechanismus und traten um die Wand herum in den Geheimgang. Einen Moment lang warteten sie und lauschten, ob sich außer ihnen noch jemand dort befand.

»Ich höre nichts«, sagte Nick schließlich.

»Ich auch nicht«, bestätigte Levin. »Kommt!«

Dieses Mal bewegten sie sich zügig vorwärts. Es dauerte etwa eine halbe Stunde, bis sie vor der Tür ankamen, hinter der das kleine Bibliothekszimmer im Zensoriat lag.

Tullia und Levin löschten ihre Fackeln. Nick legte behutsam die Hand auf den Türgriff. Vorsichtig öffnete er die Tür. Der Raum dahinter lag in völligem Dunkel. Gefolgt von den beiden anderen, durchquerte Nick das Zimmer, bis er den Vorhang erreichte. Dort blieben sie eine Weile bewegungslos stehen und spitzten die Ohren. Doch aus dem großen Saal dahinter drang kein einziger Laut. Tullia bedeutete Nick mit einem leichten Kopfnicken weiterzugehen. Langsam schlich er hinter dem Vorhang entlang. An dessen Ende angekommen, schob er vorsichtig seinen Kopf dahinter hervor und blickte in den Saal.

Dieser war nicht ganz so dunkel wie das Bibliothekszimmer, weil durch die Fenster der eine oder andere Lichtschein hereindrang. Aber dennoch wirkte er noch unheimlich genug mit all seinen Rüstungen, Gemälden und Vorhängen, hinter denen sich ohne Weiteres jemand versteckt halten konnte.

Nick holte tief Luft, dann schlich er zur gegenüberliegenden Tür. Tullia und Levin folgten ihm. Es war ein seltsames Gefühl, im Dunkeln und wie ein Einbrecher durch diesen Saal zu gehen, den er noch vor Kurzem als offizieller Gast betreten hatte. Er atmete erst wieder, als sie die andere Seite erreicht hatten. Dort horchte er an der Tür, die in den Gang hinausführte. Er drückte die Klinke hinunter und stieß die Tür vorsichtig auf. Wieder blickte er in tiefste Finsternis.

»Wie kommen wir von hier aus nach oben?«, flüsterte er Levin zu.

»Ich weiß nicht«, antwortete der. »Ich war noch nie in diesem Teil der Burg. Aber die Eingangshalle müsste rechts von uns liegen.«

Auf Zehenspitzen gingen sie den Flur entlang. Bald darauf kamen sie an einen Gang, der nach links führte. Nick spähte um die Ecke. Mit einem Schlag verließ ihn der Mut. Eine massive Holztür versperrte ihnen den Weg. Nick drehte vorsichtig an dem Messingknauf, aber nichts geschah. »Was machen wir jetzt?«, raunte er.

»Vielleicht kommen wir hiermit weiter«, entgegnete Levin und zog einen Gegenstand aus der Hosentasche, der wie ein Stück dicker gebogener Draht aussah.

Nick staunte. »Hast du den immer bei dir?«

Levin musste grinsen. »Seit ich euch kenne, schon.«

Er steckte den Draht in das Schloss und drehte ihn ein paarmal hin und her, während seine linke Hand an dem Knauf rüttelte. Lange Zeit rührte sich nichts, und Nick wollte Levin gerade zum Aufgeben bewegen, als auf einmal ein leises Klicken zu hören war.

»Levin, du bist ein Genie«, sagte Tullia.

»Nein, leider nicht«, antwortete er. »Aber manchmal habe ich zur richtigen Zeit die richtige Idee.« Leise schob er die Tür auf. Dahinter führte der Flur noch ein Stück weiter, ehe er wieder um eine Ecke bog. Levin lugte darum herum und stieß einen leisen Jauchzer aus. Direkt vor ihnen lag die Eingangshalle. Ab hier war ihnen der Weg vertraut und es würden keine weiteren Türblockaden mehr folgen. Auf leisen Sohlen durchquerten sie die Eingangshalle und eilten auf die Treppe zu.

»Ich glaube, Shakespeare und Dickens sind auf der rechten Seite, oder?«, fragte Nick, als sie im dritten Stockwerk angelangt waren.

»Ja«, sagte Levin leise. »Etwa in der Mitte des Flures.«

Nick ging voraus und hielt seine Fackel vor die Bilder. Er erkannte nicht alle Gesichter, aber William Shakespeare sah er sofort. Und Charles Dickens. Dahinter befand sich eine Tür, so wie sie es in Erinnerung gehabt hatten. Sie war schmal und völlig unscheinbar.

Nicks Herz begann, höher zu schlagen. Vorsichtig legte er sein Ohr an die Tür. Nichts. Dann flüsterte er: »Robyn!« Keine

Antwort. Noch einmal flüsterte er, dieses Mal etwas lauter. Wieder kam keine Antwort. Vorsichtig drückte er die Klinke hinunter. Wie nicht anders erwartet, war die Tür verschlossen. Schon stand Levin mit seinem gebogenen Draht neben ihm und steckte ihn ins Schloss. Einige Sekunden lang drehte und schob er den Draht hin und her. »Das gibt's doch nicht«, raunte er. »Er greift irgendwie nicht.«

»Versuch es weiter«, sagte Tullia. »Es muss gehen.«

Levin drehte und drückte. Er schüttelte den Kopf.

»Weiter!«, zischte Tullia.

Und dann, endlich, nach Ewigkeiten, ertönte das heiß ersehnte »Klick«. Langsam öffnete Levin die Tür.

Nick leuchtete in den dahinter liegenden Raum. Er stöhnte auf. Robyn war nicht da, das konnte er auf den ersten Blick erkennen.

»Was für eine Gemeinheit, wenn Robyn tatsächlich hier eingesperrt war«, flüsterte Tullia erbost.

»Darin ist nicht mal genug Platz zum Sitzen«, fiel Levin mit ein. »Das muss ursprünglich einmal eine Besenkammer gewesen sein.«

Nick wusste nicht, welches Gefühl in ihm stärker war: Wut oder Enttäuschung. Wenn Robyn wirklich in dieser winzig kleinen Kammer gefangen gehalten worden war, in der sich nur zwei Regale und einige alte Karteikästen und Ordner befanden und die er nach nur einem einzigen Schritt durchquert hatte, dann war das eine solche Hartherzigkeit, dass ihm die Worte fehlten.

Levin legte ihm die Hand auf die Schulter. »Was sollen wir …« Doch er kam nicht dazu, seine Frage zu beenden. Hinter ihnen waren plötzlich Schritte zu hören und eine Fackel warf ihr flackerndes Licht an die Wände des Korridors.

»Los, rein hier!« Tullia packte Nick und Levin am Arm und stieß sie in die kleine Kammer, in die sie zum Glück gerade noch zu dritt hineinpassten. Nick hob die Fackel, so weit es ging, über ihre Köpfe. Tullia versuchte, die Tür hinter sich zuzuziehen. Aber das Schloss klemmte.

Die Schritte wurden lauter. Ein schwacher Lichtschein fiel durch den Spalt unter der Tür.

Tullia drückte die Klinke mit aller Kraft hinunter. Leise machte es »klack«.

Nick, Tullia und Levin hielten den Atem an und lauschten.

Hatte die Person, die sich dort draußen befand, etwas gehört?

Spurensuche

Nick biss sich auf die Unterlippe. Was, wenn sie hier entdeckt würden? Wie sollten sie das erklären?

Gleich würde der Unbekannte an der Tür vorbeigehen.

Doch auf einmal verstummten die Schritte.

Direkt vor ihrer Tür.

Tullia presste die Hand vor den Mund. Unwillkürlich rückten sie so weit wie möglich nach hinten – was allerdings nicht mehr als ein paar Zentimeter waren. Nick fühlte, wie sich ein Regalbrett tief in seinen Rücken bohrte. Wie gebannt starrte er auf die Türklinke. Von draußen war kein Laut zu hören. Es war, als hielte der Unbekannte auf der anderen Seite ebenfalls den Atem an.

Dann aber setzte sich die Person wieder in Bewegung und eilte weiter den Gang entlang. Kurz darauf verstummten die Schritte erneut. Nick hörte, wie jemand an eine Tür klopfte und diese geöffnet wurde. Erleichtert atmete er auf und bemerkte erst jetzt, dass sein Arm, der noch immer die Fackel in die Höhe streckte, vor Anstrengung zitterte. »Das war knapp«, flüsterte er.

»Allerdings!«, brachte Tullia hervor. Sie bemerkte nicht einmal, dass sie noch immer die Hand vor ihren Mund hielt.

Levin hatte sich offenbar am schnellsten wieder gefangen und fragte: »Wer kann das um diese Zeit sein? Der Zensor würde hier ja wohl nirgends klopfen.«

Nick runzelte die Stirn. »Du hast recht. Das würde er sicher nicht.«

»Sollen wir versuchen, es herauszufinden«, flüsterte Levin, »oder lieber sehen, dass wir hier wegkommen?«

Nick dachte nicht lange nach. »Das könnte vielleicht unsere einzige Chance sein, überhaupt etwas in Erfahrung zu bringen.«

Tullia nickte. »Ja, das denke ich auch.«

»Na gut«, murmelte Levin. Ganz sachte drückte er auf die Klinke, schob vorsichtig die Tür auf und spähte in den Gang hinaus. »Alles klar«, flüsterte Levin. »Die Luft ist rein.«

Nick hatte den Eindruck, aus weiter Entfernung Stimmen zu hören, aber vielleicht täuschte er sich auch. Er trat in den Korridor. Jetzt war er sich sicher, dass Stimmengemurmel an seine Ohren drang. Und nicht weit vor ihnen fiel ein schmaler Lichtschein aus einem der Räume in den Flur. Offenbar hatte der Unbekannte die Tür nur angelehnt, statt sie ganz zu schließen.

Auf Zehenspitzen schlichen sie dicht an der Wand entlang auf den Raum zu. Sie waren nur noch wenige Meter entfernt, als das Gemurmel plötzlich verstummte. Nick, Levin und Tullia blieben augenblicklich stehen. Wenn sich jetzt die Tür öffnete, wären sie verloren. Sie mussten es irgendwie schaffen, daran vorbeizukommen und sich in der Dunkelheit dahinter zu verstecken. Doch bevor Nick das Signal geben konnte loszulaufen, vernahm er eine bekannte Stimme. »Also, ich habe die Geschichte. Hast du die Änderungen?«

Das war der Zensor!

Die Antwort seines Besuchers war jedoch nicht zu hören. Vielleicht hatte er auch nur mit einer Geste, zum Beispiel mit Kopfnicken, geantwortet.

Wieder ertönte die Stimme des Zensors. »Das ist gut. Dann fange ich jetzt mit dem Verscheiben an.« Kurz darauf ratterte eine Maschine.

Nick fühlte die Enttäuschung in sich wachsen. Offenbar arbeiteten der Zensor und einer seiner Mitarbeiter noch sehr spät. »Lasst uns gehen«, raunte er Levin und Tullia zu und wollte sich gerade umdrehen, als Levin ihn am Ärmel zurückhielt.

»Auf keinen Fall«, flüsterte er. »Wir sind hier auf der richtigen Fährte.«

»Wie kommst du darauf?« Nick zog die Stirn kraus.

Levin beugte sich nah an Tullia und ihn heran. »Ganz einfach. Glaubt ihr wirklich, jemand wie der Zensor Maximus verscheibt selbst? Das ist eine viel zu niedere Tätigkeit. Und dann auch noch um diese Zeit! Warum sollte jetzt irgendetwas verscheibt werden? Nein!« Levin biss sich nachdenklich auf die Unterlippe. »Da stimmt etwas nicht!«

Aus dem Raum dröhnte noch immer ein Rattern. Auf Nicks Zeichen schlichen sie sich an der angelehnten Tür vorbei. Nick versuchte, einen Blick in das Zimmer zu werfen. Doch der Zensor und die andere Person waren von hier aus nicht zu sehen, sondern nur drei Verscheibungsapparaturen.

Geschützt durch die Dunkelheit des Flures, blieben Nick, Tullia und Levin hinter der Tür stehen.

Das Rattern war noch eine ganze Weile lang zu hören und übertönte die Unterhaltung zwischen dem Zensor und seinem Besucher.

Nick lauschte, aber alles, was er verstehen konnte, waren sinnlose Wortfetzen. »Wie lange dauert das Figurisieren denn noch?«, fragte er ungeduldig.

»Es ist bestimmt gleich fertig«, antwortete Levin.

Tatsächlich kam die Maschine in genau diesem Moment zum Stehen.

»Na endlich«, war aus dem Raum zu hören.

Nick fuhr zusammen. Es war der Besucher des Zensors, der gesprochen hatte. Und Nick hatte die Stimme erkannt. Erschrocken drehte er sich zu Tullia um, die ihn mit weit aufgerissenen Augen anstarrte.

»Tut mir leid«, sagte der Zensor. »Ich habe das schon lange nicht mehr gemacht. So, jetzt noch schnell die Änderungen. Keine Sorge, dein Sohn wird nichts bemerken.«

Nick hielt die Luft an.

Die Maschine fing wieder an zu rattern.

»Das kann doch nicht sein«, flüsterte Tullia entsetzt. »Was hat Vater denn hier zu suchen? Ich dachte, er ist bis morgen verreist.«

Plötzlich fasste sich Levin an die Stirn. »Das gibt's doch nicht!«

»Was denn?«, fragte Nick.

Levin sah von Nick zu Tullia. »Ich glaube, ich weiß, was die beiden da gerade verscheiben.«

Nick stutzte einen Moment. Dann fiel es ihm wie Schuppen von den Augen. »Du meinst, sie …«

Das Rattern hörte wieder auf.

Tullia legte Nick schnell die Hand auf den Mund. Beiden war gerade klar geworden, dass der Zensor und ihr Vater dort drinnen Nicks Geschichte noch einmal verscheibten. Heimlich. Mit Änderungen. Was für Änderungen eigentlich? Und wozu? Nick war vollkommen verwirrt.

»Ich habe dir doch gesagt, dass er es herausfinden wird«, hörte er seinen Vater sagen.

»Aber wir hatten keine andere Wahl«, entgegnete der Zensor. »Wir mussten schnell handeln.«

»Wir hätten uns etwas anderes einfallen lassen müssen, als meinen Sohn da hineinzuziehen. Es tut mir leid, Willibald: Ich weiß, du bist anderer Ansicht, aber ich habe mich klar entschieden. Ich werde meine Kinder einweihen.«

»Ich warne dich!« Der Zensor klang ungeheuer wütend. »Ich werde alles tun, um dich davon abzuhalten. Du hast versprochen, kein Wort zu sagen.«

»Aber das war, bevor die Dinge aus dem Ruder gelaufen sind. Und bevor meine Kinder misstrauisch wurden.«

»Das ist nicht mein Problem, Wilhelm. Ich sage dir – und ich meine es ernst! – löse das Problem auf andere Art!«

»Ich werde es lösen«, sagte WM verärgert. »Und zwar so, wie ich es für richtig halte. Jetzt!« Seine Schritte kamen energisch auf die Tür zu.

Nick, Tullia und Levin zogen sich weiter in die Dunkelheit zurück. Die Tür öffnete sich. WM trat in den Lichtkegel, bog, ohne zu zögern, nach rechts ab und eilte den Gang hinunter auf die Treppe zu.

Nick überfiel ein seltsames Gefühl, als er WM fortgehen sah. Vielleicht waren Tullia und er seinem Vater doch wichtiger, als er sie hatte spüren lassen.

»Dann erfahren wir also endlich, was hier eigentlich los ist«, flüsterte Tullia.

»Ja, hoffentlich«, wisperte Nick, »und vielleicht weiß Vater auch, wo Robyn ist.«

»Oder deine Originalscheibe«, fügte Levin hinzu. »Und weshalb sie hier eine Scheibe nachgemacht haben.«

»Dafür habe ich schon eine Erklärung«, flüsterte Nick. »Sie ...« Plötzlich nahm er aus dem Augenwinkel eine Bewegung wahr. Er spähte den Flur entlang, doch in der völligen Dunkelheit konnte er nichts erkennen. Wahrscheinlich hatte er es sich nur eingebildet. Im nächsten Moment hörte er, dass sich der Zensor der Tür näherte. Unwillkürlich schoben Nick, Tullia und Levin sich weiter zurück. Der Zensor löschte das Licht im Verscheibungsraum, trat hinaus und zog die Tür hinter sich zu. Langsam schritt auch er in Richtung Treppe davon.

»Lasst uns gehen«, sagte Tullia, als der Zensor um die Ecke verschwunden war. Ohne einen Funken Licht tasteten sie sich den Flur entlang auf das Treppenhaus zu. Jetzt eine Fackel zu entzünden, war einfach zu riskant.

Am Treppenabsatz blieben sie stehen und warteten. Zwei Stockwerke tiefer konnten sie die Fackel des Zensors sehen, die sich langsam abwärtsbewegte. Willibald Regeling musste beinahe im Erdgeschoss angekommen sein. Schließlich verschwand das Licht aus ihrem Sichtfeld.

Nick warf einen Blick durch eines der großen Fenster nach draußen. Weit unter sich konnte er seinen Vater erkennen, der mit gewohnt eiligen Schritten die Burgtreppe hinabstieg. Und auf einmal sah Nick noch etwas, etwas, das ihm das Blut in den Adern gefrieren ließ: Eine dunkle Gestalt schlich seinem Vater hinterher! »Los!«, rief er. »Schnell! Vater wird von einer schwarzen Gestalt verfolgt.«

»Was?«, rief Tullia entsetzt. »Woher …?«

»Da, durch das Fenster!«, unterbrach Nick sie eilig. »Kommt! Das ist bestimmt dieselbe Gestalt, die Vater neulich vor unserem Haus aufgelauert hat.«

Sie stürmten die Treppen hinunter. Es war ihnen nun ganz gleich, ob der Zensor sie entdecken würde oder ob er schon fort war. Sie rannten zu der großen Eingangstür. Nick drückte auf die Klinke, doch die Tür gab nicht nach. Vermutlich hatte der Zensor hinter sich abgeschlossen.

Levin untersuchte das Schloss. Dann schüttelte er den Kopf. »Das ist ein Spezialschloss. Da kann ich mit meinem Werkzeug nichts tun.«

Tullia schaute ihn verzweifelt an. »Kommen wir anderswo raus? Wir müssen Vater unbedingt einholen, bevor …« Sie rang nach Worten. »Wer weiß, was diese Gestalt vorhat!«

Levin dachte nach. »Ich fürchte, nein«, sagte er. »Die Fenster im Erdgeschoss lassen sich alle nicht öffnen und der andere Ausgang hinten beim Bankettsaal ist bestimmt auch mit so einem Spezialschloss verriegelt. Wir kommen hier nur so wieder raus, wie wir reingekommen sind.«

Nick und Tullia sahen ihn entsetzt an.

Nick hatte ein furchtbar ungutes Gefühl. »Dann los«, sagte er. »Wir müssen schnell nach Hause.«

Sie entzündeten ihre Fackeln und liefen zurück ins Bibliothekszimmer, dieses Mal, ohne darauf zu achten, wie laut sie waren. Dort angekommen, öffneten sie die Bücherwand zum Geheimgang. Sie rannten los.

Bergab dauerte es kaum länger als eine Viertelstunde, bis sie wieder vor der Tür standen, die ins Haus führte.

Tullia legte einen Finger an die Lippen und leuchtete mit ihrer Fackel an der oberen Kante der Tür entlang. Das Streichholz lag noch immer genau so da, wie sie es hinterlassen hatte. Tullia stutzte kurz und drehte sich zu den beiden anderen um. »Warum hat Vater eigentlich nicht auch den Geheimgang genommen? Es ist doch eindeutig der kürzeste Weg.«

»Vielleicht hatte er unterwegs noch etwas zu erledigen«, überlegte Levin. »Außerdem musste er davon ausgehen, dass die Riegel vorgeschoben sind. Er wäre also gar nicht ins Haus gekommen.«

»Stimmt«, sagte Tullia und zog die Tür auf.

Gerade als der Spalt breit genug war, um hindurchzuschauen, trat sie vor Schreck einen Schritt zurück und dabei Nick direkt auf den Fuß.

»Au«, entfuhr es ihm. »Was …?« Doch dann sah er, was seine Schwester so erschreckt hatte. Genau vor der Gewölbetür stand Constance, die Haare zu einer Art Kaminschlot hochdrapiert und die Augen vor Angst geweitet.

»Was tutet ihr denn hier?«, fragte sie. Vor Überraschung hatte sie ihren französischen Akzent ganz vergessen.

Nick, Tullia und Levin standen stocksteif da und suchten nach irgendeiner plausiblen Erklärung.

»Nun?«, fragte Constance mit einem süßlichen Lächeln. »Ick kann auch mit Harietta oder eurem Father daruber sprecken, wenn er kommt zuruck. Das werden sie sick bestimmt interessieren.«

Oh nein, dachte Nick, er ist also noch nicht zu Hause.

Tullia machte einen Schritt auf Constance zu. »Hör mal zu, du penetrante kleine Intrigantin. Ich gebe dir hiermit den

Befehl, niemandem davon zu erzählen, dass du uns hier gesehen hast. Ist das klar?«

Constance kräuselte die Lippen, was ihr Gesicht auf einmal gar nicht mehr so hübsch aussehen ließ, wie Nick fand. Dann aber sagte sie sehr schnell: »Ja, das ist clear.«

Tullia musterte Constance mit zusammengekniffenen Augen. »Nochmal: Ich erteile dir den *ausdrücklichen* Befehl, auf *keinerlei Art und Weise irgendjemandem* mitzuteilen, dass du uns hier gesehen hast. Ist auch das klar?«

Constance schaute Tullia feindselig an. Schließlich antwortete sie sehr leise: »Ja!«

»Gut.« Tullia machte eine abweisende Handbewegung. »Geh jetzt in dein Zimmer.«

Constance trabte gesenkten Hauptes von dannen.

Als sie endlich die Treppe hinauf verschwunden war, sagte Nick: »Wir müssen sofort nach Vater suchen. Wer weiß, was die schwarze Gestalt ...« Er schluckte.

Tullia und Levin nickten. Schnell überlegte Levin, welche Strecke WM vom Zensoriat aus genommen haben könnte. Dann teilte er sie auf: »Du gehst zum Ecken-und-Kanten-Platz«, sagte er zu Tullia. »Du, Nick, nimmst den Weg, den ihr zur Bergbahn gegangen seid. Es ist einer der Hauptwege zu eurem Haus. Und ich mache mich auf zur alten Hanseatenvilla in der Nähe der Schule. Dort enden gleich drei Treppengänge, wenn man von der Burg in diese Richtung will.«

Sie verloren keine Zeit und liefen los.

Nicks Schritte hallten durch die nachtleeren Gassen. In kaum einem der Häuser brannte um diese Zeit noch Licht und nur selten begegnete ihm jemand. Dabei hoffte er so sehr, auf seinen Vater zu treffen.

Schließlich hatte er die letzte Treppe erreicht, die geradewegs vor dem Wald endete, in dem sich die Bergbahnstation befand. Und die Öffnung zum Geheimgang. Nick blieb auf der obersten Stufe stehen. Er versuchte, wieder zu Atem zu kommen. Vor ihm lag beinahe völlige Dunkelheit. Ihm wurde mulmig zumute. Etwas links von sich vernahm er ein Rascheln im trockenen Laub, doch es war zu leise, um von einem schweren Körper verursacht worden zu sein. Vermutlich Mäuse, dachte er. Was sollte er jetzt tun? Was, wenn sein Vater doch die Bergbahn genommen hatte? Es half nichts. Er musste durch den Wald bis zur Lichtung laufen, um sich Sicherheit zu verschaffen. Nick fuhr ein Schauer über den Rücken.

Allen Mut zusammennehmend, betrat er den Wald. Um ihn herum war es stockfinster. Er musste die Arme ausstrecken, um nicht gegen einen Baum zu stoßen. *Geh weiter! Immer weitergehen! Es ist gleich geschafft!*, versuchte er, die Angst fortzureden. *Du bist gleich da. Nur noch …*

»Huuuuuuuuuuuh!«, heulte es plötzlich laut vor ihm auf.

Nick stieß einen Schrei aus, machte zwei Schritte zurück und prallte mit dem Hinterkopf gegen einen Baum. Vor Schmerz sackte er in die Knie. »Huuu-huuuuuh!«, heulte es erneut. Nick rappelte sich hoch und wollte gerade die Flucht antreten, als er begriff, was diesen furchtbaren Laut verursacht

hatte. Es war ein Nachtvogel, vielleicht eine Eule, die er auf-
geschreckt hatte. Nach ein paar Sekunden hatte er sich wieder
gefangen. Und dann war es, als habe ihm der Zusammenstoß
den nötigen Mut verschafft. Eilig tastete er sich zwischen den
Bäumen hindurch und stand wenig später auf der Lichtung.

Er war allein. Schnell hatte er die Stelle gefunden, an der
die Luke zum Geheimgang in den Boden eingelassen war.
Leise zog er die Klappe hoch und horchte in die Öffnung hinein. Doch es war kein Laut zu vernehmen. Nach einer Weile
schloss er sie wieder und ging enttäuscht zurück durch den
Wald. Als er die Treppe erreicht hatte, überlegte er, welchen
Weg er nun erkunden sollte. Ziellos rannte er die Gänge, Gassen, Tunnel und Treppen hinauf und hinunter, die sich in der
Nähe befanden. Aber eigentlich war ihm klar, dass es zwecklos
war. Wenn sich sein Vater auf direktem Weg nach Hause begeben hatte, dann musste er inzwischen längst dort angekommen
sein. Hatte er wirklich noch etwas anderes vorgehabt, suchten
Tullia, Levin und Nick ohnehin nur die Stecknadel im Heu-
haufen. Und wenn die schwarze Gestalt irgendwelche üblen
Pläne mit seinem Vater hatte, dann waren sie wohl alle drei
zu spät.

Nick kam als Letzter in der Villa an. Er musste nicht einmal
fragen, ob sein Vater zu Hause war. Tullias und Levins frus-
trierte Gesichter sagten alles.

»Und jetzt?«, fragte Tullia, als sie wenige Minuten später in
Nicks Zimmer auf dem Fußboden saßen.

»Ich denke, heute Nacht können wir nichts mehr tun«, sagte Levin.

»Nur warten«, fügte Nick hinzu. »Vielleicht hatte Vater ja tatsächlich einen weiteren Termin.«

»Um diese Zeit?« Tullia schüttelte den Kopf. »Was sollte das für ein Termin sein? Ich kann es mir einfach nicht vorstellen.«

»Wir konnten uns bis vor Kurzem auch eine Menge anderer Dinge nicht vorstellen und …«

»Ja, ich weiß!« Tullia winkte ab. »Und wenn Vater zehnmal gesagt hat, dass er erst morgen zurückkehren wird: Mir kommt das alles höchst seltsam vor. Und wenn ich an diese schwarze Gestalt denke, läuft es mir kalt den Rücken herunter.«

»Ja«, pflichtete Nick ihr bei. »Mir auch.«

»Das ist wirklich alles ein bisschen viel auf einmal«, sagte Levin nachdenklich. »Erst erfahren wir, dass euer Vater und der Zensor tatsächlich etwas mit all dem zu tun haben, dann erklärt euer Vater, dass er euch einweihen will, und schließlich folgt ihm diese Gestalt. Als hätte der Zensor sie …« Levin wagte den Satz nicht zu Ende zu sprechen.

Nick sah seinen Freund mit schreckgeweiteten Augen an. »Du meinst, der Zensor hat die schwarze Gestalt auf Vater angesetzt, um zu verhindern, dass er mit uns spricht?« Nick konnte es nicht fassen. »Es muss doch irgendetwas geben, das wir tun können. Vielleicht sollten wir zur Inselwache gehen.«

»Und was willst du denen sagen?«, fragte Tullia. »Dass wir nachts ins Zensoriat eingebrochen sind und beobachtet haben, wie eine Gestalt unserem Vater gefolgt ist?«

Nick sah ein, dass dies keine sehr gute Idee war.

»Es gibt nur eine Möglichkeit«, fuhr Tullia fort und schaute Nick und Levin ernst ins Gesicht. »Wir müssen zum Zensor gehen und ihn dazu bringen, uns alles zu erzählen.«

»Und du denkst, das ist aussichtsreicher?«, fragte Nick ungläubig. »Du hast doch gehört, was er davon hält, uns einzuweihen. Bevor der uns freiwillig auch nur ein einziges Wort verrät, beißt er sich lieber die Zunge ab.«

Tullia lachte spöttisch. »Wer spricht denn hier von freiwillig? Ich glaube, wir haben einiges gegen ihn in der Hand. Und er ist sehr auf seinen guten Ruf bedacht.«

Levin starrte Tullia entgeistert an. »Du willst den Zensor Maximus erpressen?«

Auch Nick war verblüfft. Tullia zeigte in letzter Zeit immer mehr Züge, die er nicht an ihr kannte.

»Natürlich nicht sofort«, antwortete Tullia. »Ich würde es erst einmal im Guten versuchen. Aber wenn das zu nichts führt …«

Nick und Levin sahen schweigend vor sich hin und dachten über Tullias Idee nach.

»Es ist wohl unsere einzige Möglichkeit. Mir fällt jedenfalls keine bessere ein«, sagte Nick schließlich.

Levin massierte sich die Stirn. Dann schüttelte er den Kopf. »Nein, mir auch nicht.«

»Gut.« Tullia nickte zufrieden. »Also schlage ich vor, wenn Vater nicht bis morgen Vormittag zurückgekehrt ist, gehen wir ins Zensoriat.«

Nick und Levin stimmten zu und irgendwie fühlte sich Nick sogar ein wenig besser. Immerhin hatten sie jetzt einen konkreten Plan.

WM kehrte in dieser Nacht nicht nach Hause zurück. Nick und Tullia lagen noch lange wach in ihren Betten und horchten auf Schritte auf der Treppe. Schließlich fielen beide vor lauter Erschöpfung in einen tiefen Schlaf.

Nick wurde von seltsamem Gepolter geweckt, das mal sehr laut und mal nur gedämpft an sein Ohr drang. Mit Mühe öffnete er seine völlig übermüdeten Augen.

»Aufstehen, ihr Schlafmützen!«, hörte er Harietta rufen. »Das Frühstück ist fertig!«

Langsam begriff Nick, woher das Poltern kam: Harietta klopfte abwechselnd an seine und an Tullias Tür. Als er ein paar Minuten später aus seinem Zimmer trat, begegnete ihm seine Schwester, die kaum ausgeschlafener war als er. Gemeinsam gingen sie die große Treppe hinab und öffneten die Tür zum Esszimmer.

Nicks erster Blick fiel auf Constance, die aufrecht auf ihrem Stuhl saß und darauf wartete, bedient zu werden. Und sein zweiter Blick fiel ... auf seinen Vater.

Merkwürdigkeiten

WM sah von dem Buch auf, in dem er las, als sei nichts geschehen, und lächelte Nick und Tullia an. »Hallo, ihr zwei! Schön, dass ihr da seid!« Er hustete zweimal und zog ein Taschentuch aus seiner Brusttasche.

Nick konnte sich nicht erinnern, jemals so erleichtert gewesen zu sein. Er drehte sich zu Tullia um. Auch sie atmete sichtlich auf.

»Kommt mir lieber nicht zu nahe«, sagte WM heiser. »Ich habe mir auf dieser unseligen Reise eine Erkältung zugezogen. Er schüttelte den Kopf und schnäuzte sich. »Was für eine furchtbare Fahrt! Und das Wetter! Unerträglich!« Er hustete erneut. Dann berichtete er ausführlich von seiner Lesung.

So viel hatte sein Vater, soweit Nick sich erinnern konnte, seit Monaten nicht mehr gesprochen. Was auch immer er zwischen dem Verlassen des Zensoriats und diesem Morgen getan hatte, es schien von Erfolg gekrönt gewesen zu sein. WM wirkte so gelöst wie seit Langem nicht mehr.

Als sie das Frühstück beendet hatten und Harietta das Geschirr abzuräumen begann, blickte WM von einem zum anderen. »Und? Hat sich hier etwas Besonderes zugetragen?«

»Oh, oui.« Constance schluchzte laut auf. »Das 'at es!«, brachte sie mit Mühe hervor. »Robiiien iiiest niiiescht mehr da!« Dicke Tränen kullerten ihr die Wangen herab. Dennoch vergaß sie nicht ihren französischen Akzent, dachte Nick bitter.

WM schaute sie überrascht an. »Was heißt das: nicht mehr da?«

»Fort!«, heulte Constance. »Verschwunden. Weggegangt. Weg.«

WM sah verwirrt von ihr zu Nick. »Seit wann? Warum?«

Nick zögerte einen Moment. Natürlich konnte sein Vater eigentlich noch nichts von Robyns Verschwinden wissen und musste so tun, also sei es neu für ihn. Aber in der vergangenen Nacht hatte er dem Zensor doch deutlich gesagt, dass er seine Kinder in alles einweihen wollte. Hatte er sich etwa wieder anders entschieden? Nun, vermutlich hielt er es für besser, nicht in Anwesenheit von Harietta und Constance mit ihnen zu sprechen.

Nick beschloss, das Spiel mitzuspielen, und erzählte von dem Nachmittag, an dem Robyn verschwunden war.

WM schüttelte währenddessen immer vehementer den Kopf. »Das verstehe ich nicht«, sagte er, als Nick geendet hatte. »Er wirkte immer so unglaublich zuverlässig.«

»Oh, yes!« Constance konnte sich inzwischen vor lauter Weinen kaum noch halten und legte sogar ihr französisches Deutsch ab. »Exactly! He did, didn't he? Oooooh!«

WM tätschelte ihr die Hand. »Ich bin sicher«, sagte er an Nick gewandt, »es wird sich alles aufklären. Robyn kommt bestimmt bald zurück und es wird eine ganz plausible Erklärung für sein Verschwinden geben.«

Nick tat, als sei auch er überzeugt davon.

Kurz darauf schickten sich alle an, das Esszimmer zu verlassen. Doch WM hielt Nick und Tullia zurück. »Würdet ihr noch einen Moment bleiben?«, fragte er unter lautem Husten.

Nicks Herz schlug höher. Nun würde er ihnen alles erzählen.

WM ging zur Tür und kontrollierte, ob sie verschlossen war. Dann holte er die lederne Reisetasche, die er neben seinem Stuhl abgestellt hatte. Er warf Nick und Tullia ein Lächeln zu und zog zwei Pakete hervor, die er ihnen feierlich überreichte. Verwundert starrte Nick seinen Vater an.

»Was ist? Wollt ihr nicht auspacken?«

Auch Tullia war mehr als überrascht. »Was ist das?«

WM lächelte immer noch. »Das sind ein paar kleine Reisemitbringsel. Los, packt schon aus!«

Nick löste langsam den Knoten der Paketschnur. Er war vollkommen verwirrt. Sein Vater hatte ihnen noch nie Geschenke von seinen Reisen mitgebracht. Und außerdem: Wollte er ihnen nicht eigentlich etwas erzählen?

Schließlich hatte er den Knoten geöffnet und zog eine Schachtel aus dem Packpapier hervor. Tullia hielt einen kleinen Kasten in der Hand. Sie hoben die Deckel ab.

Nicks Blick fiel auf eine Spielesammlung. Genau so eine hatte er sich im vergangenen Jahr zu Weihnachten gewünscht. Und auch bekommen. Während Tullia einen Zeichenkasten gekriegt hatte, der so ähnlich aussah wie der, den sie nun in ihren Händen hielt. Nick und Tullia schauten sich verständnislos an.

»Nun, was sagt ihr?«, fragte WM heiter. »Das hattet ihr euch doch gewünscht, oder?«

Sie nickten. Das stimmte natürlich. Aber wie konnte ihr Vater vergessen haben, dass er ihnen beides bereits geschenkt hatte? Wahrscheinlich, dachte Nick betrübt, weil er die Sachen damals gar nicht selbst gekauft, sondern Harietta damit beauftragt hatte. Am liebsten wäre Nick damit laut herausgeplatzt, aber irgendetwas sagte ihm, dass es das Beste wäre, so zu tun, als sei er völlig überrascht – was er ja auch war. Also versuchte er zu lächeln und bedankte sich mit geschauspielerter Freude. Tullia tat es ihm nach, wenngleich sie Nick zunächst stirnrunzelnd ansah.

»Schön«, sagte WM gut gelaunt, »sehr schön, wenn ich euch eine kleine Freude machen konnte! So, jetzt muss ich wieder an die Arbeit.« Er legte beiden eine Hand auf die Schulter und verließ das Esszimmer.

Nick starrte schweigend auf die Spielesammlung in seiner Hand.

»Verstehst du das?«, fragte Tullia.

»Nein, beim besten Willen nicht.« Nick fuhr sich mit den Fingern durchs Haar.

Kurz darauf traf Levin ein. Auch er fand das Verhalten WMs mehr als merkwürdig.

Gerade überlegten sie, wie sie weiter vorgehen sollten, als Wilhelm Münsterbach ins Esszimmer zurückkam. »Schaut mal her!«, rief er, in der Hand einen Zettel schwenkend. »Oh, hallo, Levin. Schön, dich zu sehen!« Er warf Nick einen ernsten Blick zu. »Schau mal, was ich gefunden habe, als ich anfing, den Papierstapel auf meinem Schreibtisch durchzuarbeiten!«

Nick rutschte das Herz in die Hose. Sein Vater musste bemerkt haben, dass sie sein Arbeitszimmer durchforstet hatten. Nun würde es Ärger geben, großen Ärger.

Sein Vater hustete und räusperte sich einige Male. »Stell dir vor, was ich dabei entdeckt habe!« Er machte einen Schritt auf Nick zu und fixierte ihn. »Diesen Brief hier, mitten zwischen meinen Unterlagen. Ich muss ihn in der Eile vor meiner Abreise nach …« Er stockte mitten im Satz und begann, sich mit zwei Fingern die Stirn zu massieren. »… nach … nach … Oje, mein Kopf! Diese furchtbare Erkältung! Mir fallen die einfachsten Dinge nicht mehr ein. Helft mir bitte einmal! Wie hieß noch der Ort, an den ich gereist bin?« Hilfe suchend blickte er in die Runde.

Nick starrte seinen Vater fassungslos an. »Aber das hast du uns ja nie gesagt!«

»Habe ich nicht?«

»Nein, hast du nicht!« Tullia war ähnlich irritiert wie Nick, dass ihr Vater sogar die unerfreuliche Unterhaltung vor dem Zensoriat vergessen hatte, als sie genau diese Information aus ihm herausbekommen wollten.

»Nun«, lachte WM kurz auf. Dann machte er eine abwinkende Handbewegung. »Es wird mir schon wieder einfallen. Jedenfalls habe ich diesen Brief vor meiner Abreise wohl übersehen.« Er reichte Nick ein zusammengefaltetes Blatt Papier. »Er ist von Robyn und erklärt sein Verschwinden. Du kannst ganz beruhigt sein, Nick. Robyn wird schon bald zurück sein.«

Nick, Tullia und Levin sahen sich stirnrunzelnd an.

»Lest den Brief!«, rief WM fröhlich. »Ich muss jetzt wieder an die Arbeit.«

Nachdem er den Raum verlassen hatte, faltete Nick den Brief auseinander. Rasch überflog er die Zeilen und schüttelte den Kopf. Das konnte doch alles nicht wahr sein! Dann las er ihn den anderen laut vor:

Lieber Nick, liebe Familie Münsterbach,
bitte seid und seien Sie mir nicht böse, dass ich zu feige bin,
mich persönlich zu verabschieden und mich zu erklären, son-
dern dies in Form eines Briefes tue. Aber ich nahm an, dass
man mich andernfalls nicht hätte ziehen lassen.

In den vergangenen Tagen habe ich eine stetig wachsende Einengung verspürt und gemerkt, dass ich zur Rettung meines Seelenheils und meiner Kreativität ein wenig Abstand benötige. Daher begebe ich mich nun für ein bis zwei Wochen auf Wanderschaft, in der Hoffnung, dass die Weite der Welt in mir eine Weite des Geistes hervorrufen wird. Ich hoffe, ihr könnt mir verzeihen und vielleicht sogar ein wenig Verständnis darbringen, wenn ich wieder zurück bin. Mit den besten Grüßen

Euer treuer Robyn

Nick legte den Brief zurück auf den Tisch und sah Tullia und Levin an.

Tullia runzelte nachdenklich die Stirn. »Der Brief kann nicht auf Vaters Schreibtisch gelegen haben, wir haben alles durchsucht.«

»Das heißt also …«, begann Nick.

»Ja«, unterbrach Tullia ihn. »Das heißt, er muss gelogen haben.«

»Und der Brief?«, fragte Levin. »Ist der auch eine Lüge?«

Nick dachte nach. Dann kam ihm ein Gedanke. »Ich bin gleich wieder da.« Er sprang auf und lief in sein Zimmer. Als er kurz darauf wieder hereinkam, hatte er Robyns Kochbücher in der Hand. »Robyn hat beinahe alle Rezepte mit Notizen versehen«, erklärte er. Ein Rezept für etwas, das sich Windbeutel nannte, war mit besonders vielen Randbemerkungen versehen. Nick legte den Brief daneben und verglich die Schriften miteinander.

»Kein Zweifel«, sagte Tullia, die ihm über die Schulter blickte. »Es ist die gleiche Schrift.«

»Dann ist der Brief also wirklich von Robyn«, sagte Levin.

»Ich glaube das nicht«, murmelte Nick.

Levin sah ihn überrascht an. »Wie meinst du das?«

Nick las den Brief noch einmal, um sich ganz sicher zu sein. Dann schüttelte er erneut den Kopf. »Es klingt nicht nach Robyn. So etwas wie ›die Weite der Welt‹, die eine ›Weite des Geistes hervorrufen‹ soll: So hochgestochen redet Robyn nicht. Und dass er sich als feige bezeichnet, passt auch nicht zu ihm. Das sind beides Charakterzüge, die ich ihm nicht gegeben habe, das weiß ich genau.«

»Du hast recht«, stimmte Tullia ihm zu. »Das passt wirklich nicht zu Robyn.« Sie stand auf und begann, im Zimmer auf und ab zu gehen.

»Außerdem«, fügte Nick hinzu, »können die Figuren Montamar doch gar nicht ohne Weiteres verlassen.« Er hatte das Gefühl, als verschwimme alles in seinem Kopf. Es war wunderbar, dass ihr Vater wieder da war, aber statt der erhofften Erklärungen hatte er nur noch weitere Rätsel aufgeworfen.

Schließlich blieb Tullia stehen und drehte sich entschlossen zu Levin und Nick um. »Meiner Ansicht nach gibt es nur eines, das wir jetzt tun können.«

Ein Raum voller Geschichten

»… und dann übergibt er uns auch noch einen Brief von Robyn, den er angeblich auf seinem Schreibtisch gefunden hat. Dabei wissen wir, dass das gelogen sein muss. Dieser Brief war noch nicht da, als wir den Schreibtisch durchsucht haben. Außerdem kann er auf keinen Fall von Robyn verfasst worden sein. Er muss von irgendjemandem – womöglich sogar von Vater selbst – geschrieben worden sein, um uns zu überzeugen, dass es Robyn gut geht und wir uns keine weiteren Gedanken machen.«

Willibald Regeling war während Tullias Vortrag immer blasser geworden und begann nun, langsam im Raum auf und ab zu gehen.

»Wir sind also, wie ich bereits anfangs sagte, hier«, erhob Tullia noch einmal die Stimme, »weil wir endlich erfahren möchten, was los ist. Und wir verlangen, dass Sie uns die Wahrheit sagen.«

Nick warf seiner Schwester einen erstaunten Blick zu. So viel Mut und Unnachgiebigkeit kannte er von ihr gar nicht.

Willibald Regeling schaute Tullia aus müden Augen an, dann wandte er sich von ihnen ab, ging zu einem der vielen Fenster und blickte auf Montamar hinunter. Schließlich drehte er sich erneut zu ihnen um. »Geht jetzt nach Hause. Ich habe noch eine dringliche Zensorenbesprechung, aber ich werde in ungefähr zwei Stunden nachkommen und mir selbst einen Eindruck vom Zustand eures Vaters verschaffen. Wir treffen uns anschließend unten am Hafen im Alten Seemann. Dort werde ich euch und Levin erzählen, was ich weiß und was ich vermute. Geht direkt zum Wirt und fragt ihn, ob eine Postsendung aus Madagaskar für euch abgegeben wurde. Habt ihr das verstanden?«

Nick blieb vor Überraschung der Mund offen stehen. Er warf Tullia einen fragenden Blick zu. Sie nickte und Nick tat es ihr gleich.

Ohne ein weiteres Wort verließen sie das Arbeitszimmer des Zensor Maximus und kehrten zurück in die Hermiagasse, wo Levin auf sie wartete.

Es war bereits später Nachmittag, als es an der Haustür läutete. Nick, Tullia und Levin saßen in Nicks Zimmer und lauschten wie gebannt. Wenig später hörten sie WM rufen: »Wie schön, dich zu sehen! Komm herein!«

Nick wollte schon in den Flur schleichen und an der Tür horchen, verwarf den Gedanken aber sofort wieder. Die Gefahr, entdeckt zu werden, war viel zu groß. Gebannt warteten die drei stattdessen, bis sich die Tür endlich wieder öffnete und der Zensor das Haus verließ.

»Was ist eigentlich«, fragte Levin auf einmal, »wenn der Zensor nur Zeit gewinnen wollte, um zu planen, wie er uns am besten loswerden kann? Und wenn er diese Gelegenheit genutzt hat, um sich mit eurem Vater abzusprechen?«

Tullia schüttelte den Kopf. »Der Gedanke ist Nick und mir vorhin auch schon gekommen. Aber wir hatten beide den Eindruck, dass der Zensor aufrichtig verstört darüber war, was wir ihm über Vaters seltsames Verhalten erzählt haben.«

Levin runzelte die Stirn. »Aber was tun wir, wenn dieses Treffen nachher doch eine Falle ist? Der Treffpunkt ist jedenfalls eine ziemlich ungewöhnliche Wahl. Der Alte Seemann ist eine ganz düstere Spelunke, in der sich nicht gerade die Leute aufhalten, mit denen der Zensor normalerweise zu tun hat. Außerdem finde ich es seltsam, dass ich auch mit dabei sein soll.«

Nick musste zugeben, dass Levins Sorge nicht unbegründet war. Falls Willibald Regeling für all die merkwürdigen Ereignisse der letzten Wochen verantwortlich war, dann hatte er bestimmt nicht vor, drei Jugendliche in seine Machenschaften einzuweihen.

Auch Tullia hatte offenbar noch eine Weile über Levins Worte nachgedacht. »Ich bleibe trotzdem dabei«, sagte sie schließlich. »Auf mich wirkte der Zensor glaubwürdig. Er hat an keiner Stelle versucht, sich herauszureden oder uns mit Entschuldigungen abzuspeisen. Stattdessen hat er sich alles ruhig und ernst angehört, sogar als wir erzählten, dass wir von dem Geheimgang wissen und davon, dass der Einbrecher auf diesem Weg entkommen sein muss, dass also Vater und er gelogen haben. Selbst als wir von der dunklen Gestalt sprachen, die unser Haus beobachtet hat, und von dem Zettel auf Vaters Schreibtisch, der beweist, dass er etwas über Robyns Verschwinden weiß, hat er nicht nach Ausflüchten gesucht. Aber als wir ihm erzählten, dass Vater erst heute Morgen nach Hause zurückgekehrt ist und sich dann so ungeheuer seltsam benommen hat, da wurde er plötzlich ganz weiß im Gesicht. Das hat ihn vollkommen überrascht. Davon einmal abgesehen«, beendete Tullia ihren Monolog, »ist dieses Treffen ohnehin die einzige Chance, die wir haben. Ich denke, wir müssen es riskieren.«

Auf ihrem Weg hinunter zum Hafen kamen ihnen immer dichter werdende Nebelschwaden entgegen. Als sie die engen Gassen des Hafenviertels erreichten, war der Nebel dort so dicht, dass sie kaum mehr die eigene Hand vor Augen sehen konnten. Levin, der als Einziger wusste, wo sich der Alte Seemann befand, tastete sich an den nassen, moosigen Hauswänden entlang vorwärts. Feuchte Kälte kroch Nick unter die Jacke. Aber dies war wahrhaftig nicht das Einzige, das ihn frösteln ließ. Bei Tage wimmelte es in diesen Gassen so sehr von Menschen und Figuren, dass man bisweilen kaum von der Stelle kam. Doch jetzt schien keine Menschenseele unterwegs zu sein. Es war geradezu gespenstisch still. Das einzige Geräusch war das des Nebelhorns, das die unglückseligen Schiffe, die sich in der Nähe Montamars auf See befanden, vor den schroffen Klippen und Felsen der Insel warnte. Nick kam es vor, als sei dieses dumpfe Dröhnen des Horns auch eine Warnung an sie: »Zurüück! Zu-rüück! Zu-rüück!«

Plötzlich hatte er das Gefühl, in eine Falle zu laufen. Wenn der Zensor vorhaben sollte, sie aus dem Weg zu räumen, dann fand er hier geradezu Idealbedingungen vor. In der Dunkelheit und dem undurchdringlichen Nebel konnte ihnen überall jemand auflauern. In der Ferne ertönte etwas, das wie leises Gelächter klang. Jetzt wurde es auch noch lauter. Kurz darauf gesellte sich ein seltsames Murmeln hinzu. Wie gespenstisch!, dachte Nick.

»Das kommt vom Alten Seemann«, sagte Levin.

Nick atmete auf. Dann konnte es nicht mehr weit sein. Bald hatten sie es geschafft.

Doch da sah Nick ein waberndes mattes Licht durch den Nebel dringen. Unwillkürlich machte er einen Schritt zurück. Als er genauer hinschaute, erkannte er, dass es von zwei Gaslaternen herrührte, die über der Tür eines Hauses angebracht waren. Direkt zwischen den Laternen befand sich eine alte Holztafel, die schief in den Angeln hing und deren Aufschrift durch das raue Wetter an der Küste über die Jahre verblichen war. »Zum alten Seemann« konnte Nick gerade eben entziffern.

Dann fuhr er vor Schreck zusammen! Ein Mann, wie man ihm lieber nicht im Dunkeln begegnen wollte, war unter das Schild getreten. Eine lange Narbe zog sich quer über seine Wange und eine Augenklappe verdeckte sein linkes Auge. Trotz der Kälte trug er nur eine knielange Pluderhose und ein ärmelloses weißes Hemd. Jedes Stückchen Haut, das zu sehen war, war von Tätowierungen bedeckt.

Nick schluckte, folgte dann aber Levin, der mit einem kurzen Gruß an dem Mann vorbei auf die Eingangstür zusteuerte.

»Halt, halt, halt!« Der Mann packte Levin an der Schulter und hielt ihn zurück. »Hier seid ihr falsch. Der Kindergarten ist zwei Straßen weiter.«

Levin versuchte, die Hand von seiner Schulter zu schütteln, jedoch erfolglos. Nick staunte. Der Mann musste gewaltige Kräfte haben, wenn er Levin so mühelos festhalten konnte.

»Wir müssen etwas abholen«, sagte Tullia. »Also lassen Sie bitte unseren Freund los und uns hinein.«

»Oho, ein Wortspiel!« Der Mann grinste breit und entblößte dabei einen Mund, in dem sich nur noch drei oder vier Zähne befanden. »Hübsch! Das bringt euch aber auch nicht hier rein.« Er kratzte sich mit der freien Hand am Kopf, als habe er etwas vergessen. »Was wollt ihr denn abholen, hä? Euren betrunkenen Vater oder was?«

»Nein.« Nick versuchte, genauso sicher aufzutreten wie Tullia. »Ein Paket.«

»Ein Paket?« Der Mann fing schallend an zu lachen. »Sieht das hier vielleicht aus wie ein Postamt?«

»Nein, natürlich nicht.« Nick stöhnte innerlich. »Aber wir sollen hier ein Paket aus Madagaskar abholen.«

»Ja, woher denn jetzt? Von hier oder aus Madagaskar?« Der Mann hatte Tränen in den Augen vor Lachen.

Tullia baute sich mit verschränkten Armen vor ihm auf. »Hören Sie: Ich weiß nicht, wie weit Sie mit den Frachtkonventionen und Transfermodalitäten vertraut sind, aber Lieferungen aus Übersee werden per se nicht an Postämter, sondern immer nur an Intermissionare übersandt. Und der Intermissionar für unser Paket aus Madagaskar ist der Wirt des Alten Seemanns. Und der wird nicht begeistert sein zu erfahren, dass Sie uns nicht vorgelassen haben.«

Der Mann sah sie erstaunt an – Nick war sich sicher, dass er höchstens die Hälfte verstanden hatte. Aber offensichtlich zeigte Tullias Drohung ihre Wirkung. Auf einmal begann der Mann künstlich zu gähnen. »Ist ja schon gut. Ihr fangt sowieso an, mich zu langweilen.« Damit ließ er Levin endlich los und öffnete die Tür.

Levin ging in den dunklen Windfang, der durch einen schweren Vorhang von der Gastwirtschaft abgetrennt war, und rieb sich die Schulter.

Nick sah sich zu Tullia um. »Intermissionare?«, flüsterte er grinsend. »Ich wusste gar nicht, dass es so etwas gibt!«

Tullia grinste zurück. »Mir ist nichts Besseres eingefallen.«

Sie traten durch den Vorhang.

Augenblicklich verstummten in der Wirtschaft alle Gespräche. Mindestens vierzig Augenpaare schienen auf die drei Neuankömmlinge gerichtet zu sein. Der Pfeifenqualm war ungefähr so dicht wie der Nebel draußen und Nick, Levin und Tullia mussten furchtbar husten. Aus irgendeinem Grund fanden die Seeleute und Hafenarbeiter, die wohl den größten Teil der Gäste ausmachten, dies ungeheuer lustig und brachen in schallendes Gelächter aus. »Hey, Fiete«, lallte einer, »gib den Kleinen da erst mal 'nen strammen Whisky!«

Das Gelächter wurde noch lauter. Ein Matrose konnte sich kaum noch halten und schlug immer wieder mit der Stirn auf die klebrige Tischplatte, bis sein Kopf schließlich darauf liegen blieb und er lautstark zu schnarchen begann.

Nick, Levin und Tullia versuchten, sich nicht anmerken zu lassen, wie unwohl sie sich fühlten, und traten an den Tresen heran.

Dahinter stand reglos wie eine Statue der Wirt und musterte sie feindselig. Sein Gesicht war von Narben übersät, seine langen schwarzen Haare hatte er zu einem Pferdeschwanz zusammengebunden. Auf den ersten Blick wirkte er schmächtig, aber Nick konnte deutlich die kräftigen Oberarme erkennen, die seine Ärmel beinahe zum Bersten aufblähten. In seinem Mundwinkel klemmte ein Holzspan.

»Ich bediene keine Kinder!«, sagte er und schob den Span mit der Zunge in den anderen Mundwinkel.

Nick fasste sich ein Herz. »Wir wollen auch nur fragen, ob hier ein Paket aus Madagaskar für uns abgegeben wurde.«

Für den Bruchteil einer Sekunde schoss die linke Augenbraue des Wirts in die Höhe. Mit finsterem Blick schaute er Nick an. Dann nickte er. »Wird auch Zeit, dass ihr's abholt. Kommt mit nach hinten. Und danach verschwindet ihr sofort durch die Hintertür. Ihr vergrault mir ja die Gäste.«

Er ergriff eine brennende Kerze, öffnete eine enge Holztür hinter dem Tresen und bedeutete ihnen mit einer Kopfbewegung, ihm zu folgen.

Sie gelangten in einen langen, schmalen Gang, der mit Kisten und Fässern so vollgestellt war, dass sie sich nur, einer nach dem anderen, hindurchzwängen konnten.

»Das da ist die Hintertür.« Der Wirt zeigte auf etwas, das eher wie ein notdürftig zusammengenagelter Bretterverschlag aussah. Dann wandte er sich nach rechts und stieg eine knarrende Treppe hinauf.

Sie erklommen eine weitere, noch engere Treppe, bis sie oben vor einer schweren Holztür zum Stehen kamen. Der Wirt zog einen Schlüsselbund aus der Hosentasche, wählte einen der größten Schlüssel und öffnete die Tür. Dann gab er ihnen ein Zeichen zu warten, trat in den Raum und zündete die Öllampen und Wandfackeln an.

Nick atmete erleichtert auf. Er hatte befürchtet, der Wirt würde sie hineingehen lassen und dann die Tür hinter ihnen abschließen.

Als der fensterlose Raum nach und nach immer heller erleuchtet wurde, blieb Nick vor Verwunderung der Mund offen stehen. So ein Zimmer hatte er noch nie gesehen. Jeder einzelne Quadratzentimeter war bedeckt von den kuriosesten Dingen, die man sich vorstellen konnte. Wahrscheinlich waren sie von Seeleuten und Schmugglern aus aller Welt hierher gebracht worden. Alte Seekarten, ein Anker, Haifischzähne, Enterhaken, eine indianische Maske, Bullaugen, große grüne Flaschen, Messingbeschläge und vieles mehr waren an den Wänden befestigt oder lagen in dem Fischernetz, das unter der Decke aufgespannt war. Ja, sogar eine Galionsfigur stand in einer Ecke. Nick starrte auf einen großen ausgestopften Fisch, der über einem massiven alten Holztisch in der Mitte des Raums hing. Um den Tisch herum drängten sich sechs Stühle, von denen nicht einer zum anderen passte. Dahinter an der Wand befand sich eine Vitrine aus sehr dunklem Holz, die mit feinen Schnitzereien versehen war.

Der Wirt hatte die letzte Lampe entzündet und wandte sich zu ihnen um. »Keine Fragen, klar? Und wenn ihr noch einmal ein Paket abholen wollt, dann läutet ihr an der Hintertür. Ich hab schon genug Ärger mit der Inselwache.« Ohne ein weiteres Wort ging er hinaus und ließ die drei mit seiner Kuriositätensammlung allein.

Staunend betrachteten sie die seltsamen Dinge. Nick wusste gar nicht, wo er anfangen sollte. Ein Raum voller Geschichten, dachte er. Sicher war jeder einzelne Gegenstand mit einem besonderen Ereignis verbunden. Nick überlegte gerade, welche Geschichte wohl hinter dem bunt bemalten Bogen mit den Pfeilen stecken mochte, als Levin sagte: »Das ist ja Wahnsinn, was es hier alles gibt! Das hätte ich im Alten Seemann niemals vermutet.«

»Aber wir sollten uns davon nicht ablenken lassen, sondern einen klaren Kopf bewahren«, mahnte Tullia. »Warum ist der Zensor noch nicht da? Er hat doch lange vor uns das Haus verlassen.«

»Stimmt«, sagte Nick. »Das ist komisch.«

»Vielleicht hatte er noch etwas anderes zu erledigen«, überlegte Levin. »Außerdem hat er gesagt, dass wir uns eine halbe Stunde später hier treffen wollen. Und die halbe Stunde ist jetzt erst um.«

Er hatte den Satz kaum ausgesprochen, da stürmte eine große Gestalt in einem weiten dunkelgrauen Umhang herein. Ihr Gesicht war unter der tief hängenden Kapuze nicht zu erkennen. Nick, Tullia und Levin machten unwillkürlich ein paar Schritte zurück und starrten den Eindringling mit weit aufgerissenen Augen an. Langsam zog die Gestalt die Kapuze vom Kopf.

Die elf Wächter

Der Zensor hatte sie gebeten, sich zu setzen, und kurz darauf brachte der Wirt Gläser, eine Karaffe mit Limonade und eine staubige Flasche Wein.

»Ihr wundert euch vermutlich über die Wahl unseres Treffpunkts«, begann Willibald Regeling, »aber dies ist der sicherste Ort, den ich kenne, wenn man sich ungestört unterhalten will. Und ich habe soeben noch eine Viertelstunde damit zugebracht, beide Eingänge genau zu beobachten. Bis auf drei Kinder, die versuchten, an dem Türsteher vorbeizukommen, ist mir jedoch nichts Außergewöhnliches aufgefallen.« Er lächelte.

Nick atmete auf. Dies beantwortete ziemlich glaubhaft die Fragen, die sie sich vor wenigen Minuten noch gestellt hatten.

»Ich werde gleich zur Sache kommen«, fuhr der Zensor fort. »Wir haben leider nicht viel Zeit für Höflichkeiten. Ich nehme an, das ist euch recht?«

Nick, Tullia und Levin nickten. Jetzt – endlich – würden sie erfahren, was hinter all den seltsamen Vorkommnissen der letzten Woche steckte, und hoffentlich auch, wo Robyn war.

»Also, wie ihr wisst, war ich vorhin bei eurem Vater.« Der Zensor bot ihnen an, sich etwas zu trinken zu nehmen, und goss sich selbst ein Glas Wein ein. Nick fiel auf, wie müde er aussah, gar nicht mehr so kraftvoll, wie er ihn kennengelernt hatte, sondern so, als habe ihm etwas alle Energie geraubt. Der Zensor trank einen großen Schluck. Dann begann er zu erzählen.

»Ich habe mich vorhin lange mit eurem Vater unterhalten, und ich weiß jetzt, was mit ihm los ist. Doch ich möchte euch alles der Reihe nach berichten, damit ihr es richtig einordnen könnt.« Ernst blickte er von einem zum anderen. »Wenn ihr nicht indirekt damit gedroht hättet, mit euren Anschuldigungen an die Öffentlichkeit zu gehen, und wenn ich nun nicht eure Mithilfe bräuchte, fände dieses Gespräch nicht statt. Diese ganze Angelegenheit bringt jeden, der eingeweiht ist, in äußerste Gefahr.« Er nahm wieder einen Schluck Wein, und ein kurzes Lächeln huschte über sein Gesicht, als er hinzufügte: »Ich kann verstehen, weshalb ihr mich verdächtigt habt, in dunkle Machenschaften verstrickt zu sein. Euer Vater und ich haben uns in vielen Situationen ein wenig unklug verhalten. Und ich gebe offen zu: Ich habe euren Scharfsinn unterschätzt.«

Nick schoss der Gedanke durch den Kopf, dass alles, was der Zensor hier sagte, durchaus Teil einer Strategie sein mochte, Teil einer Falle, wie Levin es formuliert hatte. Doch wie bereits am Nachmittag erschien ihm der Zensor auch jetzt vollkommen glaubwürdig. Dennoch nahm er sich vor, den Bericht, den sie gleich hören würden, sehr kritisch zu verfolgen und darauf zu achten, ob sich der Zensor irgendwo widersprach.

»Habt ihr jemals vom *Buch der elf Wächter* gehört?«, fragte der Zensor.

Nick und Tullia schüttelten den Kopf, doch Levin sagte: »Es ist das Ur-Buch Montamars, das Buch, durch das die Figurisierungen erst möglich werden.«

»Ganz richtig.« Willibald Regeling nickte. »Was weißt du noch darüber?«

Levin runzelte die Stirn. »Nichts«, sagte er schließlich.

Der Zensor lächelte. »Genauso geht es den allermeisten Menschen hier auf Montamar. Und genauso soll es auch sein. Das *Buch der elf Wächter* ist in vielen historischen Montamarer Urkunden und Gesetzen erwähnt, daher haben die meisten Einwohner auch schon einmal davon gehört und wissen ungefähr, was es ist. Mehr jedoch«, er beugte sich über den Tisch zu ihnen vor, »mehr jedoch sollen sie gar nicht wissen. Der Inhalt dieses Buches ist streng geheim und nur eine einzige Person hat Zugang zu dem Buch. Nur eine einzige Person. Nur der Zensor Maximus von Montamar. Nicht einmal der oberste Zensor von Alcatar kann das Buch ohne Genehmigung einsehen«, erklärte er. Dann blickte er versonnen auf eine Stelle des Holztisches und seufzte. »Es ist allerdings im Laufe der Jahrhunderte nicht zu vermeiden gewesen, dass es immer auch Außenstehende gab und gibt, die mehr über das Buch wissen, als sie eigentlich dürften.« Sein stechender Blick wanderte zwischen Nick, Tullia und Levin hin und her. »Was ich euch gleich über das Buch sagen werde, ist geheimstes Geheimwissen. Und ich werde euch nur so viel sagen, wie ihr wissen müsst, um zu begreifen, in welcher Gefahr wir uns befinden. Und damit meine ich nicht nur Montamar. Weit, weit mehr als Montamar ist in Gefahr.« Wieder sah er von einem zum anderen. »Bereits dieses Wissen übersteigt bei Weitem das, was ihr eigentlich erfahren dürftet. Und ich verpflichte euch hiermit zur absoluten, uneingeschränkten Verschwiegenheit. Haben wir uns verstanden?«

Nick, Tullia und Levin nickten.

»Gut.« Er holte tief Luft und wandte seinen Blick zur Zimmerdecke mit ihren absonderlichen Gegenständen. Plötzlich stand er auf, ging lautlos zur Tür und öffnete sie mit einem schnellen Ruck. Dahinter war niemand zu sehen. Trotzdem blieb er noch einige Sekunden lang reglos stehen und horchte. Dann schloss er die Tür und setzte sich wieder an den Tisch.

»Es gibt nur ein einziges Exemplar des *Buches der elf Wächter*«, begann er mit sehr leiser Stimme. »Es wurde im zwölften Jahrhundert in einem Mönchskloster handschriftlich verfasst und anschließend sofort auf die Burg von Montamar gebracht, die eigens zu dessen Aufbewahrung und Nutzung errichtet worden war. Auch die danach folgende Besiedelung Montamars ist allein auf die Existenz des *Buches der elf Wächter* zurückzuführen. Es ist im Volksglauben weit verbreitet, dass nur hier und auf Alcatar Figurisierungen stattfinden können, weil es nur an diesen beiden Orten eine Art Magie gibt, die dies ermöglicht.«

Levin nickte. Offenbar war auch er stets in diesem Glauben gelassen worden.

»Aber das ist Unfug«, fuhr der Zensor fort. »Figurisierungen könnten an jedem beliebigen Ort vorgenommen werden. Dazu ist allein das geheime Wissen, das im *Buch der elf Wächter* festgehalten ist, nötig. Mit diesem Wissen lässt sich zum Beispiel die Apparatur errichten, die ›Figurisierer‹ genannt wird und die Figuren mit allen nur denkbaren Eigenschaften und Fähigkeiten figurisieren kann. Und wenn ich sage ›alle denkbaren Eigenschaften und Fähigkeiten‹, dann meine ich das wörtlich. Die Beschränkungen, denen Autoren hier unterliegen, sind künstlich. Das Zensoriat als oberster Hüter hat diese vorgenommen, um die öffentliche und moralische Sicherheit der Menschen zu gewährleisten.« Wieder beugte sich Willibald Regeling zu seinen Zuhörern. »Habt ihr eine Vorstellung, was passieren könnte, wenn das Buch in die falschen Hände geriete?«

Nick überlegte kurz. »Es könnten sehr gefährliche Figuren figurisiert werden.«

»Verbrecher zum Beispiel«, sagte Levin.

Tullia legte die Stirn in Falten. »Oder Figuren mit Eigenschaften, die ihrem Autor immense Vorteile verschaffen wür den. Figuren, die hellsehen können oder unermesslichen Reichtum besitzen.«

»Ganz genau«, pflichtete der Zensor ihr bei. »Diese Möglichkeiten versucht das Zensoriat mit seinen Richtlinien, die immer wieder auf den neuesten Stand gebracht werden müssen, auszuschließen. Deshalb sind in den Verscheibungsapparaten sowie in den Figurisierern Sperren eingebaut, die sofort Alarm schlagen, sobald bei einer Figur Gefahr im Verzug ist.« Er nippte kurz an seinem Weinglas und fuhr dann fort: »Es gibt, wie ihr euch vorstellen könnt, eine Menge Personen, die nur zu gerne in den Besitz des *Buches der elf Wächter* gelangen würden. Und dies ist natürlich seit jeher so. Dass es bis zum heutigen Tage immer in Sicherheit gewesen ist, ist nur einem einzigen Umstand zu verdanken: Das Buch ist besser geschützt als jeder andere Gegenstand auf der Welt. Es hat, wie der Titel schon sagt, elf Wächter, die es seit Anbeginn beschützen und an denen für Unbefugte kein Vorbeikommen ist.«

Nick war sich nicht sicher, ob er gerade richtig gehört hatte. »Seit Anbeginn?«

Der Zensor lächelte. »Ja, seit Anbeginn. Seit dem Jahre 1152, genau genommen.«

Nick begriff immer noch nicht. »Aber wie …?«

Da schlug sich Tullia mit der Hand vor die Stirn. »Die Wächter sind Figuren, richtig?«

»Ja, das sind sie. Und zwar ganz außerordentliche. Es ist Gesetz, dass die Figuren auf Montamar keine übermenschlichen geistigen oder körperlichen Fähigkeiten besitzen dürfen. Die elf Wächter sind die einzige Ausnahme, denn nur so sind sie in der Lage, das Buch zu beschützen. Gewissermaßen«, der Zensor sprach jetzt so leise, dass er kaum zu verstehen war, »sind acht dieser Wächter die Türen, die man durchschreiten muss, um zu dem Buch zu gelangen.«

Nick starrte den Zensor fassungslos an. Die Wächter waren Türen? Aber Türen ließen sich öffnen und sei es mit Gewalt.

Als der Zensor das Unverständnis in den Augen seiner Zuhörer sah, fügte er hinzu: »Selbstverständlich handelt es sich hierbei nicht um gewöhnliche Türen. Ganz im Gegenteil. Aus diesem Grund ist auch bereits die erste Tür den Blicken der Öffentlichkeit entzogen. Man muss zunächst eine kleine Treppe in den Turm hinabsteigen und sich ein paar Schritte nach rechts in einen schmalen Gang begeben, an dessen Ende sich diese erste Tür befindet.

Das *Buch der elf Wächter* wird im obersten Raum des Burgturmes unter Verschluss gehalten. Diesen kann man jedoch nur erreichen, indem man sich den Fragen der acht Wächter stellt. Somit wird geprüft, wer ich bin und ob ich wahrhaftig bin. Die Wächter haben die Fähigkeit, anhand meiner Antworten und meiner geistigen und seelischen Verfassung, genau zu erkennen, ob ich wirklich der Zensor Maximus bin, ob mein Grund, das Buch einsehen zu wollen, statthaft ist, und ob es der einzige Grund meines Kommens ist. Zudem untersucht jeder dieser Türwächter, ob meine allgemeine Gesinnung gut ist. Jeder stellt mir nur eine einzige Frage. Wenn er mit meiner Antwort zufrieden ist, öffnet sich die Tür. Dahinter befindet sich eine Wendeltreppe. Nach ein paar Stufen erwartet mich der nächste Türwächter, der mir ebenfalls eine Frage stellt.«

Nick, Tullia und Levin hörten gebannt zu. Vor allem Levin sog jedes Wort in sich auf wie ein Verdurstender das Wasser. Für ihn war es sicherlich noch etwas anderes, all diese Dinge zu erfahren. Schließlich hatte er sein ganzes Leben auf Montamar verbracht.

»Der achte Türwächter öffnet den Weg in das Burgzimmer«, berichtete Willibald Regeling weiter, »in dem das Buch verwahrt wird, bewacht von drei Wächtern in menschlicher Gestalt. Diese drei Wächter besitzen noch größere Fähigkeiten und Kräfte als die acht Türwächter. Sie lassen das Buch nie aus den Augen, und im Falle einer Notsituation, etwa wenn es zu einem Brand käme und das Buch an einen anderen Ort verbracht werden müsste, würden diese drei Wächter es auf Schritt und Tritt begleiten. Auch sie stellen mir Fragen, bevor ich ein einziges Wort in dem Buch lesen darf. Und auch sie lassen mich nur vor, wenn sie von der Redlichkeit und Reinheit meiner Absichten absolut überzeugt sind. Jeder dieser Wächter hat im kleinen Finger mehr Kraft als alle Bürger Montamars zusammen. Jegliche Gewalt wäre also vollkommen zwecklos.

Die Fragen, die die Wächter mir stellen, sind übrigens jedes Mal andere, damit sich nicht etwa jemand mit unlauteren Absichten auf diese Fragen einstellen und die Antworten so lange üben kann, bis sie wahrhaftig klingen. Ihr seht«, sagte der Zensor und musterte sie einen nach dem anderen, »es ist vollkommen unmöglich, sich diesem Buch auch nur zu nähern, wenn man nicht der Zensor Maximus ist. Und selbst dann kann einem der Zugang verwehrt werden.« Er ließ seinen Blick von Nick zu einem Punkt an der Wand hinter ihm wandern. Eine Weile sagte er nichts, dann atmete er tief ein und aus. »Jedenfalls war dies bis vor etwa einem Vierteljahr so.« Wieder machte er eine Pause und nippte geistesabwesend an seinem Glas.

Nick fuhr plötzlich ein Schreck durch die Glieder. Denn vor einem Vierteljahr war sein Vater zuletzt nach Montamar gereist. War das Zufall oder hatte er etwa versucht ...? Aber das konnte nicht sein. Wie sollte er an das Buch herangekommen sein? Andererseits ...

»Es war ein grauer, sehr nebliger Morgen im Spätherbst«, hob der Zensor mit leiser Stimme an. Den Blick hielt er nach wie vor auf die Wand hinter Nick gerichtet. »Ich wollte an diesem Tag das Buch einsehen, weil ich in einer Figurisierungsfrage nicht weiterkam. Ich überquerte den Burghof, stieg die Stufen hinab, die zum Eingang des Turms führen, und trat auf den ersten Türwächter zu. Ich klopfte an und sprach die Formel, mit der der Zensor Maximus Einlass erbittet. Langsam zeichnete sich in der Tür das Gesicht des Wächters ab und er stellte mir seine Frage. Ich antwortete und erwartete, dass sich die Tür daraufhin sogleich öffnete. Doch sie blieb verschlossen.« Der Zensor schüttelte den Kopf. Schweißperlen hatten sich auf seiner Stirn gebildet, und er zog aus einer Tasche seines weiten Mantels ein Taschentuch hervor, mit dem er sich über die

Stirn rieb. »Die Tür blieb verschlossen«, wiederholte er leise. »Der Wächter sah mich mit traurigen Augen an. Dann sagte er, er habe am Tag zuvor einen Eindringling verwiesen, weil dieser nicht gewesen sei, wer zu sein er vorgegeben habe. Ich dankte ihm für seine Achtsamkeit. Schließlich öffnete er mir die Tür. Ich dachte mir in diesem Moment nicht viel dabei. Es ist im Laufe der Jahre immer einmal vorgekommen, dass jemand versucht hat, in den Turm zu gelangen. Meist sind es nur neugierige Besucher, die nicht wissen, was sich darin befindet, und die ihn besichtigen wollen. Oder Bewohner Montamars, meist Lausbuben, die sich einen Spaß daraus machen, an die Tür zu klopfen.« Der Zensor seufzte. »Ich nahm an, dass es auch in diesem Fall so war, und vergaß den Vorfall schnell. Erst als ich drei Tage später erneut etwas in dem Buch nachschlagen wollte, fiel es mir wieder ein. Doch der erste Wächter ließ mich kommentarlos eintreten. Ich stieg die Treppe zum zweiten Wächter empor.«

Gedankenverloren ließ er den Blick schweifen und schüttelte kaum merklich den Kopf. »Er stellte mir seine Frage, ich antwortete und erwartete, dass die Tür sich öffnete. Doch der Wächter sah mich ernst an und sagte, er habe am Tag zuvor einen Eindringling verwiesen, weil dieser nicht gewesen sei, wer zu sein er vorgegeben habe.«

Tullia entfuhr ein ungläubiges Nein!, während Nick noch überlegte, was dies zu bedeuten haben mochte.

Der Zensor schaute von Nick zu Levin und Tullia. »Versteht ihr, was das heißt?«

Tullia legte konzentriert die Stirn in Falten, als versuche sie noch eine andere Antwort zu finden als die, die auf der Hand lag. »Nach dem, was Sie uns erzählt haben, kann es eigentlich nur Eines bedeuten: Irgendjemand muss es geschafft haben, den ersten Wächter davon zu überzeugen, dass er der Zensor Maximus ist.«

»Ganz richtig«, antwortete Willibald Regeling mit leiser Stimme. »Etwas, das seit 1152 niemand jemals geschafft hat. Etwas, das ganz und gar unmöglich ist.«

»Heißt das«, fragte Nick, der sich noch immer nicht sicher war, alles richtig verstanden zu haben, »dass sich jemand für Sie ausgegeben hat und damit sogar Erfolg hatte?«

»Das hätte es heißen können, in der Tat.« Der Zensor warf Nick ein trauriges Lächeln zu. »So war es jedoch nicht. Es war Zensor Maximus Walthar von Ebersdungen, der bis zum zweiten Wächter vorgelassen wurde.«

»Aber«, Levin beugte sich kopfschüttelnd vor, »ich dachte, es gibt nur einen Zensor Maximus, also nur Sie.«

Der Zensor nickte. »Walthar von Ebersdungen war im Jahre 1473 Zensor Maximus von Montamar.«

Nick blieb der Mund offen stehen. »Aber wie ...?«

Tullia riss plötzlich die Augen auf, so als sei ihr gerade ein unglaublicher Gedanke gekommen. »Dann lassen die Wächter also nicht nur den amtierenden, sondern jeden vor, der einmal Zensor Maximus gewesen ist?«

»Ganz offenbar. Auch mir war das bis dahin nicht bewusst. Es war auch nie von Belang. Das Amt des Zensor Maximus ist eines auf Lebenszeit. Es kann also nie zwei Zensoren zur gleichen Zeit geben.«

Levin hob Hilfe suchend die Hände. »Ich verstehe das immer noch nicht.«

Bei Nick jedoch war in diesem Moment der Groschen gefallen. »Dieser Walthar war eine Figur, oder?«

»Ja«, flüsterte der Zensor. »Und was für eine!« Sein Blick schweifte für ein paar Sekunden ins Leere. Dann fasste er sich wieder und fuhr fort: »Ich berief umgehend den Geheimen Burgrat ein. Dieser besteht aus den vier Zensores Magni, dem Bibliothecarissimus und mir. Ich trug dem Rat die Lage vor. Einzelheiten dieser Sitzung darf ich euch selbstverständlich nicht berichten. Nur so viel: Wir kamen überein, dass eine tatsächliche Gefährdung für das *Buch der elf Wächter* nicht bestehen konnte. Dazu ist die Macht der Wächter zu groß, zumal der Zensor Maximus von Türwächter zu Türwächter immer genauer überprüft wird. Es war unsere Vermutung, dass, wer auch immer die Figur des Walthar erschaffen hatte, unredlich in Gesinnung und Absicht sein musste und daher auch seiner Figur keine wahre Redlichkeit mitgeben konnte. Andererseits hatte es noch nie jemand geschafft, auch nur den ersten Wächter zu passieren. Wie also sollten wir künftig vollkommen sicher sein, dass Walthar nicht noch weiter vordringen würde?

Wir beschlossen, unten im Vorraum des Burgturmes, direkt vor dem ersten Türwächter, zusätzliche Wachen zu postieren, tagsüber zwei, nachts fünf.

Es vergingen zwei Tage und zwei Nächte, ohne dass etwas geschah. Am Morgen des dritten Tages war ich seltsam unruhig. Es war nichts weiter vorgefallen, und keiner der Wächter hatte etwas Außergewöhnliches vermeldet, aber mein Gefühl sagte mir, dass irgendetwas nicht stimmte.»Der Zensor nippte an seinem Glas. Er schien nicht einmal zu merken, dass es leer war. Langsam drehte er es in seinen Fingern hin und her.»Ich machte mich auf den Weg zum Burgturm. Es wehte ein scharfer, frostiger Wind vom Meer herauf. Ich höre noch immer das Klappern der Fensterläden in meinen Ohren, wenn ich an diesen Tag zurückdenke.

Ich befragte die beiden Wachen unten vor dem Burgturm, und sie antworteten, wie ich erwartet hatte, dass sich nichts Besonderes zugetragen hatte. Schließlich waren sie darauf eingeschworen worden, unverzüglich zu melden, wenn etwas Ungewöhnliches geschah, und das hatten sie nicht getan.

Dennoch entschloss ich mich, zum Burgzimmer hinaufzusteigen. Ich wusste, ich würde erst beruhigt sein, wenn mich keiner der Türwächter über seine Frage hinaus angesprochen hatte. Ich passierte den ersten und auch den zweiten Wächter ohne weitere Vorkommnisse. Dann trat ich vor den dritten.« Der Zensor hob den Blick von seinem Glas und sah seltsam ausdruckslos in die Gesichter seiner Zuhörer.»Er sagte, er habe in der vorhergehenden Nacht einen Eindringling verwiesen, weil dieser nicht gewesen sei, wer zu sein er vorgegeben habe.

Vor Schreck konnte ich zunächst keinen klaren Gedanken fassen. Ich weiß noch, dass ich mich für einen Augenblick setzen musste. Dann fragte ich den Wächter, ob es sich um Walthar gehandelt habe. Der Wächter bejahte. Als Nächstes bat ich ihn, mir den Grund zu nennen, den Walthar für sein Kommen angegeben hatte. Er sei gekommen, so der dritte Wächter, um sich über das Figurisieren von Reptilien zu informieren. Schließlich bat ich ihn, mir zu sagen, welchen tatsächlichen Grund er in Walthars Augen gesehen habe. Ich ahnte bereits, wie die Antwort lauten würde. Und ich hatte recht. Leider. Der Wächter sagte: ›Der wahre Grund seines Kommens lag in dem Bestreben, das *Buch der elf Wächter* aus dem Burgturm zu entwenden.‹ Meine Beine zitterten so sehr, dass ich kaum in der Lage war, die Treppe wieder hinunterzugehen. Unten angekommen, befahl ich den beiden Wachen, sofort die fünf Männer zu mir zu schicken, die in der vorhergehenden Nacht auf dem Posten gewesen waren. Dann berief ich erneut den Geheimen Burgrat ein.

Wir befragten die Männer einer nach dem anderen. Sie alle –«, er hielt für einen Moment inne und schüttelte den Kopf. »Sie alle machten dieselbe Aussage: Sie schworen, dass sich in dieser Nacht nichts, überhaupt gar nichts ereignet habe. Nicht einmal eine Maus habe sich dem Burgturm genähert.

Nachdem wir die Wachen verhört hatten, waren wir noch ratloser als zuvor. Alle sind höchst zuverlässige Männer, mehrfach geprüft und strengstens ausgewählt. Schließlich verwahrt die Burg unschätzbar wertvolle Güter. Allein in der Bibliothek befinden sich unzählige Manuskripte, Erstausgaben und Konvolute von unermesslichem Wert. Wir haben daher bei unserer Wahl des Personals stets allerhöchste Sorgfalt und Vorsicht walten lassen.« Wieder schüttelte er den Kopf und hob hilflos die Schultern. »Zur Sicherheit ließen wir die Wachen sogar noch von Wachtoberhauptmann Stahl vernehmen. WOH Stahl hat die Fähigkeit, an der Stimme und Mimik einer Person zu erkennen, ob sie lügt. Nachdem er die fünf Wächter vernommen hatte, trat er vor den Rat und erklärte, es gebe keinen Zweifel: Jede Wache hätte die volle Wahrheit gesagt.« Der Zensor seufzte. »Wir standen vor einem unlösbaren Rätsel. Wenn die Wachen tatsächlich nichts und niemanden bemerkt hatten, wie war Walthar dann an ihnen vorbei in den Burgturm gelangt?

Der Geheime Burgrat beschloss, weitere Maßnahmen zu treffen und die Wachen zu verstärken. Ab sofort waren nachts fünfzehn Männer vor dem ersten Türwächter postiert. Und ich«, sagte der Zensor mit gesenkter Stimme, »traf noch eine weitere Sicherheitsmaßnahme, von der ich niemandem erzählte. Dazu jedoch später.

In den folgenden drei Nächten hielt auch ich Wache. Ich beobachtete den Zugang zum Burgturm und auch die Wachen, doch konnte ich nichts Außergewöhnliches feststellen. Jeden Morgen stieg ich die Treppen des Burgturms hinauf. Jedes Mal gelangte ich bis ins Burgzimmer, ohne dass mich einer der Türwächter ansprach. Danach verzichtete ich darauf, selbst Wache zu halten. Die drei Nächte hatten mich zu sehr erschöpft und ich hatte auch tagsüber alle Hände voll zu tun. Neben meinen eigentlichen Pflichten versuchte ich zum Beispiel, die Figurisierungsliste Walthars zu finden.« Er sah Nick und Tullia an. »Wisst ihr, was eine Figurisierungsliste ist?«

Nick schüttelte den Kopf, doch seine Schwester nickte und antwortete: »Zu jeder Figur, die im Zensoriat verscheibt und figurisiert wird, erstellt der Verscheibungsapparat eine Liste, in der sämtliche Daten zu der Figur und all ihre Charakterzüge eingetragen werden.«

»Ja«, bestätigte der Zensor. »So wie alle Autoren in unserem Archiv verzeichnet sind, sind es auch alle Figuren. Das kann sehr wichtig werden, etwa wenn die Inselwache eine Figur aufgreift und wir ihren Urheber ermitteln müssen. Zusätzlich zu diesen umfangreichen Figurisierungslisten gibt es in einer anderen Kartei noch sogenannte Kurzeinträge nur mit den allerwichtigsten Informationen. So lässt sich jede Figur im Allgemeinen schnell ausmachen und ihrem Urheber zuordnen. Jedenfalls versuchte ich anhand der Kurzeintragskartei, die zu Walthar gehörige Liste zu finden, um so seinem Verfasser auf die Spur zu kommen. Unter seinem eigentlichen Namen war Walthar jedoch nicht eingetragen. Wer auch immer Walthar erschaffen hatte, es war ihm offenbar gelungen, ihn unter einem anderen Namen zu führen. Wie dies möglich war, ist mir bis heute ein Rätsel.

Ihr müsst wissen, dass über jeden Zensor zahlreiche Bücher verfasst wurden. Biografien, wenn ihr so wollt. Walthars Lebensbeschreibungen gaben uns Aufschluss darüber, was für ein Mensch er war. Auf diese Weise muss auch sein Verfasser an die nötigen Informationen gekommen sein.

Die Zensoren unterstützten mich bei der Suche nach Walthars Liste, vor allem Zensor Heinermann saß oft bis in die tiefe Nacht hinein mit mir im Archiv. Wir hatten uns inzwischen bereits zwei Jahre in die Vergangenheit zurückgearbeitet, ohne auch nur eine einzige Liste zu finden, die auf Walthar passte. Es war wie verhext. Jedes Mal wenn ich einen Kurzeintrag fand, der auf Walthar zutreffen konnte, und daraufhin die entsprechende Figurisierungsliste einsah, wurde ich enttäuscht, weil wesentliche Charakterzüge nicht stimmten.

Drei Wochen vergingen. Drei Wochen, ohne dass es zu neuen Vorkommnissen kam. Einige Mitglieder des Geheimen Rates wollten dies schon als Beweis dafür sehen, dass unser Gegner aufgegeben hatte, und die Zahl der Wachen reduzieren. Mir jedoch war klar, dass sich unser Feind nicht so schnell geschlagen gegeben haben konnte. Wer mindestens zwei Jahre im Voraus eine solche Figur entwickelt, der gibt nicht nach ein paar Wochen auf. Schon gar nicht, wenn er offenbar mühelos und unbemerkt an den Wachtposten vorbeizukommen vermag und bereits zwei Türwächter getäuscht hat. Nein«, der Zensor schüttelte heftig den Kopf, »ich war fest davon überzeugt, dass es sich nur um eine Pause, nicht um ein Ende des Schreckens handeln konnte. Unser Gegner war sicherlich längst dabei, Walthar auf den vierten Wächter einzustellen. Vielleicht wollte er uns nur in Sicherheit wiegen, bevor er erneut zuschlug.«

Er atmete tief ein. »Zunächst konnte ich den Geheimen Burgrat überzeugen. Die fünfzehn Wachen blieben auf ihrem Posten. Als jedoch weitere drei Wochen verstrichen, ohne dass

Walthar noch einmal auftauchte, sah ich mich vom Geheimen Burgrat überstimmt. Die Wachen wurden wieder auf fünf reduziert.« Er seufzte. »Letztlich hätte es ohnehin keinen Unterschied gemacht«, fügte er leise wie zu sich selbst hinzu, ehe er fortfuhr.

»Tatsächlich geschah eine Weile nichts. Wochenlang stieg ich Morgen für Morgen ins Burgzimmer hinauf, ohne von einem der Wächter angesprochen zu werden.

Dann jedoch, eines Tages, erhielt ich plötzlich vom vierten Türwächter die Nachricht, die ich so sehr gefürchtet hatte: Walthar war in der Nacht da gewesen. Wieder hatte er einen weiteren Türwächter zu überzeugen vermocht, dass er der Zensor Maximus war. Und wieder hatten die Wachen draußen vor dem Turm nichts bemerkt. Diese Nacht«, er hielt mitten im Satz inne und sah Nick und Tullia ernst an, »war die Nacht vor eurer Ankunft hier.« Er holte tief Luft. »Euer Aufenthalt auf Montamar hat ganz andere Gründe, als ihr bislang angenommen habt.«

Es wurde völlig still im Raum. Nur der lang gezogene Warnton des Nebelhorns drang durch die Wände hindurch bis an ihre Ohren. Nick spürte, wie ihm ein kalter Schauer den Rücken hinunterlief. Zugleich begann sein Puls, schneller zu schlagen. Nun endlich würden sie erfahren, welche Rolle ihr Vater in diesem Spiel spielte.

Walthar von Ebersdungen

»Ich habe euch vorhin von einer Sicherheitsmaßnahme erzählt, die ich heimlich, ohne Wissen des Geheimen Burgrates, getroffen hatte«, fuhr der Zensor fort. »Diese Sicherheitsmaßnahme war euer Vater. Ich hatte ihn verständigt, als Walthar bis zum zweiten Wächter vorgedrungen war und mir klar wurde, dass wir alle in höchster Gefahr schweben.« Er schüttelte langsam den Kopf.

»Euer Vater ist mein engster Freund und Vertrauter. Und er verfügt über einige besondere Qualitäten, die mir fehlen. Ich bin nur ein Theoretiker. Euer Vater aber ist der beste Schriftsteller, den ich kenne. Er hat ein unbändiges Vorstellungsvermögen und die Fähigkeit, charakterstarke Figuren zu

erschaffen. Ich ahnte, dass es auf genau diese Fähigkeiten ankommen könnte, wenn ich unserem Gegner das Handwerk
legen wollte.

Euer Vater machte sich sofort auf den Weg hierher. Ich
schilderte ihm, was geschehen war, und er sagte mir sofort
seine uneingeschränkte Hilfe zu.« Der Zensor lächelte Nick
und Tullia an. »Er ist ein großartiger Mann, wisst ihr?«

Tullia und Nick antworteten mit einem Kopfnicken. Um ein
großartiger Mann zu sein, dachte Nick, musste man auch ein
großartiger Vater sein. Und das war WM häufig nicht.

»Er versicherte mir, er werde so schnell wie möglich mit
euch zurückkommen und mir zur Seite stehen. Das gebiete
ihm die Freundschaft zu mir und seine Ehre als Mitglied im
Konzil der Literaten. Ich habe es noch genau im Ohr.

Und ein paar Wochen später traft ihr auf Montamar ein.
Offiziell, damit Wilhelm hier die Hauptfigur seines neuen
Romanes studieren konnte, tatsächlich aber nur, um mir zu
helfen.« Der Zensor füllte ein wenig Limonade in sein Glas.
»Wilhelm hatte mich in der Zwischenzeit auch von zu Hause
aus sehr unterstützt. Ich hatte ihm alles, was ich in der Bibliothek an Material über Walthar finden konnte, mitgegeben,
und er erstellte daraus eine Figurisierungsliste, die er mir zu-
sandte.

So konnte ich die Suche nach der Originalfigurisierungsliste
Walthars viel genauer vornehmen, und es war unwahrschein-
lich, dass ich sie übersehen würde. Inzwischen hatten Zensor
Heinermann und ich es aufgegeben, nur auf Basis der Kurzein-

träge zu suchen, denn euer Vater hatte mich auf einen sehr wichtigen Aspekt aufmerksam gemacht: Theoretisch war es möglich, dass die Charakterzüge Walthars, die für seinen Einsatz wichtig waren, gar nicht seine Haupteigenschaften darstellten und somit gar nicht im Kurzeintrag zu finden waren. Deshalb begannen Zensor Heinermann und ich noch einmal ganz von vorn und studierten sämtliche Figurisierungslisten. Ein furchtbar aufwendiges, mühsames Unterfangen!

Als ihr auf Montamar ankamt, hatten Zensor Heinermann und ich uns etwa drei Jahre in die Vergangenheit zurückgearbeitet und noch immer keine einzige Liste gefunden, die sich wenigstens im Wesentlichen mit der eures Vaters deckte.«

»Kann sie denn nicht vielleicht aus dem Archiv gestohlen worden sein?«, fragte Tullia, »so wie Nicks Scheibe von Robyns Figur?«

Nick sah, wie der Zensor zusammenzuckte. Er hatte so lange ohne Unterbrechung erzählt, dass er auf einen Zwischenruf gar nicht gefasst war. »Diese Vermutung hatte ich schließlich auch«, antwortete er. »Diese Listen sind längst nicht so gut gesichert wie die Originalschriften und die Scheiben.« Er seufzte. »Auch euer Vater kam zu der Überzeugung, dass die Liste entwendet worden sein musste. Immerhin war sie der einzige direkte Hinweis auf den Verfasser.

Am Tage eurer Ankunft erfuhr ich, dass Walthar erneut zugeschlagen hatte. Der Geheime Burgrat beschloss, die Zahl der Wachen sofort wieder zu erhöhen. Der Rat war zuversichtlich, Walthar damit abzuschrecken. Schließlich hatte er vorher ebenfalls seine nächtlichen Besuche beendet, als die Wachen verstärkt worden waren. Ich war mir jedoch sicher, dass dies mit der Zahl der Wachen überhaupt nichts zu tun gehabt hatte. Spät am Abend traf ich mich mit eurem Vater.«

Nick musste unwillkürlich an diesen Abend zurückdenken, an dem er von Thelma und Bogart überfallen und von Levin gerettet worden war. Und daran, dass sein Vater zunächst nicht einmal bemerkt hatte, dass Nick fehlte. Jetzt hatte er endlich eine Erklärung dafür. Sicherlich hatte sein Vater nur an Walthar und die Rätsel auf Montamar gedacht.

»Gemeinsam entwickelten wir einen Plan. Einen Plan«, der Zensor atmete tief ein und aus, »den ich dem Geheimen Burgrat nur zum Teil zu unterbreiten gedachte. Je weniger Mitwisser es gab, desto geringer die Gefahr, dass unser Vorhaben unserem Gegner zu Ohren kam. Denn wenn ich ehrlich bin, gibt es in den Reihen des Rates ein oder zwei Zensoren, die nur zu gerne der Beschäftigung des Redens nachgehen, beinahe gleichgültig, mit wem. Und dieses Risiko konnte ich nicht noch einmal auf mich nehmen.

Als Erstes galt es natürlich nach wie vor herauszufinden, mit wem wir es zu tun hatten. In einem der Gänge oben im zweiten Stock des Zensoriats gibt es ein Fenster, das so niedrig eingelassen ist, dass man bequem auf einer Bank Platz nehmen und von dort aus beinahe den gesamten Burghof überblicken kann. Euer Vater und ich beschlossen, jede Nacht abwechselnd an diesem Fenster Wache zu halten und den Zugang zum Burgturm zu beobachten, so wie ich dies einige Wochen zuvor schon getan hatte. Und dann, in der fünften Nacht«, er beugte sich zu seinen Zuhörern vor und senkte seine Stimme, »beobachteten wir etwas, das mir noch immer das Blut in den Adern gefrieren lässt.

Es war bereits nach Mitternacht. Euer Vater war soeben angekommen, um mich abzulösen. Wir wechselten ein paar Worte, und ich wollte gerade gehen, um mich ein wenig hinzulegen, als wir auf dem Burghof plötzlich eine Bewegung wahrnahmen. Vier Männer hatten den Hof betreten. Sie gingen direkt auf unsere Wachen zu. Einer von ihnen war klein und rundlich und in einen sehr altertümlichen roten Umhang gekleidet. Die anderen drei«, der Zensor zückte ein Taschentuch und wischte sich damit über die Stirn, »waren von Kopf bis Fuß in schwarze Umhänge gehüllt, die Kapuzen so tief in die Gesichter gezogen, dass diese nicht zu erkennen waren.«

Nick schluckte. »Drei? Es gibt drei schwarze Gestalten?«

Der Zensor nickte. »Vielleicht sogar noch mehr. Wir wissen es nicht. Der Mann im roten Umhang blieb stehen und die schwarzen Gestalten gingen an ihm vorbei auf den Burgturm zu. Gleichzeitig setzten sich sechs der Wachen in Bewegung, die die Gestalten genau wie wir wahrgenommen hatten. Mit gezückten Waffen gingen die Wachen auf sie zu. Und dann geschah etwas Unglaubliches: Plötzlich blieben die Wachen stehen. Sie hielten mitten in der Bewegung inne, wie zu Salzsäulen erstarrt. Und zwar«, der Zensor schüttelte den Kopf, »und zwar alle Wachen. Reglos, als wären sie von einem Maler in einem Gemälde festgehalten worden. Als Nächstes schritt der Mann im roten Umhang an den erstarrten Wachen vorbei zum Burgturm. Er stieg die Stufen hinab und verschwand aus unserem Blickfeld.«

»Walthar«, flüsterte Tullia.

»Ja«, der Zensor seufzte schwer. »Walthar. Die drei schwarzen Gestalten zogen sich in verschiedene Winkel zurück, von denen aus sie den ganzen Burghof im Blick hatten, und warteten. Lange Zeit standen auch wir wie erstarrt da. Erstarrt vor Staunen, vor Entsetzen und natürlich auch in der Furcht, entdeckt zu werden, sobald wir uns bewegten. Wir konnten nicht begreifen, was gerade vor unseren Augen geschehen war. So etwas hatten wir noch nie erlebt. Alle Wachen«, er holte tief Luft, »alle Wachen wie betäubt. Es war nicht zu fassen.«

Levin räusperte sich. Dann fragte er vorsichtig: »Die Gestalten haben die Wachen hypnotisiert, oder?«

Der Zensor sah Levin traurig an. Schließlich nickte er kaum merklich. »Ja, das war auch unser Gedanke. Diese Gestalten können offenbar mit einem einzigen Blick gleich mehrere Menschen in tiefen Schlaf fallen lassen – oder besser: in eine Art Schlafstarre.

Als Wilhem und ich wieder in der Lage waren, klarer zu denken, überlegten wir, was wir tun sollten. Wir kamen jedoch schnell zu dem Ergebnis, dass wir im Moment überhaupt nichts ausrichten konnten. Wir wären sofort ebenfalls hypnotisiert worden. Für dieses Mal blieb uns nichts anderes übrig, als tatenlos zuzuschauen, um wenigstens so viele Erkenntnisse wie möglich aus all dem zu ziehen.

Es dauerte nicht lange, bis Walthar die Stufen zum Burghof wieder hinaufstieg. Gleichzeitig kamen auch die Gestalten aus ihren Verstecken zurück. Sie gingen zwischen den noch immer erstarrten Wachen hindurch, überquerten den Hof und verließen die Burg. Ein paar Sekunden später hörten wir einen seltsamen schrillen Pfiff. Und im selben Augenblick regten sich die Wachen wieder. Die vordersten sechs, die zuvor den schwarzen Gestalten entgegengetreten waren, sahen sich erstaunt an. Offenbar wussten sie nicht mehr, warum sie ihren Posten am Burgturm verlassen hatten. Die anderen machten sich sogar über sie lustig. Einer rief ihnen zu: ›Habt ihr eine gefährliche Maus gesehen oder wo wollt ihr hin?‹ Die übrigen begannen lauthals zu lachen.« Der Zensor schloss für eine Sekunde die Augen. »Sie alle hatten nicht den blassesten Schimmer, dass sie eine halbe Stunde lang außer Gefecht gesetzt worden waren. Und sie erinnerten sich nicht einmal mehr an die Sekunden davor, als Walthar und die drei Gestalten auf sie zugekommen waren.

Es war nur eine Frage der Zeit, dann würde Walthar auch die letzte Tür geöffnet haben. Und vielleicht wäre er dann sogar in der Lage, die übrigen drei Wächter des Buches auszuschalten. Das *Buch der elf Wächter* wäre verloren – möglicherweise für alle Ewigkeit. In dem Moment, in dem mir dies klar wurde, fasste ich einen Entschluss: Egal wie weit Walthar an diesem Abend vorgedrungen war, ich würde das Buch an einem anderen Ort in Sicherheit bringen. So lange, bis unser Gegner endgültig gefasst war. Und ich beschloss, alles zu tun, um diesen Gegner dingfest zu machen. Und die schwarzen Gestalten. Um jeden Preis!«

Nick lief ein kalter Schauer über den Rücken. Der Zensor leerte sein Glas, griff zu der Karaffe mit Limonade und goss sich ein. »Noch in derselben Nacht habe ich mich mit eurem Vater beraten. Denn eines war gewiss: Die Sicherheit des Buches war hier, auf Montamar, nicht mehr gewährleistet.

Wir verabredeten uns für den nächsten Morgen, um konkrete Vorbereitungen zu treffen, das Buch an einen geheimen Ort zu schaffen. Und wir beschlossen, das Gerücht in die Welt zu setzen, dass das *Buch der elf Wächter* außerhalb Montamars in Sicherheit gebracht worden war.

Tags darauf machte sich euer Vater noch an eine weitere Aufgabe: Er begann, eine Figur zu entwickeln, die jeder Hypnose standhalten konnte. Doch leider ereignete sich an diesem Tag noch etwas anderes.« Der Zensor seufzte erneut. »Etwas, mit dem wir nicht gerechnet hatten. Unser Gegner, dem wir unter uns den Codenamen Z gegeben hatten, wusste offenbar von der Freundschaft zwischen eurem Vater und mir. Und er schien aus Wilhelms Ankunft auf Montamar geschlossen zu haben, dass er in alles eingeweiht und an meinen Maßnahmen beteiligt war. Jedenfalls nahm euer Vater an diesem Tag zum ersten Mal wahr, dass er verfolgt wurde. Von einer schwarzen Gestalt.« Willibald Regeling trank einen Schluck aus seinem Glas. Nick ahnte bereits, was der Zensor als Nächstes berichten würde. Viele der seltsamen Verhaltenweisen seines Vaters ergaben nun einen Sinn.

»Euer Vater war sich sicher, dass diese Gestalt sogar von ihm gesehen werden *sollte*. Man wollte ihm drohen. Schließlich kam es zu den Vorkommnissen, von denen ihr ja wisst. Eine schwarze Gestalt beobachtete euer Haus und kurze Zeit später wurde bei euch eingebrochen.

Ihr könnt euch jetzt denken, wonach der Einbrecher suchte: Nach dem *Buch der elf Wächter*. Aber selbstverständlich befand es sich zu keinem Zeitpunkt in eurer Villa. Euer Vater hätte euch niemals einer solchen Gefahr ausgesetzt. Ohnehin war er bereits furchtbar in Sorge um euch. Hätten wir geahnt, dass ihr ...« Er schüttelte den Kopf. »Der Gedanke, wie nah euch diese Gestalten bereits gekommen waren, setzte eurem Vater schwer zu. Sein erster Gedanke nach diesem Einbruch war, euch sofort von Montamar fortzuschicken. Doch wohin hätte er euch bringen lassen sollen? Eure Mutter ...« Der Zensor biss sich auf die Unterlippe. »Er hatte gar keine andere Wahl, als euch hierzulassen. Denn mit euch gemeinsam wieder abzureisen, hätte unter Umständen eine noch viel größere Gefahr für euch bedeutet.«

»Aber warum?«, wandte Tullia ein. »Die schwarzen Gestalten hätten Montamar doch gar nicht verlassen können, oder? Ich dachte, Figuren können nur hier ...«

»Ja, du hast recht«, sagte der Zensor. »Aber woher sollten wir wissen, welche Mittel oder Mittelsmänner Z noch zur Verfügung hatte? Wäret ihr abgereist, hätte er euch ganz sicher verfolgt und ihr wäret nirgends sicher gewesen.« Er sah Tullia und Nick traurig und um Verständnis bittend an.

Beide dachten einen Moment nach. Schließlich nickten sie. Auf der Insel zu bleiben, war wahrscheinlich tatsächlich die vernünftigste Entscheidung gewesen.

»Glücklicherweise«, fuhr der Zensor fort, »schienen die Gestalten nach dem Einbruch das Interesse an eurem Vater und eurem Haus verloren zu haben. Danach ist er nie wieder verfolgt worden. Zumindest hat er es nicht bemerkt. Und das machte ihn ein wenig ruhiger, was seine Sorge um euch betraf.

Nach dem Einbruch war uns klar, dass wir uns mit den Vorbereitungen zur Evakuierung des *Buches der elf Wächter* umso mehr beeilen mussten. Aber wir standen dabei vor einem scheinbar unlösbaren Problem: Wir wussten nicht, wie lange das Buch versteckt bleiben musste, sprich: wie lange es dauern würde, bis wir Z gefasst hatten. Ohne das Buch aber kann das Zensoriat nicht seiner Bestimmung gerecht werden. Zu häufig tauchen bei der Figurisierung Fragen auf, die sich nur mit dem Buch beantworten lassen. Und das Buch kann und darf natürlich nicht kopiert werden. Nun ja.« Er atmete tief ein und aus. »Schließlich fand euer Vater eine Lösung. Oder besser gesagt«, er warf Nick ein kurzes Lächeln zu, »du fandest die Lösung.«

»Ich?« Nick hatte keine Ahnung, wovon der Zensor sprach.

»Ja, du. Als du deinem Vater von Robyns Fähigkeiten erzählt hast, sich alles zu merken und jedes Versprechen zu halten.«

Nick wurde auf einmal sehr mulmig zumute.

»Das *Buch der elf Wächter* darf zwar nicht kopiert werden«, fuhr der Zensor fort, »vorgelesen werden darf es aber durchaus. Dein Vater und ich haben Robyn, wie du dich vielleicht erinnerst, einer Prüfung unterzogen.«

Also das war es! Nicks Gedanken schweiften zu dem Nachmittag zurück, an dem Robyn so lange in WMs Zimmer gewesen war. Nick hatte damals angenommen, dass sein Vater ihm eine Standpauke für seine übertriebene Backaktion gehalten hatte. Jetzt wusste er, dass es um viel, viel mehr gegangen war.

»Es stellte sich in diesem Gespräch heraus«, berichtete der Zensor weiter, »dass Robyn tatsächlich diese Fähigkeiten besitzt. Daraufhin bat dein Vater Robyn um einen sehr großen Gefallen. Und Robyn, in seiner Herzensgüte und Hilfsbereitschaft, willigte ein. Noch in derselben Nacht brachte dein Vater Robyn durch den Geheimgang ins Zensoriat. Währenddessen ging ich in den Burgturm und nahm – begleitet von den drei höchsten Wächtern – das Buch mit. Anschließend entließ ich die fünfzehn zusätzlichen Wachtposten. Ich sagte ihnen, dass sie ab jetzt nichts mehr zu bewachen hätten. Auf diese Weise konnte ich sicher sein, dass spätestens am nächsten Tag ganz Montamar wissen würde, dass das Buch nicht mehr auf der Burg war. Wir hofften, dass Z auf diese Finte hereinfallen würde.

Dann brachten die Wächter und ich das Buch in den Raum, in dem euer Vater und Robyn warteten. Abwechselnd lasen wir Robyn das ganze Buch vor, und so lernte er es auswendig. Es dauerte beinahe bis zum nächsten Morgen. Am Ende ersuchten wir Robyn zu versprechen, niemandem von den Geschehnissen der Nacht oder aus dem Inhalt des Buches zu erzählen. Robyn bat darum, wenigstens dich, Nick, einweihen zu dürfen. Er sagte, er würde sich dir gegenüber sonst wie ein Verräter fühlen. Doch wir konnten es nicht billigen. Es wäre zu gefährlich gewesen. Robyn sah dies schließlich ein und gab uns sein Versprechen. Dann brachte ihn euer Vater zurück nach Hause.«

Nick starrte den Zensor Maximus mit weit aufgerissenen Augen an. Mit jedem Satz war er verblüffter, vor allem aber wütender geworden.

»Ich weiß, Nick, ich weiß«, sagte der Zensor. »Robyn ist deine Figur. Und natürlich solltest du auch der Erste sein, der erfährt, wenn jemand anderes Einfluss auf ihn zu nehmen versucht. Aber wir befanden uns in einer absoluten Notlage. Wir konnten, wir durften dir nichts sagen, Nick. Kannst du das verstehen?«

Nicks erster Impuls war, laut »Nein!« zu schreien. Wie hatten sein Vater und der Zensor Robyn und ihn für eine Sache ausnutzen können, mit der sie ursprünglich überhaupt nichts zu tun gehabt hatten? Doch schließlich musste Nick zugeben, dass sie vermutlich keine andere Wahl gehabt hatten.

Auf einmal kam ihm ein Gedanke, der ihn noch mehr ärgerte. »Das heißt dann wohl«, sagte er mit erhobener Stimme, »dass mein Vater und Sie dafür verantwortlich sind, dass Robyn fort ist, oder?«

Der Zensor sah ihn einige Sekunden traurig an. »Nicht so, wie du jetzt vielleicht denkst«, sagte er dann leise. »Wir haben ihn nicht an einen sicheren Ort gebracht, falls du das meinst. Leider nicht«, flüsterte er. »Leider, leider nicht.«

Nick beugte sich zu ihm vor. »Was soll das heißen? Sie waren es doch, der Robyns Brief fingiert hat, oder?«

»Nein, Nick.« Der Zensor schüttelte den Kopf. »Das haben wir nicht getan. Es ist ... es ist alles noch viel komplizierter, viel schlimmer.« Er seufzte schwer. »Als du mit Fräulein Schengensieck zu mir kamst, um mir den Verlust der Scheibe zu melden, da hast du dich vermutlich über meine Reaktion gewundert. Es ist nur so, Nick: Ich wusste längst davon. Oder lass es mich anders formulieren: Ich selbst habe die Scheibe aus dem Archiv genommen.«

»Was?«, entfuhr es Nick, Tullia und Levin wie im Chor.

»Ja, es musste sein. Ich habe die Scheibe eurem Vater gegeben. Er sollte sie in Sicherheit bringen, damit niemand nachträglich etwas an Robyn ändern konnte. Aber dann erzähltest du, Nick, dass Robyn verschwunden sei. Ich war ... ich war fassungslos, starr vor Entsetzen. Mir war sofort klar, dass dies nur eines bedeuten konnte.«

Nick schloss die Augen. »Dass Robyn von Z entführt worden ist.«

Der Zensor nickte. »Es ist die einzige Erklärung. Wenngleich es mir vollkommen unverständlich ist, wie Z von Robyn erfahren haben kann. Es tut mir wirklich furchtbar leid, was mit Robyn geschehen ist, Nick. Aber ich bin tief und fest überzeugt davon, dass Z ihm nichts antun wird. Schließlich braucht er Robyn.«

»Hhm«, machte Nick leise. »Und wenn er doch Gewalt anwendet?«

»Er wird schnell begriffen haben, dass dies zwecklos wäre. Robyn hat versprochen, kein Wort aus dem Buch preiszugeben. Seine Charakterzüge sind von niemandem mehr zu beeinflussen. Denn dazu bräuchte man Robyns Originalscheibe, und die hat euer Vater, wie gesagt, an einen sicheren Ort gebracht. Nicht einmal du könntest jetzt noch etwas an Robyn ändern, Nick, weil eine Figur nicht ohne Weiteres ein zweites Mal verscheibt werden kann. Der Verscheibungsapparat würde sofort ein Signal geben.«

Der Zensor blickte betreten zu Boden. »Es tut mir wirklich sehr leid«, sagte er schließlich so leise, dass er kaum zu hören war. »Und du musst mir glauben: Wenn dein Vater und ich geahnt hätten, dass Robyn in Gefahr geraten könnte, hätten wir ihn nicht um diesen Gefallen gebeten. Wir waren sicher, dass niemand etwas über Robyns Beteiligung wusste.«

»Gebeten?«, fragte Nick. »Das ist doch wohl das falsche Wort.«

»Nein, Nick, es ist das richtige. Befehle hätten wir ihm nicht geben können, das kannst nur du. Wir haben ihm unsere verzweifelte Lage geschildert und ihm unsere Bitte vorgetragen. Er hätte ablehnen können. Aber er hat nicht lange gezögert und sofort seine Hilfe zugesagt. Das klingt jetzt vielleicht ein wenig herablassend, aber ich meine es ernst: Du kannst sehr stolz auf Robyn sein, Nick. Er ist eine ganz großartige Figur.«

»Einen Moment, bitte!« Tullia runzelte die Stirn. »Das war also der wahre Grund für Vaters Reise: Er hat Robyns Scheibe und das *Buch der elf Wächter* an einen geheimen Ort gebracht!«

Der Zensor schüttelte den Kopf. »Nur die Scheibe.«

Tullia, Nick und Levin schauten ihn verständnislos an. »Und wo befindet sich das Buch?«

Der Zensor lächelte. »Dort, wo es immer war. Im Burgturm. Nachdem wir es Robyn vorgelesen hatten, brachten es die drei Wächter wieder dorthin zurück.«

Tullia schüttelte den Kopf. »Aber wie konnten Sie sicher sein, dass die Wächter nicht von jemandem gesehen wurden? Dann wäre doch diese ganze Finte aufgeflogen.«

Der Zensor lächelte erneut. »Du bist ein kluges Mädchen, Tullia«, sagte er. »Sie konnten aber von niemandem gesehen werden. Es verhält sich nämlich so: Die letzten drei Wächter …«, er blickte jedem von ihnen nacheinander in die Augen, »… sind unsichtbar.«

»Sie haben also das Buch wieder ins Turmzimmer gebracht, obwohl sie die Wachen entlassen hatten?«, fragte Levin ungläubig.

»Ja«, gestand der Zensor. »Die Wachen waren gegen die schwarzen Gestalten ohnehin machtlos. Und wenn ich sie wieder eingesetzt hätte, wäre für alle klar erkennbar gewesen, dass das Buch noch dort war.«

Levin kniff die Augen zusammen. Er hatte die ganze Zeit in das Limonadenglas vor sich gestarrt. »Dann hat sich Ihre Botschaft mit ›Byron‹ gar nicht auf Robyn bezogen, sondern auf seine Scheibe?«, sagte er plötzlich.

Der Zensor hob den Kopf. »Ja, das ist richtig. Ich hatte die Scheibe in einem kleinen Raum deponiert, damit sie euer Vater dort abholen konnte. Es war mir leider nicht möglich, sie ihm am Tag seiner Abreise persönlich auszuhändigen, weil ich mehrere Zensoriatssitzungen leiten musste. Wir hatten uns vorher diesen geheimen Code ausgedacht.« Er seufzte. »Wenn man seine Gegner nicht kennt, wird man allen gegenüber misstrauisch, selbst seinem langjährigen Briefboten, der eurem Vater diese Nachricht übergeben sollte.«

Nick und Tullia hatten am Vormittag dem Zensor gegenüber ihren nächtlichen Besuch im Zensoriat verschwiegen. Aber vielleicht war es jetzt an der Zeit, ihn doch zu erwähnen.

»Als wir diese Botschaft entschlüsselt hatten, haben wir angenommen, dass Robyn in diesem Zimmer versteckt sei, und wollten ihn befreien«, begann Nick zögerlich.

Der Zensor zog erstaunt die Augenbrauen hoch.

»Wir haben ihn dort natürlich nicht gefunden, aber wir haben Vater und Sie in dem Verscheibungsraum gehört. Sie haben Robyns Scheibe nachgemacht, oder?«

Der Zensor biss sich auf die Unterlippe. »Ja, und das hätten wir schon viel früher machen sollen. Dann wäre das Fehlen der Originalscheibe gar nicht erst aufgefallen. Euer Vater und ich hielten es für das Beste, die Scheibe noch einmal zu erstellen und einen zweiten Robyn figurisieren zu lassen. Wir nahmen an, alle, die vom Verschwinden Robyns und der Scheibe wussten, wären dann beruhigt, und wir könnten in Ruhe weiter nach dem Verbleib des echten Robyn forschen.«

»Aber dann haben Sie sich gestritten«, fuhr nun Tullia fort, »und sind nicht mehr dazu gekommen, einen zweiten Robyn zu figurisieren.«

»Das ist wahr«, räumte der Zensor ein. »Euer Vater wollte euch, wie ihr ja offenbar selbst gehört habt, alles erzählen. Ich war dagegen. Ich hoffte, ich würde ihn heute noch irgendwie umstimmen können.« Er schüttelte den Kopf. »Wenn ich ihn letzte Nacht doch nur nicht hätte gehen lassen«, murmelte er, mehr zu sich selbst.

»Ja«, sagte Nick, »dann hätte ihn die schwarze Gestalt vielleicht nicht verfolgt.«

Der Zensor wurde kreidebleich. »Was hast du da gesagt?«, flüsterte er.

Nick fiel erst in diesem Moment wieder ein, dass der Zensor davon ja noch gar nichts wissen konnte, und er berichtete, was passiert war, nachdem ihr Vater das Verscheibungszimmer verlassen hatte. »Darum haben wir uns ja auch solche Sorgen gemacht, als Vater letzte Nacht nicht nach Hause kam.«

Der Zensor rieb sich die Augen und murmelte etwas, das für Nick klang wie: »Deshalb also.«

»Was meinen Sie?«, hakte Tullia nach. »Hat diese schwarze Gestalt auch Vater hypnotisiert oder warum verhält er sich so komisch, seit er zurück ist?«

Der Zensor schüttelte den Kopf, sagte aber zunächst nichts.

»Warum zum Beispiel fingiert er Robyns Abschiedsbrief, wenn Sie ohnehin vorhatten, Robyn noch einmal zu figurisieren? Das macht doch keinen Sinn!«

Willibald Regeling holte tief Luft. Dann sah er seine Zuhörer mit einem so ernsten Blick an, dass es Nick ganz mulmig in der Magengegend wurde.

»Er hat diesen Brief nicht fingiert«, sagte der Zensor leise. »Das war Z.«

»Z?« Nick runzelte die Stirn. »Wieso Z? Wie kommt Vater an einen Brief, den Z verfasst hat?«

»Ganz einfach«, flüsterte der Zensor, »und zugleich ganz schwer.« Er räusperte sich. »Das ist nicht euer Vater, dem ihr heute in eurem Haus begegnet seid. Das ist eine Figur.«

Ein Spukhaus

Es dauerte eine ganze Weile, bis sich Nick von dem Schreck erholt hatte. Sein Vater – eine Figur, die vorgab, WM zu sein? Es schien vollkommen unglaublich, aber je länger er darüber nachdachte, desto sicherer war er, dass es stimmte.

»Seine angebliche Erkältung war das Erste, das mich stutzig machte, als ich vorhin mit ihm sprach«, sagte der Zensor. »Letzte Nacht war es Wilhelm noch ganz hervorragend gegangen.«

»Aber was hat das mit der Erkältung zu bedeuten?«, fragte Nick.

»Nun«, erklärte der Zensor, »eine Stimme perfekt nachzuahmen ist beinahe unmöglich. Z hat die Stimme eures Vaters

384

offensichtlich nicht exakt charakterisieren können. Also hat er sich diese Notlösung mit der Erkältung ausgedacht.«

»Dann hat die schwarze Gestalt Vater gestern entführt und zu Z gebracht?«, fragte Tullia.

»Das ist jedenfalls meine Vermutung«, sagte der Zensor mit ärgerlicher Stimme.

»Aber wozu entführt Z Herrn Münsterbach?«, fragte Levin.

»Das ist nicht sehr schwer zu erraten.« Der Zensor wischte sich erneut mit seinem Tuch über die Stirn. »Z geht davon aus, dass Wilhelm Robyn dazu bringen kann, den Inhalt des *Buches der elf Wächter* preiszugeben. Vielleicht denkt er auch, dass Wilhelm den Ort kennt, an dem das Buch versteckt ist. Und gleichzeitig hat er mit seiner Figur des falschen Wilhelm Münsterbach bei euch einen perfekten Spion eingeschleust. Es sollte mich nicht wundern, wenn er bereits versucht hätte, euch auszuhorchen.« Er sah Nick und Tullia fragend an.

Nick dachte nach. Und dann fiel ihm tatsächlich etwas ein. »Ja, er hat so getan, als habe er den Namen des Ortes vergessen, an den er gereist ist. Und das hat uns stutzig gemacht. Wir hatten nämlich eine Auseinandersetzung mit unserem Vater, weil er uns den Ort nicht nennen wollte.«

»Gut«, sagte Willibald Regeling zu Nicks Verblüffung. »Das ist gut. Mit solchen Fragen verrät euch die Figur, was Z weiß oder nicht weiß.« Er versank für einen Moment in seinen Gedanken.

Nick versuchte indessen zu verarbeiten, was der Zensor ihnen an diesem langen Abend erzählt hatte. Er hatte in den vergangenen Tagen mit allem Möglichen gerechnet, er hatte sogar die Befürchtung gehabt, sein Vater könne selbst an irgendwelchen dunklen Machenschaften beteiligt sein. Aber selbst in seinen kühnsten Träumen hätte er nicht erwartet, was er an diesem Abend erfahren hatte.

»Wir müssen Vater und Robyn befreien«, sagte er entschlossen. »So schnell wie möglich.« Die Vorstellung, dass die beiden in diesem Moment irgendwo auf Montamar gefangen gehalten wurden, war einfach furchtbar.

»Ja, das müssen wir«, stimmte der Zensor augenblicklich zu. »Wenn wir nur wüssten, wo.«

Nick und Tullia sahen sich entsetzt an. Sie hatten noch nicht einmal einen Anhaltspunkt, wo sie ihren Vater suchen sollten.

»Vielleicht lässt Z ihn gehen, wenn er ihm gegeben hat, was er will«, sagte Tullia mit zittriger Stimme.

»Vielleicht«, entgegnete Nick leise. »Aber dazu wird es wohl nicht kommen. Du kennst doch Vater.«

Der Zensor nickte wissend. »Wir müssen euren Vater in der Tat so schnell wie möglich finden. Und dazu müssen wir zuerst in Erfahrung bringen, wer Z ist.«

»Aber wie?«, fragte Nick, dem die Lage im Moment ziemlich hoffnungslos erschien. »Das versuchen Sie doch schon seit Monaten und Sie sitzen am längsten Hebel. Wenn es also bislang nicht einmal Ihnen gelungen ist, etwas herauszufinden, dann ist …«

»Aber jetzt«, unterbrach ihn der Zensor, »jetzt haben wir endlich einen Trumpf in der Hand.«

Nick, Tullia und Levin sahen ihn für einen Moment verständnislos an, dann zog sich ein Lächeln über Tullias Gesicht. »Sie meinen unsere ›Vaterfigur‹, oder?«

Der Zensor nickte. »Ja. Wir wissen, dass er nicht der echte WM ist. Er aber weiß nicht, dass wir das wissen. Und wir, vor allem ihr, solltet alles tun, damit das so bleibt. Wenn er im Glauben ist, dass ihr ihn für euren wahren Vater haltet, dann führt er uns vielleicht zu Z.«

»Und von Z zu Herrn Münsterbach und Robyn«, fügte Levin hinzu.

Obwohl sie alle inzwischen so müde geworden waren, dass sie auf der Stelle hätten einschlafen können, blieben sie noch eine ganze Weile lang in dem Kuriositätenraum über dem Alten Seemann.

Und sie fassten dort einen Plan.

»Nick, hast du eine Frage?«

Nick schreckte auf. Er war mit seinen Gedanken ganz woanders gewesen. »Wie bitte?«

Fräulein Schengensieck kniff die Augen zusammen. »Ich möchte wissen, ob du Frankos Figur eine Frage stellen möchtest.«

Nick sah von Fräulein Schengensieck zu dem Jungen, den Franko offenbar gerade präsentiert hatte, ohne dass Nick auch nur ein Wort davon mitbekommen hatte. »Äh, nein«, sagte er. »Ich finde die Figur völlig überzeugend.«

Franko warf ihm einen überraschten Blick zu.

»So, findest du?« Fräulein Schengensieck lächelte Nick bittersüß an. »Na ja, wir wissen alle, dass du noch eine ganze Menge lernen musst.«

Der Tag, an dem sie entdeckte hatte, dass Robyns Scheibe fehlte, und sich Nick gegenüber zum ersten Mal beinahe menschlich verhalten hatte, war offensichtlich nur eine Ausnahme gewesen. Heute schon war sie garstig wie immer. Und so fuhr sie nun voller Inbrunst fort, Frankos Figur ausführlich zu kritisieren.

Nick bemühte sich, aufmerksam zu bleiben. Ärger mit Fräulein Schengensieck konnte er im Moment nicht auch noch gebrauchen. Aber es fiel ihm schwer, sich auf ihre Worte zu konzentrieren. Tullia und er hätten an diesem Morgen am liebsten die Schule geschwänzt. Doch der Zensor hatte ihnen eingebläut, wie wichtig es war, dass sie sich jetzt ganz normal verhielten.

Dann endlich erklärte Fräulein Schengensieck den Unterricht für beendet. Und sie war sichtlich verärgert, als Franko noch einmal das Wort ergriff und seine Mitschüler, nicht aber sie selbst, an das Feuerfest erinnerte, das in zwei Tagen stattfinden sollte.

»Das hatte ich ganz vergessen«, sagte Levin.

Auch Nick und Tullia hatten nicht mehr daran gedacht. Die Ereignisse der vergangenen Tage hatten ihre ganze Aufmerksamkeit auf sich gezogen.

»Hoffentlich haben wir bis dahin Vater und Robyn gefunden«, sagte Nick.

Tullia nickte und warf einen langen Blick aus dem Fenster. »Dann wäre es bestimmt schön, zu dem Fest zu gehen.«

Je näher Nick und Tullia dem Haus in der Hermiagasse kamen, desto langsamer wurden ihre Schritte, bis sie wenige Meter davor beinahe ganz zum Stehen kamen. Damit wollten sie den Moment hinauszögern, dem falschen WM zu begegnen, aber auch herausfinden, ob er sie vom Haus aus beobachtete. Als sie sicher waren, dass dies nicht der Fall war, bogen sie blitzschnell in den kleinen Gang ab, der seitlich des Hauses zum Dienstboteneingang führte.

»Na endlich!«, hörten sie es zischen, noch bevor sie jemanden sehen konnten. »Ich dachte schon, ihr kommt gar nicht mehr!«

»Die Schengensieck hat mal wieder kein Ende gefunden«, zischte Nick zurück.

»Die wer?«

»Ach, nicht so wichtig!« Nick hatte jetzt keine Zeit für lange Erklärungen. »Und? Ist er irgendwo hingegangen?«

»Ja!« Fabiano nickte eifrig mit dem Kopf. »Das ist er!« Er sah Nick und Tullia mit bedeutungsvollem Blick an.

Nick machte einen Schritt auf Fabiano zu. Vielleicht erfuhren sie nun, wohin ihr Vater verschleppt worden war.

»Ungefähr um zehn Uhr!«, erklärte Fabiano mit gesenkter Stimme und schaute sich nach allen Seiten um. »Ich bin sofort hinterher, halte, wie ihr gesagt habt, immer einen Sicherheitsabstand, bleibe in Sichtweite. Ihr hättet mich sehen sollen!«

Fabiano begann, seinen Bericht mit ausladenden Hand- und Armbewegungen zu untermalen. »Nur: Ihr hättet mich nicht gesehen! Ich war unsichtbar. Grandios! Die Hermiagasse hinunter, immer geduckt hinter Mauervorsprüngen, zwischen Eingangspforten gehockt, in Gassenzugänge hineingespurtet, unauffällig hinter zwei Yetis her. Er hat nichts gemerkt! Nichts! Dann den Berg hinab. Ich drücke mich an eine Hauswand, werfe mich hinter eine Hecke, robbe den Vorgarten entlang, dann zur Pforte hinaus, rechts und links geschaut und blitzschnell auf die andere Straßenseite. Dort in einen Hauseingang, wieder dicht an der Wand entlang, zum nächsten Eingang und ...«

»Fabiano!«, unterbrach ihn Tullia.

»Ja?«

»Wohin ist ... ähm ... Vater gegangen?«

Fabiano trat dicht an Nick und Tullia heran, schob ihre Köpfe näher zusammen und flüsterte ihnen ins Ohr: »Ich konnte es erst auch nicht fassen, aber ... er ist in den Buchladen gegangen, eine Zeitung kaufen!«

»Und dann?«, fragte Tullia ungeduldig.

»Dann?« Fabiano hob verwundert die Achseln. »Dann ist er zurück nach Hause.«

Tullia starrte ihn sprachlos an, und auch Nick musste sich gewaltig zusammenreißen, um nicht vor Enttäuschung laut aufzuschreien. »Danke, Fabiano«, sagte er schließlich, so ruhig er konnte.

»Ich war doch gut, oder?«, fragte Fabiano.

»Ja, sehr gut. Vielen Dank noch mal. Aber bitte, Fabiano, sag uns nächstes Mal einfach nur, wenn … ähm … Vater etwas Außergewöhnliches gemacht hat, ja?«

»Und erzähl es dann bitte so knapp wie möglich!«, konnte sich Tullia nicht verkneifen.

Der Nachmittag verging, ohne dass der falsche WM das Haus verließ. Nick und Tullia saßen in Nicks Zimmer und horchten darauf, ob sich seine Tür öffnete.

Diese WM-Figur musste irgendwie mit Z in Kontakt stehen, um ihn über alles zu unterrichten, was er in Erfahrung brachte. Also musste der falsche WM auf Schritt und Tritt verfolgt werden. Außerdem konnten sie ihm gezielt falsche Informationen unterschieben, um die Situation selbst irgendwie zu beeinflussen und ihn dazu zu bringen, schneller den Kontakt zu Z zu suchen.

Es war Levins Idee gewesen, für die Zeit, in der sie alle in der Schule sein würden, Fabiano als Beschatter einzusetzen. Der Zensor war zunächst äußerst skeptisch gewesen, doch schließlich hatte Levin ihn angegrinst und gesagt: »Aber Herr Zensor, gerade Sie wissen doch sicher, dass die Figuren jeden Befehl ihres Urhebers befolgen müssen. Und Fabiano ist für diese Aufgabe perfekt geeignet, weil er sehr mutig und abenteuerlustig ist. Er wird niemandem etwas erzählen und sogar noch Spaß daran haben. Zurzeit langweilt er sich nämlich ein bisschen, weil er mit der Suche nach Silver's Cross nicht weiterkommt.«

»Silver's Cross?« Der Zensor hatte die Stirn gerunzelt. »Wo ist denn das? Davon habe ich noch nie gehört.«

»Das ist ja das Problem«, hatte Levin geseufzt. »Hätte ich doch einen Ort gewählt, den es wirklich gibt. Aber Silver's Cross gibt es nur in meiner Geschichte, und dahinein kann ich Fabiano erst wieder entlassen, wenn Fräulein Schengensieck uns gestattet, unsere Figurenstudien zu beenden.«

Schließlich hatte der Zensor nachgegeben. »Nun gut, ich denke, von Fabiano wird für uns keine Gefahr ausgehen. Und wenn er sogar Freude an diesem Auftrag hat ...«

Etwas zu viel Freude vielleicht, dachte Nick, als er sich an Fabianos Berichterstattung zurückerinnerte. »Wir müssen Levin unbedingt sagen, dass er Fabiano klarmachen soll, das nächste Mal etwas ... ähm ...«

»... unauffälliger zu sein«, ergänzte Tullia.

»Genau!« Nick schüttelte den Kopf. »Was nützt es, wenn der falsche WM ihn nicht bemerkt, während ganz Montamar beobachtet, wie er sich dramatisch durch die Vorgärten schleicht?«

Tullia nickte. »Das habe ich auch ...«

In dem Moment hörten sie vom Flur her das Quietschen einer Türklinke, die hinuntergedrückt wurde. Laut hörten sie WMs Schritte die Treppe hinuntereilen. Nick sprang auf und warf einen Blick in den Flur. Wohin würde der falsche WM gehen? Nur in die Küche oder nach draußen? Gespannt hielt er die Luft an. Tullia griff vorsorglich schon zu den Jacken, die sie bereitgelegt hatten. Dann hörten sie, wie unten die Haustür geöffnet und wieder geschlossen wurde. Blitzschnell zogen sie sich an und rannten hinaus.

Draußen dämmerte es inzwischen. Nur mit Mühe konnten sie den falschen WM erkennen, der bereits ein ganzes Stück die Hermiagasse entlanggegangen war. Ein heftiger Wind wehte ihnen ins Gesicht. Für diese Nacht war ein schwerer Sturm angekündigt. Es begegneten ihnen nur wenige Menschen, als sie der Figur ihres Vaters in sicherem Abstand den Berg hinab folgten.

Er nahm einen Weg, den sie beide noch nie zuvor gegangen waren. Sehr steil und in ausgeprägten Serpentinen führte er abwärts. Immer wieder verloren sie »WM« für einen Moment aus den Augen.

Plötzlich jedoch, als sie um eine Kurve gebogen waren, schien er ganz verschwunden zu sein. Vor ihnen lag ein längeres schnurgerades Wegstück. »WM« war nirgends zu sehen. Dann entdeckte Nick, dass durch eines der Häuser auf der linken Seite ein schmaler Gang führte. Hier musste er abgebogen sein.

Der Gang verlief bergab an ein paar winzigen reetgedeckten Steinhäusern vorbei. Auf einmal endete er abrupt an einer in den Felsen geschlagenen Treppe, die so steil war, dass Nick und Tullia sich an dem kalten Geländer festhalten mussten und nur langsam vorankamen. Die Treppe führte zickzack den Berg hinab. Vor jeder neuen Biegung machten sie zunächst halt und spähten vorsichtig um die Ecke. Sie konnten den falschen

WM jedoch nicht sehen. Nur seine Schritte hallten von unten bis zu ihnen herauf.

Der eisige Wind schlug ihnen wütend ins Gesicht, da der größte Teil der Treppe unmittelbar am offenen Meer lag.

Nick zog sich seine Jacke höher ins Gesicht und konzentrierte sich wieder auf die schmalen Stufen, die durch die aufsprühende Gischt gefährlich nass und glatt geworden waren.

Als sie am Ende der Treppe ankamen, fehlte von »WM« jede Spur. Direkt vor ihnen ragte dunkel ein riesiges altes Gebäude empor. Das Haus war offensichtlich schon seit langer Zeit nicht mehr bewohnt worden; es fehlten mehrere Scheiben in den Fenstern, durch die der Wind laut heulend hineinfuhr, und an vielen Stellen war der Putz von den Wänden abgebröckelt. Einige Fensterläden hingen nur noch an einem Haken in ihrer Verankerung und schlugen klappernd vor und zurück.

Nick lief ein Schauer über den Rücken. Um dieses Haus hätte er selbst bei Tageslicht lieber einen großen Bogen gemacht, jetzt aber, in der Dunkelheit, war es geradezu unheimlich. Nick hatte das unbestimmte Gefühl, aus einer der vielen schwarzen Fensteröffnungen beobachtet zu werden.

Plötzlich packte ihn etwas am Arm. Beinahe hätte er vor Schreck laut aufgeschrien.

Doch es war Tullia, die ganz nah an ihn herangerückt war. »Bin ich froh, dass ich nicht allein hier bin«, sagte sie.

Wenn der falsche WM nicht in diesem Spukhaus verschwunden war, dann gab es nur einen Weg, den er genommen haben konnte, und der führte seitlich am Haus vorbei.

All ihren Mut zusammennehmend, gingen sie im Schutz der Bäume, die bedrohlich im Wind schwankten, den schmalen Pfad entlang, der vollkommen von Gestrüpp überwuchert war. Als sie das Haus passiert hatten, sahen sie, dass sich dahinter ein riesiges Grundstück bis zum Meer hinunterneigte, vom Strand durch eine Art Mauer aus Findlingen getrennt.

Und endlich entdeckten sie »WM«, der das Grundstück in Richtung Meer durchquerte.

Nick versuchte, in der Dunkelheit etwas zu erkennen. In jedem Fall war es viel zu gefährlich, »WM« über die Rasenfläche zu folgen. Und sich zwischen den Bäumen hindurch an ihn heranzupirschen, die bis dicht ans Meer hinunter wuchsen, war ebenfalls unmöglich, weil ihnen viel zu hohes Gestrüpp den Weg versperrte. Es blieb ihnen keine andere Wahl, als zu warten, bis »WM« nicht mehr zu sehen war, und ihm dann schnell nachzugehen.

Der falsche WM hatte inzwischen die Mauer aus Findlingen erreicht.

Nick nahm an, dass er als Nächstes hinüberklettern würde. Zu seiner Überraschung zog »WM« jedoch etwas Glänzendes aus seiner Manteltasche und steckte es zwischen die Steine. Dann drehte er sich um und kletterte eilig den Rasen wieder hinauf.

»Was machen wir jetzt?«, fragte Tullia mit leichtem Zittern in der Stimme.

Nick schaute sich um. »Komm mit!«, flüsterte er und zog sie in das Dickicht aus Bäumen und Unterholz.

Zügig ging »WM« geradewegs auf den schmalen Pfad zu – genau auf die Stelle, an der sich Nick und Tullia verbargen. Nick hielt die Luft an, als der falsche WM nur noch wenige Meter von ihnen entfernt war. Plötzlich verlangsamten sich seine Schritte. Er blieb stehen und wandte den Kopf genau in ihre Richtung. Es schien, als blicke er ihnen direkt in die Augen.

Nick vergaß vor Schreck zu atmen. Er rührte sich nicht, keinen Millimeter. Jeden Moment würde »WM« auf sie losstürzen. Was sollten sie dann tun? Wie sollten sie erklären, was sie hier taten? Ihr ganzer Plan wäre damit in höchster Gefahr. Und sie selbst natürlich auch.

Doch auf einmal ging »WM« weiter. Er lief den Pfad entlang am Haus vorbei und die Treppe hinauf.

»Meinst du, er hat uns gesehen?«, fragte Tullia.

»Nein.« Nick versuchte, sich sorgloser zu geben, als er war. »Hier ist es so dunkel, er kann uns nicht bemerkt haben.«

Tullia nickte.

»Und was machen wir jetzt? Sollen wir nachsehen, was er da deponiert hat?«

Tullia blickte nachdenklich zu den Findlingen. »Nein, lieber nicht. Du weißt doch, was der Zensor gesagt hat: Nur beobachten! Und nur dann handeln, wenn garantiert kein Risiko besteht.«

»Das weiß ich«, raunte Nick ihr zu. »Aber es wäre so wichtig für uns zu erfahren, was er da in die Mauerritze gesteckt hat.« Er überlegte. Auch ihm war überhaupt nicht wohl bei dem Gedanken, über den Rasen zu laufen, der ihnen keinerlei Schutz bieten würde. »Vielleicht gibt es noch einen anderen, nicht so auffälligen Weg zum Meer. Dann können wir den Strand entlang bis zu der Mauer gehen.«

»Ja, das ist eine gute Idee«, stimmte Tullia zu. »Aber es sollte lieber einer von uns hierbleiben und die Mauer beobachten, oder?« Sie sah ihren Bruder mit einem Blick an, aus dem gleichzeitig Furcht und Zweifel sprachen.

In diesem Moment wurde ihnen die Entscheidung von ganz allein abgenommen. Aus dem Augenwinkel nahm Nick plötzlich eine Bewegung wahr. Er schaute zu der Mauer hinunter. Dort kauerte eine dunkel gekleidete Gestalt und tastete sich die Findlinge entlang. Nach kurzem Suchen zog sie das glänzende Ding, das der falsche WM dort deponiert hatte, aus dem Mauerwerk hervor, kletterte blitzschnell über die Steine und verschwand.

Tullia sah Nick an. »Hinterher?«

Nick dachte nicht lange nach. »Ja, komm!«

Im Schutz der Bäume und Büsche rannten sie das Grundstück hinab. Kurz bevor sie die Mauer erreichten, gingen sie in die Hocke und schlichen sich vorsichtig an die Findlinge heran, hinter denen sie schließlich in Deckung gingen.

Nick lauschte angestrengt, ob er irgendetwas hören konnte. Doch der Wind und die aufgepeitschten Wellen übertönten jedes Geräusch. Vorsichtig spähte er über die Mauer. Vor ihm lag die tiefschwarze See, die unaufhörlich große rollende Wogen unter langen weißen Schaumkronen an Land fegte.

Links und rechts konnte er nur ein paar Meter weit den Strand einsehen. »Ich erkenne nichts«, sagte er enttäuscht.

»Dann lass uns lieber gehen«, schlug Tullia vor.

Nick drehte sich um und blickte zu dem großen Haus hinauf. Wie es da weit über ihnen in den dunklen Himmel aufragte, sah es noch bedrohlicher aus.

»Was hältst du davon«, fragte er, »wenn wir am Strand entlang zurücklaufen?«

Tullia nickte erleichtert. »Sehr viel.«

Zettelstapel

Es dauerte eine ganze Weile, bis sie endlich vom niedrigsten Punkt der Insel bis zum höchsten gelangt waren. Als sie das Zensoriat erreichten, waren sie vollkommen außer Atem und durchgefroren.

Wie verabredet, klopften sie an der Pforte der schwach erleuchteten Hausmeisterloge. Wenig später öffnete der Pförtner ihnen wortlos die Tür.

Nick war gespannt, ob der Zensor und Levin schon etwas herausgefunden hatten. Doch als sie den Archivraum betraten, erwartete sie dort eine ganz andere Überraschung. Zusammen mit dem Zensor Maximus und Levin stand Zensor Bucklinger an den Karteikästen.

»Ah, da seid ihr ja!«, begrüßte sie Willibald Regeling. Er warf einen kurzen Blick auf seinen Stellvertreter und klärte Nick und Tullia dann auf: »Ich habe heute Vormittag beschlossen, Zensor Bucklinger in alles einzuweihen.«

Dieser lächelte Nick und Tullia freundlich zu. »Na ja! Sagen wir: Er hat mich einweihen müssen. Ich hätte euren Vater sonst wohl in eine Anstalt einweisen lassen, und das wäre, nachdem ich nun die Wahrheit kenne, sicher eine Katastrophe gewesen.«

»Allerdings«, pflichtete der Zensor Maximus ihm bei.

Nick und Tullia sahen sich verständnislos an.

»Die Figur, die vorgibt, euer Vater zu sein«, erklärte Willibald Regeling, »wollte mich gestern aufsuchen. Und offenbar sind Z noch mehr Fehler unterlaufen, als uns ohnehin schon aufgefallen waren. Jedenfalls ist euer angeblicher Vater hier auf Zensor Bucklinger gestoßen und hat ihn für mich gehalten, was diesen natürlich außerordentlich verwirrt hat.«

»Aber wie kann denn das passiert sein?« Tullia sah den Zensor Maximus überrascht an. »Sie waren doch bei ihm und haben mit ihm gesprochen.«

»Ja.« Willibald Regeling nickte. »Aber ich habe mich ihm natürlich nicht vorgestellt, sondern versucht, mich ganz normal zu verhalten. Und da ich ihn die ganze Zeit ausgehorcht habe, um herauszufinden, was mit ihm los ist, selbst aber nichts erzählt habe, hatte er offenbar keine Ahnung, wer ich war. Und selbstverständlich konnte er mich auch nicht fragen. Sonst hätte er sich sofort verraten.«

»Und dann spielte auch noch der Zufall eine Rolle«, sagte Zensor Bucklinger. »Genau in dem Moment, in dem euer angeblicher Vater hier auf mich zukam, sprach mich eine ältere Dame mit einem sehr seltsamen Hut auf dem Kopf mit ›Zensor‹ an. Und daraus hat euer vermeintlicher Vater wohl die falsche Schlussfolgerung gezogen und gedacht, ich sei der Zensor Maximus.« Er schüttelte den Kopf. »Ihr könnt euch vorstellen, wie verblüfft ich war, als auf einmal euer Vater auf mich zukam und mich mit ›Guten Morgen, lieber Willibald‹ ansprach. Ich hielt es zunächst für einen Scherz. Manche Autoren haben ja einen etwas eigenwilligen Humor und ich kenne euren Vater nicht sehr gut. Aber als er mich dann beiseitenahm, sich für sein Verhalten neulich Nacht entschuldigte und mir versicherte, dass er seine Kinder doch nicht einweihen werde, wenn es mir nicht recht sei, da kam mir die Situation doch etwas merkwürdig vor. Ich habe den Zensor Maximus gestern nicht mehr angetroffen, ihn aber heute gleich als Erstes informiert und ihm dringend geraten, einen Arzt für Herrn Münsterbach zu rufen.«

»Das konnte ich natürlich nicht zulassen«, seufzte Willibald Regeling. »Es schien mir stattdessen das Beste, Zensor Bucklinger die ganze Geschichte zu erzählen. Als Mitglied des Geheimen Rates kannte er bereits viele Einzelheiten und er ist absolut vertrauenswürdig.«

Nick biss sich auf die Unterlippe. Wenn zu viele Menschen von ihrem Plan erfuhren, konnte dies seinen Vater und Robyn in noch größere Gefahr bringen. Ganz zu schweigen von den

Schwierigkeiten, in die sich der Zensor Maximus brachte, wenn herauskam, dass er den Inhalt des *Buches der elf Wächter* einer Figur anvertraut hatte. Auf der anderen Seite aber konnte es auch nicht schaden, wenn ihnen noch ein weiterer kluger Kopf zur Seite stand.

»Ich wollte noch sagen«, fügte Zensor Bucklinger hinzu und sah Nick und Tullia ernst an, »dass es mir sehr, sehr leidtut, dass euer Vater entführt wurde. Und offenbar auch Robyn. Das muss furchtbar für euch sein. Es klingt jetzt sicher seltsam. Schließlich kennen wir uns kaum. Aber ich meine es ernst: Bitte sagt mir, wenn ich euch irgendwie helfen kann!«

Nick spürte einen Kloß im Hals. So etwas hatte nicht einmal der Zensor Maximus zu ihnen gesagt.

»Und sei es nur«, fügte Zensor Bucklinger mit einem kleinen Lächeln hinzu, »dass ich die verehrte Kollegin Schengensieck ein wenig in Schach halten soll.«

Willibald Regeling blickte in die Runde. »Ich denke, wir sollten uns jetzt wieder an die Arbeit machen.«

Zensor Bucklinger und Levin nickten, nahmen sich einen Zettel vom Tisch und suchten die Regale ab, die bis unter die Decke mit Karteikästen gefüllt waren.

»Was sollen wir tun?«, fragte Tullia den Zensor, der sich über ein Buch gebeugt hatte und beim Lesen mit seinem Zeigefinger eine Zeile nach der anderen abfuhr. Die Einträge waren sehr klein und in verschiedenen Handschriften geschrieben.

»Ganz einfach«, sagte der Zensor Maximus, ohne von seinem Buch aufzublicken. »Wie wir gestern besprochen haben: Das hier sind die Kurzeinträge, die die Scheibner für jede Figur, die sie verscheibt haben, in dieses Buch eintragen müssen. Die Einträge beinhalten, wie gesagt, die Hauptcharakterzüge der Figur sowie den Namen und die Adresse ihres Autors. Ich schreibe hier die Kurzeinträge aller Figuren, die auf euren falschen Vater zutreffen könnten, auf Zettel. Ihr nehmt einen Zettel, sucht nach der Figurisierungsliste und prüft, ob auch alle anderen dort vermerkten Eigenschaften passen könnten.« Er griff zu einem Zettel und kopierte einen Kurzeintrag. »Denkt bitte daran, dass die Figur eures Vaters vermutlich unter falschem Namen und mit verändertem Aussehen figurisiert wurde. So etwas wie zum Beispiel eine falsche Haarfarbe darf euch nicht irritieren. Z könnte seiner Figur nach der Figurisierung die Haare gefärbt haben, damit sie so aussieht wie euer Vater.«

»Hat denn bislang noch nicht einmal eine einzige Figurisierungsliste gepasst?«, fragte Nick enttäuscht.

»Nein.« Willibald Regeling schüttelte den Kopf. »Aber ich bin mir sicher, dass es viel einfacher sein wird, die Figur eures Vaters zu finden als die Walthars. Schließlich seid ihr noch nicht allzu lange hier und die Figurisierung kann nur in dieser Zeit stattgefunden haben. Vorher hatte Z schließlich keinerlei Veranlassung dazu. Er konnte nicht ahnen, welche Rolle euer Vater in der Angelegenheit spielen würde.«

»Und was«, fragte Nick, »wenn Z die Einträge wieder hat verschwinden lassen?«

Der Zensor schüttelte den Kopf. »Das konnte er diesmal nicht. Nach der Erfahrung mit Walthars fehlenden Daten habe ich Änderungen am System vorgenommen. Die Kurzeinträge werden nun nicht mehr, wie früher, auf Karten festgehalten, die sich unauffällig entnehmen lassen, sondern in diesem Buch. Und das Buch wird am Ende jedes Verscheibungstages in ein geheimes Fach eingeschlossen.«

Nick und Tullia nahmen jeder einen Zettel von dem kleinen Stapel und machten sich auf die Suche.

Auf Nicks Zettel stand: *Samuel Denkmeister, Gelehrter, blond, wortkarg, klug, athletisch; Autor: Johanna Lingen.* Das klang vielversprechend. Mit den Augen suchte er die Regale ab, bis er die Kästen für L entdeckte, zog denjenigen mit *Lic–Litz* heraus und blätterte durch die Karten. Schließlich stieß er auf Johanna Lingen und Samuel. Gespannt begann Nick, die Figurisierungsliste durchzulesen, doch schon bald stellte sich heraus, dass dies nicht die Figur sein konnte, die sie suchten. Samuel Denkmeister stotterte.

So ging es eine ganze Weile. Mit jedem neuen Figurennamen schöpfte Nick neue Hoffnung, doch jedes Mal stieß er in der entsprechenden Liste auf Charakterzüge, die nicht passen konnten. Langsam wurde er müde. Aber er war dennoch fest entschlossen, so lange weiterzumachen, wie er die Augen offen halten konnte. Er wollte, er musste seinem Vater so schnell wie möglich helfen.

Erneut ging er zum Schreibtisch des Zensors, um sich einen Zettel zu holen. Zensor Bucklinger kam ihm von dort entgegen und lächelte ihm aufmunternd zu. Inzwischen war Nick sogar froh, dass der Zensor ihnen half. Irgendwie vermittelte er ihnen in seiner freundlichen, anpackenden Art das Gefühl, dass schon alles gut gehen würde.

Als Nick sich einen Zettel von dem Stapel nahm, klappte Willibald Regeling gerade das Buch zu. »Das war's«, sagte er. »Alle Einträge der letzten zwei Monate.« Er zeigte auf den Stapel Zettel, die er geschrieben hatte. »Irgendwo hier muss sich die richtige Figur verbergen. Ich kann es …«

»Ich habe sie!«, rief in diesem Moment Zensor Bucklinger. »Das muss sie sein!«

Alle ließen stehen und liegen, was sie gerade taten, und eilten zu ihm hinüber.

Der Zensor blätterte fingerfertig durch einen Karteikasten mit der Aufschrift *Haa–Hau* und schüttelte dann den Kopf. »Ich habe es jetzt dreimal kontrolliert, aber die Karte ist nicht zu finden. Und sie ist auch nicht falsch einsortiert. Sie fehlt. *Die Geschichte von Wim Mach*, geschrieben von Philoktet Hansen. Sie ist einfach nicht da!«

Der Zensor Maximus trat stirnrunzelnd an den Karteikasten heran. »Und haben Sie auch schon in den Kästen unter *W* und *M* nachgesehen? Vielleicht wurde die Karte versehentlich unter dem Titel der Geschichte eingeordnet.«

»Nichts.« Zensor Bucklinger schüttelte den Kopf. »Ich habe auch sie überprüft. Die Karte ist nicht da.«

»Gut.« Der Oberzensor nahm noch einmal die Stelle in Augenschein, an der die Karte hätte stecken müssen. Dann begann er zu lächeln. »Es ist die Karte, die wir suchen. Hier!« Er zeigte auf die Haltestange am Boden des Kastens, die durch

die gelochten Karten geschoben war und diese so zusammen-
hielt.

Nick warf einen Blick hinein und sah einen winzigen Fetzen
Papier daran haften. »Jemand hat die Karte herausgerissen.«

»Ja«, bestätigte Willibald Regeling. »Ganz offensichtlich. Jemand wollte die Karte verschwinden lassen. Kommen Sie«,
sagte er zu Zensor Bucklinger. »Wir müssen das anhand der
Scheibe überprüfen.«

Eilig verließen die beiden den Raum.

»Wim Mach«, sagte Levin. »Was für ein seltsamer Name!«

Tullia runzelte die Stirn, so als sei ihr ein Gedanke gekommen, den sie jedoch noch nicht zu Ende gedacht hatte. Plötzlich riss sie die Augen weit auf. »Der Name ist überhaupt nicht
seltsam!«, rief sie. »Die Zensoren hätten sich den Weg sparen
können!«

Nick und Levin blickten sie verdutzt an.

»Mensch, seid ihr langsam!« Tullia schüttelte grinsend den
Kopf. »Das sind jeweils die Anfangs- und Endbuchstaben von
Vaters Namen.«

Nick schlug sich die Hand vor die Stirn. »Natürlich!«

Es dauerte nicht lange und die Zensoren kamen wieder
zurück. »Es genügte ein kurzer Blick«, sagte Willibald Regeling.
»Es ist eindeutig die Figur, die wir suchen.«

»Ja, das haben wir auch gerade herausgefunden«, sagte Tullia
und berichtete, was ihnen aufgefallen war.

Der Zensor Maximus nickte anerkennend. »Sehr klug. Das
hätte ich überhaupt nicht bemerkt.« Er begann zu lächeln.

»Aber dann hätten wir die Scheibe nicht überprüft, und ich hätte euren Vater nicht mit blonden Locken, einem Schnurrbart und in einem knallroten Anzug gesehen.«

»Ja«, lachte Zensor Bucklinger, »auch wenn dies nicht die richtige Gelegenheit zur Belustigung ist, aber er gab ein ganz außergewöhnliches Bild ab.«

Unter anderen Umständen hätte Nick wahrscheinlich die bloße Vorstellung, seinen Vater in einer solchen Aufmachung zu sehen, sehr komisch gefunden, aber nach Lachen war ihm im Moment wirklich nicht zumute. »Und wie gehen wir jetzt weiter vor?«

Der Zensor Maximus überlegte einen Augenblick. »Ich denke, ich werde Philoktet Hansen morgen früh einen Besuch abstatten«, sagte er dann.

»Kennen Sie ihn?«, fragte Levin.

»Nur dem Namen nach. Er soll früher ein hervorragender Literaturwissenschaftler gewesen sein, aber seine Veröffentlichungen liegen weit vor meiner Zeit als Zensor.« Er schüttelte den Kopf. »Ich wüsste gern, was das alles zu bedeuten hat.«

Nick spürte, wie ihm langsam von allein die Augen zufielen, und Tullia konnte ein Gähnen kaum unterdrücken. »Wir sollten jetzt nach Hause gehen«, sagte sie.

Der Zensor Maximus nickte. »Wir treffen uns morgen Mittag. Ich hoffe, dann wissen wir mehr.«

Zensor Bucklinger seufzte. »Es tut mir leid, dass ich morgen nicht mitkommen kann, aber Sie wissen ja: Ich muss zu dieser

Tagung über die korrekte Auswahl von Schlag- und Stichwörtern aufs Festland.«

»Ja«, sagte der Zensor Maximus, »ich weiß.«

»Aber in zwei Tagen«, fügte Zensor Bucklinger an Nick und Tullia gewandt hinzu, »in zwei Tagen stehe ich wieder voll und ganz zur Verfügung.«

Der Sturm hatte noch weiter an Fahrt gewonnen, als Nick, Tullia und Levin aus dem Zensoriat traten. Der Wind schien ihnen geradezu aus allen Richtungen gleichzeitig ins Gesicht zu blasen. Sie zogen sich ihre Jacken höher und liefen, so schnell sie konnten, den Berg hinab. Niemand begegnete ihnen auf dem Weg nach Hause. Es war, als ob sie ganz allein auf dieser Insel seien, schoss es Nick durch den Kopf. Und irgendwie fühlte er sich auch so: allein mit Tullia, Levin und den beiden Zensoren im Kampf gegen Z und seine schwarzen Gestalten. Wie allein jedoch, dachte er, musste sich erst sein Vater vorkommen. Und natürlich Robyn. Nick wurde richtiggehend übel bei dem Gedanken, was Z den beiden möglicherweise schon angetan hatte oder noch antun würde, wenn sie sich nicht beeilten, sie zu befreien. Aber vielleicht, hoffentlich, bestimmt würde der Zensor morgen aus diesem Philoktet Hansen die Wahrheit herausbekommen. Und wenn nicht, dann würden sie …

»Sagt mal …« Levin blieb auf einmal stehen und schlug sich mit der Hand vor den Kopf. »Gibt es eigentlich Neuigkeiten über euren falschen Vater? Ist er irgendwohin gegangen?«

Nick und Tullia sahen sich erstaunt an. Das hatten sie über den Ereignissen im Zensoriat schon fast wieder vergessen. Nick berichtete kurz, was Tullia und er gesehen hatten.

Levin riss die Augen auf. »Meint ihr, diese Figur geht jeden Abend dorthin und hinterlegt einen Bericht?«

»Ich denke schon«, antwortete Nick.

»Und morgen«, sagte Tullia und zog sich ihre Jacke noch höher ins Gesicht, »morgen sind wir gewappnet.«

Ein unheimlicher Ort

Am nächsten Morgen hatte sich der Sturm vollständig gelegt, aber überall in den Gassen Montamars waren seine Spuren noch deutlich zu erkennen, als sich Nick und Tullia auf den Weg ins Zensoriat machten. Das nasse Kopfsteinpflaster war übersät mit abgebrochenen Ästen, Zweigen und Laub, vom Wind in hohen Wehen an die Wände gehäuft. Ein paarmal versperrten ihnen sogar kleine Barrikaden aus zerborstenen Dachpfannen den Weg, die der Sturm von den Häusern gefegt hatte.

»Wann haben wir eigentlich endlich wieder Unterricht in der Schule?«, keuchte Tullia.

»Wenn wir alle unsere Figuren präsentiert haben«, schnaufte Levin, der in diesem Moment zu ihnen stieß.

Auch Nick atmete schwer. Die enge Treppe zwischen der alten Hanseatenvilla und dem Kontorhaus hatte besonders hohe Stufen.

Nick dachte mit Unbehagen an den bevorstehenden Schultag. Fräulein Schengensieck hatte ihnen angekündigt, einen Vortrag über *Charakterisierung im Wandel der Zeit* halten zu wollen. Wenn er sich vorstellte, dass der Oberzensor zur gleichen Zeit Philoktet Hansen befragen würde, schien es ihm geradezu unerträglich, stundenlang dem monotonen Erzählstil ihrer Lehrerin zuzuhören.

Missmutig stieg Nick die letzten Stufen der Burgtreppe hinauf. In diesem Moment sah er den Zensor das Gebäude verlassen und über den Burghof auf sie zukommen.

»Guten Morgen«, begrüßte Willibald Regeling sie. Er blickte sich kurz nach möglichen Zuhörern um. »Ich mache mich jetzt auf den Weg zu Herrn Hansen. Nur Mut! Ich bin sicher, dieses Gespräch wird uns weiterhelfen, euren Vater zu befreien.« Er klopfte Nick und Tullia aufmunternd auf die Schultern und wandte sich schon zum Gehen. Doch dann drehte er sich noch einmal um. »Wir sind gestern gar nicht mehr dazu gekommen: Habt ihr noch etwas Besonderes herausgefunden?«

»Oh ja!« Tullia erzählte knapp, was Nick und sie bei ihrer Verfolgung des falschen WM beobachtet hatten.

Der Zensor nickte. »Ich schlage vor, wir beraten heute Mittag im Alten Seemann, wie wir weiter vorgehen werden. Nun muss ich mich auf den Weg machen.« Er nickte ihnen noch einmal zu und eilte die Treppe hinunter.

»Kommt!« Tullia ging in die andere Richtung. »Wir sind schon spät dran.«

Nick folgte ihr nur wenige Schritte. Dann blieb er stehen. Er drückte Levin seine Tasche in die Hand. Jetzt wusste er, was er zu tun hatte. »Sagt Fräulein Schengensieck, dass ich krank bin. Ich gehe mit zu Philoktet Hansen.«

Levin und Tullia blickten ihn erstaunt an. Schließlich nickten sie. »Vielleicht ist es gut, wenn der Zensor nicht allein geht. Man weiß ja nie!«

Nick lief los. »Wir sehen uns nachher!«, rief er über die Schulter hinweg, ehe er die Stufen hinunterrannte.

Es dauerte nicht lange, bis er den Zensor eingeholt hatte.

»Ich komme mit«, sagte Nick.

Willibald Regeling runzelte die Stirn und musterte ihn einen Augenblick. Nick war sich sicher, dass er versuchen würde, ihn davon abzubringen. Doch der Zensor sagte nur: »Na, dann los!«, und ging weiter.

Der Weg führte sie gewissermaßen auf die Rückseite der Insel, in eine Gegend, die Nick noch nie zuvor betreten hatte. Und die er ohne triftigen Grund wohl auch nie betreten hätte.

Der Zensor und er tauchten ein in ein schier undurchdringliches, finsteres Geflecht aus dunklen Gassen, engen Stiegen, Tunneln und sehr hohen, schmalen Backstein- und Holzhäusern, die allesamt stark heruntergekommen waren. Mehr als einmal blickte Nick besorgt nach oben, weil er fürchtete, eines dieser Häuser werde gleich über ihnen zusammenbrechen.

Doch sie standen so dicht aneinander oder geradezu aufeinander und ineinander verschachtelt, dass sie sich wohl gegenseitig stützten. Nick bezweifelte, dass hier jemals ein Sonnenstrahl den Boden erreicht hatte. Und das war auch gut so, dachte er, so konnte er wenigstens nicht genau erkennen, was sich da zu seinen Füßen abspielte. Offenbar warfen die Menschen, die hier wohnten, ihre Abfälle einfach auf die Straße. Und so roch es trotz der frischen Seeluft, die man überall sonst auf Montamar einatmen konnte, an diesem Ort unangenehm modrig.

Besonders seltsam erschienen Nick jedoch die Menschen, die ihnen entgegenkamen: Zuerst sahen sie Willibald Regeling und ihn mit grimmiger Miene an. Sobald sie den Zensor aber erkannten, richteten sie den Blick zu Boden und eilten vorbei. Als ihnen eine rundliche ältere Frau begegnete, die ebenfalls plötzlich den Kopf wegdrehte und ihr Schritttempo erhöhte, konnte Nick sich eine Frage nicht verkneifen: »Kann es sein, dass die Leute hier etwas zu verbergen haben?«

»Pscht!« Der Zensor legte den Finger an den Mund und nickte. »Vor allem haben die Leute hier sehr gute Ohren und sehr wenig Humor.« Er zog eine Karte aus der Tasche und studierte sie für einen Moment. »Wir müssten eigentlich gleich da sein«, sagte er stirnrunzelnd. »Wenn ich mich nicht vollkommen irre.« Er warf einen letzten Blick auf die Karte und führte Nick ein paar Stufen hinauf, links um ein Haus herum und über eine kurze überdachte Treppe noch weiter nach oben.

»Das müsste es sein!« Der Zensor zeigte auf das mittlere von drei Häusern, die gewissermaßen das Geländer für einen sehr steilen Aufstieg bildeten, sodass das Erdgeschoss des obersten Hauses auf der gleichen Höhe lag wie der erste Stock des untersten.

Nick blickte an dem hohen alten Gebäude empor, das dringend eine Renovierung benötigte. Aus den rotbraunen Backsteinen waren überall Ecken herausgebrochen, und nur vereinzelte kleine Farbtupfer ließen noch erkennen, dass die Fensterrahmen einmal weiß gewesen sein mussten.

Der Zensor wandte sich Nick zu. »Es ist, glaube ich, am besten, wenn du dich im Hintergrund hältst und mir das Reden überlässt. Einverstanden?«

»Ja, einverstanden.«

Der Zensor hob den Türklopfer und schlug ihn lautstark gegen das Holz. Einige Sekunden lang geschah gar nichts. Dann plötzlich öffnete sich die Tür laut knarrend einen Spaltbreit. Dahinter war nichts zu erkennen. Und es war auch kein einziger Laut aus dem Inneren des Hauses zu vernehmen.

»Wer lässt denn in dieser Gegend seine Tür unverschlossen?«, wunderte sich der Zensor.

Nick lief ein feiner Schauer über den Rücken. »Was machen wir jetzt?«

Willibald Regeling blickte an dem Haus empor. »Ich würde sagen, wir können nur eines tun.«

Das Erdgeschoss bestand aus einem einzigen Raum. Der Zensor und Nick waren erst einmal stehen geblieben, um sich an die beinahe vollständige Dunkelheit zu gewöhnen. Vor dem einzigen Fenster hingen dicke, fest verschlossene Vorhänge. Schemenhaft konnte Nick rechts von sich eine Treppe ausmachen, die nach oben führte. Ansonsten schien sich in dem Raum kaum etwas zu befinden – außer ein paar Holzlatten und jede Menge Staub. Es roch unangenehm muffig und es war eisig kalt. Nick war sich sicher, dass hier schon lange niemand mehr gewohnt hatte. Aber das musste nicht heißen, dass niemand da war.

Wenn es nicht um so viel gegangen wäre, hätte Nick auf der Stelle kehrt gemacht. Er sah den Zensor an. Auch dieser fühlte sich sichtlich unwohl, was ihm jedoch in keiner Weise anzuhören war, als er mit fester Stimme »Herr Hansen?!« rief.

Nick hielt die Luft an.

Außer einem leisen Trippeln, das vermutlich von Mäusen oder Ratten kam, war nichts zu hören.

»Philoktet Hansen?« Der Zensor rief noch einmal, diesmal lauter.

Wieder kam keine Antwort.

»Lass uns oben nachsehen!« Willibald Regeling ging auf die Treppe zu, ohne Nicks Antwort abzuwarten. Die Stufen begannen, unter seinen Tritten laut zu ächzen und zu knarren.

Nick folgte ihm.

»Pass auf!«, flüsterte der Zensor, als er beinahe oben war. »Hier fehlt eine Stufe.«

Im nächsten Stockwerk war es ein wenig heller, wenn auch keineswegs sauberer. Nicks Blick fiel in eine alte Küche, in der sich schmutziges Geschirr auftürmte. Rechts davon befand sich ein Waschraum, der offensichtlich selbst schon lange nicht mehr sauber gemacht worden war, und daneben noch ein Zimmer, dessen Tür als einzige geschlossen war.

Zögerlich trat der Zensor darauf zu und klopfte an. »Herr Hansen?« Er wartete ein paar Sekunden, dann öffnete er sie. Doch auch in dem Raum dahinter hielt sich niemand auf. Nur ein rostiges altes Bett mit einer durchgelegenen Matratze stand darin und ein paar schmutzige Decken lagen auf dem Fußboden.

Der Zensor drehte sich um und steuerte auf eine weitere Treppe zu, deren oberes Ende im Dunkeln lag. Entschlossen stieg er die Stufen hoch und Nick ging etwas zögernd hinter ihm her.

Am Ende der Treppe war ebenfalls eine Tür.

Wieder klopfte der Zensor an und rief: »Herr Hansen?«

Sie lauschten. Aber auch jetzt war kein Laut zu hören.

Der Zensor holte tief Luft. Dann legte er seine Hand auf die Klinke.

Eine schreckliche Erkenntnis

Willibald Regeling öffnete die Tür einen Spaltbreit. Völlig unerwartet strömte ihnen eine angenehme Wärme entgegen. Der
Zensor schaute Nick an, als wolle er sagen: »Jetzt geht es los!«
Dann schob er die Tür so weit auf, dass sie den dahinter liegenden Raum überblicken konnten. Anders als die anderen Zimmer in diesem Haus sah dieser bewohnt und auch bewohnbar
aus. Eine alte Vitrine und zwei hohe wurmstichige Schränke
standen an den Wänden. In einer Feuerstelle glomm noch
etwas Glut, und auf dem Boden lag ein ausgetretener Teppich,
auf dem sich ein niedriger Holztisch befand, und davor, mit
dem Rücken zur Tür, ein Armsessel mit einer hohen Rückenlehne.

417

Nicks Blick blieb an dem kleinen Tisch hängen, der voll beladen war mit Zeitungen und mehreren Flaschen Wein. Auch einen Laib Brot und einen riesigen Schinken konnte er erkennen. Er beugte sich zur Seite, um an dem Sessel vorbeizuschauen. Und plötzlich schien sich dieser zu bewegen. Nick zuckte vor Schreck zusammen. Erst jetzt bemerkte er, dass in dem Sessel jemand saß. Ein paar graue Haare ragten über die Rückenlehne hinaus und bewegten sich hin und her, so als schüttele ihr Besitzer langsam den Kopf.

Der Zensor trat einen Schritt vor. »Herr Hansen?«, sagte er.

Die Haare erstarrten förmlich. Dann ertönte eine zittrige raue Stimme. »Wer ist da?«

Der Zensor gab Nick ein Zeichen, an der Tür auf ihn zu warten, und ging um den Sessel herum. Er stellte sich so hin, dass er sowohl Herrn Hansen, falls es sich um diesen handelte, als auch Nick ansehen konnte.

»Wer sind Sie?«, fragte der alte Mann. »Mit welchem Recht dringen Sie in mein Haus ein?« Er griff nach einem Gehstock, der am Sessel lehnte, und fuchtelte damit vor dem Gesicht des Zensors herum.

»Ich bin Willibald Regeling, der Zensor Maximus von Montamar.«

»Und wenn Sie die Königin von Saba sind, Sie haben in meinem Haus nichts zu suchen!« Der alte Mann stieß bei jedem Wort seinen Stock auf den Boden.

»Es tut mir leid, wenn ich Sie erschreckt habe, aber ich habe mehrmals sehr laut angeklopft. Sie haben nicht geöffnet.«

»Das kann sein. Ich höre nicht mehr gut. Das ist aber kein Grund, hier einzubrechen, verdammt!«

»Nun«, der Zensor ließ sich nicht aus der Ruhe bringen, »Sie haben zwar nicht geöffnet, dafür öffnete sich die Tür von ganz allein. Und ich habe mehrfach laut gerufen. Sie müssen verstehen: Ich habe mir Sorgen gemacht. Offen stehende Türen sind in dieser Gegend ungewöhnlich. Und nicht ganz ungefährlich, wie Sie sicher wissen.« Der Zensor lächelte freundlich.

»Die Tür war offen?« Philoktet Hansen schüttelte den Kopf. »Das kann nur …« Dann verstummte er.

»Wie bitte?«

»Ach, nichts! Also: Was wollen Sie?«

Der Zensor trat einen Schritt zurück und musterte den alten Mann mit scharfem Blick. Nick bedauerte zutiefst, dass er dessen Gesicht nicht sehen konnte.

»Ich möchte eigentlich nur bestätigt wissen, dass Sie der Autor der *Geschichte von Wim Mach* sind.«

Der alte Mann stieß erneut mit seinem Stock auf. »Dumme Frage! Ich bin im Zensoriat als Autor der Geschichte eingetragen, also habe ich sie auch geschrieben. Ich hätte angenommen, dass gerade Sie das wissen. Hat der oberste Zensor von Montamar nichts anderes zu tun?«

Der Zensor ließ sich nicht beirren. »Gut, dann können Sie mir ja sicherlich erzählen, worum es in Ihrer Geschichte geht.«

»Natürlich kann ich das!«, polterte Philoktet Hansen. »Will ich aber nicht. Lesen Sie sie doch einfach!«

»Das habe ich bereits. Ich bin mir aber nicht sicher, ob Sie das auch getan haben.«

Der alte Mann hob seinen Stock und zeigte damit auf den Zensor. »Was reden Sie da für einen Unfug? Wozu soll ich meine eigene Geschichte lesen, wenn ich sie selbst geschrieben habe?«

Auch Nick begriff nicht sofort, worauf der Zensor hinauswollte.

»Ich möchte lediglich, dass Sie mir den Inhalt Ihrer Geschichte wiedergeben, mehr nicht«, sagte der Zensor ruhig.

»Das werde ich aber nicht tun«, herrschte Philoktet Hansen ihn an.

»Das würde ich an Ihrer Stelle aber sehr wohl.« Der Zensor lächelte eisig. »Jedenfalls, wenn Sie es können, was ich stark bezweifle. Als Zensor Maximus des Burgzensoriats zu Montamar habe ich die Befugnis, schon beim geringsten Verdacht auf ungeklärte, widerrechtliche oder gefälschte Urheberschaft genaueste Nachforschungen anzustellen. Ich kann und ich werde Ihnen einen Prozess machen. Und ich kann sogar erreichen –«, er trat ganz dicht an Philoktet Hansen heran, und beugte sich zu ihm hinunter, »dass Sie von Montamar verwiesen werden. An Ihrer Stelle würde ich jetzt die Wahrheit sagen und ich werde Gnade vor Recht walten lassen.«

Nick sah, wie der Stock in der Hand des alten Mannes zu zittern begann.

»Ich habe es gewusst.« Seine Stimme war nur mehr ein Flüstern. »Ich wusste, es gibt nur Ärger.«

»Was gibt nur Ärger, Herr Hansen?«, fragte Willibald Regeling.

»Die haben gesagt, für mich bestände keinerlei Risiko.« Philoktet Hansen begann, stark zu husten. »Ich müsse nur ins Zensoriat gehen, diese Geschichte unter meinem Namen einreichen und Wim Mach figurisieren lassen.«

»Wer sind ›die‹?«, fragte der Zensor so ruhig, als habe er sich nur nach der Uhrzeit erkundigt.

»Das kann ich Ihnen nicht sagen. Sie …« Das Husten weitete sich zu einem heftigen Anfall aus.

Willibald Regeling nahm ein Glas vom Tisch und schenkte ihm, als er kein Wasser finden konnte, einen Schluck Wein ein. Philoktet Hansen spülte das Getränk in einem Zug die Kehle hinunter. »Sie waren ganz in schwarz gekleidet, als sie damals an meine Tür klopften. Ich konnte nur ihre Augen sehen.«

Er verstummte.

Ein paar Sekunden lag herrschte Stille im Raum. Dann fragte der Zensor: »Und was haben Ihnen diese schwarzen Gestalten geboten?«

»Ich habe abgelehnt, das müssen Sie mir glauben, Zensor!«, wimmerte Hansen. »Ich bin ein ehrenhafter Autor. Das war ich immer. Ich war nie erfolgreich. Sie sehen ja, wie ich lebe, aber ich war immer ehrenhaft. Niemals würde ich fremdes Geistesgut stehlen und als das meine ausgeben. Aber die … die haben mich gezwungen.« Seine Stimme bebte mit jedem Wort mehr.

Die nächste Frage stellte der Zensor so leise, dass Nick sie nicht verstehen konnte, aber aus Hansens Antwort wurde klar, dass er nach dem Druckmittel gefragt hatte.

»Sie haben mich an diesem Stuhl festgebunden und eine Fackel entzündet. Dann haben sie gedroht, die Fackel an den Vorhang zu halten und wieder zu gehen. Das sind gefährliche Leute, Zensor, ganz gefährliche Leute! Ich hatte keine andere Wahl. Sie haben gesagt, wenn ich auch nur irgendjemandem etwas von der Sache erzähle, kommen sie wieder. Und jetzt ...« Er begann erneut zu husten. »Sie dürfen mich nicht verraten, Zensor, bitte! Ich erzähle Ihnen, was ich weiß, aber bitte verraten Sie mich nicht!«

Der Zensor ließ sich eine Weile Zeit mit seiner Antwort und sah Philoktet Hansen scharf an. »Gut«, sagte er schließlich. »Was Sie mir sagen, wird diesen Raum nicht verlassen.« Er trat noch einen Schritt näher an den alten Mann heran. »Dies gilt allerding nur, sofern Sie wirklich alles preisgeben, was Sie wissen.«

»Es ist aber nicht viel. Ich konnte diese Gestalten kaum erkennen und sie haben auch nur wenig gesprochen. Sie gaben mir die Geschichte in die Hand und befahlen mir, diesen Wim Mach figurisieren zu lassen. Dann sollte ich ihn mit nach Hause nehmen, ohne ein Wort mit ihm zu sprechen. Hier angekommen, sollte er im Erdgeschoss warten. Ich selbst sollte die Tür unverschlossen lassen und mich nach hier oben zurückziehen, bis sie ihn abgeholt hatten. Dafür wollten sie mir etwas Geld zurücklassen. Ich habe das dann auch genauso ...«

422

»Halt!« Der Zensor hob energisch die Hand. »Das verstehe ich nicht. Warum wollten diese Leute Sie denn bezahlen? Sie hatten Ihnen doch schon erfolgreich gedroht.«

Der alte Mann fing wieder an zu husten, vermutlich, dachte Nick, um Zeit zu gewinnen. »Sie wussten, dass ich mich kaum noch über Wasser halten konnte«, sagte er schließlich zögerlich. »Darum haben sie mich wohl ausgesucht. Wahrscheinlich dachten sie, wenn sie mich überhaupt nicht für meine Mühe entlohnen, habe ich bald nichts mehr zu verlieren und verrate sie doch.«

Der Zensor nickte. Sein Blick fiel auf den Tisch mit dem Schinken und den Weinflaschen. »Es scheint eine ganz gute Bezahlung gewesen zu sein«, bemerkte er trocken.

Philoktet Hansen entgegnete darauf nichts.

»Hat sich denn alles so abgespielt wie geplant?«

»Ja, das hat es. Wir waren kaum eine Viertelstunde hier, da klopfte es schon unten an der Tür, dreimal, wie verabredet. Als ich zehn Minuten später hinabging, war Wim Mach fort.«

»Und Ihr Geld da«, ergänzte der Zensor.

»Ja.«

Willibald Regeling schritt zum Fenster und schaute hinaus. »Fällt Ihnen noch irgendetwas Erwähnenswertes ein? Etwas, das die schwarzen Gestalten gesagt haben, ein besonderes Merkmal, eine Eigenart beim Sprechen, irgendetwas?«

»Nein, nichts«, antwortete Hansen schnell.

Der Zensor blickte weiterhin zum Fenster hinaus, sodass Nick seinen Gesichtsausdruck nicht sehen konnte, aber er hörte am Tonfall, dass dem Zensor etwas missfiel. »Denken Sie bitte erst nach, ehe Sie antworten!«

Philoktet Hansen schwieg einen Moment. Dann sagte er: »Ich habe Ihnen alles erzählt. Mehr weiß ich nicht.«

Der Zensor drehte sich langsam um und trat auf Philoktet Hansen zu. Er sah ihn von oben herab an. »Sie lügen!«

Dem alten Mann fiel vor Schreck der Stock aus der Hand.

Auch Nick erstarrte. So eisig hatte er den Zensor noch nie sprechen hören. Er fragte sich, wie Willibald Regeling zu diesem Schluss gekommen war oder ob er nur bluffte.

»Ich … ich lüge nicht. Wie …«

»Hören Sie zu«, unterbrach ihn der Zensor unwirsch. »Ich kann Sie nach wie vor vor Gericht zerren. Und das werde ich auch tun, verlassen Sie sich darauf! Also erzählen Sie endlich, was Sie bislang noch verschwiegen haben!«

Philoktet Hansens Stimme begann wieder zu zittern. »Die sind wirklich gefährlich! Ich habe Angst, verstehen Sie das nicht?« Ein weiterer Hustenanfall folgte. »Also gut«, krächzte er, als er sich endlich beruhigt hatte. »Vor zwei Tagen wurde ein Brief unter meiner Tür hindurchgeschoben. Sie wollen …« Er hustete erneut.

Nick hielt vor Spannung den Atem an.

»Sie wollen, dass ich das Gleiche noch einmal mache.«

Der Zensor riss die Augenbrauen in die Höhe. »Kann ich den Brief sehen?«

Der alte Mann schüttelte den Kopf. »Ich musste ihn sofort verbrennen, nachdem ich ihn gelesen hatte.«

Der Zensor fuhr sich enttäuscht mit der Hand durch die Haare. »Und wann soll das stattfinden?«

»Übermorgen. Sie werden die Geschichte übermorgen früh unter der Tür durchschieben und ich soll mich dann sofort auf den Weg zum Zensoriat machen. Wie beim letzten Mal. Deswegen konnte ich die Geschichte ja vorher nicht lesen.«

»Wie heißt die Figur diesmal?«

Philoktet Hansen lachte kurz auf.

»Warum lachen Sie?« Der Zensor warf ihm einen zornigen Blick zu.

»Weil es sich wieder um Mach handelt!«

»Mach?«, fragte der Zensor. »Sie sollen Wim Mach noch einmal figurisieren lassen?«

»Nicht Wim«, sagte Philoktet Hansen. »Seinen Sohn!«

Hausarrest mit Folgen

»Woher wussten Sie, dass er lügt?«

Sie befanden sich auf dem Weg zum Hafen, wo die anderen vermutlich schon im Alten Seemann auf sie warteten.

»Zum einen erschien mir Hansens Erklärung für seine Bezahlung wenig glaubhaft«, hob der Zensor leise an. »Vor allem aber hatte er sich bereits verraten, als er sagte, die Gestalten hätten an seine Tür geklopft. Ich habe mich gefragt, wie er das hören konnte, wenn er doch angeblich beinahe taub ist. Und dann habe ich ihm absichtlich eine Frage ganz leise gestellt. Er hat sofort geantwortet. Hansen hört also sehr gut. Er wollte heute nur keinen ungebetenen Besuch empfangen.«

Nick war beeindruckt von Willibald Regelings Scharfsinn.

»Es macht letztlich natürlich keinen großen Unterschied, ob Hansen gezwungen worden ist oder ob er freiwillig mitgemacht hat«, fügte der Zensor an. »Er ist nur ein kleiner Fisch, der froh war über die Gelegenheit, sich ein wenig Geld zu verdienen. Und ich bin sicher, dass er tatsächlich nicht mehr weiß, als er uns erzählt hat.«

»Das heißt also, Z braucht dich, um Robyn das Buch zu entlocken, und du sollst, genau wie unser Vater, gegen eine Figur ausgetauscht werden?«

»Ja«, antwortete Nick, »genau das heißt es wohl.«

Nachdem der Zensor und er im Kuriositätenzimmer des Alten Seemann angekommen waren, hatten sie den anderen sofort erzählt, was sie gerade in Erfahrung gebracht hatten. Und Tullia hatte, wie so oft, den Kern der Sache sofort erfasst.

Eine Weile lang hingen alle ihren Gedanken nach.

Schließlich brach Levin das Schweigen. »Möchtest du erst die schlechte Nachricht hören oder die witzige?«, fragte er Nick grinsend.

»Erst die schlechte.«

»Fräulein Schengensieck glaubt, dass du geschwänzt hast, und erwartet von deinem Vater eine schriftliche Bestätigung, dass du tatsächlich krank warst, oder aber ein ärztliches Attest.«

Nick grinste. »Früher wäre das wirklich eine schlechte Nachricht gewesen.«

»Und jetzt nicht?«

»Nein. Wenigstens diesen einen Vorteil hat der falsche WM. Er hat so wenig Ahnung, wie Vater uns normalerweise behandelt, dass er alles macht, was wir wollen. Er würde mich sogar ganz aus dem Kurs nehmen, wenn ich ihn bitten würde. Und was ist die witzige Nachricht?«

Levin grinste. »Als ich Fabiano nach dem Unterricht etwas zu essen brachte, hat er sich beschwert, dass seine Aufgabe nicht spektakulär genug ist. Der falsche WM hat das Haus den ganzen Tag über nicht verlassen, und Fabiano hat mich gefragt, ob er nicht die Fassade hinaufklettern und ihn durchs Fenster observieren darf.«

»Das hast du ihm hoffentlich untersagt.« Der Zensor sah Levin erschrocken an.

»Natürlich. Aber ich fand schon allein die Vorstellung lustig.«

In dem Moment brachte der Wirt das Essen: eine riesige Schüssel mit knusprigen Hähnchen und eine weitere mit Bratkartoffeln. Nick merkte erst jetzt, wie hungrig er war.

Während sie aßen, besprachen sie ihr weiteres Vorgehen.

»Es ist gewagt«, sagte der Zensor, nachdem er den Plan noch einmal zusammengefasst hatte, »aber falls wir heute Abend nicht mehr in Erfahrung bringen können, wer hinter der ganzen Sache steckt und wo euer Vater und Robyn festgehalten werden, müssen wir einen Plan B haben. Und je genauer dieser durchdacht und vorbereitet ist, desto besser. Doch zu heute: Ich werde mit zwanzig Präfekten das Grundstück unten am Meer und den Strandabschnitt sichern, und wir werden die schwarze

Gestalt verfolgen, wenn sie dort die Nachricht des falschen WM abholt. Und du«, er warf Nick einen ernsten Blick zu, »bleibst heute Abend zu Hause. Am besten schließt du dich in deinem Zimmer ein. Wir können nicht riskieren, dass du womöglich schon heute entführt wirst. Ich werde einige Präfekten schicken, die euer Haus bewachen und sicherstellen, dass es niemand Unbefugtes betreten wird. Keine Sorge!« Er hob kurz die Hand, als er den Zweifel in Nicks Gesicht bemerkte. »Es sind Spezialisten. Sie werden nicht zu sehen sein, und sie werden ihre Position auch dann nicht verlassen, wenn der falsche WM aus dem Haus geht. Wir wissen ja, wohin er will. Achte unbedingt darauf, dass die Tür zum Kellergewölbe immer verriegelt ist. Tullia und Levin kommen mit mir, damit Tullia uns vor Ort alles genau zeigen kann. Levin begleitet sie danach sofort zurück. Die Präfekten und ich werden allein auf die schwarze Gestalt warten. Ist so weit alles klar?«

Levin und Tullia nickten. Zögerlich tat es Nick ihnen nach. Ihm gefiel der Gedanke ganz und gar nicht, dass er untätig zurückbleiben sollte, während alle anderen eine Aufgabe hatten. Aber wenn heute etwas schiefging und Z ihn schon an diesem Abend entführen ließ, würde dies ihren gesamten Plan zunichtemachen. Und damit ihre einzige Chance, seinen Vater und Robyn zu befreien.

»Gut«, sagte der Zensor. »Dann sehen wir uns später wieder. Ich werde mich in der Zwischenzeit um die Präfekten kümmern.« Danach brachen alle auf. Levin begleitete Nick und Tullia nach Hause, um Fabiano abzuholen.

Dieser begrüßte sie mit stark übertriebenem Gähnen. »Nichts! Kein einziges Mal ist auch nur die Tür aufgegangen. Ankerriss und Seemannsgarn! Da ist ja sogar Deckschrubben spannender! Kann ich morgen nicht wenigstens den Baum da hochklettern und Herrn Münster... äh ... das ... äh ... das Objekt von da aus beobachten?«

Grinsend und kopfschüttelnd zog Levin ihn mit sich die Straße hinunter.

Tullia und Nick gingen ins Haus, wo sie ein gut gelaunter »WM« begrüßte, der sie gleich mit ins Esszimmer nahm und nach ihrem Tag befragte.

Nick hätte sich beinahe an seinem Essen verschluckt. Danach hatte ihr echter Vater sie noch nie gefragt. Nick ergriff die Gelegenheit, seinen *Vater* um die Entschuldigung für sein Fehlen zu bitten. »Mir ging es überhaupt nicht gut heute Morgen. Mir ist ganz plötzlich schlecht geworden, als ich beim Zensoriat ankam. Also habe ich mich lieber draußen an der frischen Luft auf eine Bank gesetzt. Und da bin ich dann eingeschlafen.«

»Oh.« Der falsche WM riss die Augenbrauen in die Höhe. »Du Armer. Geht es dir denn jetzt besser?«

»Ja, es geht mir wieder gut.«

»Das ist schön. Ich schreibe dir selbstverständlich gleich eine Entschuldigung.«

Tullia lächelte Nick verschwörerisch zu und Nick grinste augenzwinkernd zurück. Beide schlangen ihr Essen hinunter, damit sie so schnell wie möglich in Nicks Zimmer verschwinden konnten. Harrietta sah ihnen nur kopfschüttelnd hinterher.

Als sich Tullia und Levin ein paar Stunden später auf den Weg zu ihrem Treffpunkt machten, begleitete Nick sie nach unten. Der Nachmittag war nur äußerst schleppend vergangen. Irgendwann war Levin eingetroffen, und die drei hatten in Nicks Zimmer gesessen und gewartet, bis es für Tullia und Levin Zeit war aufzubrechen. Nick hatte sich seltsam ausgeschlossen gefühlt.

»Wir dürfen doch auch nicht dableiben«, hatte Tullia eingewandt. »Wir müssen sofort wieder zurückgehen, nachdem ich dem Zensor alles gezeigt habe.«

»Ja, aber ihr habt wenigstens etwas zu tun«, hatte Nick gestöhnt.

»Du wirst wahrscheinlich auch noch genug zu tun bekommen«, hatte Levin entgegnet.

Nick musste zugeben, dass Levin recht hatte. Er sollte sich besser zusammenreißen und darauf hoffen, dass heute Abend alles gut ging. Vielleicht klappte es ja sogar so gut, dass sein Vater und Robyn schon an diesem Abend freikamen. Mit einem Stich in der Magengegend hatte er in diesem Moment begriffen, dass dies der Punkt war, der ihn so bedrückte: Wenn sein Vater heute Abend befreit wurde, dann war er als Einziger nicht daran beteiligt gewesen. Aber bestimmt würde der Zensor seinem Vater erklären, warum nicht und dass Nick ansonsten alles getan hatte, um ihm zu helfen. Und vielleicht würde ihm sein Vater ja glauben. Und vielleicht würde dann alles besser werden zwischen ihnen.

Nick wünschte Tullia und Levin viel Glück, als sie aufbrachen. Dann schloss er hinter ihnen die Tür. Ein Rest Abendsonne schien durch das Fenster neben dem Eingang und legte einen langen Lichtstreifen über das Parkett in der Eingangshalle. Aus irgendeinem Grund fand Nick dies deprimierend.

Er ging wieder in sein Zimmer hinauf. Kurz darauf hörte er Constance das Haus verlassen, die sich mit zwei französischen Komtessen zum Dinner treffen wollte. Wenige Minuten später machte sich auch Harietta auf den Weg zum Treffen der Land- und Seefrauen, das einmal in der Woche stattfand und von dem niemand so genau wusste, was dort eigentlich vor sich ging.

Nur noch der falsche WM und Nick waren zu Hause. Nick saß in seinem Zimmer auf der Fensterbank. Er horchte darauf, ob sich »WMs« Zimmertür öffnete, und spähte nach draußen, ob sich jemand dem Haus näherte. Die Präfekten des Zensors waren tatsächlich nirgends zu sehen.

Trotzdem fühlte Nick sich alles andere als wohl in seiner Haut und sehnte den Augenblick herbei, in dem der falsche WM endlich das Haus verlassen würde.

Die Zeit schien und schien nicht vergehen zu wollen. Nick hatte das Gefühl, dass es schon seit mindestens einer Stunde fünf vor sieben sein musste. Um Punkt sieben hatte sich Zs Agent am Abend zuvor auf den Weg gemacht.

Doch dann endlich sprang der große Zeiger seiner Armbanduhr auf die Zwölf. Sieben Uhr. Nick hielt den Atem an. Aus dem Zimmer seines Vaters drang kein einziger Laut.

Vielleicht, dachte Nick, erstattet er auch gar nicht jeden, sondern nur jeden zweiten Tag Bericht. Auf einmal – Nick hatte inzwischen bestimmt schon zwanzigmal auf seine Uhr geschaut – hörte er, wie die Arbeitszimmertür seines Vaters aufging. Kurz darauf ertönten gedämpfte Schritte auf der Treppe.

Nick blickte aus dem Fenster. Draußen war es vollkommen dunkel. Dennoch konnte er schemenhaft den falschen WM aus dem Haus treten und die Straße hinabeilen sehen. Eine halbe Stunde später als am Tag zuvor. Eine halbe Stunde. Eine halbe … Ein schrecklicher Gedanke schoss Nick durch den Kopf. Wenn für diesen Abend ein anderer Zeitpunkt verabredet war, um die Nachricht zu hinterlegen, dann womöglich auch ein anderer Treffpunkt! Demnach warteten der Zensor und die Präfekten an der falschen Stelle.

Nick überlegte nicht lange. Er griff nach seiner Jacke, rannte, so schnell er konnte, die Treppe hinab und zur Haustür hinaus auf die Straße. Er konnte den Doppelgänger seines Vaters nirgends sehen. Verdammt!, dachte er. Nun hatte er nicht einmal mehr die Zeit, unauffällig nach den Präfekten zu suchen und sie zum Mitkommen zu bewegen. Mit einer übertriebenen Ruderbewegung seines Armes versuchte er, ihnen ein Zeichen zu geben.

Dann lief er die Straße hinunter.

Er hatte schon etwa die Hälfte der Hermiagasse erreicht, als er endlich den falschen WM vor sich sah. Nick verlangsamte seine Schritte und blickte sich um. Von den Präfekten fehlte jede Spur. Er konnte es nicht fassen. Sie mussten ihn doch bemerkt haben haben. Aber vermutlich durften sie ihren Posten nicht verlassen. Befehl war Befehl.

Das bedeutete, Nick war jetzt ganz auf sich allein gestellt, und er musste das Beste daraus machen.

Nick folgte dem falschen WM in sicherem Abstand. Und tatsächlich: Dieser schlug einen anderen Weg ein als am Abend zuvor.

Aber er ging ebenfalls bergab. Vielleicht hatten sie ja Glück und der Übergabeort war nicht so weit von dem am Vorabend entfernt. Dann konnte er den Zensor möglicherweise noch rechtzeitig informieren, bevor die schwarze Gestalt dort eintraf.

Der Weg führte auch dieses Mal zum Wasser hinunter. Heute ging der falsche WM sogar geradewegs am Strand entlang. Hier musste Nick sich noch mehr darauf konzentrieren, nicht gesehen zu werden. Es gab nur wenig Deckung und inzwischen hatte sich auch noch der Mond über Montamar in die Höhe geschoben und schien hell auf den Strand hinab.

Nick lief geduckt im Schutz des Strandhafers durch die Dünen. Er ließ den Abstand zu dem falschen WM noch etwas größer werden. Und das war gut so.

Ganz plötzlich zog dieser nämlich etwas aus seiner Tasche und steckte es unter einen Stein oder eine Holzkiste – Nick konnte das aus der Entfernung nicht genau erkennen –, dann drehte er sich abrupt um und kam wieder zurück. Direkt auf Nick zu.

Nick warf sich flach in den Sand. Vorsichtig robbte er ein Stück vor, um einen Blick über die Düne werfen zu können. Dann drückte er sich so tief in den Sand, dass ihn der Hafer überall im Gesicht juckte. Mit einem Auge spähte er in Richtung Strand. »WM« war nun kaum mehr als fünf Meter von ihm entfernt. Nick hielt die Luft an und horchte auf das nasse Knirschen unter »WMs« Schuhen. Für einen Moment wurde es lauter. Geh weiter, dachte Nick, bitte, geh weiter. Nick wagte nicht, den Kopf zu drehen. Er musste sich ganz auf seine Ohren verlassen. Langsam entfernten sich die Schritte und schließlich wurde das Geräusch vom Rauschen des Meeres verschluckt.

Nick atmete erleichtert auf. Doch er blieb noch einige Minuten lang unbeweglich liegen, bis er absolut sicher war, dass Zs Gestalt ihn nicht mehr sehen konnte. Erst dann hob er langsam den Kopf und blickte in die Richtung, in die der falsche WM verschwunden war. Er kniff die Augen zusammen und versuchte, in der Dunkelheit etwas zu erkennen. Und tatsächlich, etwa hundert Meter von ihm entfernt verschwand »WM« in diesem Moment hinter einer Düne.

Nick wusste, dass er nun blitzschnell eine Entscheidung treffen musste. Das Grundstück, auf dem der Zensor und seine Präfekten warteten, befand sich ganz in der Nähe. Wenn er jetzt loslief, konnten sie alle vielleicht gerade noch rechtzeitig wieder hier sein, ehe die schwarze Gestalt eintraf. Das Problem aber war, dass er dazu den Strand entlanglaufen musste, weil die Dünen an dieser Stelle viel zu steil anstiegen, als dass er sie hätte hinaufklettern können. Aber dann lief er womöglich der schwarzen Gestalt direkt in die Arme.

Auf einmal sah Nick in Gedanken seinen Vater vor sich, gefesselt in einem kalten, dunklen Raum.

Nick rannte los.

Wenig später hatte er die Stelle erreicht, an der der falsche WM seine Nachricht versteckt hatte. In einer alten Holzkiste, wie Nick jetzt sehen konnte. Er zögerte kurz. Sollte er die Nachricht an sich nehmen? Er wusste nicht, ob es die richtige Entscheidung war, aber er ließ sie, wo sie war, und rannte weiter. Nach kaum hundert Metern blieb er schlagartig stehen. Unter dem leisen Rascheln des Strandhafers und dem sanften Anrollen der Wellen hatte er ein Geräusch wahrgenommen. Er hielt den Atem an und horchte. Und wirklich, da war noch etwas anderes! Ein Plätschern, das sich klar vom Rauschen der Wellen abhob. Es kam vom Meer her. Nick kniff erneut die Augen zusammen und versuchte in der Dunkelheit zu erkennen, wer oder was dieses Geräusch hervorbrachte. Dann sah er es. Ein großer Schatten näherte sich vom Wasser her dem Strand. Langsam wurde der Schatten größer. Ein Boot! Die schwarze Gestalt kam mit einem Ruderboot, um die Nachricht abzuholen.

Benommen beobachtete Nick, wie es die letzten Meter beinahe lautlos auf die Küste zutrieb, ehe es im feuchten Sand stecken blieb. Jemand sprang in das seichte Wasser und watete zum Strand.

Zum zweiten Mal an diesem Abend traf Nick in Windeseile eine Entscheidung. Er lief los, direkt auf das Boot zu. Er musste dort sein, ehe die schwarze Gestalt den Rückweg antrat und ihn womöglich sah.

Er hatte Glück. Das Boot war relativ groß, und im hinteren Teil befand sich ein unordentlicher Haufen Segeltuchplanen, unter denen Nick sich verstecken konnte. Er hielt den Atem an. Kurz darauf hörte er jemanden durchs Wasser waten. Im nächsten Moment schwankte das Boot von einer Seite zur anderen. Dann gab es einen Ruck. Die schwarze Gestalt hatte das Boot mit einem Ruder vom Ufer abgestoßen. Sanft schaukelnd trieb es aufs Meer hinaus.

Nick wagte nicht, unter den Planen hervorzuspähen, er traute sich nicht einmal zu atmen. Krampfhaft hielt er sich an zwei metallenen Ösen fest, um sicheren Halt zu haben und nicht aus Versehen aus seinem Versteck hervorzurutschen.

Die schwarze Gestalt setzte die Ruder ins Wasser. Nick fuhr ein Schreck durch die Glieder. Die Gestalt mochte ihn vielleicht nicht sehen, aber sie würde womöglich bemerken, dass sie auf einmal mehr Kraft zum Rudern aufwenden musste. Warum war ihm das nicht eingefallen, bevor er sich hier versteckt hatte?

Das Boot bewegte sich zunächst ruckartig, dann mit zunehmender Geschwindigkeit und immer gleichmäßiger durch das Wasser. Auf einmal jedoch hörte die Gestalt auf zu rudern.

Nick schloss die Augen. Jetzt war es so weit. Die Gestalt hatte bemerkt, dass noch jemand an Bord war. Er hörte etwas, das wie »Hrrrrr« klang. Nick war sich sicher, dass die Gestalt von dem blinden Passagier auf ihrem Boot wusste. Sein Herz raste. Was sollte Nick tun, wenn sie sich umdrehte und ihm die Planen vom Kopf zog? Ins Wasser konnte er nicht springen. Es war viel zu kalt und ohnehin konnte er nicht besonders gut schwimmen. Die Gestalt hätte ihn vermutlich in wenigen Sekunden eingeholt.

Von vorne vernahm er ein Knarren. Und mit einem Mal setzte sich das Boot wieder in Bewegung. Vielleicht fuhr die Gestalt nur wieder ans Ufer zurück, um ihn dort entlarven zu können. Doch er bemerkte nichts von einem Richtungswechsel. Zu gern hätte er gewusst, wohin sie ruderten: an der Küste entlang auf die andere Seite der Insel, zu einem größeren Schiff, das irgendwo draußen auf See verankert war, oder … Oder! Die Gedanken schossen Nick wie Blitze durch den Kopf. Konnte das möglich sein? Das würde bedeuten, dass … Aber wieso eigentlich nicht? Je länger er darüber nachdachte, desto sicherer war er sich jetzt, das Ziel der Reise zu kennen.

Auf einmal schrammte das Boot über einen steinharten Untergrund und kam knirschend zum Stehen.

Nick hörte die Gestalt aus dem Boot springen. Dann kam ihm ein neuer, fürchterlicher Gedanke. Vielleicht hatte der Unbekannte von Anfang an geplant, ihn erst hier in Gewahrsam zu nehmen?

Im Dunkeln

Die Gestalt watete durchs Wasser. Nick lauschte. Das Plätschern der Schritte wurde immer leiser. Nach einer Weile hob Nick vorsichtig die Planen an und schob seinen Kopf darunter hervor, bis er gerade über den Rand des Bootes spähen konnte. Die Gestalt war nirgends zu sehen. Dafür erkannte er auf den ersten Blick, wo er sich befand. Er hatte recht gehabt.

Direkt vor ihm ragten hohe Felsen auf, in die grobe Treppenstufen hineingehauen worden waren. An manchen Stellen, dort, wo der Anstieg zu steil gewesen wäre, hatte man stabile Leitern im Stein verankert. Über den Klippen erhob sich eine Burg in den Nachthimmel, größer und mächtiger noch als das Zensoriat.

Nick befand sich auf der Felseninsel vor Montamar. Und damit ergab sich von allein ein ganz bestimmter Verdacht, wer hinter Z stecken könnte: Graf Hagen van den Hoff. Der Mann, der ihn erst vor wenigen Tagen überschwänglich freundlich zu seinem Feuerfest eingeladen hatte; der Mann, der Frankos Stiefvater war. Hielt dieser Mann etwa gerade seinen Vater und Robyn gefangen?

Nick spürte Wut in sich hochsteigen. Er biss die Zähne zusammen und versuchte, dagegen anzukämpfen. Es war wichtig, dass er jetzt einen kühlen Kopf bewahrte.

Die erste und dringlichste Frage, die sich ihm stellte, war: Sollte er besser sofort wieder zurückrudern, um Verstärkung zu holen, oder versuchen, auf eigene Faust herauszufinden, ob beziehungsweise wo sich sein Vater und Robyn befanden, und sie vielleicht sogar allein befreien?

Unsicher blickte er abwechselnd zum Boot und zu der dunklen Burg hoch oben auf den Klippen.

Der Weg über die steilen Treppen und Leitersprossen war so glitschig, dass er nur langsam vorankam. Zudem war es möglich, dass oben auf den Klippen oder irgendwo unten am Strand Wachen patrouillierten.

Nach einer quälend langen Zeit hatte er endlich die letzte Stufe erreicht. Vor ihm lag eine große Rasenfläche, ohne einen einzigen Baum oder Strauch. Und dahinter, etwa zwei Steinwürfe von ihm entfernt, die Burg, in der – jedenfalls auf dieser Seite – kaum Fenster erleuchtet waren.

Aber Nick hatte Glück. Es gab etwas anderes, das ihm Deckung bieten konnte: Offensichtlich bereits für das Feuerfest errichtet, standen fünf Zeltbuden auf dem Rasen verteilt, in denen vermutlich Getränke und Speisen angeboten werden würden oder Gaukler ihre Tricks und Späße darbieten sollten. Wenn er sich von Zelt zu Zelt vorarbeitete, wäre er immer nur von wenigen Fenstern aus sichtbar. So würde er die Burg hoffentlich ungesehen erreichen können.

Nick wartete den Moment ab, als eine dicke Wolke den strahlend hellen Mond verdunkelte. Dann rannte er zum ersten Zelt. Er lauschte.

Von der Burg her regte sich nichts. Langsam schob er den Kopf um das Zelt herum. Bis zum nächsten waren es nur etwa zehn Schritte und nach wie vor schien alles ruhig zu sein. Er lief los.

Hinter der Zeltplane angekommen, wartete er wieder einige Sekunden, bevor er es wagte, um die Bude herumzuschauen. Von hier aus war es günstiger, direkt zur Burg zu laufen. Er könnte unter den Fenstern entlangrobben und vielleicht irgendeine Möglichkeit finden, ins Innere zu gelangen.

Noch einmal spähte er um die Bude herum. Die Luft schien rein zu sein. Er duckte sich ein wenig und wollte gerade loslaufen, als er aus dem Augenwinkel eine Bewegung wahrnahm. Schnell zog er sich wieder hinter das Zelttuch zurück. Noch bevor er genau erkennen konnte, wer oder was es war, hörte er es: ein lautes, gehetztes Hecheln, das schnell näher kam. Es mussten mindestens zwei Hunde sein. Nick bekam es mit der Angst zu tun. Wenn die frei herumliefen, war es um ihn geschehen.

Irrte er sich oder wurde das Hecheln tatsächlich wieder leiser? Vorsichtig lugte er um die Seitenwand herum. Zwei riesengroße Hunde mit langen, dünnen Beinen und sehr spitzen Ohren wurden von zwei ebenfalls riesengroßen Wächtern an der Leine geführt, deren Kreuz ungefähr so breit war wie ihr Körper lang. Ihre Körperform war so ungewöhnlich, dass es sich nur um Figuren handeln konnte.

Im nächsten Moment waren sie um die Ecke gebogen. Nick atmete erleichtert auf. Aber er fragte sich, warum die Hunde ihn nicht gewittert hatten. Dann fiel ihm auf, dass die Bude, hinter der er sich versteckt hielt, extrem nach gegrilltem Fleisch roch. Wahrscheinlich übertünchte dies alle anderen Gerüche, und die Hunde waren bereits daran gewöhnt, dass hier nichts für sie zu holen war. Nick wischte sich den Schweiß von der Stirn, als er begriff, wie viel Glück er gehabt hatte.

Nur wenige Meter, dann hatte Nick die Burg erreicht. Er rannte los und drückte sich an das alte Gemäuer. Wenn er jetzt in dieselbe Richtung ging wie die Wächter, konnten sie ihn eigentlich nicht aufspüren.

Langsam und auf allen vieren kroch er unter den Fenstern hindurch, von denen nur zwei erleuchtet waren. Bei allen anderen richtete er sich kurz auf und drückte sacht gegen den Rahmen. Doch keines ließ sich öffnen.

Als er das letzte Fenster auf dieser Seite der Burg passiert hatte, legte er sich flach auf den Boden. Zentimeter für Zentimeter schob er sich vorwärts, bis er um die Ecke blicken konnte. Die Wächter waren nicht mehr zu sehen.

Auf dieser Seite der Burg waren alle Fenster dunkel.

Plötzlich schoss ihm ein Gedanke durch den Kopf, der ihm vor Schreck die Glieder erstarren ließ. Was, wenn die Wächter gar nicht immer in derselben Richtung um die Burg herumgingen, sondern irgendwo haltmachten und wieder umkehrten? Er musste sich beeilen!

In der Hoffnung, endlich einen Einstieg in die Burg zu finden, lief er weiter. Auf einmal hatte er den Eindruck, ein leises Hecheln zu hören. Er rannte zum nächsten Fenster und versuchte, es zu öffnen. Aber es rührte sich nicht. Das Hecheln wurde lauter. Jetzt war er sich ganz sicher. Die Wächter kamen zurück. Er stürmte vorwärts. Plötzlich hörte er ein Bellen. Hatten die Hunde ihn bemerkt? Er tastete nach dem Holzrahmen. Er schien sich ein ganz kleines bisschen zu bewegen. Nick rüttelte daran. Das Fenster ließ sich öffnen, kein Zweifel, aber es gab da irgendeinen Widerstand. Noch einmal, mit einem verzweifelten Stoß, drückte er dagegen. Quietschend sprang es auf. Nick schoss hoch. Er warf einen kurzen Blick in das Zimmer, doch er konnte nichts erkennen; es war zu dunkel. Er hatte ohnehin keine andere Wahl. Gleich würden die Wächter um die Ecke biegen.

Er stemmte sich am Fenstersims empor, kletterte hinein, sprang innen wieder hinunter und schloss das Fenster genau in dem Moment, als die Wächter mit den Hunden voran um die Ecke bogen.

Nick ließ sich zu Boden fallen. Erschöpft lehnte er sich gegen die Wand. Sein Herz pochte so laut, dass er befürchtete, die ganze Burg könne es hören. Und tatsächlich begannen, genau in diesem Augenblick, die Hunde laut zu bellen.

»Was ist denn los, Bruno?«, hörte er einen der Wächter rufen. Der Hund bellte weiter.

»Nun komm schon, du dummer Köter!«, brüllte der andere Wächter. »Du siehst doch, dass hier niemand ist! Bolle, du auch, Ruhe!«

»Aus!«, rief der erste und – etwas leiser: »Mann, Mann, Mann! Seit die Buden hier stehen, drehen die Tiere völlig durch!«

»Das kannst du wohl sagen. Schluss jetzt, Bruno! Bolle! Ich weiß auch nicht, warum …« Den Rest konnte Nick nicht mehr hören. Die Wächter waren mit den Hunden weitergegangen.

Nick atmete erleichtert auf. Das hätte auch schiefgehen können.

Erst jetzt hatte er die Ruhe, sich in dem Raum umzuschauen. Seine Augen hatten sich inzwischen an die Dunkelheit gewöhnt. Es schien eine Art Wäschelager zu sein. Auf einigen Regalen und in einem offen stehenden Schrank lagen Stapel von Tischdecken und Servietten. Es gab zwei Türen, eine führte vermutlich in einen Flur. Er entschied sich für die andere. Langsam öffnete er sie einen Spaltbreit.

Auch hier war alles dunkel. Auf Zehenspitzen schlich Nick in den Raum hinein. Zu seiner Rechten befanden sich die beiden Fenster, die er eben noch von draußen gesehen hatte. Das

Zimmer stand voll von Schränken und Regalen mit hoch aufgetürmten Tellern und Tassen.

Noch vorsichtiger als eben öffnete Nick die gegenüberliegende Tür. Vor ihm lag ein riesiger Saal, ein Bankettsaal mit einem scheinbar kilometerlangen massiven Holztisch samt schweren lederbezogenen Stühlen in der Mitte, Ritterrüstungen und riesigen Vitrinen an den Wänden und mit einer getäfelten Decke. Ein wenig erinnerte ihn der Saal an den in der Burg von Montamar, in dem sie kurz nach ihrer Ankunft zum Essen eingeladen gewesen waren. Und auch die Situation war irgendwie ähnlich – wie er damals mit Tullia hinter den Vorhang geschlichen war und das kleine Zimmer entdeckt hatte, in dem noch der Kerzenrauch hing. An diesem Abend hatte alles angefangen, auch wenn ihnen das damals noch gar nicht bewusst gewesen war. Nick schüttelte den Kopf. Das alles schien schon so unfassbar lange her zu sein, dabei waren es eher Tage als Wochen, die seither vergangen waren.

Gerade wollte er die Tür noch weiter öffnen und hineinschleichen, als er am anderen Ende des Saales etwas bemerkte. Es war eine Art Schimmern und dauerte nur den Bruchteil einer Sekunde. Vielleicht eine Lichtreflexion, wie bei einem Fenster, das Sonnenlicht auf etwas anderes zurückwirft. Aber dieses Schimmern befand sich seltsamerweise nicht auf dem Boden oder an einer Wand, es schwebte scheinbar mitten im Raum. Nick schob die Tür wieder weiter zu und verharrte bewegungslos. Mit angestrengten Augen beobachtete er die Stelle, an der er dieses seltsame Phänomen wahrgenommen hatte. Und dann sah er es erneut. Nur für einen Bruchteil von Sekunden flackerte die Erscheinung auf und war genauso plötzlich wieder verschwunden. Dieses Mal hatte Nick jedoch mehr erkennen können: eine menschliche Figur mit riesengroßen Augen und Händen. Ja, es musste eine Figur gewesen sein, die so durchsichtig war, dass sie in der Dunkelheit nicht zu sehen war, aber jedes Mal kurz aufflackerte, wenn sie vom hereinfallenden Mondlicht angestrahlt wurde. Vermutlich war die Gestalt eine Wache, und zwar eine äußerst wirkungsvolle: Selbst kaum zu erkennen, konnte sie rundherum alles heimlich beobachten.

Nick starrte weiter angestrengt durch den Spalt. Es brauchte eine ganze Weile, bis der Unsichtbare endlich wieder auftauchte, oder vielmehr seine Augen, die scheinbar allein im Raum zu schweben schienen und nun sehr, sehr langsam von links nach rechts wanderten. In wenigen Sekunden würde die Figur bemerken, dass die Tür offen stand.

Nick überlegte kurz, ob er versuchen sollte, sie wieder zu schließen. Doch es schien ihm zu gefährlich. Die Figur würde die Bewegung sicher wahrnehmen. Schritt für Schritt schob er sich von der Tür weg bis zur Wand. Sollte die Gestalt hereinkommen, wäre er wenigstens dahinter verborgen. Eine Gänsehaut fuhr ihm bei der Vorstellung über den Rücken, die Wache könne ihn entdecken und mit ihren riesengroßen Händen nach ihm packen. Minutenlang lauschte Nick angestrengt, jeder Muskel seines Körpers bis zur Schmerzgrenze angespannt. Schließlich hielt er es nicht mehr aus. Er konnte nicht die ganze Nacht so verharren. Auf Zehenspitzen schlich er zum Türspalt und spähte in den Saal.

Ein Schreck durchfuhr ihn. Die Augenfigur befand sich noch immer an derselben Stelle. Jeden Moment würde sie ihn entdecken. Und dieses Mal hatte er keine Chance, sich noch rechtzeitig zu verstecken.

Entsetzt starrte Nick die Figur an. Nur noch eine Haaresbreite und sie würde ihn ...

In diesem Augenblick ertönte auf einmal ein heller Glockenton. Die Augen hielten in ihrer Bewegung inne, dann eilte der Unsichtbare zu einer der Türen und verschwand.

Nick merkte erst jetzt, dass er die ganze Zeit die Luft angehalten hatte. Für einen kurzen Moment verspürte er den Impuls, auf dem Absatz kehrtzumachen und davonzulaufen. Aber jetzt gab es kein Zurück mehr, sagte er sich. Er würde so viel wie möglich herauszufinden versuchen, auch wenn es riskant war.

Leise zog er die Tür auf und schlich in den Saal. Ganz langsam bewegte er sich auf die Tür zu, durch die die Augenfigur verschwunden war. Sie war nur angelehnt. Nick legte sein Ohr an den Türspalt und horchte.

Zunächst hörte er nichts. Dann jedoch hatte er den Eindruck, als könne er leises Gemurmel vernehmen. Lautlos zog er die Tür ein kleines bisschen weiter auf und spähte durch den Spalt. Er sah in einen Flur. Auf der gegenüberliegenden Seite befand sich eine Tür, die offen stand. Von dort musste das Gemurmel kommen.

Gerade überlegte Nick, ob er sich in den Flur hinauswagen sollte, als eine schwarze Gestalt aus dem Raum gegenüber trat. In diesem Moment bog die Augenfigur um die Ecke und wäre beinahe mit dieser zusammengestoßen. In ihren riesigen Händen balancierte sie ein großes Silbertablett mit einer Karaffe und zwei Gläsern, das bei ihrem Beinahe-Zusammenstoß gehörig ins Schwanken geriet. Kopfschüttelnd trug sie das Tablett in das Zimmer.

»Stell es dorthin, Waldemar!«, donnerte eine Stimme, die Nick klar als die des Grafen van den Hoff identifizierte. »Hast du diesen Trakt gesichert?«

»Ja, Eure Hoheit.« Die Gestalt hatte eine so hohe, dünne Stimme, dass Nick vor Überraschung beinahe losgelacht hätte. »Aber das war, bevor der Schwarzmantel aus Ihrem Zimmer gekommen ist.«

»Der Schwarzmantel, wie du ihn nennst, hat einen eigenen Schlüssel«, raunte der Graf. »Sind alle Zugänge verriegelt? Ich möchte nicht, dass plötzlich meine Frau oder mein Sohn hereinplatzen.«

»Franko«, dachte Nick, »er meint Franko. Aber wieso sollten er oder seine Mutter hier nicht hereindürfen?«

»Ja«, piepste die Gestalt. »Es ist alles verriegelt.«

»Dann geh jetzt! Und schließ auch den Flur hinter dir ab!«

Nick sah die Gestalt den Raum verlassen und den Flur entlang verschwinden.

Er musste an das unverriegelte Fenster denken, durch das er in die Burg hineingekommen war. Wie gut, dass der Graf keine Ahnung hatte, wie unaufmerksam sein Personal war. Aber es war ernüchternd zu hören, dass dieser Teil der Burg verschlossen war. Somit würde es ihm unmöglich sein, nach seinem Vater und Robyn zu suchen. Es sei denn, dass sie hier in diesem Trakt gefangen gehalten wurden. Doch daran glaubte er nicht.

Aus dem Raum gegenüber hörte er wieder Gemurmel. Mit wem auch immer der Graf da sprach, es war jemand mit einer sehr leisen Stimme.

Nick nahm all seinen Mut zusammen und öffnete die Tür. Dann kroch er auf allen vieren vorwärts und drückte sich an die Wand, nur wenige Zentimeter von der Tür entfernt.

»Wie konnte das passieren?«, hörte er die Stimme des Grafen dröhnen. »Wenn ich mir vorstelle, dass wir hier die ganze Zeit den Falschen festhalten! Gut, natürlich könnte uns auch Wilhelm Münsterbach weiterhelfen. Ich bin sicher, er weiß, wo das Buch steckt. Aber trotzdem! Den ganzen Ärger hätten wir uns sparen können, wenn wir gleich seinen Sohn entführt hätten. Ich verstehe das nicht.«

Nick hielt die Luft an. Nun gab es endgültig keinen Zweifel mehr: Der Graf war Z und er hielt seinen Vater und Robyn gefangen! Wer aber war der andere?

»Wie ich Ihnen schon sagte«, erwiderte eine sehr leise, sehr unterkühlte Stimme, »es war nicht mein Fehler. Als Autor der Robyn-Geschichte war in der Figurisierungsliste W. Münsterbach eingetragen. Und als dann auch noch eine Ihrer schwarzen Figuren die beiden zusammen im Geheimgang sah, waren wir, wie Sie sich erinnern werden, vollständig davon überzeugt, dass Wilhelm der Autor ist.«

Nick stand wie erstarrt da. Die Stimme hatte er schon einmal gehört. Er war sich ganz sicher: Er kannte den Mann, der da sprach. Er versuchte, sich das Gesicht zu der Stimme vor sein geistiges Auge zu führen. Doch es wollte ihm einfach nicht gelingen.

»Wir konnten nicht ahnen, dass sich der Figurisierer geirrt hat«, fuhr der Mann fort. »Wahrscheinlich hat er bei dem Namen Münsterbach automatisch an Wilhelm den Großen gedacht und so statt eines Ns ein W eingetragen. Aber es spielt jetzt ohnehin keine Rolle mehr«, sagte die Stimme eisig. »Wir haben keine andere Wahl, als wie besprochen fortzufahren. Übermorgen wird der alte Hansen Nick Münsterbach figurisieren lassen, dann werden wir beim Feuerfest den Austausch vornehmen und …«

»Halt!«, unterbrach der Graf barsch. »Warum muss dieser Austausch überhaupt sein? Warum benutzen wir nicht einfach den falschen Nick, um an das Buch zu kommen?«

Sein Komplize gab einen Laut von sich, der wie ein entnervtes Stöhnen klang. »Mein lieber Graf, ich habe es Ihnen schon einmal erklärt. Robyn ist eine Figur. Er mag eine auf seine Rolle begrenzte Wahrnehmung haben, aber eines kann er, wie jede Figur, ganz sicher erkennen: wer sein wahrer Urheber ist und wer nicht. Er wird Hansens Nick als falsch entlarven und daher auch keine von dessen Weisungen befolgen. Und was Wilhelm Münsterbach angeht: Es mag sein, dass er auf unser Täuschungsmanöver hereinfällt. Tut er dies jedoch nicht, wird er später, wenn wir ihm seinen echten Sohn präsentieren, denken, es handele sich wieder um eine Figur. Und dann haben wir nichts mehr gegen ihn in der Hand. Nein, nein, nein! Wir machen es wie verabredet: Wir bringen den falschen Nick hierher und nutzen ihn schon einmal dafür, ihn seinem Vater aus sicherer Entfernung zu zeigen. Damit können wir immerhin ein wenig Druck auf Münsterbach ausüben, ehe wir ihm später seinen echten Sohn präsentieren. So, und nur so kommen wir zum Ziel. Nur so!«

»Ist ja gut. Ist ja gut. Ich habe es verstanden«, sagte der Graf etwas kleinlaut. »Trotzdem ist mir nicht wohl bei der Sache. Sie wissen so gut wie ich, dass auch nicht die geringste Spur hierher führen darf. Und nun soll der Austausch ausgerechnet beim Feuerfest stattfinden, wenn auf der Insel so viele Zeugen herumlaufen wie nie!«

»Gerade das wird uns ja die nötige Tarnung verschaffen«, erwiderte der andere. »Ich habe Nick in den letzten Tagen gut beobachtet. Er ist nie allein. Ständig sind seine Schwester und sein Freund um ihn herum. Aber beim Feuerfest, wenn die ganze Welt verzückt in ein paar alte brennende Holzscheite starrt, werden wir ihn sicherlich ganz einfach beiseitenehmen können, ohne dass es irgendjemand merkt.«

»Na, das will ich auch hoffen«, erklärte der Graf. »Schließlich will ich hier noch eine Weile unbescholten weiterleben, bis Gras über die Sache gewachsen ist und ich endlich, endlich in mein neues Leben aufbrechen kann.«

»Mit ihrem eigenen Figurisierungsapparat, um erstmalig die großartigen Figuren schaffen zu können, die uns dabei helfen werden ...«

»Ganz genau«, unterbrach der Graf sein Gegenüber, in dessen Stimme kaum verhohlener Spott mitgeschwungen hatte. Nick runzelte die Stirn. Schon einmal war er Zeuge dieser Art von Spott geworden. Damals hatte sich dieser gegen Fräulein Schengensieck gerichtet.

Und auf einmal war das Gesicht da, das Gesicht zu der Stimme! Blankes Entsetzen packte Nick. Die Rettung seines Vaters und Robyns schien auf einmal in weite Ferne gerückt.

Die Stimme gehörte Zensor Bucklinger.

»Wir dürfen also kein Risiko eingehen«, fuhr dieser fort. »Übermorgen muss alles klappen. Vor allem müssen wir genau überprüfen, wie gut der falsche Nick getroffen ist. Bei Wilhelm Münsterbachs Figur sind Ihnen ja so einige Fehler unterlaufen, so schnell, wie Nick durchschaut hat, dass mit ihm etwas nicht stimmt. Das darf uns nicht noch einmal passieren. Unsere Gegner sind schließlich nicht dumm.«

»Hören Sie auf, mir Vorwürfe zu machen! Sie waren es doch, der sie überhaupt erst auf Hansens Spur gebracht hat!«, sagte der Graf hörbar erzürnt.

Zensor Bucklinger seufzte verächtlich. »Ja, warum denn wohl? Um den Verdacht von mir abzulenken, natürlich. Mein werter Vorgesetzter und diese Bälger hätten Hansen auch allein auf der Figurisierungsliste entdeckt. Da war es das Klügste, wenn ich ihn selbst identifiziere.«

»Pannen, Pannen, Pannen!«, donnerte der Graf weiter. »Sie hätten Wilhelm heimlich in der Nacht figurisieren sollen, so wie Walthar. Das habe ich schon immer gesagt. Dann wäre er gar nicht in der Liste aufgetaucht.«

»Und ich habe Ihnen schon wie oft gesagt, dass das nicht mehr möglich war. Als ich Walthar damals figurisierte, wäre mir um ein Haar der Zensor Maximus auf die Schliche gekommen, der nachts im Zensoriat herumstreunte. Ich musste mir irgendeine dumme Ausrede einfallen lassen, was ich da mitten in der Nacht mache, damit er keinen Verdacht schöpft. Das Risiko konnten wir nicht noch einmal eingehen. Außerdem …«

»Ja, ja, ja, Sie haben ja recht«, sagte der Graf ungeduldig. »Es hat ohnehin keinen Sinn, uns über gelegte Eier zu streiten. Wir müssen sehen, dass wir die Sache jetzt zu Ende bringen. Also, meiner Ansicht nach ist es das Klügste, wenn wir, wie besprochen, fortfahren und hoffen, dass nicht noch irgendetwas schiefgeht.«

»Ganz recht.« Zensor Bucklinger fing an zu lachen, vermutlich, weil er genau das selbst eingangs vorgeschlagen hatte, und der Gaf nun so tat, als sei es seine Idee.

»Beschreiben Sie mir noch einmal den genauen Ablauf!«, forderte der Graf seinen Gast auf.

Nick hielt wieder den Atem an. Abgesehen von der überraschenden Erkenntnis, wer da mit dem Grafen im Bunde war, hatte die Unterhaltung, die er bis hierher mit angehört hatte, noch nicht viel Neues erbracht.

»Zwei unserer schwarzen Gestalten holen den falschen Nick bei Hansen ab und bringen ihn hierher«, begann Zensor Bucklinger. »Wir überprüfen, wie gut er getroffen ist, dann bringen wir ihn in Sichtweite von Wilhelm Münsterbach. Anschließend sperren wir ihn bis zum Austausch ein. Beim Feuerfest zeigen wir uns in Bestlaune. Es müssen uns möglichst viele Leute sehen, damit sie hinterher sagen, wir wären die ganze Zeit beim Fest gewesen. Aber man sollte uns so wenig wie möglich zusammen sehen. Ich werde, sobald es dunkel geworden ist, den echten Nick beiseitenehmen und ihm sagen, dass ich wichtige neue Informationen habe. Dazu werde ich ihn in dieses Zimmer bringen, und Sie sorgen dafür, dass unser falscher Nick schon hier ist. Wir werden dann den echten zu Robyn führen und ihn dazu bringen, dass er den Inhalt des Buches preisgibt, den Ihre drei Stenografiefiguren mitschreiben werden.«

»Sehr gut!«, lobte der Graf. »Und wenn er sich weigert, drohen wir ihm damit, seinen Vater zu foltern.«

»Richtig. Und im allergrößten Notfall«, sagte der Zensor langsam, »lassen wir es zu einer rührenden Wiedervereinigung von Vater und Sohn kommen und zeigen dann dem Vater, welche hübschen Folterinstrumente wir für seinen Sohn ausgewählt haben. Dann wird er schon tun, was wir wollen.«

Der Graf klatschte in die Hände. »Großartig! Daran hatte ich noch gar nicht gedacht. Brillant!«

Nick wurde heiß und kalt. Also waren seine schlimmsten Befürchtungen tatsächlich wahr. Z, sprich der Graf und Zensor Bucklinger waren bereit, Gewalt anzuwenden. Und wahrscheinlich hatten sie das sogar schon getan. Ihm wurde ganz übel bei der Vorstellung, dass sein Vater hier irgendwo in einem dunklen Verlies auf einer Streckbank lag oder mit glühenden Kohlen gequält wurde.

»Eine Frage«, sagte der Graf. »Wenn wir das Buch haben, behalte ich, wie besprochen, Robyn. Er ist der beste Bäcker, den ich je hatte. Aber was machen wir mit Vater und Sohn?«

»Nun«, antwortete der Zensor. »Sie wissen doch, wie gefährlich es ist, in der Dunkelheit von hier nach Montamar zu rudern. Wenn das Boot an einer Felsspitze ... äh ... sozusagen Leck schlägt ... sehr traurig, so ein Unfall!«

Der Graf schwieg zunächst. Dann fing er lauthals an zu lachen. »Sie sind ja noch viel gerissener, als ich dachte, Bucklinger! Sie werden ein ganz gefährlicher Zensor Maximus sein, wenn sie den guten Regeling zum Rücktritt gezwungen haben. Ha, er wird der erste Zensor Maximus sein, der seinen Posten vorzeitig verlassen muss!« Er lachte noch einmal. »So machen wir es.«

»Gut«, erklärte der Zensor. »Dann begebe ich mich jetzt auf den Rückweg von meiner anstrengenden Tagung und biete dem Zensor Maximus, trotz meiner großen Erschöpfung, meine weitere Mithilfe an.«

Nick hörte einen Stuhl über den Holzboden schrammen. Eilig kroch er über den Flur zurück in den Saal und hielt sich hinter der Tür versteckt. Er zitterte am ganzen Körper. Kurz darauf vernahm er aus dem Raum gegenüber Schritte. Nick verharrte noch eine Weile in seiner Position und lauschte. Es dauerte nicht lange und er hörte das Klirren eines Schlüsselbundes. Offenbar verließ nun auch der Graf das Zimmer und verschwand in die gleiche Richtung wie der Zensor.

Nick atmete einmal tief ein und aus. Dann schlich er zurück in den kleinen Wäscheraum, durch dessen Fenster er in die Burg eingedrungen war. Er musste jetzt so schnell wie möglich nach Montamar, damit er noch vor Zensor Bucklinger im Zensoriat eintraf. Wenn er das nicht schaffte, würde der Zensor Maximus seinem Stellvertreter alles erzählen, was sich heute zugetragen hatte, also auch, dass sie von dem Plan wussten, Nick auszutauschen.

Nick duckte sich unter das angelehnte Fenster und wartete. Endlich hörte er die hechelnden Hunde und die Wächter vorbeigehen. Als er sich sicher war, dass sie links um die Ecke verschwunden waren, stieg er auf die Fensterbank und blickte vorsichtig in beide Richtungen. Die Luft schien rein zu sein. Er schwang sich nach draußen und lief gebückt an der Wand entlang. Vorsichtig spähte er um die Ecke. Auch hier wirkte alles ruhig. Diesmal lief er direkt zu der nächstgelegenen Zeltbude und sprang hinter das Zelttuch in Sicherheit.

»Hallo, Nick!«

Nick fuhr entsetzt zusammen. Mit schreckgeweiteten Augen starrte er in ein lächelndes Gesicht. Es dauerte einen Moment, bis er begriff, wer da in der Bude auf ihn gewartet hatte.

Franko legte ihm fest eine Hand auf die Schulter. »Na, da bin ich ja mal gespannt, wie du das erklären willst.«

Eine gewaltige Täuschung

Sie stiegen die glitschigen Stufen hinab, Franko immer ganz dicht hinter Nick. Plötzlich hielt dieser ihn am Kragen fest. »Schau mal nach rechts unten! Nur damit du weißt, womit du es hier zu tun hast.«

Nicks Blick fiel auf eine Stelle unten am Strand, die durch Klippen nach allen Seiten vor Blicken geschützt war und nur von hier oben aus eingesehen werden konnte. Erleuchtet von einigen in den Boden gesteckten Fackeln standen dort etwa zehn hölzerne Baracken, die von mehreren Dutzend Gestalten in schwarzen Kapuzenumhängen bewacht wurden. Dorthin also würde Franko ihn jetzt bringen.

»Es sind etwa zweihundert Wächter«, sagte Franko.

Nick schwieg.

»Los, weiter!« Franko zog ihn so plötzlich mit sich, dass Nick beinahe die Treppe hinuntergefallen wäre. Er konnte den Sturz gerade noch verhindern.

Immer weiter kletterten sie die rutschigen Stufen hinab, bis sie schließlich an einer kleinen Landestelle ankamen, an der ein Ruderboot festgemacht war. Vor sich auf dem Meer sah Nick so viele Klippen und Felsen aus dem Wasser ragen, dass er sich nicht vorstellen konnte, wie man hier überhaupt mit einem Boot hindurchmanövrieren sollte.

»Steig ein! Schnell!«, sagte Franko.

Nick zögerte. Also sollte er nicht zu den Holzbaracken gebracht werden? Er blickte Franko verwirrt an.

»Nun steig endlich ein, wir haben keine Zeit!«

»Und wie kommen wir um die Klippen herum?«

»Das wirst du schon sehen!«, antwortete Franko.

Nick kletterte ins Boot. Franko sprang hinterher, stieß das Boot mit einem Ruder vom Strand ab und begann, es mit beachtlichem Geschick um die scharfkantigen Felsen herumzusteuern.

»Das ist mein Geheimweg«, sagte Franko über die Schulter hinweg. »Die einzige Stelle, die die Wachen nicht einsehen können. Manchmal muss ich einfach von hier verschwinden, ohne dass mich jemand bemerkt.« Wortlos ruderte er weiter.

Nick spürte den eisigen Wind, der ihnen entgegenblies. Er zog seine Jacke enger um sich und blickte auf das dunkle Meer hinaus. Was hatte Franko mit ihm vor? Und war er allein oder handelte er auf Befehl seines Vaters?

Plötzlich merkte er, wie sich die Fahrtrichtung änderte. Bis eben hatte Franko das Boot noch auf die offene See zugesteuert. Nun aber begann er, es in Richtung Montamar zu rudern.

Ungläubig schaute Nick zu der Insel hinüber, die mit jedem Ruderschlag ein bisschen näher kam. Als sie nur noch wenige Hundert Meter von Montamars Küste entfernt waren und es keinen Zweifel mehr an ihrem Ziel gab, konnte Nick sich nicht länger zurückhalten. »Warum machst du das?«, fragte er.

Franko antwortete nicht sofort. Dann räusperte er sich. »Ich hatte schon lange den Verdacht, dass mein Stiefvater irgendetwas im Schilde führt. Ich wusste nur nicht, was. Als du mir dann vorhin in der Zeltbude erzählt hast, dass er deinen Vater und Robyn gefangen hält, um an das *Buch der elf Wächter* zu kommen, war mir alles klar.«

»Ich hätte nicht gedacht, dass du mir glaubst.«

»Oh doch.« Franko lachte. »Ich glaube alles Schlechte, das man mir über den Grafen erzählt. Und ich würde alles tun, damit er endlich als das entlarvt wird, was er ist. Alle Welt hält ihn für so freundlich und witzig und großzügig. Aber das ist er nicht. Im Gegenteil. Er ist gemein, hinterhältig und grausam und nutzt andere für seine Zwecke aus. Und er hat meine Mutter krank und unglücklich gemacht. Ich hasse ihn.«

Nick runzelte die Stirn. »Ich glaube, ich habe deine Mutter noch nie gesehen.«

»Nein, natürlich nicht«, sagte Franko leise. »Sie verlässt die Insel kaum noch. Der Graf will nicht, dass sie Kontakt mit anderen Menschen hat und womöglich ausplaudert, wie er wirklich ist.« Franko atmete tief ein und aus. Er ruderte, als wäre der Teufel hinter ihnen her.

Nachdenklich starrte Nick die Wellen an. Wie oft hatte sein Vater ihm gesagt, dass die Dinge häufig anders sind, als sie scheinen. Aber bislang hatte Nick dies immer für einen seiner unsinnigen Sprüche gehalten, mit denen er ihm so gern irgendetwas erklärte oder verbot. Jetzt wurde Nick klar, dass an einigen Sprüchen doch etwas dran war. Vielleicht musste man manche Erfahrungen auch erst selbst machen, um das zu begreifen. An diesem Abend war er gleich zweimal zu der Erkenntnis gekommen, dass man sich in Menschen gewaltig täuschen konnte, wenn man sie gleich nach dem ersten Eindruck, den man von ihnen hat, in eine Schublade packt. Nick nahm sich fest vor, sich daran zu erinnern und sich nicht noch einmal so leicht von dem äußeren Schein einnehmen zu lassen, wenn er jemanden kennenlernte. Und irgendetwas, eine ganz leise Stimme, flüsterte ihm zu, dass diese neue Erkenntnis möglicherweise sogar für Menschen galt, die er gut zu kennen glaubte. Doch im Moment hatte er keine Zeit mehr, weiter darüber nachzudenken. Gleich würden sie Montamar erreichen.

Nick hatte Franko kurz entschlossen gefragt, ob er ihn begleiten wolle. Schließlich war er nun eingeweiht und hatte ihm sehr geholfen.

Doch Franko hatte gelächelt und mit dem Kopf geschüttelt. »Der Zensor wäre wahrscheinlich sehr irritiert, mich zu sehen und gleichzeitig zu erfahren, dass mein Stiefvater hinter allem steckt. Und dass ausgerechnet sein Stellvertreter Bucklinger mit ihm gemeinsame Sache macht, wird seine Laune auch nicht gerade heben. Besser, du erzählst ihm alles in Ruhe, und wenn er mich dann dabeihaben will, helfe ich gerne.«

Sie hatten verabredet, dass Nick ihm am nächsten Tag vor dem Unterricht berichten werde, ob er Bucklinger noch abfangen konnte und wie der Oberzensor auf die Neuigkeiten reagiert hatte. Und Franko hatte versprochen, heimlich nach dem Ort zu suchen, an dem Wilhelm Münsterbach und Robyn gefangen gehalten wurden. Dann waren sie am Ufer angekommen.

Nick sprang eilig aus dem Boot. Er hatte keine Sekunde zu verlieren. Denn auch wenn Franko wie um sein Leben gerudert war, Bucklinger hatte eine Menge Vorsprung gehabt.

Er rannte auf dem kürzesten Weg die nachtleeren Gassen und Treppen Montamars bis zur Bergbahnstation hinauf. Der Zensor hatte ihm gesagt, dass dies der beste Weg wäre, wenn einer von ihnen nachts unangemeldet ins Zensoriat gelangen wollte. Die Klingel ertönte sowohl in seinem Arbeitszimmer wie auch in seinen Privaträumen. Sie hatten ausgemacht, dass Nick dreimal in kurzer Folge und ein viertes Mal nach längerem Abstand an der Schnur ziehen sollte, sodass der Zensor wusste, wer da kam, und ihn unentdeckt ins Zensoriat einlassen konnte, ohne dass die Wachen etwas davon mitbekamen.

Nick atmete schwer, als er auf die Lichtung mit der Bahnstation trat. So bemerkte er zunächst nicht das Surren. Erst als er die versteckte Klappe öffnen wollte, unter der sich der Klingelzug befand, nahm er das Geräusch wahr. Erschrocken blickte er nach oben. Und dann sah er, was dieses Surren auslöste: Das Drahtseil war in Bewegung. Das konnte nur eines bedeuten: Jemand fuhr bereits mit der Bahn zum Zensoriat hinauf. Und dieser jemand konnte nur Zensor Bucklinger sein.

Nick überlegte rasend schnell, was er tun sollte. Darauf zu warten, bis die Bergbahn wieder zu ihm zurückgeschwebt kam, kam nicht infrage. Und er hatte auch nichts, womit er das Seil hätte blockieren können, um die Bahn zum Halten zu bringen. Den Geheimgang konnte er ebenfalls nicht nehmen, er hatte keine Fackel dabei. Also blieb ihm nichts anderes übrig, als den Berg hochzulaufen.

Bevor er losrannte, hob er jedoch noch schnell den Deckel und zog in dem verabredeten Rhythmus an dem Seilzug, der die Klingel im Zensoriat auslöste. So würde der Zensor Maximus immerhin wissen, dass er auf dem Weg war.

Nick jagte wie der Wind die Stufen hinauf. Seine Lungen schienen zu brennen, und seine Beine fühlten sich an, als hingen schwere Bleigewichte daran, dennoch trugen sie ihn irgendwie vorwärts.

Die Burg lag in völligem Dunkel, als er den Burghügel erreichte. Aber das hatte nichts zu bedeuten: Sowohl das Arbeitszimmer als auch die Privaträume des Zensors blickten zur anderen Seite hinaus.

Bitte, lass die Tür offen sein, dachte Nick, als er mit letzter Kraft auf die Eingangspforte zurannte.

Er hatte Glück. Er wusste nicht, ob Zensor Bucklinger versäumt hatte, wieder hinter sich abzuschließen, oder ob der Zensor Maximus auf sein Läuten hin geöffnet hatte, jedenfalls war sie unverschlossen.

Seine Schritte hallten von den hohen, dicken Mauern wider, während er die Treppen zum Arbeitszimmer des Zensor Maximus erklomm. Als er die letzten Stufen erreicht hatte, sah er Licht unter der Tür hindurchscheinen. Er eilte darauf zu und klopfte an. Nur mit Mühe konnte er sich beherrschen und das »Herein!« des Zensors abwarten.

Zwei Augenpaare blickten ihn überrascht an, als er keuchend den Raum betrat.

»Guten Abend, Nick«, sagte der Zensor Maximus mit einem leichten Stirnrunzeln. »Ich hatte nicht damit gerechnet, dein Läuten zu so später Stunde zu hören. Was ist denn los?«

Zensor Bucklinger schenkte ihm ein freundliches Lächeln.

Nick zwang sich ebenfalls zu einem Lächeln, aber es gelang ihm nicht recht. Ihm war zu übel bei der Vorstellung, welche eiskalten Pläne der Zensor insgeheim für ihn geschmiedet hatte. Außerdem musste er sich nun darauf konzentrieren, möglichst nichts falsch zu machen. »Ich … ähm … ich wollte nachfragen, was denn heute Abend eigentlich passiert ist.« Er hatte sich die Worte unterwegs genau zurechtgelegt. »Ich habe die ganze Zeit gewartet, aber als Tullia endlich nach Hause kam, hat sie nur geweint und sich geweigert, etwas zu erzählen. Dann ist sie irgendwann eingeschlafen und ich wollte sie lieber nicht wecken. Bitte, Zensor, sagen Sie mir, was geschehen ist.«

»Seltsam.« Willibald Regeling schüttelte den Kopf. »Vorhin, als wir uns alle noch einmal im Alten Seemann trafen, schien sie mir ganz gefasst zu sein. Schließlich ist ja auch nicht alles verloren. Heute hat es offenbar gar keine Übergabe gegeben, denn – und das ist wirklich alles, was es zu berichten gibt – am Treffpunkt von gestern ist niemand aufgetaucht. Und ab morgen werden wir uns einfach wieder direkt an die Fersen des falschen WM heften.«

»Kann es sein«, Zensor Bucklinger lächelte, »dass Tullia vielleicht ein ganz anderes Problem beschäftigt? Vielleicht eines, das mit Levin zu tun hat?«

»Davon weiß ich nichts«, erwiderte Nick barscher, als er eigentlich wollte. Er hatte sich fest vorgenommen, sich diesem Verräter und Verbrecher gegenüber so normal wie nur möglich zu verhalten. Aber es fiel ihm unendlich schwer, so groß waren seine Wut und sein Hass auf diesen Mann. »Bitte«, er wandte sich wieder dem Zensor Maximus zu, »was ist denn nun heute Abend vorgefallen?«

»Wie ich gerade schon sagte«, antwortete Willibald Regeling, »nichts. Keine Wilhelm-Münsterbach-Figur, keine schwarze Gestalt. Entweder gehen sie jeden Tag zu einem anderen Ort, um die Nachricht auszutauschen, oder es gibt nicht jeden Tag eine Übergabe. Morgen werden wir »WM« konsequent beschatten und uns der schwarzen Figur anschließend an die

Fersen heften, wenn sie kommt, um die Nachricht abzuholen.« Der Zensor Maximus trat auf Nick zu und legte ihm eine Hand auf die Schulter. »Du kannst jetzt beruhigt nach Hause gehen und dich schlafen legen. Und morgen früh wird dir Tullia sicher erzählen, was sie so mitgenommen hat.«

Der Zensor Maximus stand nun direkt vor ihm. Nick suchte händeringend nach einer Möglichkeit, ihm durch ein Augenzwinkern oder eine andere Geste ein Zeichen zu geben, doch über die Schulter des Zensors hinweg sah Nick direkt in Bucklingers Augen, die ihn genau beobachteten. »Ja«, sagte er schließlich zögerlich, »aber … ähm …« Ihm musste jetzt blitzschnell irgendetwas einfallen, um noch bleiben zu können und die Aufmerksamkeit Willibald Regelings zu erregen. Und um herauszufinden, was dieser seinem Stellvertreter bereits erzählt hatte. Vielleicht war es ja noch nicht zu spät.

»Ja, Nick?« Der Zensor Maximus wurde langsam ungeduldig.

»Sie … ähm … Sie haben jetzt aber nicht etwas Neues geplant, wovon Sie uns nichts erzählen wollen, weil es zu gefährlich ist, oder?«

»Nein.« Willibald Regeling schüttelte den Kopf. »Ich wollte Zensor Bucklinger nur gerade auf den neuesten Stand bringen und ihm von unserem morgendlichen Besuch bei Philoktet Hansen berichten.«

Nick fiel ein Stein vom Herzen. Bucklinger wusste also noch nicht, was Hansen gesagt hatte und dass sie von der geplanten Figurisierung und Nicks Austausch wussten. Auf einmal kam ihm eine Idee. Hoffentlich würde der Zensor Maximus richtig reagieren. »Ja, der Hansen«, sagte er. »Was für ein komischer Kauz!« Er sah dem Zensor fest in die Augen. »Schade, dass er uns überhaupt nichts sagen konnte, das uns weiterhilft.«

Willibald Regeling runzelte die Stirn und schaute Nick verblüfft an. »Wieso? Er hat doch …« Dann schien er plötzlich zu begreifen. Seine Augen bewegten sich schnell hin und her. Offenbar versuchte er, die Gedanken, die in seinem Kopf umherwirbelten, zu ordnen und zu überprüfen. Hinter ihm hatte sich Bucklinger in seinem Stuhl gespannt aufgerichtet.

Schließlich räusperte sich der Zensor Maximus und wandte sich zu seinem Stellvertreter um. »Na ja«, hob er an, »gewissermaßen hat Nick recht. Wir haben nicht wirklich etwas erfahren, das uns weiterhilft. Hansen hat lange Zeit vehement erklärt, dass es sich um seine eigene Geschichte handele, und erst, als ich ihm mit einem Prozess drohte, hat er zugegeben, dass der Text eine Auftragsarbeit war. Aber er hat wohl selbst keine Ahnung, wer seine Auftraggeber sind. Er hat sie nie gesehen, alle Anweisungen erfolgten schriftlich.«

Bucklinger lehnte sich noch weiter vor. »Und hat er Ihnen wenigstens diese Schreiben gezeigt? Vielleicht können wir sie untersuchen lassen und …«

»Nein, er hat sie verbrannt. Das war offenbar Teil des Auftrags. Wir könnten Hansen natürlich vor Gericht bringen wegen unbefugter Darstellung und Figurisierung einer nicht eingeweihten Person, aber im Moment haben wir anderes zu tun. Oder was meinen Sie, werter Kollege?«

Zensor Bucklinger ließ sich mit keiner Miene anmerken, wie groß sein eigenes Interesse daran war, zu erfahren, was genau Philoktet Hansen gesagt hatte. Er nickte zustimmend. »Das denke ich auch. Wir sollten uns zunächst auf die Rettung von Wilhelm Münsterbach und auf die Sicherheit des *Buches der elf Wächter* konzentrieren.«

»Ganz meine Meinung«, lächelte Willibald Regeling.

Nick hatte dem Zensor Maximus bislang immer hohen Respekt entgegengebracht, aber nun war daraus tiefe Bewunderung geworden. Nicht nur hatte dieser binnen Sekunden begriffen, dass Nick Bucklinger misstraute, er hatte auch blitzschnell analysiert, welche Informationen es waren, die er ohne Risiko weitergeben konnte. Und dabei hatte er eigentlich noch nicht einmal gelogen. Er hatte nur nicht alles gesagt.

»Wenn ich es recht verstehe«, sagte Zensor Bucklinger mit einem traurigen Blick auf seinen Vorgesetzten und auf Nick, »dann sind wir also leider nicht wirklich weitergekommen.«

»Das ist betrüblicherweise richtig.« Willibald Regeling setzte ebenfalls eine traurige Miene auf. »Wir können nach wie vor nichts anderes tun, als auf die Gegenseite zu reagieren und zu hoffen, dass sie irgendeinen Fehler macht.«

Nick tat so, als müsse er ganz furchtbar gähnen. Dabei war er so wach wie noch nie. »Ich glaube, ich muss jetzt wirklich ins Bett!«, erklärte er. »Bitte entschuldigen Sie, dass ich Sie hier so spät gestört habe. Ich habe mir eben Sorgen gemacht.«

»Aber das ist doch ganz selbstverständlich«, sagte Zensor Bucklinger. Auch der Zensor Maximus nickte zustimmend, aber Nick konnte an seinen zusammengekniffenen Augen sehen, dass er überlegte, ob Nick eigentlich etwas ganz anderes hatte sagen wollen.

Nick verabschiedete sich und eilte die Treppe zum Eingang hinab. Draußen angekommen, überquerte er den Burghof und lief ein paar Stufen die alte Burgtreppe hinunter, bis er vom Zensoriat aus nicht mehr zu sehen war.

Zu dieser späten Stunde brannten nur noch zwei Gaslampen, deren Lichtkegel kaum gegen die feuchte Dunkelheit ankamen. Nick wartete ein paar Minuten.

Dann reckte er seinen Kopf so weit über die Stufen, dass er gerade eben die Eingangstüren im Blick hatte. Zensor Bucklinger wohnte – das wusste er – im Malerviertel und würde nach links abbiegen, wenn er das Gebäude verließ. Hier war er also sicher.

Es dauerte nicht lange, bis sich die Tür öffnete und Bucklinger den Nachhauseweg antrat. Langsam verhallten seine Schritte auf dem nassen Kopfsteinpflaster. Nick blieb in seinem Versteck und beobachtete weiter die Tür. Nur wenige Minuten später öffnete sie sich erneut. Heraus trat der Zensor Maximus. Er schaute sich in alle Richtungen um.

Nick stieg die Stufen hinauf und ging auf den Zensor zu, der ihn wortlos hineinwinkte.

Willibald Regeling zog Nick in einen kleinen Raum am anderen Ende der Eingangshalle, in dem sich nur ein alter Holztisch, zwei Stühle und ein Regal mit Nachschlagewerken befanden. Offenbar war es eine Art Arbeitsraum.

»Willst du allen Ernstes behaupten, dass Zensor Bucklinger etwas mit der Sache zu tun hat?« Der oberste Zensor sah Nick ungläubig an.

Dieser nickte vielsagend. »Ich konnte es zuerst auch nicht fassen, aber es stimmt.« Er berichtete von seinen Erlebnissen, seit er am Abend das Haus verlassen hatte, um dem falschen WM zu folgen. Es schien ihm selbst unvorstellbar, dass sich all das an diesem einen Abend zugetragen hatte.

Der Zensor hörte ihm mit ernster Miene zu. Immer wieder schüttelte er den Kopf.

Als Nick seinen Bericht beendet hatte, blieb der Zensor eine Weile stumm und starrte auf die Wand in Nicks Rücken. »Das ist unfassbar«, sagte er schließlich. »Er wäre der Letzte gewesen, den ich verdächtigt hätte.« Wieder schüttelte er traurig den Kopf. »Ich habe ihm vollkommen vertraut. Wie kann man sich in einem Menschen so sehr täuschen?«

»Ja«, antwortete Nick, »genau dasselbe habe ich mich heute auch schon zweimal gefragt. Erst bei dem Zensor, dann bei Franko.«

»Aber immerhin«, fuhr der Zensor fort, »wissen wir jetzt, mit wem wir es zu tun haben, und können ganz gezielt planen. Meine Güte! Wenn ich mir vorstelle, dass ich Bucklinger gerade erzählen wollte, was wir von Hansen erfahren haben und wie unser Plan aussieht! Wärst du nicht gekommen, dann wäre jetzt wohl alles zu spät.« Er klopfte Nick mehrfach auf die Schulter. »Gut gemacht, mein Junge! Gut gemacht! Und auch Franko müssen wir mehr als dankbar sein.«

»Was soll ich ihm eigentlich morgen früh sagen? Er würde uns wirklich gern helfen.«

Der Zensor dachte einen Moment nach. »Ich würde vorschlagen, dass wir uns um vierzehn Uhr im Alten Seemann zu einer letzten Besprechung treffen. Sag Franko, dass er um fünfzehn Uhr dorthin kommen soll. Ich habe eine Idee, wie er uns unterstützen könnte, und falls er herausgefunden haben sollte, wo dein Vater und Robyn versteckt gehalten werden, wäre das natürlich eine enorme Hilfe. Aber ich denke, wir sollten ihn trotzdem nicht in den ganzen Plan einweihen. Womöglich schöpft sein Stiefvater irgendeinen Verdacht und zwingt ihn, alles zu sagen, was er weiß.«

Nick stimmte zu, obwohl er annahm, dass der eigentliche Grund wohl eher darin bestand, dass der Zensor Franko nicht zu schnell vertrauen wollte. Und vielleicht war das auch wirklich das Vernünftigste.

Das Versprechen

Tullia und Levin blieben die Münder offen stehen, als Nick ihnen am nächsten Morgen alles erzählte. Da sie ihn ständig mit Bemerkungen wie »Das gibt's doch gar nicht!«, »Unfassbar!« und »Das hätte ich nie gedacht!« unterbrachen, brauchte er für seinen Bericht den ganzen Weg bis zum Zensoriat.

»Ich kann es einfach nicht glauben«, sagte Levin.

»Ich auch nicht«, stimmte Tullia zu. »Und ich weiß auch noch nicht, was ich überraschender finde: das mit Zensor Bucklinger oder das mit Franko.«

»Apropos«, sagte Nick. »Da ist er.«

Franko stand etwas abseits an die Mauer des Burghofs gelehnt. Levin schickte Fabiano, den er hierher bestellt hatte und der brav neben der Tür wartete, schon vor ins Zensoriatsgebäude, dann traten sie auf Franko zu.

Das Zusammentreffen war im ersten Moment ein wenig seltsam. Es war nicht einfach, auf einmal mit jemandem ein Geheimnis zu teilen, zu dem man bislang immer großen Abstand gehalten hatte.

Nick, der sich an diesen Gedanken schon länger hatte gewöhnen können, war daher der Erste, der ihn ansprach: »Vielen Dank noch mal für deine Hilfe gestern, Franko. Ohne dich wäre ich jetzt wahrscheinlich gar nicht hier.«

»Gern geschehen. Wie gesagt: Ich würde wirklich alles tun, um es meinem Stiefvater irgendwie heimzahlen zu können.« Er grinste verlegen. »Sogar mich mit Leuten wie euch abgeben.«

»Lass mal«, stichelte Levin zurück und grinste. »Wir würden uns mit dir auch nicht unterhalten, wenn wir nicht müssten.«

Frankos Miene verfinsterte sich für einen Augenblick. Doch dann rettete Tullia die Situation. »Was Levin meint, ist, dass wir uns mit dem Franko, wie wir ihn bisher kannten, vielleicht nicht so gern abgegeben hätten«, lächelte sie. »Aber offensichtlich bist du ja ein ganz anderer, als wir immer dachten.«

Franko sah Tullia, Nick und Levin ernst in die Augen. »Es ist eben nicht immer einfach, nett und freundlich zu sein, wenn alle einen spüren lassen, dass sie einen für einen Sonderling halten. Erst recht, wenn man ohnehin nicht so gut darin ist, Anschluss zu finden.«

Nick blickte betreten zu Boden. So hatte er das noch nicht gesehen. Er hatte nie allein sein müssen, sondern immer schnell Freunde gefunden. Es musste furchtbar sein, so isoliert.

»Und als der Sohn des großen Herrn Grafen«, fügte Franko bitter hinzu, »hat man es noch viel schwerer. Wenn man Pech hat, interessieren sich die angeblichen Freunde mehr für all den Glanz- und Gloria-Unfug als für einen selbst. Und ich bin dann auch noch so dämlich, das erst viel zu spät zu merken.« Franko starrte über die Burghofmauer auf das Meer hinaus.

Tullia fand schnell die richtigen Worte: »Ich kann gut verstehen, dass man dadurch verbittert wird und irgendwann lieber allein ist, als noch mal so betrogen zu werden.«

Ein leises Lächeln huschte über Frankos Gesicht. »Ach!«, sagte er dann barsch. »Schnee von gestern! Jetzt ist etwas anderes wichtig.« Er wandte sich Nick zu. »Also, ich habe mich letzte Nacht und heute Morgen noch ein wenig auf die Suche gemacht. Und ich habe leider keine besonders guten Nachrichten. Von eurem Vater fehlt jede Spur. Das hatte ich mir auch beinahe gedacht. Sonst wäre mir bestimmt schon irgendwann einmal etwas aufgefallen. Vielleicht wird er in einer der Höhlen versteckt gehalten.«

»Höhlen?«, fragten Nick und Tullia gleichzeitig.

»Ja«, nickte Franko. »Wusstet ihr das nicht? Die ganze Felseninsel ist von etwa zwei Dutzend Höhlen durchzogen. Genau genommen besteht die Insel nur aus Hohlräumen. Es ist eigentlich ein Wunder, dass sie nicht einstürzt.«

»Oh nein!« Tullia hielt sich entsetzt die Hand vor den Mund. »Vater muss da in einer kalten, nassen Höhle sitzen?«

»Nein, wahrscheinlich ist es nicht so schlimm, wie es sich anhört«, sagte Franko schnell. »Die meisten Höhlen sind völlig trocken und auch gar nicht so kalt. Es wird allerdings verdammt schwierig werden, ihn zu finden. Es sind, wie gesagt, zwei Dutzend Höhlen, und viele von ihnen führen tief ins Innere der Insel. Vor allem aber hat mein Stiefvater einige von ihnen verschlossen.«

Nick, Tullia und Levin brachten vor Enttäuschung keinen Ton heraus. Was Franko ihnen gerade erzählt hatte, würde ihr Vorhaben noch viel schwieriger machen. Es schien ohnehin beinahe unmöglich. In seiner ersten Begeisterung über das, was er herausgefunden hatte, hatte Nick in der vergangenen Nacht den Zensor Maximus gefragt, ob dieser nicht die Inselpräfekten einsetzen könnte, um seinen Vater und Robyn zu befreien. Doch der Zensor hatte eingeräumt, dass er dafür noch nicht genug gegen den Grafen und Zensor Bucklinger in der Hand hatte und Nicks Erkenntnisse leider offiziell nicht zu verwenden waren, da er sie unrechtmäßig erworben hatte.

»Aber ich habe immerhin etwas über Robyn herausgefunden«, sagte Franko in das niedergeschlagene Schweigen hinein. »Er muss wohl ein unglaublich begabter Bäcker sein.« Er lächelte Nick zu. »Mein Stiefvater ist so von seinen Künsten begeistert, dass er ihn nachts, wenn alle schlafen, in der Küche arbeiten lässt. Jedenfalls habe ich ihn heute Nacht dort gesehen und es waren nur zwei Hauswachen bei ihm.«

»Und du glaubst, er arbeitet jede Nacht da?« Nick fühlte einen winzigen Funken Hoffnung in sich aufkeimen.

»Das weiß ich nicht. Aber so, wie er sich in der Küche zurechtfand, muss er schon häufiger dort gewesen sein. Und wenn ich so darüber nachdenke«, ergänzte Franko, »dann hatten wir in der letzten Zeit tatsächlich jeden Tag einen ganz frischen, ungewöhnlich guten Kuchen auf dem Kaffeetisch.«

»Braucht ihr eigentlich eine Extraeinladung?«, brüllte es in dem Moment über den Burghof.

Erschrocken zuckten alle zusammen. Irgendwie hatten sie ganz und gar vergessen, dass sie schon längst zum Unterricht hätten erscheinen müssen.

»Was hat denn eigentlich der Zensor gesagt?«, fragte Franko, als er neben Nick ins Zensoriat ging.

»Dass er dir über die Maßen dankbar ist und wir deine Hilfe sehr gut gebrauchen können«, antwortete Nick, die Worte des Zensors bewusst ein kleines bisschen verändernd. »Er fragt, ob du heute um drei zu unserem Treffen im Alten Seemann kommen kannst.«

»Klar«, sagte Franko. »Mach ich.«

Nick war froh, dass sie genau in diesem Augenblick vor dem Konferenzraum II b ankamen, vor dem Fabiano schon ungeduldig auf und ab marschierte. Dies ersparte ihm, Franko einzugestehen, dass alle anderen sich bereits eine Stunde früher dort treffen würden.

Bevor sie eintraten, klopfte Nick Levin aufmunternd auf die Schulter. »Viel Glück.« Als er sah, dass sein Freund vor lauter Nervosität inzwischen kreidebleich geworden war, fügte er hinzu:»Obwohl du das nicht brauchst. Fabiano ist eine hervorragende Figur!«

Levin nickte und öffnete die Tür, als wäre er in Trance.

Levins Präsentation gehörte sicherlich zu den denkwürdigsten, die auf Montamar jemals dargeboten worden waren. Nicht etwa, weil dessen Erläuterungen zu Fabiano und seiner Geschichte besonders ungewöhnlich gewesen wären. Auch nicht, weil Fabiano irgendwie aus dem Rahmen gefallen wäre. Nein, es lag an Fräulein Schengensieck.

So normal sie Minuten zuvor noch erschienen war, als sie über den Burghof gebrüllt hatte, so ganz und gar nicht wiedererkennbar war sie jetzt. Das erste Mal fiel es Nick auf, als Levin mit der Vorstellung seiner Figur begann und Fräulein Schengensieck nicht, wie erwartet, irgendeine böse Anmerkung zu Fabianos Ähnlichkeit mit Ramon machte. Sie hörte sich – und auch das hatte es noch nie gegeben – Levins Präsentation ruhig, ja geradezu wie weggetreten an, ohne auch nur ein einziges Mal etwas zu sagen, ein spöttisches Kopfschütteln mit Wanda auszutauschen oder einen künstlichen Lachanfall zu bekommen. Sie blickte lediglich hin und wieder aus dem Fenster oder auf ihren Auswertungsbogen, auf den sie große Kringel zu zeichnen schien, und reagierte nicht einmal, als Fabiano erklärte, er sei nie zur Schule gegangen und das sei auch gut so, denn er könne Lehrerinnen nicht ausstehen. Ja, sie bedankte sich am Ende sogar bei Levin und Fabiano. Die größte allgemeine Verblüffung aber löste sie aus, als Kalle seine Chance witterte und Fräulein Schengensieck fragte, ob er nicht doch – auch wenn das Zulassungsverfahren für seine Figur noch in der Schwebe sei – in der nächsten Stunde seinen Hund präsentieren dürfe, und Fräulein Schengensieck »Ja, natürlich, Kalle!« antwortete, während sie weiterhin Kringel malte.

»Bist du wirklich bereit, dich in diese Gefahr zu begeben?« Der Zensor blickte Nick prüfend an.

In der vergangenen Stunde hatten sie haarklein geplant, wie sie am nächsten Tag versuchen wollten, Wilhelm Münsterbach, Robyn und das *Buch der elf Wächter* zu retten. Es war ein höchst gewagtes Unterfangen, und es gab unzählige Stellen, an denen etwas schiefgehen konnte. Aber es war ihre einzige Chance.

Tullia und Levin hatten sich zu Nick vorgebeugt.

»Ja, das bin ich.« Nick versuchte, so zu klingen, als habe er überhaupt keine Angst. Aber ganz so stark und unbekümmert, wie er sich gab, fühlte er sich nicht. Bei Weitem nicht. Genau genommen war ihm sogar ausgesprochen mulmig zumute.

Der Zensor nickte. »Gut«, sagte er, »dann werden wir es so machen. Wir sollten jetzt Franko hereinbitten.«

Levin öffnete ihm die Tür.

Wenn Franko sich fragte, wie lange die Versammlung wohl schon gedauert hatte und warum ihm nicht genug Vertrauen entgegengebracht worden war, um ihn von Anfang an daran teilnehmen zu lassen, dann ließ er sich dies nicht anmerken.

Ruhig und mit freundlicher Miene betrat er den Raum.

Der Zensor lächelte ihm zur Begrüßung zu. »Franko, ich möchte dir zunächst für deine große Hilfe danken. Ohne deinen Einsatz wäre vermutlich bereits jetzt alles verloren.«

Franko nickte verlegen.

»Wir haben jedoch leider nicht viel Zeit«, fuhr der Zensor fort. »Lass mich daher sofort zum Punkt kommen. Du weißt, worum genau es geht?«

»Ja, das weiß ich«, sagte Franko beinahe feierlich, »und ich hoffe inständig, dass alles klappt.«

»Du hast, wenn ich Nick richtig verstanden habe, deine Hilfe angeboten. Ist das richtig?«

Franko nickte mit Nachdruck.

Der Zensor kniff die Augen zusammen. »Obwohl du dich damit gegen die Interessen deines Stiefvaters stellst und ein nicht unerhebliches Risiko eingehst?«

Ein trauriges Lächeln huschte über Frankos Gesicht. »Gerade *weil* ich mich damit gegen meinen Stiefvater stelle, würde ich sagen. Sie können mir glauben, Zensor Maximus, ich freue mich nicht nur, Ihnen zu helfen, sondern vor allem, dass ich endlich die Gelegenheit bekomme, es dem Grafen heimzuzahlen.«

Der Zensor blickte Franko einige Sekunden lang forschend an, so als versuche er, in seinem Gesicht zu lesen, ob dieser wirklich vertrauenswürdig war. »Gut, Franko«, flüsterte er schließlich. »Dann haben wir eine Bitte an dich.« Er drückte ihm einen Zettel in die Hand und erklärte ihm, was er damit machen sollte.

Lügner und Betrüger

Der Raum war vollkommen finster, obwohl draußen die Win-
tersonne strahlend hell schien. Und es roch muffig nach Staub
und morschem Holz. Irgendwo über sich hörte Nick eine
Diele knarren. Sonst war alles still. Er fragte sich, wie lange
es noch dauern mochte, bis sie endlich kamen. Es war verflixt
kalt und er bekam langsam Kopfschmerzen von dem Geruch.
Nervös spielte er mit dem verschlossenen Umschlag in seiner
Hand, in dem sich die Geschichte über ihn selbst befand, die
Philoktet Hansen, wie beim ersten Mal, an seine Auftraggeber
zurückgeben sollte.

Die Geschichte war früh an diesem Morgen unter Hansens
Tür hindurchgeschoben worden, hinter der der Zensor, Levin,

Tullia und Nick gewartet hatten. In aller Eile hatten sie sie gelesen, bevor Hansen damit zum Zensoriat aufgebrochen war. Schließlich war es wichtig für Nick zu wissen, ob seine Figur noch mit irgendwelchen Besonderheiten ausgestattet war, wenn er seine Rolle glaubwürdig spielen sollte.

»Schlau«, hatte der Zensor gesagt, nachdem er den Text gelesen hatte, »das ist sehr schlau. Sie haben deiner Figur den Wissensstand gegeben, den du hattest, bevor ich euch im Alten Seemann alles erzählt habe. Du weißt also überhaupt gar nichts. Demgemäß auch nicht, dass dein Vater entführt worden ist. So wirst du für den Grafen und Bucklinger nicht zu einem zusätzlichen Risiko, weil du nach deinem Vater suchst. Im Gegenteil. Du misstraust Wilhelm und mir, und Bucklinger scheint dir ein sehr netter Mensch zu sein.« Der Zensor hatte Nick sehr eindringlich angesehen. »Vermutlich ist er zudem auch der Urheber dieser Geschichte, sodass du tun musst, was er dir sagt. Und, Nick, äußerste Vorsicht ist geboten! Wenn du aus Versehen irgendetwas erwähnst, das erst nach unserem Gespräch im Alten Seemann geschehen ist, dann ist unser Plan gescheitert und du bist in allerhöchster Gefahr! Behalte das gut im Gedächtnis, Nick! Benimm dich ansonsten ganz normal!«

Nick hatte wortlos genickt. Das würde er schaffen.

Dennoch fühlte er, wie ihm eine Gänsehaut den Rücken hinunterlief, während er im Dunkeln saß und wartete. Die Kälte, dachte er, das ist bestimmt die Kälte. In dem Moment hörte er es an der Tür klopfen. Sein Herz pochte schneller und er bekam einen Kloß im Hals. Jetzt ging es los. Er stand auf und entriegelte die Tür.

Draußen standen zwei Männer. In ihren grauen Anzügen, den kurzen braunen Haaren und schwarzen Hornbrillen sahen sie beinahe identisch aus. Sie unterschieden sich allein dadurch, dass der eine einen grauen Aktenkoffer in der Hand hielt und der andere nicht.

Sie blickten sich einmal um, dann traten sie schweigend ein. Der hintere der beiden schloss die Tür. »Wie ist dein Name?«, fragte er Nick.

»Nick Münsterbach.«

»Wie lautet der Vorname deines Vaters?«

»Wilhelm.« Der Zensor hatte Nick darauf vorbereitet, dass er wahrscheinlich getestet werden würde. »Keine Sorge!«, hatte er ihn zu beruhigen versucht. »Sie haben keine Ahnung, dass du der echte Nick sein könntest. Sie werden einfach nur herausfinden wollen, ob deine Figur irgendwelche gravierenden Fehler aufweist.«

»Was ist das für ein Brief in deiner Hand?«

»Das weiß ich nicht. Ich weiß nur, dass ich ihn Ihnen aushändigen soll.«

Der Mann, der die Fragen gestellt hatte, nahm den Brief und nickte dem anderen zu. Der öffnete seinen Aktenkoffer und zog eine Matrosenkluft samt Mütze hervor. »Hier, zieh das an!«

»Warum denn? Es ist doch nicht Karneval.« Nick war der Gedanke gekommen, dass dies ein weiterer Test sein konnte.

Er selbst würde sich schließlich niemals von irgendwelchen grauen Anzuggestalten solch absurde Aufträge erteilen lassen. Also sollte seine Figur, deren Rolle er ja nun spielte, dies auch nicht tun.

Tatsächlich tauschten die beiden Männer einen kurzen bestätigenden Blick aus. »Weil Zensor Bucklinger es so wünscht«, sagte der kofferlose Anzugmann. »Er wird dir das alles nachher selbst erklären. Los, beeil dich!«

Nick nahm an, dass er den Test damit bestanden hatte, und zog sich um. Doch gerade, als er sich die Mütze auf den Kopf setzen wollte, rief der Mann mit dem Koffer: »Halt!«

Nick erstarrte.

»Da fehlt noch was!« Er öffnete seinen Koffer erneut. Mit einem hämischen Grinsen zog er eine Perücke hervor, eine Perücke mit grellroten Haaren. »Da, Bübchen, setz die auf!«

Nick nahm sie stirnrunzelnd entgegen.

Die Anzugmänner brachen in schallendes Gelächter aus, als sie ihn mit der Perücke auf dem Kopf sahen. Dann wurden sie mit einem Schlag wieder ernst und nickten sich zu.

»Komm jetzt! Du gehst hinunter zum Hafen, wir folgen ein paar Schritte hinter dir. Besser, wir werden nicht zusammen mit so einer seltsamen Figur wie dir gesehen.« Wieder verfielen die beiden in schallendes Gelächter.

Nick hatte angenommen, er würde unzählige belustigte Blicke auf sich ziehen, während er die Gassen zum Hafen hinablief. Aber niemand schien sich über ihn zu wundern. Im Gegenteil:

Wenn er die Figuren betrachtete, die ihm in diesem Teil Montamars begegneten, dann war er dagegen geradezu unauffällig. Er sah zwei indische Fakire mit Nagelbrettern unter den Armen, einen vor Muskeln strotzenden römischen Gladiator, ein trauriges Nachtgespenst und eine Gruppe Zauberlehrlinge, die auf einem Bollerwagen mit der Aufschrift *Montamarer Fuhrwerkverleih* mehrere Kröten, schwarze Katzen und ein umfangreiches Besensortiment hinter sich herzogen. Zu einem anderen Zeitpunkt wäre Nick vielleicht zum Lachen zumute gewesen, doch an diesem Tag kam ihm dies alles ganz unwirklich vor.

Am geschäftigen, von Seeleuten nur so wimmelnden Hafen angekommen, machte er halt und drehte sich nach seinen Begleitern um.

Sie würdigten ihn keines Blickes und gingen einfach, scheinbar in ein Gespräch vertieft, an ihm vorbei. Der Kofferträger zischte ihm jedoch zu: »Komm in zehn Minuten nach!« Die beiden steuerten einen Bootssteg an, an dem ein kleines Segelboot lag. Nick sah sie behände an Bord klettern und durch eine Luke unter Deck verschwinden.

Er schlenderte ein wenig am Kai entlang und beobachtete die Seeleute beim Entladen eines großen Dreimasters. Schließlich machte er sich auf den Weg zu dem Segelboot. An Deck stand ein braun gebrannter, vor Kraft strotzender Matrose. Er reichte ihm eine Hand und half ihm an Deck. Dann öffnete er die Luke, durch die auch die beiden Anzuggestalten geklettert waren. Nick zog den Kopf ein und stieg in die Kajüte hinab.

Seine beiden Bewacher saßen nebeneinander auf einer Holzbank und blickten ihm entgegen. Wortlos bedeuteten sie ihm, sich ihnen gegenüber hinzusetzen.

Kaum hatte er Platz genommen, als er auch schon eine Bewegung spürte. Sie hatten abgelegt. Jetzt gab es kein Zurück mehr.

Da seine Bewacher ohnehin kein Wort sprachen, nutzte Nick die Zeit, in Gedanken noch einmal alles durchzugehen, was sie besprochen hatten. Doch er merkte schnell, dass ihm dabei mulmig wurde. Obwohl sie alles genauestens geplant hatten, blieb doch vieles dem Zufall überlassen.

Endlich legte das Boot an, und Nick hatte keine Gelegenheit mehr weiterzugrübeln. Jetzt hieß es nur noch handeln, und zwar möglichst richtig.

Die beiden Anzugmänner nickten vollkommen synchron in Richtung der Holzleiter. Nick kletterte hinauf und öffnete die Luke. Sie befanden sich am offiziellen Anlegeplatz der Felseninsel. Und vor ihm stand Zensor Bucklinger. Ein kaum wahrnehmbares Lächeln huschte über sein Gesicht. »Ich glaube, du kannst diese dämliche Perücke jetzt abnehmen. Sie steht dir auch nicht besonders gut!« Er blickte zu den beiden Anzugmännern, die Nick an Deck gefolgt waren. »Habt ihr seine Garderobe dabei?«

»Ja, natürlich. Typisch Junge, nur einen einzigen Koffer voll«, antwortete einer der beiden.

»Wo ist er?«, fragte der Zensor ungeduldig.

»Noch in der Kajüte.«

»Hochbringen, sofort!«

Nick überlegte kurz, warum es so wichtig war, dass seine Figur ihre gesamte Kleidung dabeihatte. Dann wurde es ihm klar: Wenn er später gegen seine Figur ausgetauscht werden sollte, musste diese natürlich dieselben Sachen tragen. Deshalb hatte Philoktet Hansen im Zensoriat auch einen kompletten Satz Kleidungsstücke für die Figur Nick Münsterbach mitbekommen.

Zensor Bucklinger ging einmal langsam um Nick herum und betrachtete ihn von oben bis unten. Schließlich ergriff er sogar seine Hände und unterzog sie einer genauen Untersuchung. Er lächelte selbstzufrieden. Vermutlich war er mächtig stolz darauf, was für eine gute Figur er geschaffen hatte und dass diese keine einzige durchsichtige Stelle aufwies. Nick musste sich ein Grinsen verkneifen.

»Komm jetzt, Nick!« Bucklinger legte ihm die Hand in den Nacken und schob ihn auf eine in den Fels gehauene Treppe zu. Nick hätte seine Hand am liebsten abgeschüttelt, so unangenehm fühlte sich das an.

»Wo hast du Levin kennengelernt, Nick?«

Schon wieder so ein Test. Er hätte es ahnen müssen.

Ausführlich erzählte er von dem Tag, als seine Familie und er auf Montamar angekommen waren und Levin Thelma und Bogart in die Flucht geschlagen hatte.

»Und wie ist dein Verhältnis zu deinem Vater?«

Nick schluckte. Mit dieser Frage hatte er nicht gerechnet. Sollte er tatsächlich erzählen, wie es um ihr Verhältnis bestellt war? Konnte der Zensor so genau davon wissen, dass er in der Lage war zu beurteilen, ob Nick die Wahrheit sagte? Schließlich entschied er sich doch für die Wahrheit, allerdings in sehr abgekürzter Form. »Nicht so gut«, sagte er.

»Geht das ein bisschen detaillierter?« Bucklinger klang ungeduldig, so als habe er für dieses Frage- und Antwortspiel gar keine Zeit, müsse es aber hinter sich bringen.

Nick seufzte. »Ich glaube, er konnte mit mir nicht so viel anfangen, nachdem meine Mutter weggegangen war und er sich allein um Tullia und mich kümmern musste.«

Zensor Bucklinger schwieg einen kurzen Moment. Dann flüsterte er: »Gut.«

Gut?, dachte Nick. Was heißt denn hier gut? Aber er fragte lieber nicht nach.

Schweigend gingen sie weiter.

Je näher sie der Burg kamen, desto lauter wurde das Hämmern und Sägen, das von den Vorbereitungen für das Feuerfest zeugte. Zahllose Handwerker errichteten zwischen den Zeltbuden, in denen bereits Speisen und Getränke aller Art aufgetürmt waren, größere und kleinere Podeste.

Offensichtlich handelte es sich dabei um Bühnen, denn auf einigen von diesen befanden sich Leute, die irgendetwas probten: Gaukler, die mit Messern und brennenden Fackeln jonglierten, oder Schlangenmenschen, die ihre Köpfe von hinten zwischen den Beinen hindurchsteckten. Etwas abseits zwischen den Bäumen stand ein Seemannschor und sang ein Matrosenlied.

An mehreren Stellen waren große Holzstöße aufgebaut worden. Sie waren es wohl, die später dem Namen *Feuerfest* alle Ehre machen sollten. Neben dem größten von ihnen stand ein hölzerner, etwa fünf Mann hoher Turm, dessen Zweck Nick jedoch nicht klar war.

Als er dieses ganze Treiben betrachtete, kam ihm gerade noch rechtzeitig ein wichtiger Gedanke. Da Bucklinger ihn in seinem Wissensstand von vor etwa einer Woche charakterisiert hatte, wäre es jetzt wahrscheinlich angebracht, großes Erstaunen zu signalisieren.

»Ich dachte, das Feuerfest findet erst in einer Woche statt.«

»Das sollte es eigentlich auch«, antwortete Zensor Bucklinger sofort. Offenbar hatte er diese Frage erwartet. »Aber es ist vorverlegt worden. Der Graf hatte terminliche Probleme.«

»Wo gehen wir denn jetzt hin?«, fragte Nick, der langsam sein Selbstvertrauen zurückgewonnen hatte. »Und was soll ich hier überhaupt?«

Der Zensor schob ihn auf den Dienstboteneingang der Burg zu. »Das erkläre ich dir später. Komm erst mal mit! Wir sind in Eile.«

Im Wirtschaftstrakt der Burg herrschte reges Treiben. Unzählige zum Teil recht durchsichtige Bedienstete mit bis zu zehn Armen und so langen Beinen, dass es aussah, als gingen sie auf Stelzen, trugen eilig Gläser, Teller, Tischdecken, Weinflaschen, Limonadenkaraffen, Schüsseln voll mit Brathähnchen,

Würsten und gebratenem Fleisch, riesige Laibe Brot und noch viel mehr aus der Burg heraus. Wenn Bucklinger und er nicht permanent zur Seite gesprungen wären, wären sie bestimmt gnadenlos umgerannt worden.

Der Zensor führte ihn durch mehrere schmale dunkle Flure und schließlich durch eine geöffnete Tür, die er rasch hinter sich zuzog. Sie standen nun mitten in einem kreisrunden Raum am Fuß einer steilen Wendeltreppe. Der Zensor schob Nick die Stufen hinauf. Vermutlich befanden sie sich in einem der vier Burgtürme. Höher und höher stiegen sie, bis der Zensor vor einer weiteren Tür haltmachte. Bucklinger öffnete sie, und Nick trat in einen weiß getünchten Raum, dessen Wand einen Halbkreis bildete, in den sechs kleine Fenster eingelassen waren. Ein Sofa, ein Stuhl und ein Tisch waren die einzigen Möbelstücke. Auf dem Tisch standen ein Teller mit gebratenem Fleisch und Brot und ein Krug Milch, daneben lag ein Stapel Bücher. Offenbar sollte Nick hier den ganzen Tag lang eingesperrt bleiben, bis er am Abend ausgetauscht wurde. Nick war enttäuscht. Er hatte gehofft, sich frei bewegen zu dürfen und so viele Informationen wie möglich sammeln zu können.

»Du bleibst hier, bis ich dich abhole«, sagte der Zensor barsch und schickte sich an, den Raum wieder zu verlassen.

»Aber Sie wollten mir doch sagen, was ich hier eigentlich soll, oder?«

»Ja.« Zensor Bucklinger kehrte ihm den Rücken zu und verschwand durch die Tür. »Aber ich habe auch ›später‹ gesagt. Und jetzt ist noch nicht später, verstanden?« Mit einem lauten

Knall fiel die Tür ins Schloss. Nick hörte, wie der Schlüssel zweimal umgedreht wurde, und stöhnte auf. Na großartig, jetzt konnte er hier sitzen und warten, bis ihn Bucklinger abholte, um ihn zu seinem Vater zu führen. Wenn sich der Plan nicht geändert hatte.

Nick merkte, wie furchtbar lang die Zeit werden kann, wenn man auf etwas wartet. Er versuchte, sie sich zu vertreiben, indem er aus den Fenstern blickte und die vielen Menschen und Figuren tief unter sich bei ihren Vorbereitungen zum Feuerfest beobachtete. Und um nach Franko Ausschau zu halten oder besser nach einem Zeichen von ihm. Doch er konnte ihn dort unten nicht ein einziges Mal entdecken. Er fragte sich schon, ob das etwas Schlechtes zu bedeuten hatte.

Häufig dagegen sah er den Grafen über den Rasen marschieren und die Arbeiten beaufsichtigen. Nick konnte zwar nicht hören, was er sagte, aber er hatte den Eindruck, als fahre er die Leute sehr unwirsch an. Einmal ging der Zensor unauffällig zum Grafen hinüber, um diesem etwas zu erzählen. Der Graf nickte kurz und beide blickten den Turm hinauf in Nicks Richtung.

Es schienen viele Stunden vergangen zu sein, als Nick endlich Schritte auf der Treppe zu hören glaubte. Und tatsächlich wurde kurz darauf die Tür aufgeschlossen. Zensor Bucklinger trat herein.

»Bevor du mich weiter mit deinen Fragen nervst, werde ich dir jetzt erzählen, weshalb ich so schlechte Laune habe und was du hier sollst.« Er setzte sich auf den Stuhl, bedeutete Nick, ebenfalls Platz zu nehmen, und blickte ihn scharf an. »Du hast vorhin selbst gesagt, dass sich dein Vater in letzter Zeit seltsam verhalten hat. Richtig?«

Nick antwortete mit einem zögerlichen Kopfnicken. Worauf wollte der Zensor hinaus? Er konnte sich nicht recht einen Reim darauf machen.

»Nun, ich muss dir sagen, dass es für dieses seltsame Verhalten eine ganz unerfreuliche Erklärung gibt. Eine wahrhaft unglaubliche, *höchst* unerfreuliche Erklärung! Nick, dein Vater und der Zensor Maximus haben sich in eine ganz widerwärtige und unwürdige Angelegenheit verstrickt, die mit dem *Buch der elf Wächter* zu tun hat. Ich nehme an, du weißt, was das für ein Buch ist?«

Nick überlegte blitzschnell. Konnte er von dem Buch wissen oder nicht? Vor dem Abend im Alten Seemann hatte er noch nie etwas davon gehört. Also entschied er sich, so zu tun, als habe er keine Ahnung. Er schüttelte den Kopf. »Nein, weiß ich nicht.«

Zensor Bucklinger sah ihn mit zusammengekniffenen Augen an. Nick hielt den Atem an. Hatte er sich nun doch verraten?

Schließlich seufzte der Zensor und erklärte in wenigen Sätzen, was das *Buch der elf Wächter* war. »Und um dieses Buch geht es deinem Vater und dem Zensor Maximus. Ich versuche händeringend zu retten, was zu retten ist, und das Buch für Montamar zurückzubeschaffen. Es tut mir leid, dir dies so deutlich sagen zu müssen, aber dein Vater, Nick, ist ein Betrüger und Dieb. Dennoch werde ich mein Bestes tun, um auch ihn unbeschadet aus dieser ganzen Angelegenheit herauszuholen. Er ist schließlich Vater von zwei unschuldigen Kindern. Aber dafür, Nick«, er beugte sich zu ihm vor und sah ihm ernst ins Gesicht, »brauche ich deine volle Unterstützung und keine weiteren dummen Fragen mehr. Ich habe heute einfach keine Zeit für großartige Erklärungen, verstanden?«

»Ja«, antwortete Nick, bewusst bemüht, so betroffen, entsetzt und besorgt, wie nur möglich, zu erscheinen, während er innerlich schwankte, ob er eher belustigt oder verärgert war. Glaubte Bucklinger allen Ernstes, dass Nick ihm diese Geschichte abnehmen würde? Offenbar. Aber wenn sie auch noch so absurd war, Nick würde natürlich so tun, als glaube er ihm. Als »Figur« hatte er ja ohnehin keine andere Wahl, als alles zu tun, was sein Urheber von ihm verlangte.

»Und jetzt komm mit! Wir machen einen Spaziergang. Und du wirst während der gesamten Zeit keinen einzigen Ton sagen, es sei denn, ich fordere dich ausdrücklich dazu auf. Ist das klar?«

»Klar.« Nick musste kurz überlegen, weshalb er wohl nichts sagen durfte. Aber dann war es ihm schnell klar. Zensor Bucklinger wollte ihn dorthin bringen, wo sein Vater versteckt gehalten wurde, um diesen weiter unter Druck zu setzen. Wenn Nick, den Bucklinger ja für die Figur Nick hielt, von sich aus sprach, würde Wilhelm Münsterbach womöglich bemerken, dass es sich nicht um seinen echten Sohn handelte. Wenn der wüsste, dachte Nick und grinste innerlich.

Ein unbezwingbares Gefängnis

Sie machten sich auf den Weg. Endlich!, dachte Nick. Endlich konnte er sehen, wo sein Vater gefangen gehalten wurde.
Hoffentlich war das Gefängnis nicht völlig unzugänglich. Dann
nämlich war ihr Plan gescheitert, ehe sie überhaupt irgendetwas getan hatten.

Sie verließen die Burg auf einem ganz anderen Weg als bei
Nicks Ankunft.

Zensor Bucklinger führte ihn zunächst noch eine Turm-
treppe höher. Von dort aus gelangten sie in einen riesigen Saal,
ähnlich dem, den er bereits von seinem heimlichen Besuch in
dieser Burg kannte. Dann ging es über mehrere schmale Stiegen, die nur spärlich von der einen oder anderen Gaslaterne

erleuchtet waren, immer tiefer hinab. Deutlich tiefer, als sie hochgegangen waren. Nick vermutete, dass sie irgendwo im Kellergewölbe herauskommen würden. Die Treppe endete an einer massiven Holztür. Der Zensor zog einen Schlüssel aus der Innentasche seines Umhangs und öffnete sie. Dahinter lag ein langer, überraschend gut beleuchteter Gang mit vielen Türen. Forsch zog der Zensor Nick hinter sich her.

Nick zählte die Türen, an denen sie vorbeiliefen. Vor der neunten Tür auf der rechten Seite blieb Bucklinger stehen. Wieder zückte er einen Schlüssel.

Als Nick sah, was sich hinter dieser unscheinbaren Tür verbarg, blieb ihm der Mund offen stehen. Vor ihm lag eine riesige Grotte mit einem See in der Mitte und scharfkantigen Felsen, die drohend in den Raum hineinragten.

»Das hast du wohl nicht erwartet, was?« Zensor Bucklinger grinste.

Nick war sich nicht sicher, ob das eine Aufforderung zum Sprechen gewesen war, und schüttelte nur tonlos den Kopf.

Der Zensor ging eilig weiter und führte Nick um den See herum, in dem sich das Deckengewölbe spiegelte. Der Weg war glitschig und uneben, und Nick musste aufpassen, dass er sich an den scharfen Kanten der Felsen nicht verletzte. Er hielt die Augen fest auf den Boden gerichtet, um nicht zu stolpern oder auszurutschen. Und so sah er nicht, dass sich unter das Gaslicht der Laternen noch ein anderes Licht mischte. Erst als der Weg um einen großen Felsen herumführte, bemerkte er, dass sich einige Meter vor ihnen eine Öffnung befand.

Sie kletterten hinaus ans Tageslicht. Mit Staunen stellte Nick fest, dass sie sich direkt am Meer befanden. Hinter ihnen ragten die Klippen steil in die Höhe. Nick seufzte leise, als er erkannte, dass sich ihnen rechts und links das gleiche Bild bot: Nur ein schmaler Streifen felsiger Strand trennte das Meer von den hohen Klippen. Wenn sein Vater hier irgendwo gefangen gehalten wurde, dann hatten sie ein Problem. Denn dann konnten sie auch nur auf genau diesem Weg hierher gelangen. Und Nick hatte keine Ahnung, wie er Zensor Bucklinger den Schlüssel zu der Grotte abnehmen sollte.

»Komm mit!« Zensor Bucklinger wandte sich nach rechts und ging geübten Schrittes den rutschigen Pfad entlang.

Nick folgte ihm. Immer wieder schaute er an den Klippen hoch und suchte nach einer Möglichkeit, von dort aus zu diesem Pfad zu gelangen. Doch so sehr er seinen Blick auch wandern ließ, er entdeckte keine einzige Stelle, die geeignet gewesen wäre hinunterzuklettern. Die Klippen waren viel zu steil.

Hunderte von Metern gingen sie so weiter. Die Sonne hatte sich bereits tief auf das Meer hinabsinken lassen und färbte den Himmel in ein strahlendes Rot. Nick hatte die Hoffnung verloren, dass es noch einen anderen Weg als den durch die Höhle geben konnte. Er würde später irgendwie ein Boot beschaffen müssen.

Plötzlich sah er, wonach er so sehnsüchtig gesucht hatte: An einer Stelle, kurz bevor der Pfad eine Biegung machte, waren Stufen in den Stein geschlagen worden, die zum Gipfel der Klippen hinaufführten. Es müsste möglich sein, dachte Nick erleichtert, diese später wiederzufinden. Er kniff die Augen zusammen und versuchte zu erkennen, ob es am oberen Ende der Treppe irgendeinen Anhaltspunkt gab, vielleicht ein Geländer oder etwas Ähnliches. Aber da war nichts.

»Wo bleibst du? Komm endlich!« Zensor Bucklinger war an der Biegung stehen geblieben und hatte sich zu Nick umgedreht.

Nick tat, als sei nichts gewesen, und ging weiter.

Als er an die Stelle kam, an der der Pfad einen Knick machte, traf ihn beinahe der Schlag. Sein Blick fiel auf einen hohen dunkelgrauen Leuchtturm, der an die hundert Meter weit von der Felseninsel entfernt aus dem Meer ragte. Er war durch einen Steindamm mit der Insel verbunden, und dies schien der einzige Weg zu sein, um dorthin zu gelangen. Meterhoch schlugen die Wellen gegen den Turm und die unzähligen Felsen, die rings um ihn herum im Wasser lagen, so als warteten sie geradezu darauf, dass jemand so dumm sein würde, sich ihnen mit einem Boot zu nähern.

Dann fand etwas ganz anderes seine Aufmerksamkeit: Dort, wo der Damm auf die Insel traf, standen zwei sehr muskulöse Wachen. Sie hatten den Zensor und seinen Begleiter bemerkt und blickten ihnen ausdruckslos entgegen.

Zensor Bucklinger nickte ihnen im Vorbeigehen nur kurz zu und schritt auf den Damm hinaus.

Nick ging langsam hinterher. Ihm schlug das Herz bis zum Hals, je näher er dem Leuchtturm kam, der sich wie ein großer drohender Zeigefinger gegen den roten Himmel abhob. Er versuchte, in den wenigen Fenstern eine Bewegung wahrzunehmen. Irgendwo dort oben musste sein Vater sein. Konnte er Nick sehen? Mit einem Mal verspürte Nick das tiefe Bedürfnis, laut nach seinem Vater zu rufen, ihm zuzuschreien, dass alles gut werden würde, dass sie bald kämen, um ihn zu befreien. Nur mit Mühe konnte er sich davon abhalten.

Etwa in der Mitte des Damms blieb Zensor Bucklinger stehen und legte Nick eine Hand auf die Schulter. »Na, Nick«, sagte er auffällig laut. »Findest du den Turm nicht auch ziemlich düster?«

Nick verstand das als eine Aufforderung zum Sprechen. »Ja«, sagte er leise.

»Besonders im Kontrast zu dem Meer, nicht wahr? Bekommst du nicht immer ein starkes Gefühl von Freiheit, wenn du das Meer siehst?« Der Zensor brüllte nun regelrecht.

»Ja«, sagte Nick. Er tat, als verwirre ihn das seltsame Verhalten Bucklingers, und runzelte die Stirn. In ihm brodelte es jedoch vor Wut.

»Freiheit!«, rief der Zensor noch einmal laut in die Richtung des Turms. »Freiheit ist das höchste aller Güter. Arm diejenigen, die keine Freiheit haben. Habe ich recht, Nick?«

»Ja«, flüsterte Nick.

»Wie bitte? Sprich lauter, Junge!«

Nick musste sich sehr zusammenreißen. »Ich sagte: Ja!«

Der Zensor lächelte ihn übertrieben freundlich an. »Na, dann sind wir uns einig. Komm jetzt, ich bringe dich zurück in deine Kammer.«

496

Nick hätte seinem Vater gern noch irgendein Zeichen der Aufmunterung gegeben, aber der Zensor packte ihn grob an der Schulter, drehte ihn um und stieß ihn vor sich her. Ganz bestimmt wollte er seinen Vater damit noch weiter einschüchtern, um ihn zur Kooperation zu bewegen, dachte Nick.

Sie gingen auf dem gleichen Weg zurück, auf dem sie gekommen waren. Es war inzwischen schon beinahe dunkel, und als sie sich dem Eingang zur Grotte näherten, konnte Nick kaum mehr die Hand vor Augen sehen. Aber er war froh darüber. So war auch der Zensor nicht in der Lage, seinen Gesichtsausdruck zu erkennen. Nick hatte die ganze Zeit über kein einziges Wort gesagt, und dies nicht nur, weil er nicht durfte. Es war ihm beileibe nicht zum Sprechen zumute gewesen. Denn obwohl er darauf vorbereitet gewesen war, dass er seinem Vater gezeigt werden sollte, war dies für ihn doch eine furchtbare Situation gewesen. Am liebsten hätte er kurzerhand den Zensor mit einem gezielten Schlag außer Gefecht gesetzt und seinen Vater befreit. Aber er hätte natürlich keine Chance gehabt.

»Noch nicht«, dachte er.

Ein durchsichtiger Gefährte

Zurück in der Kammer im Burgturm, warf Zensor Bucklinger ohne ein weiteres Wort eine Packung Streichhölzer auf den Tisch und schloss Nick wieder ein.

Auf dem gesamten Weg war ihnen niemand begegnet, auch Franko nicht. Eigentlich hätte Nick längst eine Nachricht von ihm erhalten sollen. Hieß das etwa, er hatte seinen Auftrag nicht ausführen können? Oder hatte er nur noch keine Möglichkeit gefunden, mit Nick Kontakt aufzunehmen? Oder hatte Franko womöglich doch ein falsches Spiel gespielt und sie verraten?

Um einiges niedergeschlagener als noch am Morgen setzte sich Nick wieder an seinen Platz am Fenster und beobachtete das Treiben unten im Burgpark. Dieser war inzwischen von Hunderten von Fackeln erleuchtet und unzählige Handwerker und Bedienstete wimmelten geschäftig durcheinander.

»Was für ein Ekelpaket!«, rief plötzlich eine tiefe Stimme direkt neben Nick.

Vor Schreck wäre er beinahe von der Fensterbank gefallen. Er blickte sich suchend um, doch im ganzen Raum war niemand zu sehen. Hatte er jetzt schon Wahnvorstellungen?

»Wwwer ... Ist da jemand?«, fragte er leise.

»Na, da kannst du aber drauf wetten!« Die Stimme – beziehungsweise das Wesen, dem diese Stimme gehörte – musste nun direkt vor ihm stehen.

Doch da war niemand.

»Ha!«, lachte es ihm laut ins Ohr. »Ist ja nicht zu fassen! Der Winzwurm kann mich nicht sehen. Da werde ich extra für diesen Einsatz ausgewählt, weil ich unsichtbar bin, und jetzt passt es diesem Haselzwerg nicht. Du hast Humor, Jüngelchen, ich muss schon sagen!«

»Bogomir?« Nick konnte es kaum fassen. War das möglich?

»Ja, wer denn sonst, Plumpsmaus? Natürlich Bogomir!«

»Aber ich dachte, du kommst erst heute Abend zusammen mit den anderen!«

»Neee! Der Boss fand es besser, wenn ich ein bisschen auf dich aufpasse und auch schon mal das Einsatzgebiet erkunde.«

»Der *Boss*?«

»Ja, der Boss! Reggi, Willi, der Zens. Max, wie du willst. Der Boss eben.«

Nick konnte es noch immer nicht fassen. Er fand es auch gar nicht so einfach, mit jemand Unsichtbarem zu reden, erst recht, wenn dieser ständig seinen Standort wechselte und ihm dauernd an den Haaren, am Pullover oder an den Ohren zog. »Willst du damit etwa sagen, du bist schon den ganzen Tag bei mir?«

»Genau das heißt das, Quietscheentchen! Aber der Chef hat gesagt, ich darf erst bei dir Meldung machen, wenn ihr diesen komischen Erkundungsgang hinter euch habt. Damit du dich nicht aus Versehen verquatschst, nehme ich an.« Bogomir gähnte oder tat etwas, das zumindest so klang.

Nick schüttelte den Kopf. »Du warst mit im Boot hierher und hast stundenlang mit mir in dieser Kammer gesessen, ohne dass ich es gemerkt habe?«

»Potzblitz! Du bist ja von der ganz auffassungsschnellen Truppe!« Bogomir schien mit einem Gegenstand auf irgendetwas zu schlagen. »Klar war ich dabei, Mann, ich bin Profi! Aber du kannst mir glauben, Kleinsthirn, es ist mir nicht leichtgefallen! Ich rede nämlich gern, weißt du? Sehr gern! Aber ich bin gut, ich bin professionell, ich kann schweigen, wenn ich muss!«

»Meinst du, du kannst auch aufhören, mir an den Haaren zu ziehen?«

»Ich?«, klang es vom anderen Ende des Raumes her. »Das war ich nicht!«

Nick fuhr es kalt über den Rücken. Dann musste es hier noch einen anderen Unsichtbaren geben.

Bogomir brach in lautes Gelächter aus. »Natürlich war ich das, du Einzeller! Wer denn sonst? Ich kann meinen Arm sehr, sehr lang machen, das weißt du ja wohl! Hat mir der Boss gesagt, dass du eingeweiht bist. Oder nicht, Würfelschinken?«

»Doch«, sagte Nick. »Doch, natürlich. Aber ich hatte gerade nicht daran gedacht. Und es ist auch nicht ganz einfach, sich das vorzustellen, wenn man es nicht sehen kann.«

»Ooooaaah!« Bogomir stöhnte. »Jetzt geht das wieder los! Nee! Das langweilige Thema kann ich nicht mehr hören. Ich verschwinde dann mal.«

»Wie bitte? Wohin?«

»Sagte ich doch! Sagte ich nicht? Doch, sagte ich doch, du Dödel du! Ich soll das Einsatzgebiet erkunden, Feindesbewegungen analysieren und das Objekt Bäcker suchen. Und das mach ich jetzt. Der Türschlitz ist breit genug. Da komm ich durch. Stoße spätestens wieder zu dir, wenn sie dich aus diesem Loch hier rausgelassen haben. Mach's weiter gut, Kartoffelpuffer!«

Ganz plötzlich herrschte Stille. Nick schüttelte verblüfft den Kopf. Es dauerte ein paar Minuten, bis er sich von Bogomirs Auftritt erholt hatte. Und dann musste er auf einmal lachen. Über Bogomir, über sich selbst, seine Begriffsstutzigkeit und vor allem darüber, dass Bogomir so gut gelungen war. Ihn vollständig unsichtbar zu machen, war Nicks Idee gewesen, inspiriert von dem Wächter, den er hier in der Burg gesehen beziehungsweise eben nur schlecht gesehen hatte. Der Zensor Maximus hatte einen Augenblick überlegt und dann bestätigt, dass es möglich war, eine Figur zu erschaffen, die komplett durchsichtig war und dennoch einen klaren, starken Charakter hatte.

Bogomirs übrige Fähigkeiten hatte sich der Zensor ausgedacht. »Es ist natürlich völlig regelwidrig, strengstens untersagt und im Normalfall auch gar nicht machbar, eine Figur mit solchen Eigenschaften zu figurisieren«, hatte er Nick leise erzählt. »Aber wozu bin ich schließlich der Zensor Maximus? In Notfällen darf ich besondere Entscheidungen treffen. Und dies ist ein Notfall!«

Und so hatte er sich noch am gleichen Tag an die Arbeit gemacht. Bogomir sollte sozusagen ihre Spezialwache sein. Denn über seine Unsichtbarkeit hinaus hatte er vor allem ein besonderes Talent: Er konnte sich so lang oder kurz, dünn oder dick machen, wie er wollte.

Allerdings schien der Zensor in der Eile keine Zeit mehr gehabt zu haben, Bogomir auch so etwas wie Manieren mitzugeben.

Die Vorbereitungen zum Feuerfest waren inzwischen kurz vor dem Abschluss. Bis die ersten Gäste eintrafen, würden allerdings vermutlich noch an die zwei Stunden vergehen, schätzte Nick.

Erst jetzt merkte er, dass er unbändigen Hunger hatte. Er trug den Teller mit Fleisch und Brot zu seinem Platz am Fenster hinüber und begann zu essen, den Blick weiterhin fest auf den Burgplatz geheftet, in der Hoffnung, dort irgendwo doch noch Franko zu entdecken. Wobei er nicht wusste, wie er sich dann überhaupt bemerkbar machen sollte, denn die Fenster ließen sich allesamt nicht öffnen. Jetzt nur nicht den Mut verlieren, dachte Nick. »Iss und trink erst mal was, dann geht es dir gleich besser!«, hörte er Harietta sagen. Und in solchen Dingen hatte Harietta meistens recht. Also aß und trank er, so viel er konnte. Und tatsächlich fühlte er sich danach nicht mehr ganz so mut- und kraftlos.

Nick zuckte zusammen. Er hatte auf einmal einen riesigen Schrecken bekommen, doch wovon? Und wo war er überhaupt? Warum saß er in einem düsteren Raum, in den nur von draußen ein wenig Licht drang?

Langsam fiel es ihm wieder ein. Das Letzte, woran er sich erinnerte, war das seltsame Zusammentreffen mit Bogomir und dass er etwas gegessen hatte. Und dann musste er eingeschlafen sein. Verdammt!

Er sah aus dem Fenster nach unten. Das Feuerfest war bereits in vollem Gange. Die Feuer waren entzündet und brannten lichterloh und Hunderte von Menschen und Figuren lachten und tanzten und aßen und tranken. Auf den kleinen Holzpodesten führten Jongleure mit ihren brennenden Fackeln, Messerwerfer und Schlangenmenschen ihre Künste vor. Und auf der Hauptbühne begannen gerade die Vorbereitungen zum traditionellen Feuertanz. Einem uralten Glauben zufolge sollte dieser Tanz den Winter endgültig vertreiben und den Frühling Einzug halten lassen.

Nick strengte seine Augen an. Irgendwo dort unten mussten jetzt der Zensor Maximus, Tullia, Levin, Bogomir und der falsche Nick sein. Und genau wie er würden sie nur auf eines warten: darauf, dass die beiden Nicks gegeneinander ausgetauscht würden. Hoffentlich hatte ihnen Franko inzwischen das Signal gegeben, dass sein Einsatz erfolgreich gewesen war.

Nick fühlte die Beklommenheit von vorhin wieder in sich hochsteigen. Wie groß war ihre Chance, nicht nur seinen Vater, sondern auch Robyn zu befreien und außerdem noch zu verhindern, dass der Inhalt des *Buches der elf Wächter* preisgegeben wurde? Und dies alles auf feindlichem Gebiet, mit unzähligen Wachen und schwarzen Gestalten gegen sich, ringsum eingeschlossen vom Wasser?

Angestrengt suchte er weiter die Menschenmenge nach Tullia und den anderen ab. Aus der Entfernung und bei der Dunkelheit war es nicht einfach, überhaupt irgendjemanden zu erkennen. Hin und wieder konnte er jedoch ein bekanntes Gesicht ausmachen: Da waren Frau Wankenholt, die wahrscheinlich wieder auf der Suche nach ausgenutzten Figuren war, die Strohhutdame, Kalle, dessen Hund sich an diesem Abend nur mittels Flickflacks fortbewegte, und Levins Eltern. Nicks Blick blieb verwundert an ihnen hängen. Irgendwie benahmen sie sich komisch. Sie standen direkt vor dem hölzernen Turm, der Nick schon am Morgen aufgefallen war, und schienen mit jemandem zu sprechen, der da oben … Oh nein!

Oben auf dem Turm standen Tullia und Levin. Was machten die beiden da oben?

Doch plötzlich wurde seine Aufmerksamkeit auf etwas anderes gelenkt: Nick sah dort unten sozusagen sich selbst stehen. Und es war eines der seltsamsten Gefühle, die er in seinem Leben bislang gehabt hatte. Sein zweites, falsches Ich unter all den Menschen und Figuren beim Feuerfest zu sehen, kam ihm irgendwie vor, als sei er selbst ganz überflüssig, als ginge alles auch ohne ihn weiter. Ja, es war geradezu, als sei der da unten echt und er selbst war es nicht. Aber dieses Gefühl währte zum Glück nur einen kurzen Moment.

Die Figur Nick hielt sich etwas abseits von dem Holzturm und überhaupt abseits vom Hauptgeschehen auf. Wahrscheinlich hatte er vom Zensor Maximus genau diesen Auftrag erhalten, damit es für den Grafen und Zensor Bucklinger leichter sein würde, ihn beiseitezunehmen.

Für einen Moment hatte Nick gedankenverloren in das große Hauptfeuer gestarrt. Keine Sekunde zu früh schreckte er nun aus seinen Gedanken auf und schaute wieder zu seinem Doppelgänger hinab. Denn genau im gleichen Augenblick war Zensor Bucklinger an diesen herangetreten und berührte ihn leicht am Arm.

Der falsche Nick wandte sich zu ihm um. Der Zensor begann, auf ihn einzureden und zeigte zur Burg hinüber. Kurz darauf folgte der falsche Nick ihm durch die Menschenmenge auf den Haupteingang zu.

Nick spürte, wie Nervosität in ihm aufstieg. Nur noch wenige Minuten, dann würde man ihn abholen. Und dann fing das ganze Abenteuer überhaupt erst richtig an.

Die Schritte auf der Treppe klangen schwerer als beim ersten Mal und dann erkannte Nick auch den Grund dafür: Zensor Bucklinger, eine Fackel in der einen Hand, trug in der anderen einen Koffer, nein: *seinen* Koffer, nein: den Koffer seines Doppelgängers.

Ohne ein Wort an Nick zu richten oder auch nur einen Blick auf ihn zu werfen, schloss der Zensor die Tür hinter sich, hängte die Fackel in eine Halterung und schob den Koffer mit dem Fuß quer über die Holzdielen. Dann bückte er sich, öffnete ihn und zog ein paar Kleidungsstücke hervor. Es waren die gleichen, die Nick eben noch an seinem falschen Ich gesehen hatte. »Hier!«, befahl der Zensor. »Zieh das an!«

Nick gehorchte.

»Ein paar Dinge noch, die du dir gefälligst gut merken wirst, Nick«, sagte der Zensor. Dabei studierte er durch eines der Fenster das Treiben unten im Burgpark. »Erstens: Du hast heute den ganzen Tag zu Hause verbracht und bist dann mit Tullia und Levin hierher gerudert. Zweitens: Tullia und Levin ist die hohe Ehre zuteilgeworden, die diesjährigen Feuerwärter zu sein. Jedes Jahr ernennt der Graf zwei Jugendliche zu diesem Amt. Du wirst dich beim Fest also wohl leider mehr oder weniger allein amüsieren müssen!«

Erstens kenne ich notfalls auch noch andere Menschen, mit denen ich feiern könnte, lag es Nick auf der Zunge. Zweitens habe ich ohnehin ganz andere Pläne, als mich zu amüsieren. Und drittens hat das mit Tullia und Levin doch wohl eher damit zu tun, sie von mir fernzuhalten, sodass sie nicht so schnell merken, dass ich nur eine Figur bin. Was ich ja viertens nicht bin.

»Bist du langsam fertig?«, fuhr der Zensor ihn an.

Nick band sich eilig die Schuhe zu.

»Dann komm jetzt mit!« Bucklinger packte ihn an der Schulter und schob ihn vor sich her auf die Tür zu. Nick stockte beinahe der Atem. Er hatte etwas entdeckt, das ihm vorher nicht aufgefallen war: Auf dem Boden, nur ein paar Fingerbreit von der Tür entfernt, lag ein zusammengefalteter Zettel. Frankos Nachricht! Er musste sie unter der Tür hindurchgeschoben haben, als Nick schlief, und in der Dunkelheit hatte er den Zettel nicht gesehen.

Aber wie sollte er nun an ihn herankommen?

Nick hielt an, um sich danach zu bücken und gleichzeitig den Blick des Zensors zu verdecken. Seine Fingerspitzen waren nur Millimeter von dem Stück Papier entfernt.

»Steh auf! Sofort!« Der Zensor gab ihm einen Stoß.

Nick taumelte vorwärts. Dabei trat er genau auf den Zettel.

»Wir haben nicht die Zeit, dass du dir alle zwei Minuten die Schuhe zubindest. Komm endlich!«

Nick hatte keine Wahl. Er musste dem Zensor gehorchen. Krampfhaft versuchte er, das Stück Papier unter seinem Schuh zu halten und mit sich zu schieben. Vielleicht würde er sich danach bücken können, wenn der Zensor die Tür verschloss.

Nick schaffte es, ihn bis vor die Tür zu manövrieren. Doch der Zensor hatte offenbar nicht vor, diese zu verschließen. Er gab Nick einen weiteren Stoß auf die Treppe zu. Nick konnte das Stück Papier nicht länger mitschleifen. Ohne dass er noch irgendetwas dagegen tun konnte, rutschte dieses auf das Treppengeländer zu und fiel, zu Nicks Entsetzen, in die Tiefe hinab. Wie gelähmt versuchte Nick, ihm mit den Augen zu folgen. Doch es gelang ihm nicht. Der Zettel flog weiter und verschwand schließlich aus seinem Blickfeld.

Den ganzen Weg abwärts hielt er nach dem Briefchen Ausschau, aber vergebens. Vielleicht würde er, nachdem ihn der Zensor hatte gehen lassen, noch einmal zurückkommen und nach ihm suchen können.

Doch schon im nächsten Moment wurde ihm auch dieser Plan zunichtegemacht: Als sie das Erdgeschoss erreicht hatten, schob Zensor Bucklinger Nick vor sich her durch die Tür nach draußen, zog diese hinter sich zu und schloss sie ab. Nick hätte heulen können vor Wut. Irgendwie schien alles schiefzugehen, wie sollte er sich da immer wieder von Neuem Mut zusprechen? Aber es gelang ihm, sich zusammenzureißen. Schließlich war ihr Plan noch lange nicht gescheitert.

»Wiederhole, was ich dir eben gesagt habe«, fuhr Zensor Bucklinger Nick an.

Nick hörte sich sagen, dass er angeblich den ganzen Tag zu Hause verbracht hatte und so weiter und so weiter.

Und dann stand er plötzlich allein da. Zensor Bucklinger hatte nur genickt und war wieder ins Burginnere zurückgeeilt. Nick blickte sich um. Ausgelassen tanzten Scharen von Menschen und Figuren um die hochlodernden Feuer herum. An sein Ohr drang eine eigentümliche Melodie von Flöten, Lauten und Tambourinen, und auf den Holzpodesten trieben Jongleure, Gaukler und Narren ihren Schabernack. All das erschien ihm seltsam unwirklich, nachdem er beinahe den ganzen Tag in einem abgeschlossenen Raum zugebracht hatte und auch noch so hatte tun müssen, als sei er gar nicht er selbst. Doch es blieb ihm nicht viel Zeit, lange darüber nachzudenken. Er musste nun all seine Kräfte und seine ganze Konzentration auf etwas anderes verwenden.

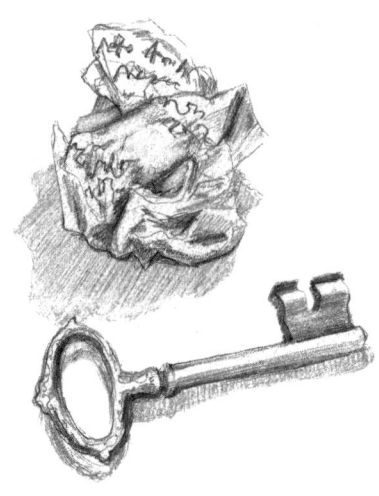

Robyns Auftrag

Er musste einen Weg zurück in die Burg finden und sich auf die Suche nach Frankos Zettel machen. Hastig blickte er sich um. Es schien ihn in dem allgemeinen Getümmel noch niemand bemerkt zu haben. Trotzdem wäre es viel zu auffällig, jetzt nach einem geöffneten Fenster zu suchen. Nein, der sicherste Weg war heute der Dienstboteneingang, durch den er an diesem Morgen bereits mit Zensor Bucklinger in die Burg gegangen war.

Noch immer herrschte hier ein reges Treiben von Bediensteten, die Geschirr oder Speisen hinein- oder heraustrugen.

Zielstrebig betrat er die Burg. Und er hatte Glück. Gleich links neben der Tür lag ein Stapel purpurfarbener Kellnerwesten. Er drehte sich um. Im Moment war niemand zu sehen. Er griff nach einer der Westen und zog sie rasch über seinen Pullover. Vielleicht würde so schnell niemand bemerken, dass der Rest seiner Bekleidung nicht sonderlich kellnertypisch war.

Es war keine Sekunde zu früh. Schon im nächsten Augenblick kamen gleich mehrere schwer beladene Kellnerinnen aus der Küche gestürmt. Zwei von ihnen schüttelten bei seinem Anblick nur den Kopf. Aber eine von ihnen blieb direkt vor ihm stehen.

Nick spürte, wie ihm der Schweiß auf die Stirn trat.

Die Kellnerin stemmte zwei ihrer stämmigen Arme in die Seiten, während sie mit den anderen offenbar mühelos vier große Körbe voll Weinflaschen trug, und schaute Nick feindselig an. »Jetzt langt es mir«, keifte sie. »Du bist nun mindestens der Vierte. Woran scheitert es denn bei euch, hä? Ohren, Muskeln oder Hirn?«

»Wie bitte?« Nick hatte keine Ahnung, wovon diese Frau sprach.

Sie schüttelte den Kopf. »Wahrscheinlich an allem! Unglaublich, was die bei der Agentur heute so vermitteln. Jetzt hör mal zu, Freundchen: beim Rausgehen neue Ware raus, beim Reingehen alte Ware rein. Verstanden? Der Chef war doch wohl eindeutig. Wer draußen ist, nimmt auf dem Rückweg leere Gläser und schmutziges Geschirr mit. Wehe, ich erwische dich noch einmal dabei, dass du nichts in deinen armseligen zwei Händchen hast!« Und damit rannte sie, unter lautem Geklimper der Weinflaschen, nach draußen.

Nick atmete tief durch, ehe er weiterging. Aus der Küche drang so viel Lärm, dass darin vermutlich niemand etwas von der kurzen Auseinandersetzung mitbekommen hatte. Er wandte sich um. Noch immer war keiner hinter ihm. Er musste nur an der Küche vorbei, um die Tür zu erreichen, durch die ihn am Morgen Zensor Bucklinger geführt hatte. Nur ein paar Meter, dann hatte er es geschafft.

Als er sich der Küchentür näherte, verlangsamte er seinen Schritt. Einige Meter von ihm entfernt standen zwei Köche, die ihm glücklicherweise den Rücken zukehrten. Jetzt!, dachte er und huschte in schnellen Sätzen an der Küche vorbei. Dahinter empfing ihn sichere Dunkelheit, er lehnte sich an die Wand und verharrte dort einige Sekunden lang reglos. In diesem Moment kam tatsächlich jemand aus dem Raum, verschwand jedoch in die entgegengesetzte Richtung. Nick atmete auf. Er kniff die Augen zusammen, um etwas erkennen zu können. Die Tür war nur wenige Meter von ihm entfernt.

Auf Zehenspitzen schlich er auf sie zu, legte die Hand auf die schwere Messingklinke und drückte sie hinunter. Nick linste durch den Türspalt. Dahinter war alles dunkel. Er schlüpfte durch die Tür und zog sie hinter sich zu. Wieder verharrte er völlig regungslos. Er lauschte. Von draußen drangen Musik und Gelächter an seine Ohren. Aus dem Flur, in dem sich Nick nun befand, war hingegen kein Laut zu hören.

Er strengte seine Augen an, um etwas erkennen zu können. Wenn er sich recht erinnerte, waren Bucklinger und er durch die Tür am Ende des Korridors gegangen. Danach würde er sich nach links wenden müssen, wo sich ein Durchgang zum Turm befand, in dem der Zettel lag. Zügig schlich er weiter.

Problemlos passierte er die Tür. Als er dann jedoch nach links abbog, konnte er beim besten Willen keinen Durchgang entdecken. Er zögerte kurz. Hatte er sich vertan? In Gedanken zeichnete er den Weg nach. Aber nein! Er musste hier an der richtigen Stelle sein. Dann führte er sich noch einmal vor Augen, wie es in dem Turm ausgesehen hatte, als der Zensor und er am Fuß der Wendeltreppe angekommen waren. Doch es gab keinen Zweifel: Dort hatte es zwei Türen gegeben, die eine, durch die Bucklinger ihn nach draußen gestoßen hatte, und die andere, die dieser am Morgen hinter sich zugezogen hatte, nachdem sie in den Turm gegangen waren. Sie musste sich genau an dieser Stelle befinden! Nick sah sich um. Oh nein, dachte er plötzlich. Unvermittelt war ihm ein Gedanke in den Kopf geschossen. Bitte nicht schon wieder! Nicht schon wieder so eine Geheimtür!

Aber es gab keine andere Erklärung.

Blitzartig glitten seine Finger über die dunkle Wand. Er konnte nur hoffen, dass der Öffnungsmechanismus nicht ebenso schwer zu finden war wie im Münsterbachschen Kellergewölbe. Wertvolle Sekunden verrannen, in denen er eine verräterische Fuge im Putz der Wand zu finden versuchte. Und dann, endlich, spürte er tatsächlich einen feinen Riss. Eilig drückten seine Finger gegen die Wand. Er ließ sie nach oben und unten fahren, dann nach rechts und links. Nick hatte Glück, riesiges Glück. Irgendwie musste er auf genau die richtige Stelle gedrückt haben. Er vernahm ein leises Klicken. Lautlos schwang die verborgene Tür auf.

Nick stand wieder im Erdgeschoss des Turmes. Er suchte mit den Augen den Fußboden ab. Dort, direkt hinter der untersten Stufe der Wendeltreppe und so gerade außerhalb des Lichtkegels, den die neben der Treppe angebrachte Gaslaterne auf den Boden warf, sah er den gefalteten Zettel liegen. Er hob ihn auf. Dabei merkte er, dass es sich um mehr handeln musste als nur ein Stück Papier. Dafür war es zu schwer. Nick faltete den Zettel auseinander und ein kleiner flacher Schlüssel rutschte daraus hervor und fiel mit einem Klirren auf den steinernen Boden. Nick bückte sich danach und ließ ihn in seine Hosentasche gleiten. Dann studierte er den Zettel.

Die Botschaft war eindeutig. Und auch die Karte, die Franko gezeichnet hatte, verstand Nick auf Anhieb. Er wusste nun, wo der Raum zu finden war, nach dem er suchte. Er war an diesem Tag schon einmal daran vorbeigekommen.

Nick rannte die Wendeltreppe hinauf, vorbei an der Kammer, in der er beinahe den ganzen Tag lang gefangen gehalten worden war, und noch ein Stockwerk höher. Jetzt stand er wieder vor der Tür, die in den großen Saal führte. Was, wenn auch hier eine dieser durchsichtigen Augengestalten patrouillierte?

Er biss sich vor Anspannung auf die Unterlippe, als sich die Tür nur unter Quietschen öffnen ließ. Mit pochendem Herzen blickte er in den Saal. Von draußen warfen die lodernden Feuer immer wieder ein flackerndes Licht über die Wände.

Wenn sich hier irgendwo herumschwebende Augen befanden, würde er sie vermutlich gar nicht sehen können, dachte Nick. Aber er hatte keine andere Wahl. Allen Mut zusammennehmend, schlüpfte er durch den Türspalt und rannte quer durch den riesigen Raum zu der Tür auf der anderen Seite. Dort angekommen, verharrte er nur kurz, um zu lauschen; es war jedoch nichts zu hören. Dann schlich er die engen Stiegen hinab.

Schließlich stand er erneut vor der massiven Holztür, die Einlass in das Kellergewölbe bot. Zensor Bucklinger hatte sie vorhin nicht wieder abgeschlossen – da war sich Nick sicher. Aber vielleicht hatte inzwischen jemand anders ... Doch glücklicherweise schwang die Tür problemlos auf. Nick raste den Gang entlang. Vor der sechsten Tür auf der rechten Seite blieb er stehen. Er holte tief Luft. Dann zog er den Schlüssel aus der Tasche.

Es kam ihm vor, als seien Stunden vergangen, seit der Zensor ihn in den Burghof gestoßen hatte. Dabei konnten es lediglich wenige Minuten gewesen sein. Und dennoch: Nick musste sich beeilen. Jeden Augenblick würde hier jemand auftauchen. Jemand, der ihn an diesem Ort nicht finden durfte.

Nick klopfte dreimal leise an die Tür. Noch ehe er eine Antwort bekam, steckte er den Schlüssel ins Schloss, drehte ihn um und drückte die Klinke hinunter. Sein Blick fiel in einen Raum, der etwa zwei mal drei Bettlängen maß. Er war kärglich eingerichtet: Es gab ein Regal, kaum zu einem Viertel mit Büchern gefüllt, einen Tisch mit zwei ungepolsterten Stühlen und ein Bett, über dem eine Fackel den Raum spärlich beleuchtete. Und von diesem Bett erhob sich nun – ungläubiges Erstaunen im Gesicht – Robyn. »Wie kommst du ... Woher ...?«

Nick lief zu ihm und umarmte ihn. Er musste schlucken. Auch Robyn drückte Nick fest an sich und brachte zunächst keinen weiteren Ton hervor. Schließlich löste sich Nick aus der Umarmung und beeilte sich, die Tür wieder abzuschließen.

Er sah Robyn prüfend an. Zu seiner Erleichterung schien dieser, zumindest äußerlich, unversehrt. »Wie geht es dir? Haben Sie dir irgendetwas angetan? Bekommst du genug zu essen?«

»Halt, halt!« Robyn lachte und hob abwehrend die Hände in die Höhe. »Eines nach dem anderen!«

»Ja, natürlich.« Auch Nick musste lachen. »Ich bin doch nur so froh, dich wiederzusehen. Und außerdem haben wir kaum Zeit.«

»Ich verstehe«, nickte Robyn. »Also: Es geht mir so weit gut. Sie haben mir nichts zuleide getan und ich bin meistens satt geworden. Kuchen und Brot backe ich allerdings inzwischen selbst; die waren vorher wirklich ungenießbar.« Er machte einen Schritt auf die Tür zu. »Aber das erzähle ich dir alles später. Können wir jetzt bitte weg von hier?«

»Ähm, noch nicht ganz.«

Robyn runzelte die Stirn. »Warum nicht?«

»Weil ich noch eine große Bitte an dich habe.« Nick blickte zu Boden. Er hatte ein entsetzlich schlechtes Gewissen, Robyn, nach all den Strapazen der Gefangenschaft, noch mehr abzuverlangen. Aber er hatte keine andere Wahl. Sie hatten ihren Plan gut durchdacht. »Ich weiß, du willst nur noch schnell nach Hause. Aber du musst mir, uns, bitte noch einen riesigen Gefallen tun. Sonst ist alles verloren. Wenn du jetzt von hier verschwindest, dann wird dein Fehlen in wenigen Minuten bemerkt werden. Es wird überall Alarm geschlagen werden und dann können wir meinen Vater nicht befreien. Wir müssen unbedingt Zeit gewin…«

»Deinen Vater befreien?« Robyn starrte ihn mit aufgerissenen Augen an. »Haben sie etwa auch deinen Vater entführt?«

»Ja.« Nick seufzte. »Und wir haben nur eine einzige Chance, ihn zu retten. Ihn«, er lächelte Robyn an, »und das *Buch der elf Wächter*.«

»Du weißt davon«, flüsterte Robyn. Es war mehr eine Feststellung als eine Frage.

»Ja.«

»Sag mir, was ich tun soll!«, sagte Robyn. »Ich bin dabei.«

»Wirklich?« Nick wusste, dass er Robyn den Charakterzug *Hilfsbereitschaft* zugeschrieben hatte, aber in solch einer Situation tatsächlich seine Mithilfe anzubieten, zeugte von wahrhafter Größe.

»Natürlich. Ich würde alles tun, um deinem Vater und euch zu helfen und es diesen Halunken heimzuzahlen.«

»Danke, Robyn! Vielen Dank!« Nick musste vor Rührung erneut schlucken. »Dann hör jetzt bitte ganz genau zu!«

Nick schilderte Robyn knapp, aber präzise, was er zu tun hatte, sobald ihn der Zensor oder der Graf abholten.

Robyn lauschte konzentriert. Als Nick geendet hatte, legte er den Kopf ein wenig schief, so wie er es immer tat, wenn er nachdenken musste. Schließlich nickte er. »Vielleicht könnte das klappen«, sagte er.

Nick drückte ihm einen Zettel in die Hand, den er schon seit dem Morgen in der Hosentasche trug. Robyn las, was darauf stand. Dann faltete er das Papier zusammen und ließ es in seiner eigenen Tasche verschwinden.

»Und meinst du«, fuhr Nick fort, »meinst du, du kannst dir danach Zutritt zu der Backstube verschaffen und noch ein wenig backen?«

»Das sollte kein Problem sein.« Robyn lächelte. »Im Gegenteil.«

»Und bist du in der Lage, etwas zu backen, das großartig aussieht, aber ganz schnell zu großer Übelkeit führt?«

Aus Robyns Lächeln wurde ein breites Grinsen. »Oh ja, das kann ich auch.«

»Gut.« Nick beeilte sich, den Rest des Plans zu erzählen. Es konnte sich höchstens noch um wenige Augenblicke handeln, bis jemand kam, um Robyn abzuholen. »Wenn du es gebacken hast, bietest du den Wachen etwas davon an. Sobald ihnen zu übel ist, um dich zu ergreifen, klopfst du an die Tür, dreimal in langen, dreimal in kurzen Abständen. Franko wird dir öffnen, dich zu einem versteckten Bootsanleger bringen und zurück nach Montamar rudern. Hast du alles verstanden?«

»Ja.« Robyn nickte. »Auf das Backen freue ich mich schon. Ich will nur hoffen, dass … dass ich auch dazu komme.«

Nick bemühte sich, ein aufmunterndes Lächeln aufzusetzen, aber es gelang ihm nicht recht. »Ich auch, Robyn«, sagte er schließlich. »Ich auch. Und wenn du ...«

Aber weiter kam er nicht. In diesem Moment hörte er jemanden auf dem Gang eilig näher kommen. »Viel Glück, Robyn. Und bis nachher!«, flüsterte er. Dann warf er sich auf den Boden. Ein Schlüssel wurde ins Schloss gesteckt. Nick zog den Kopf ein und begann, seitlich unter das Bett zu robben. Der Schlüssel drehte sich. Verdammt! Unter dem Bett befand sich so viel Krempel, dass Nick nicht vollständig darunter verschwinden konnte. Die Türklinke wurde hinuntergedrückt. Nick rollte sich zusammen, aber sein linkes Bein passte nicht ganz unter das Bett. Der vordere Teil seines Schuhs lugte noch immer hervor. In diesem Moment schwang die Tür auf. Nick hielt den Atem an. Wenn sie seinen Schuh sahen, war alles vorbei.

Nick lauschte. Er hoffte, dass sich Robyn so hingestellt hatte, dass er das Bett halbwegs verdeckte.

»Hallo, Robyn!«, hörte er die durchdringende Stimme des Grafen.

»Guten Abend, Herr Graf«, antwortete Robyn. »Wollen Sie, dass ich jetzt schon für Sie backe?«

»Nein, nein, vielleicht später!«, lachte der Graf. Dann klang er wieder sehr ernst. »Aber ich habe eine andere Aufgabe für dich.«

»Bitte schnell«, dachte Nick. Seine Position unter dem Bett war nicht nur unbequem, sondern schmerzhaft.

»Es ist eine ganz besondere, außerordentlich wichtige Aufgabe, Robyn!«, fuhr der Graf fort. »Und außerdem …« Er machte eine Pause.

Nick stockte der Atem. Hatte er ihn etwa entdeckt?

»Außerdem …« Die Stimme des Grafen kam näher.

Nick war wie erstarrt. Was sollte er tun, wenn der Graf ihn tatsächlich hier fände?

»Außerdem erwartet dich eine Überraschung.« Der Graf war stehen geblieben. Nick holte leise wieder Luft. Sein Fuß war schon eingeschlafen. Viel länger würde er es in seinem Versteck nicht aushalten können.

»Gut«, sagte Robyn. »Dann sollten wir uns jetzt auf den Weg machen.«

»Willst du denn gar nicht wissen, worum es geht?«

»Doch, natürlich«, versicherte Robyn. »Aber Sie können es mir doch unterwegs erzählen. Ich kann es nämlich gar nicht mehr abwarten.« Trotz seiner gefährlichen Situation musste Nick lächeln, Robyn machte seine Sache wirklich gut.

»Also, dann komm!«

Kurz darauf schloss sich endlich die Tür hinter ihnen.

Nick krabbelte unter dem Bett hervor und massierte sich den Knöchel. Viel Glück, Robyn, dachte er. Vorsichtig öffnete er die Tür, spähte in den Gang hinaus und rannte hinüber zum Eingang der Grotte, der ebenfalls unverschlossen war.

Der Weg durch die Grotte und von dort aus zurück zur Burg dauerte länger als erwartet. Aber diesmal waren auch nicht alle Gaslaternen erleuchtet, und Nick musste sich noch viel mehr konzentrieren, um nicht von dem glitschigen schmalen Pfad abzurutschen. Als er schließlich in die kühle Nachtluft hinaustrat, war er zunächst ein wenig orientierungslos. Dann aber entdeckte er einen schmalen Weg durch die Klippen, der zum Burghügel zurückführte. So schnell er konnte, stieg er den steilen Pfad hinauf. Oben angekommen, musste er erst mal Atem holen. Zwischen den Bäumen hindurch sah er die hohen Feuer lodern. Er lief zu dem hölzernen Turm hinüber, der etwas abseits vom allgemeinen Treiben stand und auf dem sich noch immer Tullia und Levin befanden. Sie hatten ihn noch nicht bemerkt.

Nick schaute sich um. Glücklicherweise stand niemand in der Nähe. Immerhin würden sie frei reden können. »Tullia! Levin!«

Sie drehten sich um und sahen zu ihm hinunter.

»Codewort?«, fragte Tullia.

»Die Kesselflicker von Silver's Cross!«, rief Nick hinauf.

Die beiden lächelten, erleichtert, dass Nick und nicht sein Doppelgänger dort unten stand.

»Wir hatten keine Chance«, rief Tullia zu Nick herab. »Der Graf hat uns gepackt und auf die Bühne geschleppt und uns vor allen zu den Feuerwärtern ernannt.«

»Wie lange müsst ihr noch da oben bleiben?«

Levin zuckte hilflos die Achseln. »Bis die Feuer heruntergebrannt sind.«

Nick warf einen Blick auf die Flammen. Es würde noch Ewigkeiten dauern, bis sie erloschen waren. Nicht zuletzt, weil zwei Bedienstete des Grafen mit nichts anderem beschäftigt waren, als immerfort große Holzscheite nachzulegen.

»Was sollen wir denn bloß machen?« Tullia war den Tränen nahe. »Hast du wenigstens Vaters Versteck gesehen und etwas von Franko gehört?«

Nick blickte sich um. Soweit er es ausmachen konnte, war niemand in Hörweite. Möglichst knapp berichtete er, was er bislang erlebt hatte.

»Wenn an dem Turm Wachen stehen«, sagte Levin, »dann kannst du das allein überhaupt nicht schaffen.«

»Mach mir nur Mut!« Nick lächelte betrübt zu seinem Freund hinauf.

»Entschuldigung!« Levin wischte sich mit dem Ärmel seines Hemdes über die Stirn. Die Hitze des Feuers musste dort oben unerträglich sein. »Wir scheinen nur nicht gerade vom Glück verfolgt zu sein.«

»Aber wir können jetzt nicht einfach aufgeben!« Tullia schlug voller Verzweiflung auf das Turmgeländer.

»Das werden wir auch nicht!«, rief Nick.

»Wenn du uns eine Leiter besorgst, können wir von diesem behämmerten Turm verschwinden.«

»Nein«, sagte Nick. »Das ist keine gute Idee. So machen wir nur noch mehr auf uns aufmerksam. Ich fürchte, ihr müsst dort oben bleiben, bis man euch gehen lässt.« Er warf einen Blick zu den Feuern hinüber, an denen immer ausgelassener gefeiert wurde. »Ich muss los. Könnt ihr von da oben sehen, wo der Zensor ist?«

»Ja.« Tullia zeigte auf einen Punkt in Nicks Rücken. »Dort hinten beim dritten Feuer.«

Nick wandte sich um, doch von hier unten konnte er nicht bis dorthin schauen.

»Hat er alles dabei, was wir brauchen?«, rief Nick hinauf.

»Ja!«

»Und wo sind Constance und Fabiano?«

»Constance wollte, glaube ich, ein englisches Picknick besuchen«, sagte Tullia.

»Und Fabiano ist zu irgendeinem Duell hinter der Burg gegangen«, ergänzte Levin. »Zum Zusehen, hoffe ich.«

»Wieso, Nick?«, fragte Tullia. »Was hast du vor?«

In der Falle

Nick wusste, dass er nicht viel Zeit hatte. Als Erstes musste er unter den Scharen von Menschen den Zensor Maximus ausfindig machen. Es dauerte ein paar Minuten, bis er ihn inmitten einer kleinen Gruppe stehen sah. Nick konnte zwei Zensoren unter ihnen erkennen und einen namhaften Autoren. Unschlüssig blieb er etwas abseits stehen. Es wäre mehr als ungehörig für einen Schüler, den großen Zensor Maximus in einer Unterhaltung zu stören, aber andererseits durfte er keine Zeit verlieren. Gerade wollte er auf Willibald Regeling zugehen, als dieser sich selbst umdrehte. Als er Nick sah, entschuldigte er sich bei seinen Gesprächspartnern und trat auf ihn zu.

»Die Kesselflicker von Silver's Cross«, sagte dieser schnell.

»Oh, Gott sei Dank!« Der Zensor Maximus wirkte mehr als erleichtert. »Dann ist ja doch noch etwas nach Plan verlaufen. Hör zu, Nick! Tullia und Levin …«

»Ja, ich weiß schon«, sagte Nick rasch. Dann klärte er den Zensor eilig über alles auf, was dieser wissen musste. Und darüber, was er nun vorhatte.

Der Zensor blickte ihm einige Sekunden lang nachdenklich in die Augen. Schließlich nickte er. »Mit sehr, sehr viel Glück könnte das vielleicht gelingen. Wenn die beiden in der Lage sind, Tullias und Levins Aufgaben zu übernehmen. Eines aber ist von unermesslicher Wichtigkeit, Nick: Constance und Fabiano dürfen nichts von Bogomir erfahren. Nichts, hörst du? Bogomir darf es offiziell nicht geben, wie du ja weißt. Und während ich euch vollkommen traue, habe ich bei Constance und Fabiano meine Zweifel, ob sie ihr Wissen für sich behalten können.«

Nick verstand, was Willibald Regeling meinte. Er nickte. »Dann sollte ich mich jetzt auf den Weg machen.«

»Viel Glück, Nick!« Ohne den Blick von ihm zu nehmen, griff der Zensor in die Tasche seines Umhangs und zog etwas daraus hervor, das er Nick in die Hand drückte. Es war ein kleiner Lederbeutel. »Hier ist dein Werkzeug. Wir haben es mehrfach kontrolliert. Es müsste alles da sein.« Dann legte er ihm die Hand auf die Schulter. »Sei vorsichtig, Junge! Ich wünschte, ich könnte mit dir gehen, aber ich muss ja gleich … Na ja, du weißt schon.« Er sah Nick voller Bedauern an.

»Ist schon gut. Wir werden das irgendwie schaffen!«, sagte dieser. Er hätte sich in der Tat wohler gefühlt, den Zensor bei sich zu haben, aber der war beim Feuerfest vollkommen unabkömmlich. Traditionell begutachtete er an diesem Abend alle Figuren – natürlich ohne deren Wissen – und verlieh abschließend dem Urheber von Montamars originellster Figur einen Preis. Und aus diesem Grund war er auch pausenlos umlagert von allerlei Autoren.

Ein letztes Mal klopfte der Zensor Nick mit der Hand auf die Schulter, dann wandte er sich um und ging zu seinen Gesprächspartnern zurück, während Nick sich auf die Suche nach Constance machte. Auf dem Weg dorthin hielt er sich abseits von allen anderen. Er wollte jetzt auf keinen Fall noch von irgendjemandem in ein Gespräch verwickelt werden.

»Meine Güte, was für eine Gefühlsduselei!«, hörte er plötzlich Bogomirs Stimme neben sich, bevor dieser ihn an den Haaren zog und den Zensor mit übertrieben weinerlicher Stimme nachäffte: »›Viel Glück, sei vorsichtig, ich wünschte, ich könnte ...‹ Mann, Mann, Mann, Milchzahn, das ist ein knallharter Einsatz hier! Da ist kein Platz für Geschwafel! Da muss gehandelt werden! Kühler Kopf, Mann, ruhige Hand, starke Nerven! Klar, Warmbader?«

»Warum hast du das deinem *Boss* eben nicht selbst gesagt, statt nur feige danebenzustehen und nun auf mir rumzuhacken? Au!« Bogomir hatte ihm vors Schienbein getreten.

»Na, warum wohl, Schachtelhalm? Das ist der Boss, der gibt den Auftrag, mit dem verdirbt man es sich nicht, klar?«

»Na gut«, grinste Nick, dankbar für die Vorlage. »Wenn das so ist, dann hast du ja wohl auch gehört, was er gesagt hat.«

»Sicher, ich bin eine geheime, inoffizielle Spezialeinheit und die Zivilisten Constance und Fabiano dürfen nichts von mir wissen. Was meinst du wohl, warum ich jetzt noch so viel quatsche wie möglich, Räucheraal?«

»Au!« Diesmal hatte ihm Bogomir einen Finger ins Ohr gedrückt. »Na, dann wirst du ja gleich auch endlich damit aufhören, mich zu piesacken, oder?«

»Mal sehen, Wattestäbchen! Vielleicht, wenn du mir sagst, warum ich die Zielsuche im obersten Stock angefangen habe, wenn der Bäcker im Keller ist. Unguter Zeitverlust, Mann! Auch anstrengend! Musste Einsatz nach dem Erdgeschoss abbrechen und hierher!«

»Wenn ich gewusst hätte, wo Robyn versteckt ist, hätte ich es dir gesagt.«

»Nee, falsch! Wenn du gewusst hättest, wo er versteckt ist, hätte ich ihn nicht gesucht.« Er kniff Nick in die Wange. »Logik, Mann, Logik!«

Nick entschloss sich, ihn ab jetzt einfach zu ignorieren. Außerdem hatte er in diesem Moment Constance entdeckt. Mit drei anderen Figuren, die allesamt sehr englisch aussahen, saß sie auf einer karierten Decke, spreizte ihren kleinen Finger ab und hielt eine hauchdünne Porzellantasse an ihren Mund. Als er näher kam, fiel Nicks Blick auf einen Teller, auf dem etwas lag, das aussah wie Brot mit Gurke.

»Hallo, Constance!«

Constance war gerade in ein Gespräch mit dem jungen Mann zu ihrer Linken vertieft und warf Nick einen höchst ablehnenden »Hau ab! Und zwar sofort!«-Blick zu. »Oh, Nick. Kann ick dick helpen?« Ihrer Stimme nach zu urteilen, war das das Letzte, wonach ihr der Sinn stand.

»Ja, ehrlich gesagt, kannst du das.«

»Ack«, stöhnte sie theatralisch in Richtung ihres Nachbarn, dessen Hauptmerkmal ein langer hochgezwirbelter Schnurrbart war, an dem er gerade herumdrehte. »Standig wird man gebrauckt. Oder heißt es genutzt? Oder ausgebrauckt?«

Nick verdrehte die Augen. »*Gebraucht* war das richtige Wort, Constance. Und das wirst du jetzt auch. Ganz dringend.«

»Womit kann ick dick denn behelfen?« Constances Stimme klang zuckersüß, vermutlich, um ihrer Begleitung zu gefallen. Doch ihre auf Nick gerichteten Augen schienen geradezu Giftpfeile abzuschießen.

Langsam riss Nick der Geduldsfaden. Die Zeit war ohnehin schon knapp. Aber er zwang sich, sein freundlichstes Lächeln aufzusetzen. »Das würde ich dir gern unter vier Augen sagen.«

»Na, na, na«, hörte er Bogomir neben sich flüstern. »Da hast du dich wohl verzählt.«

Nick reagierte nicht darauf.

Constance machte mit ihren Händen eine weit ausladende Geste. »Ick habe keine Geheimnisse fur meine Freunde. Du kannst geoffnet sprecken.«

Nick musste sich inzwischen furchtbar zusammenreißen, um Constance nicht anzubrüllen. Und Bogomir gleich mit, der

ihm unaufhörlich Dinge wie »Eingebildete Zicke!«, »Mode-
püppchen!« und »Dämliches Suppenhuhn!« in die Ohren zischte. Wo war er hier eigentlich? Unter Irren?

»Constance, es ist sehr, sehr dringend. Bitte, komm einmal
hierher!«

»Nun geh doch schon!«, sagte der Schnurrbartzwirbler mit
gelangweilter Stimme. »Umso eher können wir uns endlich
um die Gurkensandwiches kümmern!«

Betont widerwillig stand Constance auf und trat auf Nick
zu. »Also was ist? Wie kannst du es wagen, mick hier so zu
storen?«

Nick ging darauf gar nicht ein, sondern schilderte ihr kurz
und bündig, um welchen Gefallen er sie bitten musste.

»Auf keine Falle!« Constance stampfte mit dem Fuß auf.
»Das dauert ja am wenigsten eine Stunde. No, no, no! Au!« Sie
griff sich plötzlich an den Hinterkopf. »What was that?«

»Was?« Nick ahnte es bereits.

»Da hat mick jemand an die Haare gezugt, aber da ist niemand da.«

Nick beschloss, die Situation für sich zu nutzen. »Constance,
hör jetzt auf mit deinen Spielchen! Es ist ernst und dringend!
Worum ich dich gerade gebeten habe, war auch eigentlich
keine Bitte, sondern ein Auftrag. Von Tullia. Also komm jetzt
bitte mit!«

Constance schien dadurch nur umso aufgebrachter zu werden. »Das will ick von ihr selbst horen. Ick gehe sie fragen, ob
das ricktick ist.«

Nick schloss kurz die Augen und zählte bis drei. »Mach das! Du findest mich bei Fabiano hinter der Burg.«

Wutentbrannt stürmte Constance von dannen, und Nick wandte sich in die andere Richtung, um den Ort zu suchen, an dem laut Levin das Duell abgehalten wurde.

»Herrje, herrje!«, polterte Bogomir los. »Was ist denn das für eine traurige Einsatztruppe hier, Windbeutel? Und wieso, *wieso* hast du eine Frau angeheuert? Und dann noch eine, die man nicht verstehen kann? In *Stöckelschuhen?* Mann, Mann, Mann, so kann man doch nicht arbeiten. Das kann ja nur eine SVVZSV-Operation werden!«

»Eine was?«

»SVVZSV, Wattwurm! Schon-von-vornherein-zum-Scheitern-verurteilte Operation! Ich kann nur hoffen, dass wir mit dem Fabidingsbums mehr anfangen können.«

Das hoffe ich auch, dachte Nick.

Auf einer kleinen Lichtung auf der Rückseite der Burg war tatsächlich gerade ein Duell in vollem Gange. Umringt von zahlreichen Zuschauern – vor allem junge Frauen, die sich Riechsalzsäckchen vor die Nase hielten – fochten dort zwei bislang noch unverletzte junge Männer. Beide trugen enge schwarze Hosen und weite weiße Hemden, die bis zum Bauchnabel geöffnet waren. Und beide hatten lange lockige Haare, die sich nur in der Farbe unterschieden: Der eine war blond, der andere schwarzhaarig. Unermüdlich rannten sie, mit ihren Degen fuchtelnd, vor und zurück.

»Was für Waschlappen!« Bogomir lachte höhnisch. »Sieh dir das an, Kaminhölzchen! Die haben ja Angst, sich wehzutun.«

Doch Nick hörte gar nicht hin. Eilig suchte er die Zuschauerreihen ab und entdeckte Fabiano auf der gegenüberliegenden Seite. Dieser hatte ebenfalls seinen Degen gezückt und machte damit so etwas wie Trockenkampfübungen.

»Und guck dir mal den Bekloppten da drüben an«, juchzte Bogomir. »Wenn der nicht aufpasst, tut der sich gleich selber weh!«

Nick schloss kurz die Augen, atmete einmal tief ein und aus und ging zu Fabiano hinüber.

»He! Ho!«, ertönte es schon von Weitem.

Bogomir kicherte.

»Sei jetzt still, Bogomir!«, zischte Nick.

Das Kichern verstummte erstaunlicherweise sofort, aber Nick konnte noch ein paarmal ein gedämpftes wimmerndes Glucksen vernehmen.

»Fabiano?« Nick wagte sich nicht weiter als zwei Meter an Levins Figur und dessen unberechenbaren Degen heran.

»He! Ho! He!« Fabiano focht unbeirrt weiter.

»He, Fabiano!«, brüllte er ihn nun so laut an, dass die junge Dame neben ihm vor Schreck ihr Riechsalzsäckchen verlor.

Fabiano hielt in seiner Bewegung inne und starrte Nick an.

»Hallo, Nick! Das ist ja großartig, dass du da bist. Hast du Lust, ein bisschen mit mir zu fechten?«

»Nein, jetzt nicht. Aber hast du Lust auf ein richtiges Abenteuer?«

Fabiano legte den Kopf schief und kniff misstrauisch die Augen zusammen. Vermutlich musste er an seinen Auftrag, Wilhelm Münsterbach zu beschatten, denken, der ihm ebenfalls als sehr spannend angepriesen worden war. »Was für ein Abenteuer soll das denn diesmal sein?«

Nick zog ihn ein paar Meter abseits von den anderen Zuschauern und schilderte ihm die Aufgabe, die sie für ihn vorgesehen hatten. »Das Ganze ist ziemlich riskant«, endete er. »Also, wenn es dir zu gefährlich ist, dann kann ich das natürlich verstehen.«

»Zu gefährlich? Mir?« Fabiano wedelte einmal mit seinem Degen in der Luft herum. »Mir ist nichts zu gefährlich. Nichts! Natürlich mache ich mit!«

Nick grinste Fabiano breit an. »Danke, Fabiano. Mit dir an Bord steigen unsere Chancen gleich um zweihundert Prozent!«

In diesem Augenblick stampfte Constance durch das hohe Gras direkt auf sie zu, offensichtlich noch immer wutentbrannt. »Damit das klar ist: Ick macke nickt freiwillig mit, und direktlick nack meiner Aufgabe wunsche ick, wieder zu mein Picknick zuruckgefuhrt zu werden. Alles ricktick?«

Nick lächelte sie an. »Ja, Constance.«

Bogomir hingegen flüsterte: »Nicht so ganz!«

Endlich machten sie sich auf den Weg zu den Klippen, von wo aus sie der Pfad zum Leuchtturm führen sollte. Hoffentlich, dachte Nick, hatten sie nicht schon viel zu viel Zeit verloren. Und hoffentlich war dem Grafen und Zensor Bucklinger bislang nicht aufgefallen, dass sie nicht den echten Nick in Gewahrsam hatten. Bogomir, der den Weg zum Leuchtturm inzwischen ebenfalls kannte, half Nick, indem er ihn immer wieder leicht an die Schulter fasste und so in die richtige Richtung lenkte.

Der erste Teil des Weges führte durch ein Waldstück. Zunächst konnte Nick im Schein der Feuer noch gut erkennen, wohin er trat, doch schon bald drang das Licht nicht mehr durch die eng stehenden Bäume hindurch. Augenblicklich meldete sich Constance zu Wort: »Ick gehe nikt weiter! Keinen Tritt! Mit die Schuhe hier bleibe ick immer kleben und außerdas habe ick Angst!«

»Stell dich nicht so an!«, lachte Fabiano. »Du hast hier zwei tapfere Männer, die dich sofort retten werden, wenn du von einem gefährlichen Eichhörnchen angegriffen wirst! Und du kannst dich an mir festhalten, damit du nicht hinfällst!«

»Ha!«, rief Constance. »Das konnte dick so passen! Das macke ick nikt! Und lass meine Hand los!«

»Ich halte sie doch gar nicht fest«, rief Fabiano entrüstet. »Ich würde dich niemals freiwillig anfassen!«

»Wer soll es denn sonst gewesen sein?«, keifte Constance.

»Weiß ich nicht. Ich jedenfalls nicht.«

»Dock!«

»Nein!«

»Dock, naturlick du!«

»Nein, naturlick ick nikt!«

»Mackst du dick uber mick witzig?«

»Das ist gar nicht nötig. Das machst du schon sehr gut alleine.«

Nick fühlte jemanden heftig an seiner Jacke zerren. Dann zischte ihm Bogomir ins Ohr: »Wie gesagt: SVVZSV! So geht das nicht, Schnarchnase! So hört uns jede Wache schon aus mehreren Kilometern Entfernung.«

»Ach, und wer hat das hier jetzt ausgelöst? Doch wohl du! Warum hast du Constances Hand angefasst?«

»Aus Versehen«, flüsterte Bogomir. »Eigentlich ist die Gewitterhexe eher mit ihrer Hand gegen meine gekommen.«

»Ah ja!«, zischte Nick. »So ein Fehler darf einem Profi aber nicht passieren!«

Als Bogomir daraufhin nichts mehr sagte, schloss Nick, dass er damit einen wunden Punkt getroffen hatte. Der Streit zwischen Constance und Fabiano schien fürs Erste beendet zu sein, denn Fabiano lief in diesem Moment an Nick vorbei, setzte sich an die Spitze der Gruppe und fuchtelte mit seinem Degen wie wild im Unterholz herum, angeblich, um ihnen das Gestrüpp aus dem Weg zu räumen.

»Was für eine Truppe!«, murmelte Bogomir vor sich hin. »Eine überspannte englische Gewitterhexe und ein Bekloppter. Du kannst es nicht sehen, Schnupftuch, aber ich schüttele gerade heftig meinen Kopf.«

Dann endlich lichtete sich allmählich die große dunkle Masse von Bäumen und dahinter wurde der Nachthimmel immer deutlicher erkennbar. Schließlich brachen sie durch die letzte Baumreihe hindurch und sahen nur noch den Himmel vor sich und das Meer unter sich. Auf einmal fuhr ein tiefgelbes Leuchten über den Himmel – die Lichtstrahlen des Leuchtturms.

Nach nur etwa zweihundert Metern, die sie auf dem Klippenpfad zurücklegten, kamen sie zu der in den Felsen geschlagenen Treppe, die Nick am Morgen entdeckt hatte. Hier weihte Nick die anderen in seinen Plan ein und erklärte ihnen, was sie zu tun hatten. Constance und Fabiano nickten stumm. Nick griff in den ledernen Beutel, den ihm der Zensor gegeben hatte, und reichte jedem von ihnen einen hölzernen Gegenstand sowie einen kleinen, leeren Beutel. Unbemerkt von den beiden anderen gab er auch Bogomir diese Dinge. Es sah gespenstisch aus, wie sie scheinbar schwerelos in der Luft schwebten, ehe sie urplötzlich verschwanden, als Bogomir sie unter seinem Mantel versteckte.

Dann zog Nick eine schmale Spule aus dem großen Lederbeutel und machte sich ans Werk. Obwohl er in der Dunkelheit nur wenig sehen konnte, brauchte er nicht lange für seine Vorbereitungen. Als er fertig war, warf er einen Blick die Treppe hinunter. Hoffentlich, dachte er, würden sie später dort hinabsteigen und über den Steindamm zum Leuchtturm laufen können. Später, wenn alles gut gegangen war.

Es war von hier aus nur noch ein kurzer Weg bis zu der Biegung, an deren Fuß der Steindamm begann. Und mit jedem Meter schob sich der Leuchtturm ein Stückchen weiter über die Klippen hinweg in die Höhe.

Nick blieb einen Schritt vor dem Abhang stehen. Er schaute zu dem Turm hinüber, der unablässig sein Licht aufs Meer hinaussandte, um die Schiffe dort draußen vor den Gefahren der messerscharfen Klippen zu warnen. Und dabei ist er selbst eine Gefahr, dachte Nick bitter. Für meinen Vater und vielleicht auch für uns.

Wenig später hatten sie eine Stelle errreicht, von der aus sie den Damm zum Leuchtturm gut erkennen konnten. Und die beiden Wächter.

»Sind das die Wackter?«, fragte Constance, und Bogomir konnte sich ein lautes Lachen nicht verkneifen, das Nick als das seine ausgeben musste.

»Nein, Constance«, sagte Fabiano mit stockernster Miene, »das sind Möwen, die sich als Wächter verkleidet haben.«

»Du mackst dick schon wieder uber mir witzig. Ick werde mir das nickt gefallen lassen, du …«

Nick legte ihr schnell die Hand auf den Mund. »Pscht, sei still! Sie könnten uns hören«, zischte er. »Wir haben jetzt auch keine Zeit für eure Streitereien.« Ein Blick nach unten aber ließ ihn aufatmen. Die Wächter hatten offenbar nichts mitbekommen. Sie schritten noch immer vor dem Zugang zum Damm auf und ab.

Nick bedeutete den anderen, so viele Steine aufzusammeln, wie sie finden konnten, und in ihre Beutel zu stecken.

»Habt ihr genug Steine?«, fragte er wenige Minuten später.

Constance und Fabiano nickten, Bogomir zog ihn an den Haaren.

536

»Gut, dann lasst uns anfangen. Alle bereit?« Nick versuchte, seine Stimme fest und klar klingen zu lassen, obwohl ihm vor Angst das Herz bis zum Hals schlug.

Constance nickte erneut, Fabiano machte eine weit ausladende Handbewegung, die in einem hochgestreckten Daumen endete, und Bogomir zog wieder an seinen Haaren.

»Also los!«

Die Wächter blickten sich zunächst verwirrt um, als der Steinhagel auf sie einprasselte. Dann gingen sie hinter einem Felsvorsprung in Deckung. Nick hob die Hand. Die anderen feuerten noch einen letzten Stein ab und verharrten anschließend bewegungslos, genau wie sie es verabredet hatten.

Ein paar Minuten lang geschah nichts. Vermutlich berieten die Wächter, was sie jetzt tun sollten. Nick hielt den Atem an. Nun hing alles davon ab, wie sich die Wächter verhalten würden.

Endlich – es schien eine halbe Ewigkeit gedauert zu haben – rief einer der beiden Männer: »Wer ist da? Was soll das?«

Als er keine Antwort bekam, wiederholte er die Fragen noch einmal.

Doch wieder antwortete niemand.

Nick konnte die Spannung kaum mehr ertragen. Bitte, bitte, bitte, dachte er, nervös auf seinem Daumennagel herumkauend. Plötzlich sah er, wie beide Wächter hinter dem Felsen hervorsprangen und den Pfad entlangrannten, der zum Aufstieg führte. Nick atmete erleichtert auf. Wenn nur einer seinen Posten verlassen hätte und der andere hätte sich über den Damm zum Leuchtturm in Sicherheit gebracht, wäre alles viel, viel schwieriger geworden. Aber es lief alles nach Plan.

Er gab den anderen ein Zeichen.

Als die Wächter auf dem oberen Klippenpfad ankamen, hatten sich Nick und Fabiano dort schon hinter Felsvorsprüngen versteckt. Auch Bogomir hatte seine Position eingenommen.

Sichtbar für die Wachen war nur noch Constance. Sie war in einiger Entfernung stehen geblieben und wartete. Als sie die Wächter oben ankommen sah, rief sie: »Ihr kriegt mir nickt, ihr vollen Idioten!« Dann lief sie in Richtung Wald.

Die Wächter rannten hinter ihr her. Und sie hätten sie auch leicht fassen können, denn Constance knickte nach nur wenigen Schritten auf ihren hohen Schuhen um und stürzte mit einem lauten »Au!« zu Boden.

Doch die Wächter kamen selbst nicht weit. Sie stolperten ahnungslos über die Drähte, die Nick kurz zuvor knapp über den Boden gespannt hatte – und ehe sie sich's versahen, hatten Nick und Fabiano die beiden mit einem Fangnetz bedeckt. Sie strampelten nach Leibeskräften und brüllten: »Hilfe! Sabotage!«, verfingen sich dadurch jedoch nur weiter in den großen Maschen. Von unschätzbarer Hilfe war dabei Bogomir, der ihnen immer wieder einen Stoß versetzte, sodass sie hinfielen und Nick und Fabiano die Netze noch enger um sie herumziehen konnten.

Nick holte zwei Tücher aus seinem Lederbeutel und knebelte die Wächter, während sich Fabiano mit ein paar übertriebenen Handgriffen vergewisserte, dass die Knoten wirklich fest genug waren. Dann schlug er Nick kräftig auf die Schulter. »Ich danke dir, Amigo, ich danke dir für diese Gelegenheit. Endlich wieder ein richtiger, ehrlicher Kampf, Mann gegen Mann! Oh, mir geht es gut.«

Nick hörte Bogomir in seinem Nacken murmeln. »Ehrlicher Kampf! Mann gegen Mann! Ich lach mich kaputt! Mann, Mann, Mann!«

In dem Moment ertönte es lautstark: »Au au au au au au!« Constance, die gerade versucht hatte aufzustehen, was ihr vor Schmerzen jedoch nicht gelang, rief: »Kommt mir hier nock mal jemand zu helpen?«

Ihr Fuß sah tatsächlich nicht gut aus. Der rechte Knöchel war so geschwollen, dass man meinen konnte, sie hätte eine Tomate dorthin geklebt. »So kann ick nickt gehen!«, jammerte sie. »Keinen Schritt! Ick habe mir schrecklick wehgetutet. Und so kann ick auck nickt beim Picknick sitzen und hubsch aussehen.« Sie fing an zu weinen. »Aber da komme ick ja auck sowieso nickt mehr recktzeitig hin!« Ihr Jammern wurde immer lauter.

Nick und Fabiano sahen sich hilflos an. Dann verstummte Constance plötzlich, hob langsam den Kopf und zeigte mit dem Finger auf Fabiano. »Du! Du tragst mir jetzt zuruck!«

»Was?« Fabiano lachte entsetzt. »Auf keinen Fall! Unsere Mission hier ist noch nicht beendet.«

Constance schüttelte den Kopf. »Deine schon! Und du!« Der Finger wanderte in Nicks Richtung. »Hast versprocken, ick kann zuruck, wenn ich meiner Aufgabe abgeledigt habe!«

Nick schluckte. Er konnte eigentlich nicht auf Fabianos Hilfe verzichten. Aber Constance hatte recht. Er hatte es ihr versprochen. Und er konnte sie auch nicht einfach allein auf den Klippen zurücklassen. »Gut«, sagte er schließlich. »Fabiano bringt dich zur Burg.«

»Was?« Fabianos Lachen war purer Entrüstung gewichen. »Wo ich zum ersten Mal seit Ewigkeiten richtig Spaß habe?«

»Es ist die einzige Möglichkeit«, sagte Nick. »Constance kann nicht allein hierbleiben.«

Fabiano blickte kopfschüttelnd aufs Meer hinaus. Doch schließlich trat er auf Constance zu und versuchte, sie hochzuziehen.

»Pass dock auf!«, fuhr sie ihn an. »Du tutest mick ja nock mehr weh!«

Fabiano schloss die Augen, dann ging er in die Knie, schob vorsichtig seine Arme unter Constance und hob sie hoch. »Viel Glück!« Er lächelte Nick zum Abschied zu. »Du bist ein mutiger Mann, Nick! Bis später!« Und damit setzte er sich den Klippenpfad entlang in Bewegung.

»Danke, ihr zwei!«, rief Nick ihnen leise hinterher. »Ohne euch wäre ich nie so weit gekommen!«

Constance winkte gnädig mit einer Hand, Fabiano warf Nick über die Schultern ein anerkennendes Kopfnicken zu. Kurz darauf waren die beiden in der Dunkelheit verschwunden.

Nick und Bogomir prüften ein letztes Mal, ob die Wächter wirklich handlungsunfähig waren, danach machten sie sich die Treppe hinab auf den Weg zum Leuchtturm.

540

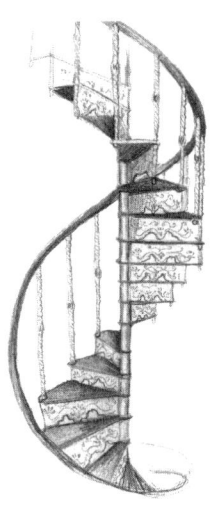

Mehr als 39 Stufen

»Na endlich sind wir die zwei Nasen los, was, Butterkuchen? Ich dachte schon, die gehen nie!« Bogomir schüttelte den Kopf. »Mann, Mann, Mann, was für Anfänger! Hast du gesehen, wo die Steine von der Heulboje gelandet sind? Hinter ihr, Mann, hinter ihr! Und dieser Fabidingsbumstrottel hätte den zweiten Wächter fast wieder ausgewickelt, wenn ich nicht das Netz zusammengehalten hätte. Ich sag dir, Wintergemüse, wenn du dich auf andere verlässt, bist du verlassen. Da kannst du nur zusehen, dass …«

Bogomir brabbelte ohne Punkt und Komma, offensichtlich mehr als froh, nun wieder laut sprechen zu können. Nick hörte schon bald nicht mehr zu.

Schritt für Schritt näherten sie sich dem Leuchtturm. Nicks Anspannung wuchs zunehmend. Würden sie seinen Vater befreien können? Was, wenn im Turm noch weitere Wächter aufgestellt waren? Oder wenn sie gar nicht erst hineingelangten? Oder wenn sein Vater nicht mehr in der Lage war, eine Flucht zu bewältigen? Fragen über Fragen wirbelten ihm im Kopf herum.

Dann waren sie bei dem Damm angekommen. Wütende Wellen prallten gegen die Steine und warfen sich bisweilen hoch über den Damm.

»So, Sahnetörtchen!«, hob Bogomir, der endlich einmal eine Redepause eingelegt hatte, in dem Moment wieder an. »Jetzt wird's ernst. Starke Nerven gefragt, klar? Also: Ich gehe voran. Nur, dass du's weißt. Los, nachfolgen! Auf geht's!«

Doch Nick verharrte noch einen Augenblick und suchte den Leuchtturm mit den Augen ab. In dem Raum, in dem er seinen Vater vermutete, direkt unterhalb des Leuchtkegels, flackerte ein mattes Licht, wahrscheinlich von einer einzelnen Kerze. Nick atmete tief ein und aus. »Ich hole dich da raus«, dachte er. »Irgendwie hole ich dich da raus.«

»Nun komm endlich, Wattebäuschchen, wir haben nicht ewig Zeit!«

Nick fühlte eine Hand auf seiner Schulter, während Bogomirs Stimme schon ein ganzes Stück entfernt war. Er schüttelte den Kopf. Was für ein seltsamer Tag, dachte er.

Immer bedrohlicher, so schien es, schlug die Brandung an die Felsen, als er langsam den schmalen glitschigen Damm entlangging. Er zwang sich, nicht daran zu denken, was ein einziger falscher Schritt bedeuten könnte, und setzte konzentriert einen Fuß vor den anderen. Zum Glück war die Nacht sternenklar, sodass er immerhin sehen konnte, wohin er trat.

Einige Meter vor dem Ende des Damms rief Bogomir plötzlich: »Halt!« Im selben Moment fühlte Nick eine Hand auf seiner Brust, die ihn am Weitergehen hinderte. »Hier ist die Stelle. Siehst du den Übergang vom Damm zum Turmfelsen?«

Nick konnte dort, wo der Damm endete, einen schmalen Spalt erkennen. »Ja.«

»Bleib kurz davor stehen und mach dann einen sehr großen Schritt hinüber, verstanden? Sonst löst du eine Sperre aus.«

»Ja.«

»Verstanden?«

»Ja, hab ich doch gesagt.«

Nick hielt sich genau an Bogomirs Anweisung, der den Weg zum Leuchtturm im Laufe des Tages genau erkundet hatte. Ein paar Sekunden lang horchte er schweigend, ob er vielleicht doch irgendeinen Mechanismus ausgelöst hatte. Bis auf das Branden der See und das Heulen des Windes war jedoch kein Laut zu hören.

»Ich gehe zum Turm und prüfe die Tür«, flüsterte Bogomir. Wenig später sah Nick, wie sich die Klinke der schweren Holztür senkte und wieder hob.

»Verdammt!« Bogomir stand nun wieder neben ihm. »Verschlossen. Und kaum ein Spalt unter der Tür. Da komme ich nicht durch. Und das niedrigste Fenster ist zu weit oben. So lang kann ich mich nicht machen. Und die Wände sind zu glatt zum Hochklettern. Keinerlei Halt. Schlecht! Ganz schlecht! Komm, wir brechen die Tür auf!«

»Stopp, Bogomir!« Nick streckte seine Hände aus und bekam tatsächlich ein durchsichtiges Stück Stoff zu fassen. »Es gibt noch eine andere Möglichkeit!«

Bogomir zögerte. »Nämlich?«, fragte er nach einer Weile.

Nick griff in seine Hosentasche und zog daraus etwas sehr Schweres, Metallisches hervor.

»Oh! Ah!«, sagte Bogomir sichtlich überrascht. »Woher … wie … warum hast du so etwas?«

Nick lächelte. »Das hat mir dein *Boss* mitgegeben.« Es handelte sich um einen Draht ähnlich dem, den Levin in der Nacht im Zensoriat dabeigehabt hatte. Der Zensor hatte ihn Nick noch an diesem Morgen überreicht und ihm gezeigt, wie man damit umging. Angeblich ließen sich damit die meisten Türen der Welt öffnen. Nick hoffte inständig, dass das Schloss zum Leuchtturm nicht eine Spezialanfertigung war.

»Na gut, Schattenmorelle«, sagte Bogomir schließlich, während Nick an die Leuchtturmtür herantrat. »Lass es uns versuchen! Aber ich kann mir nicht vorstellen, dass …«

Klack. Nick hatte den Draht nur ein paarmal hin und her drehen müssen, bis sich das Schloss öffnete. Erleichtert atmete er auf.

»Das kann doch … ich will doch … ich fass es nicht!«, war alles, was Bogomir dazu zu sagen hatte.

Nick zog vorsichtig an der Tür. Knarrend öffnete sie sich.

»Mann, ist das dunkel hier drinnen!«, stellte Bogomir fest. »Und ich dachte, das ist ein Leuchtturm.« Er brach in gedämpftes Kichern über seinen eigenen Witz aus, doch Nick konnte nur müde lächeln. Ihm war jetzt gar nicht nach Späßchen zumute. Ein letztes Mal blickte er über den Damm hinweg zum Klippenpfad. Dort schien alles ruhig zu sein.

Das musste bedeuten, dass der falsche Nick seine Sache bislang ganz gut machte und noch nicht enttarnt worden war. Denn sonst wären der Graf und Zensor Bucklinger sicher längst auf dem Weg hierher.

Nick trat in das Dunkel des Leuchtturms. Hier war nicht einmal mehr die Hand vor Augen zu sehen. Die einzige Lichtquelle war der Mond, der seine Strahlen jedoch nur durch die kleinen Fenster weiter oben im Turm schickte.

»Hör zu, Druckbuchstabe! Zeit, dir den Restplan zu erzählen! Wenn wir das Objekt befreit haben, fliehen wir nicht über den Damm zurück, klar? Habe vorhin ein Boot organisiert. Liegt versteckt am Fuß des Felsens. Zugang per Steintreppe auf meerzugewandter Seite. Klar?«

»Klar.«

»Gut! Klar! Folgendes: Ich mache mich jetzt so lang ich kann und spähe die Lage oben aus. Du bleibst hier! Und kitzel mich nicht an den Füßen. Klar?«

»Klar!«

Nick hätte Bogomir zu gern beobachtet. Es war schon seltsam, die ganze Zeit mit jemandem zusammen zu sein, den er nicht sehen konnte, aber dass dieser Jemand sich weit in die Länge dehnen konnte, schien ihm geradezu unglaublich.

Es dauerte kaum eine Minute, da war Bogomir wieder auf Normallänge zusammengeschrumpft. »Alles klar!«, verkündete er. »Auf den ersten hundert Stufen ist die Luft rein. Keine Wachen, keine sichtbaren Fallen, Weg zum Objekt frei! Fertig auf dein Kommando!«

Nick wünschte, Bogomir würde seinen Vater nicht ständig als »Objekt« bezeichnen, aber er verkniff es sich. Bogomir war jetzt offenbar ganz in seinem Element. Es war besser, ihn dabei nicht zu irritieren. »Gut, Bogomir. Danke. Dann los!«

»Halt!«

Nick hatte bereits einen Fuß auf die unterste Stufe der Wendeltreppe gesetzt, als ihn Bogomir am Kragen packte und zurückhielt. »So geht das nicht! Keine Namen, klar? Das ist ernst hier, Mann! Also: keine Namen und auch kein Danke! Wir sind doch keine Weichlinge, Zwieback! Klare Aussagen, klar?«

Trotz seiner Nervosität konnte Nick sich ein Grinsen nicht verkneifen. »Klar! Mir nach! Los!«

»Halt!« Bogomir hielt ihn weiter am Kragen fest. »Ich gehe vor!«

Nick dachte kurz nach. Dann schüttelte er den Kopf. »Nein, ungut! Wenn du vorgehst, kann keiner von uns den anderen sehen.«

Bogomir machte ein Geräusch, das so klang, als kratze er sich an der Stirn. »Hm! Schlau! Also los!«, sagte er schließlich und begann dann, hinter Nick die Treppe hochzusteigen, die sich in einer engen Spirale um einen Pfeiler wand.

Es dauerte nicht lange und Nick wurde ein wenig schwindelig vom ewigen Im-Kreis-Gehen. Langsam schien es etwas heller zu werden. Offenbar waren sie nicht mehr weit von den Fenstern entfernt, die in die obere Hälfte des Turms eingelassen waren.

»Halt!«, zischte Bogomir. »Aktion von vorhin wiederholen! Folgende hundert Stufen sichern! Warte hier! Kein Füßekitzeln!« Und schon spürte Nick einen heftigen Luftzug an sich vorbeiwehen.

Wieder dauerte es nicht lange, bis Bogomir zurückkehrte. »Luft rein, keine Wachen, keine sichtbaren Fallen! Weg zum Objekt frei! Fertig auf dein Kommando!«

Nick sagte »Klar!« und »Los!« und kletterte weiter die Stufen hoch. Schließlich tauchte über ihm in der Wand ein Fenster auf. Nick blickte nach draußen. Leider ging das Fenster nicht in Richtung Insel, sondern zum Meer hinaus.

»Wie weit noch bis zum nächsten Fenster, Bog … äh … äh … Kamerad? Und kann man von dort den Klippenpfad sehen?«

Nick spürte erneut einen Luftzug neben sich.

»Etwa fünfzig Stufen! Freie Sicht zum Pfad. Draußen alles sauber. Keine Feindbewegungen!«

»Gut!« Nick kletterte langsam weiter. »Und wie weit vom Fenster bis zum Versteck meines … äh … des Objekts?«

»Etwa zwanzig Stufen. Klar?«

»Klar!«

Kurz darauf tauchte neben ihm das nächste Fenster auf. Nick schaute hinunter. Auf dem Klippenpfad schien nach wie vor alles ruhig zu sein. Er spürte, wie die Hoffnung in ihm immer größer wurde. Nur noch ein paar Schritte bis zu seinem Vater. Sie konnten es vielleicht wirklich schaffen. Nick nahm die nächsten Stufen wie im Flug.

Auf einmal ging alles ganz schnell, so schnell, dass Nick zunächst überhaupt nicht begriff, was geschah. Er hörte einen furchtbar lauten Knall und im selben Moment verlor er den Halt. Mit voller Wucht landete er auf dem Bauch und rutschte in rasendem Tempo abwärts, wie über eine glatte abschüssige Fläche. Da waren keine Stufen mehr. Er versuchte verzweifelt, irgendwo Halt zu finden, doch es gelang ihm nicht. Hilflos glitt er weiter hinab ins Dunkel.

Die Rutschpartie endete genauso abrupt, wie sie begonnen hatte. Nicks Füße trafen plötzlich auf einen Widerstand, der ihn zum Stoppen brachte.

»Au, pass doch auf, Dachbalken! Das war meine Magenkuhle!«, fauchte Bogomir.

»Wieso …? Wie …?« Nick begriff nicht sofort.

»Mann, Segeltuch, ich kann mich lang machen und ich kann mich auch breit machen. Und jetzt mach ich mich gerade breit, damit du nicht noch weiter abrutschst, klar?«

Nick schüttelte den Kopf. Eigentlich war ihm gerade gar nichts klar. Er begann, den Untergrund abzutasten. Und tatsächlich: Dies war keine Treppe mehr, sondern eine Rutsche.

Dafür gab es nur eine Erklärung. »Die Stufe, auf die ich zuletzt getreten bin, löst wahrscheinlich einen Mechanismus aus, sodass augenblicklich alle Stufen eingeklappt werden. Kann das sein?«

»Klar kann das sein, Mann!«, wetterte Bogomir. »Verdammt, Mann. Hätte ich ahnen müssen! Unverzeihlicher Fehler. Wenn Einsatz beendet, freiwillig zur Nachschulung! Versprochen! Klar?«

»Ach was, Bogomir. Wie hättest du das ahnen sollen?«

»War eine der letzten Stufen. Hätte nicht nur draufgucken, sondern auch berühren müssen, wie am Anfang. Unverzeihlich, Mann! Oh Mann, diese Nachschulungen sind grauenhaft! Verdammt!«

»Hör jetzt mal auf damit, Bog… Kamerad, und lass uns lieber überlegen, was wir nun machen sollen!« Nick sah ihn herausfordernd an.

»Richtig! Stimmt! Klar! Vorwärts denken!« Bogomir war eine Weile still, und Nick kam sich sehr komisch dabei vor, sozusagen in Bogomirs Schoß zu liegen.

»So könnte es vielleicht gehen«, sagte Bogomir schließlich und erläuterte seine Idee.

Nick bekam von Bogomir einen Schubser, der ihn um etwa eine Fußlänge nach oben katapultierte. Schubser um Schubser und blauen Flecken um blauen Flecken ging es so weiter aufwärts. Als sie endlich wieder bei dem Fenster angelangt waren, sagte Nick: »Halt! Ich möchte noch einmal raussehen!«

Es war nicht so einfach, sich auf jemanden aufzustützen, der unsichtbar war, aber irgendwie schaffte er es. Als sein Blick auf den Klippenpfad traf, entfuhr ihm ein Schrei. Mindestens vier Fackeln bewegten sich dort unten rasch auf den Leuchtturm zu. In diesem Tempo waren sie in spätestens fünf Minuten hier. »Los, schnell! Da kommt jemand!«

Bogomir gab sich offenbar alle Mühe, denn seine Schubser waren nun deutlich unsanfter und kraftvoller. Nick hörte und fühlte seinen schweren Atem im Nacken. Endlich erreichten sie eine Holztür, die den weiteren Weg nach oben versperrte. Ruck um Ruck stieß Bogomir ihn vorwärts.

»Wir haben Glück. Sie hat kein Schloss, nur einen Riegel«, rief Nick, als sie vor der Tür standen. Er versuchte, den Riegel zurückzuschieben. Doch er schien zu klemmen. Das Metall rührte sich keinen Millimeter. Nick nahm all seine Kraft zusammen und probierte es erneut. Wieder ohne den geringsten Erfolg. »Geh auf, verdammt, geh auf!«, rief er wütend. Er zog und rüttelte, so fest er konnte. Bis ihm der Arm wehtat. Doch nichts passierte. Einfach nichts. Frustriert gab er auf.

Bogomir hinter ihm rührte sich. »Lass mich ...« In dem Moment fuhr der Riegel wie von selbst zurück.

»Upps«, wunderte sich Bogomir. »Ich glaube, ich bin hier eben irgendwo drangekommen.«

Nick drückte gegen die Tür. Beinahe lautlos schwang sie auf. Sein Blick fiel in einen Raum, der von einer flackernden Kerze schwach beleuchtet war. Eine weitere Treppe nahm beinahe die Hälfte des Platzes ein. Und dann sah er ... seinen Vater.

Auf der Flucht

Wilhelm Münsterbach stand vor Staunen der Mund offen.
»Nicolas? Bist du das wirklich? Wo kommst …? Wie bist …?«

Nick war einen Moment stehen geblieben – erleichtert
und überrascht und auch ein wenig erschrocken darüber, wie
erschöpft und blass sein Vater aussah. Doch nun hielt ihn
nichts mehr, auch nicht die Erinnerung, wie getrübt ihr Verhältnis immer gewesen war. Er rannte auf seinen Vater zu und
umarmte ihn, so fest er konnte. Und das war noch lange nicht
so fest, wie dieser ihn an sich drückte.

Nick hätte weinen können vor Glück. Er konnte sich nicht
erinnern, dass ihn sein Vater jemals in den Arm genommen
hatte. Doch die Zeit drängte. Ihre Verfolger mussten schon

sehr nahe sein. Er löste sich von seinem Vater, griff dessen Hand und zog ihn mit sich in Richtung Tür. »Komm schnell, Vater! Sonst kriegen sie uns!«

»Aber wie hast du mich überhaupt gefunden? Und wie bist du hier …?«

»Später, ich erkläre dir alles später. Jetzt müssen wir hier weg.«

Sie erreichten die Tür. »Bogomir?«, sagte Nick.

Bogomir gab keine Antwort. Nick rief noch einmal nach ihm, wieder ohne Erfolg. Wahrscheinlich ist er schon nach unten gerutscht und versucht, unsere Verfolger aufzuhalten, dachte er. »Komm!« Er zog seinen Vater weiter. »Wir müssen uns beeilen.«

Ohne zu zögern oder Fragen zu stellen, setzte sich WM hinter seinem Sohn auf den Boden. Gemeinsam rutschten sie die ehemalige Wendeltreppe hinab. Nick spürte, wie sein Po dabei ziemlich heiß wurde, doch er biss die Zähne zusammen. Viel schlimmer war, dass ihm von dem hohen Tempo, in dem sie immer im Kreis hinunterrasten, noch schwindeliger wurde als vorhin.

Als sie mit einem heftigen Ruck den Boden erreicht hatten, blieben sie einen Moment still sitzen, um wieder einen klaren Kopf zu bekommen.

Nick hatte sich als Erster von dem Schwindel erholt. Er sah, dass die Tür des Leuchtturms weit offen stand. Bogomir musste tatsächlich schon hinausgelaufen sein. Nick stand auf und schlich an der Wand entlang bis zum Ausgang. Langsam schob er den Kopf um die Ecke. Sein Blick fiel direkt auf den Damm.

Und auf den Grafen, Zensor Bucklinger und zwei Wachen, die in diesem Moment das andere Ende des Damms erreicht hatten.

»Schnell!«, rief er seinem Vater mit leiser Stimme zu. »Wir müssen zur Rückseite des Turms.«

Sein Vater versuchte, sich zu erheben. Es fiel ihm jedoch sichtlich schwer, denn seine Beine schienen ihn nur mit Mühe zu tragen.

Nick eilte zu ihm und stützte ihn, so gut er konnte. Gemeinsam traten sie aus dem Turm heraus.

»Komm, hinter der Tür können sie uns nicht sehen!«, sagte Nick. In der Deckung der geöffneten Tür schlichen sie bis zur Rückseite des Turms. Wie Bogomir gesagt hatte, gab es einen Abgang zwischen den Klippen, der direkt zum Wasser hinunterführte.

Nick vergewisserte sich noch einmal, dass sie von niemandem entdeckt werden konnten. Glücklicherweise bot ihnen der Turm ausreichend Schutz. Nick schob seinen Vater zu der grob gehauenen Steintreppe. Eilig kletterten sie die glitschigen Stufen hinab. Unter ihnen schlug die Brandung gegen den Felsen.

Aber da war kein Boot.

»Bogomir?«, rief Nick, sicher, dass er bei dem Tosen der Wellen von den Verfolgern nicht gehört werden konnte.

Sie erreichten den Fuß der Treppe. »Bogomir?«

Doch noch immer kam keine Antwort. Eilig suchte Nick mit den Augen das dunkle Ufer ab. »Da!«, rief er. »Da ist es!« Nur wenige Meter von ihnen entfernt lag tatsächlich ein Boot.

Sie ruderten, so schnell sie konnten. Nach einigen Metern drehte sich Nick um, doch von ihren Verfolgern war nichts zu sehen. »Komisch!« Er runzelte die Stirn.

Sein Vater blickte sich ebenfalls um. »Vielleicht denken sie, wir sind schon viel länger fort, wenn sie den Leuchtturm verlassen vorfinden.«

Nick schüttelte den Kopf. »Das glaube ich nicht. Es war kein Zufall, dass sie ausgerechnet dann auftauchten, als ich diesen elenden Mechanismus auf der Treppe ausgelöst hatte. Sie müssen irgendein Signal bekommen haben.«

Meter um Meter legten sie zurück. Nicht mehr weit, und sie würden von der Insel aus gar nicht mehr zu sehen sein. Nick schaute sich immer wieder um, doch von dem Grafen und den anderen fehlte weiterhin jede Spur. Irgendwie hatte Nick dabei kein gutes Gefühl.

»Hoffentlich ist Bogomir nichts passiert«, sagte er schließlich. Sein Helfer und Gefährte mochte unsichtbar sein, aber er war dennoch aus Fleisch und Blut. Und damit verletzbar. Nick hoffte inständig, dass er nicht in irgendeine Falle geraten war.

»Wer ist denn eigentlich dieser Bogomir?«, fragte WM keuchend.

Nick berichtete kurz, dass der Zensor Bogomir erfunden hatte. »Ohne seine Hilfe säßen wir jetzt nicht in diesem Boot.

Aber das erzähle ich dir alles später. Lass uns erst mal zurück nach Montamar kommen!«

»Was ihr alles für mich riskiert habt.« Nicks Vater schüttelte den Kopf. »Vor allem du. Ich weiß gar nicht, was ich sagen soll.« Er atmete ein paarmal tief durch. »Und Willibald soll sogar eine illegale Figur entwickelt haben? Das ist wahrhaft unglaublich!«

Sie ruderten inzwischen nicht mehr so schnell. Das Boot war nun weit außer Sichtweite des Leuchtturms und der Felseninsel. Wolken hatten sich vor den Mond geschoben und boten ihnen weiteren Schutz vor Entdeckung. Sie beschlossen, den Kurs zu ändern und parallel zur Felseninsel zu rudern, bis dahinter Montamar auftauchen würde.

Wilhelm Münsterbach drehte sich zu Nick um. »Ist das Buch in Sicherheit?«, fragte er nervös.

»Ja, das ist es. Ganz bestimmt.«

Sein Vater atmete laut auf. »Dem Himmel sei Dank! Dann war das alles ja doch zu etwas gut.«

Schweigend ruderten sie weiter. Es war beinahe ein friedlicher Moment. Zur Linken sahen sie langsam die Felseninsel an sich vorbeiziehen und mit dem Wind im Rücken kamen sie zügig voran. Nicht mehr lange und hinter der Felseninsel würde die Silhouette Montamars erscheinen.

Plötzlich, geradezu aus dem Nichts, tauchte neben ihnen ein riesiger schwarzer Schatten auf. Nick fuhr vor Schreck zusammen. Er blickte zur Seite. Und ihm stockte der Atem. Kaum fünf Meter entfernt von ihnen erhob sich ein gewaltiges pechschwarzes Segelschiff über ihren Köpfen. Kein Funken Licht war an Bord. Und keine Besatzung. Es sah aus wie ein Geisterschiff.

Nick starrte die Bordwand entlang nach oben, konnte jedoch auch dort niemanden ausmachen. Die einzigen Geräusche rührten von den Wellen her, die an die Bordwände klatschten, und von dem gespenstischen Knarren der Masten und Schiffsplanken.

Auf einmal, erleuchtet von einer flackernden Öllampe, beugte sich ein Kopf über die Reling. Es war der Kopf des Grafen. Ein hämisches Grinsen lag auf seinem Gesicht.

Nick sackte in sich zusammen. Jetzt war es aus. Aus und vorbei. Nach allem, was die anderen und er durchgemacht hatten, nach all den Gefahren und Mühen, den Rückschlägen und dem, was sie doch schließlich erreicht hatten: die erfolgreiche Befreiung seines Vaters, waren sie am Ende dennoch bezwungen worden. Wie gelähmt saß er da, genau wie sein Vater.

»Wie undankbar, Doktor Münsterbach, meine Gastfreundschaft so zu missbrauchen!« In der Stimme des Grafen lagen Hohn und Spott. »Einfach ohne ein Wort des Dankes zu verschwinden! Und mir dann auch noch ein Boot zu stehlen.« Er schüttelte theatralisch den Kopf. »Ich hätte mehr Stil und gute Erziehung von Ihnen erwartet!«

Wilhelm Münsterbach schaute zu seinem Entführer hinauf, sagte aber kein Wort.

»Apropos Erziehung«, fuhr der Graf fröhlich fort. »Da haben Sie ja einen ganz wagemutigen Sprössling herangezogen.

Schade nur«, sein Grinsen wurde noch breiter, »dass er bei seinen Planungen manchmal ein bisschen zu egoistisch ist!«

»Wie meinen Sie das?«, rief Nick.

»Nun, ich meine, dass der Zensor Maximus nicht gerade erfreut sein wird zu erfahren, dass du das *Buch der elf Wächter* geopfert hast, um deinen Vater zu retten.«

Nick schluckte. Sein Vater drehte sich zu ihm um und musterte ihn mit einem fragenden Blick.

»Aber du bist dir sehr schlau vorgekommen, Junge, nicht wahr? Und ich muss sagen: Du hast es zunächst ja auch recht klug angestellt. Ich weiß nicht, woher du von deinem Doppelgänger erfahren hast – ich vermute, der alte Philoktet Hansen hat ein bisschen zu viel geplaudert –, und es war ein gerissener Schachzug, die Rollen mit dem falschen Nick zu tauschen. Aber eines muss ich dir sagen, Jungchen: Du hättest noch einen Schritt weiterdenken sollen! Wir haben bald gemerkt, dass wir nicht den echten Nick vor uns haben konnten. Der echte Nick hätte nie so schnell die Aufforderungen des werten Zensor Bucklinger befolgt. Im Gegenteil! Er hätte sich mit Händen und Füßen gesträubt. Und darauf hatten wir uns eigentlich auch richtig gefreut.« Wieder legte sich dieses gemeine Grinsen auf das Gesicht des Grafen. Seine Augen aber blieben dabei ganz kalt. »Wir hatten uns so schön ausgemalt, mit was für hübschen schmerzhaften Mitteln wir deinen Vater oder Robyn dazu bringen könnten, uns das Buch zu überantworten. Und was für eine Enttäuschung, dass das gar nicht nötig war! Aber na ja! Man kann nicht alles haben. Dafür haben wir ja ganz problemlos das Buch bekommen. Und das freut uns auch sehr. Wirklich sehr! Vielen Dank, Nick!«

Nick sagte nichts. Zu viele Gedanken jagten ihm durch den Kopf. Und zu viele Gefühle, allen voran Wut und Hass und Abscheu. Sein Vater hatte sich wieder umgewandt, kehrte Nick den Rücken zu und sah aufs Meer hinaus.

»Und dann hast du auch noch richtig Pech gehabt, du Armer!« Der Graf setzte einen Ausdruck des Mitleids auf. Im Schein der flackernden Lampe sah es aus wie eine groteske Maske. »Zensor Bucklinger und ich hatten uns gerade gefragt, ob wir vielleicht in eine Falle getappt sind, weil Robyn dem falschen Nick ja eigentlich gar nicht hätte gehorchen dürfen. Wieso, haben wir uns gefragt, trägt dieser kleine Bäcker uns hier brav das ganze *Buch der elf Wächter* vor, wenn es doch gar nicht sein wahrer Urheber ist, der ihm den Befehl dazu gab? Tja, was soll ich dir sagen? Zensor Bucklinger und ich haben uns kurz beraten. Wir beschlossen, Robyns Rezitation zu unterbrechen und ihn zu befragen.« Wieder grinste der Graf breit. »Und, Nick, weißt du, was deine dämliche kleine Figur da tut? Das Bäckerchen steckt sich doch tatsächlich einen Zettel, den er wohl noch in seiner Tasche hatte, in den Mund und versucht, ihn hinunterzuschlucken.«

Nick blieb der Atem stehen. Der Zettel! Was war mit dem Zettel passiert?

Der Graf lächelte weiter. »Gott sei Dank aber ist Zensor Bucklinger sehr flink. Er hat ihm den Zettel noch rechtzeitig entreißen können.«

Nick schloss die Augen. Als er sie schließlich wieder öffnete, sah er, dass inzwischen Zensor Bucklinger neben den Grafen in den Schein der Öllampe getreten war. Auch er grinste auf diese unerträgliche Art und Weise. Ohne ein Wort hob er einen Fetzen Papier in die Höhe.

Der Graf schlug dem Zensor anerkennend auf die Schulter.

»Nun, Nick, am besten erklärst du deinem Vater einmal, was da auf dem Zettel steht. Er wird begeistert sein!«

Nick warf einen Blick auf das Stück Papier, dann wandte er den Kopf ab.

»Aha«, lachte der Graf. »Zu feige, was? Lieber Doktor Münsterbach, was für einen Sohn Sie da haben! Mutig genug, bis zu Ihrem Versteck vorzudringen und Sie zu befreien, aber zu feige, Ihnen einen Fehler einzugestehen. Nun, dann werden wir Ihnen eben sagen, was dort in der Handschrift Ihres Sohnes geschrieben steht.« Er nickte dem Zensor zu.

Dieser begann, laut vorzulesen:

»*Lieber Robyn, du kennst meine Schrift und ich schreibe diese Zeilen im Vollbesitz meiner geistigen Kräfte ...*«, der Zensor lachte höhnisch auf, »*und aus freiem Willen. Befolge meine Anweisungen genau! Wenn jemand auf dich zukommt, der aussieht wie ich, sich für mich ausgibt und dir aufträgt, den Inhalt des Buches der elf Wächter preiszugeben, dann befolge diesen Auftrag! Dies ist ein ausdrücklicher Befehl! Ich hoffe, es geht dir den Umständen entsprechend gut. Ich versichere dir, dass du schon sehr bald wieder in Freiheit sein wirst. Liebe Grüße, dein Nick*«

Nick hörte seinen Vater entsetzt aufstöhnen.

Der Zensor faltete den Zettel zusammen und schob ihn lächelnd in die Tasche seines Umhangs.

»Es ist so schade«, grinste der Graf, »dass dein Plan nicht aufgegangen ist. Tja, diese verdammte Treppenstufe, nicht wahr? Wir wollten uns ohnehin gerade auf den Weg zum Leuchtturm machen, als von dort der Warnschuss abgefeuert wurde. Das geschieht automatisch, wenn jemand auf die hundertzweiundfünfzigste Stufe tritt. Eine kluge Sicherheitsvorkehrung, nicht wahr? Na ja, Nick, den Rest kannst du dir denken. Aber nur, damit du beruhigt bist: Robyn befolgt gerade sehr brav deinen ›ausdrücklichen Befehl‹ und diktiert meinen Schreibern das Buch der elf Wächter. Das immerhin müsste dir doch ein Trost sein, oder?«

Nick starrte weiterhin auf die Felseninsel zu seiner Linken und sagte nichts.

»Aber genug jetzt«, schloss der Graf. »Ich habe wahrhaft schon viel zu viel geredet. Jetzt muss mal wieder ein wenig gehandelt werden. Fünf, Sechzehn und Dreiundzwanzig, macht euch an die Arbeit!«

Nick hörte einen dumpfen Aufprall neben sich. Er wandte sich um. Ein starkes Seil war über die Reling zu ihnen herabgelassen worden. Drei vermummte schwarze Gestalten kletterten daran hinunter. Mit einem Sprung landeten sie in dem Ruderboot, das dadurch bedrohlich zu schaukeln begann. Je eine der Gestalten hielt Nick und seinen Vater fest. Die dritte entriss ihnen die Ruder und durchsuchte das Boot. Schließlich gab sie ein Handzeichen nach oben. Der Graf nickte. Die schwarze Gestalt brach die Ruder über ihrem Knie entzwei und warf sie ins Meer. Bald waren sie so weit abgetrieben, dass Nick sie nicht mehr sehen konnte. Die drei Gestalten kletterten das Seil wieder hinauf und verschwanden an Deck.

»Ich bin sehr großzügig im Verleihen meiner Boote«, lachte der Graf, »aber bei meinen Rudern verstehe ich keinen Spaß. Ich fürchte«, – er lachte noch lauter – »ihr werdet mit den Händen rudern müssen. Aber Vorsicht!« Er erhob warnend den Zeigefinger und grinste den Zensor breit an, der amüsiert den Mund verzog. »Die Strömung hier draußen ist unberechenbar und höchst gefährlich, nicht wahr, Zensor?«

»Ja«, nickte Bucklinger, »man braucht Glück. Viel Glück. Sonst zerschellt man an einem Felsen oder wird aufs offene Meer hinausgetrieben.«

»Schrecklich!« Der Graf schlug seinem Komplizen wieder die Hand auf die Schulter. »Dann wollen wir den beiden doch auch viel Glück wünschen, nicht wahr?«

»Unbedingt«, erwiderte der Zensor. »Viel Glück!«

Mit einem letzten Grinsen verschwanden der Graf und Zensor Bucklinger aus Nicks Blickfeld. Im nächsten Moment wurden an Bord die Segel gehisst und das Schiff nahm Fahrt auf.

»Was sollen wir jetzt tun?«, fragte Nick leise. Eine Weile hatten sie nur wie gelähmt dagesessen, unfähig, sich zu rühren oder einen klaren Gedanken zu fassen. Aber sie mussten etwas tun, und zwar schnell. Bereits in dieser kurzen Zeit waren sie an der Felseninsel vorbeigetrieben, so stark war die Strömung. Mit bloßen Händen gegen sie anzurudern, schien ganz und gar aussichtslos. Nick bemerkte, dass der Sog immer stärker wurde und sie aufs offene Meer hinauszutreiben drohten. Und auf einmal war der Rückenwind kein Vorteil mehr.

Wortlos krempelte sich sein Vater die Ärmel hoch und ging auf die Knie. Nick tat es ihm gleich. Sein Vater übernahm die linke, er die rechte Seite. Ein Schaudern überfiel ihn, als er seinen Arm in die eiskalte See tauchte, aber schon nach mehreren Paddelbewegungen merkte er die Kälte kaum noch. Was er stattdessen spürte, war Panik. Immer wieder hob er den Blick in Richtung Montamar. Er konnte nicht abschätzen, ob sie sich der Insel überhaupt näherten, aber er konnte deutlich erkennen, dass sie immer weiter nach rechts abtrieben.

»Wir müssen nach links gegensteuern«, rief er seinem Vater zu.

Wilhelm Münsterbach nickte.

Sie paddelten, was ihre Kräfte hergaben. Alle paar Minuten wechselten sie die Seiten. Und tatsächlich schienen sie eine Weile lang auf einer Höhe mit Montamar zu bleiben. Aber vielleicht, dachte Nick, ist das auch alles, vielleicht paddelten sie einfach nur auf der Stelle. Und selbst, wenn er es sich nicht eingestehen wollte: Langsam, aber sicher ließen ihre Kräfte nach. Vor allem die seines Vaters, der sich von Zeit zu Zeit aufrichten musste, um seinen Rücken durchzustrecken.

Auch Nick konnte vor Kälte und Schmerzen seine Arme kaum mehr spüren und seine Knie waren vom Hin- und Herrutschen auf den feuchten Bodenplanken wund geschürft. Aber er durfte jetzt nicht aufgeben. Im Gegenteil: Da die Kräfte seines Vater nachließen, musste er die Frequenz seiner Armschläge noch erhöhen, wenn sie nicht weiter abdriften wollten. Ein Blick nach vorn auf Montamar bestätigte Nicks Befürchtung erneut: Sie waren bereits wieder ein ganzes Stück nach rechts abgetrieben.

Nick paddelte, so schnell er konnte. Er spürte, wie ihm vor Anstrengung langsam schwindelig wurde. Aber er machte weiter. Schlag um Schlag setzte er ins Wasser, auch wenn die Schmerzen mit jeder Bewegung schlimmer wurden. Er fing an, die Schläge mitzuzählen. Irgendwie lenkte ihn das ein wenig ab. Auf einmal jedoch begannen die Bootsplanken vor seinen Augen zu verschwimmen. Kurz darauf hörte er ein seltsames Klingeln in den Ohren. Er hob den Kopf und sah, dass sich sein Vater zu ihm umgedreht hatte, ihm eine Hand entgegenstreckte und ihn mit aufgerissenen Augen anschaute. Er schien mit ihm zu sprechen, doch außer dem Klingeln konnte Nick nichts hören.

Er wollte die Hand ergreifen, doch plötzlich sah er sie nicht mehr.

Ihm wurde schwarz vor Augen.

Ungewisser Ausgang

Nick hatte keine Ahnung, wo er war. Er spürte, dass er auf einem harten Untergrund lag, der zu schaukeln schien. Er hörte das Plätschern von Wellen und den pfeifenden Wind. Langsam schlug er die Augen auf und blickte direkt in den Nachthimmel. Und dann in das Gesicht seines Vaters.

»Er ist aufgewacht«, sagte dieser, beugte sich zu ihm herab und legte ihm eine Hand an die Wange.

»Das ist gut, genau rechtzeitig!«, antwortete eine Stimme, die Nick bekannt vorkam. Doch er konnte sie im Moment nicht zuordnen und er konnte auch niemanden sehen, dem sie gehörte.

»Wie geht es dir, Nick?«, fragte sein Vater.

Nick versuchte, sich aufzusetzen, doch ihm wurde sofort wieder schwindelig. »Ganz gut, glaube ich. Ich kann bestimmt gleich wieder weitermachen.«

»Das ist nicht nötig«, sagte sein Vater lachend, offensichtlich sehr erleichtert, dass Nick wieder bei Bewusstsein war. »Wir sind gleich auf Montamar.«

Nick runzelte die Stirn. »Gleich? Wieso ... ? Wer ...?«

»Na, ich natürlich, Schlappnase!«, polterte die Stimme.

Schlagartig war Nick klar, wem sie gehörte.

»Wer denn wohl sonst?«, fuhr Bogomir fort. »Ich habe meine Ärmchen ganz lang und meine Händchen ganz groß gemacht, und so kann ich prima rudern.«

Nick sah seinen Vater verständnislos an. »Aber wie kommt Bogomir ...?«

»Später, mein Sohn. Ruh dich erst mal etwas aus!«

»Muss ich mir merken. Ist ein großartiger Ausgleichssport!«

Während Wilhelm Münsterbach losgeeilt war, um eine Tragesänfte zu holen, war Bogomir bei Nick geblieben, der inzwischen schon wieder stehen konnte, ohne alles doppelt zu sehen. Aber sein Vater hatte dennoch darauf bestanden, dass sie sich jetzt nicht noch mehr verausgabten und den Berg hinaufkletterten.

»Ein kluger Mann, dein alter Herr«, sagte Bogomir, der neben Nick auf dem Bootssteg saß. »Und ein guter Charakter. Hat man selten.«

»Ja?«, fragte Nick.

»Mann, du hast ja keine Ahnung, was für Typen ich in meinem Job schon befreien musste! Da denk ich manchmal: Wär besser für die Welt gewesen, ich hätt den nicht befreit! Aber bei deinem Vater? Eine Ehre, Mann, eine Ehre!«

Es war seltsam zu erleben, wie jemand einen so anderen Eindruck von WM haben konnte als Nick selbst. Aber sein Vater schien sich auch irgendwie verändert zu haben. Er kam Nick menschlicher vor, näher.

»So!«, riss ihn Bogomir aus seinen Gedanken. »Komm mit, Fallobst! Da ist die Sänfte.«

»Du warst nachlässig, Bogomir!« Nick grinste in die Richtung, aus der Bogomirs Stimme ertönt war. »›Fallobst‹ hast du schon mal zu mir gesagt.«

»Weiß ich, Zitteraal! Wollte nur testen, ob dein Kopf wieder ganz klar ist.«

Nick war noch nie in einer Sänfte getragen worden. Die Reise war ziemlich holperig und sie kamen nicht gerade schnell voran, aber alles war besser, als jetzt auch nur noch einen Schritt gehen zu müssen.

»Mensch«, schimpfte einer der Träger, »die beiden sahen doch gar nicht so schwer aus. Wie können die denn so viel wiegen?«

»Hab ich mich auch gerade gefragt«, ächzte sein Hintermann.

Nick und sein Vater grinsten sich an, und Bogomir, der neben Nick saß, entfuhr ein leises Kichern.

Die Sänfte hielt schließlich vor Münsterbachs Haus.

Nick, der hinter seinem Vater ausstieg, sah, wie die Träger sie kopfschüttelnd musterten.

»Na«, lächelte WM, als diese sich wieder auf den Weg gemacht hatten, »das Rätsel werden sie wohl nicht so schnell lösen.« Dann blickte er auf das Haus und legte eine Hand auf Nicks Schulter. »Ist das schön, wieder hier zu sein«, flüsterte er. »Du ahnst nicht, wie schön. Und du kannst dir nicht vorstellen, wie dankbar ich dir bin, mein Sohn!«

Nick hatte den Eindruck, dass sein Vater den Tränen nahe war, und er musste selbst schlucken, als er sich vorstellte, wie furchtbar es gewesen sein musste – für seinen Vater und auch für Robyn – so lange gefangen gehalten zu werden, so lange in Angst zu leben. Ihm selbst kam es ja vor, als seien Wochen vergangen, seitdem er das letzte Mal hier im Haus gewesen war. Dabei hatte er es erst an diesem Morgen verlassen.

Sein Vater öffnete die Tür und sie traten ein. Nick verspürte ein flaues Gefühl im Magen. Hoffentlich, dachte er, hoffentlich ist Robyn heil angekommen. Hoffentlich ist alles gut gegangen.

Unter der Tür zum Wohnzimmer schien ein schmaler Lichtstreifen hindurch. Doch es war kein Laut zu hören. Schliefen alle schon? Nick konnte es sich eigentlich nicht vorstellen.

Leise drückte sein Vater die Klinke hinunter und öffnete die Tür. Dahinter kam Stück für Stück das Wohnzimmer zum Vorschein: die uralte, geschnitzte Vitrine, der Kamin, das Gemälde eines Segelschiffs im Sturm, darunter die ausladende Kommode, der linke Teil des Sofas, ein Bein ... Und dann Tullia, Willibald Regeling und Levin. Alle drei starrten sie ungläubig an. In ihrer völligen Bewegungslosigkeit und mit ihren weit aufgerissenen Augen sahen sie so aus, als seien sie selbst Teil eines Gemäldes.

Dann sprang Tullia mit einem lauten Freudenschrei auf und fiel ihrem Vater in die Arme. Wieder glänzten dessen Augen verdächtig feucht. Tullia löste sich schließlich von ihm und drehte sich zu Nick um. Sie lachte und umarmte auch ihn. »Du hast es geschafft, Nick! Du hast es geschafft!«, rief sie unter Freudentränen.

Es dauerte Minuten, bis jeder jeden begrüßt hatte, nicht zuletzt, weil es für Tullia, Levin und den Zensor nicht ganz einfach war, Bogomir die Hand zu schütteln, die sie ja nicht sehen konnten.

Nick schaute sich suchend im Raum um. Eine schlimme Ahnung überfiel ihn. »Was ist mit Robyn?«, fragte er Tullia.

Sie warf Levin und dem Zensor einen kurzen Blick zu. Beide nickten, so als hätten sie vorher abgesprochen, was sie auf diese Frage antworten würden. »Er ist noch nicht da, Nick«, sagte Tullia, offenkundig bemüht, dabei möglichst unbekümmert zu klingen, was ihr jedoch nicht ganz gelang.

»Er kann aber auch noch gar nicht da sein, mein Junge«, fügte der Zensor mit ruhiger Stimme hinzu. »Allein das Vortragen des Buches dauert mehrere Stunden. Und das Backen wird ebenfalls einige Zeit in Anspruch nehmen. Und dann muss ihn Franko, wie du weißt, noch hierher rudern.«

Nick rechnete im Geiste nach. »Aber trotzdem«, sagte er und versuchte, regelmäßig zu atmen. »Er könnte durchaus schon hier sein.«

Levin nickte. »Ja, das könnte er. Aber die Schreiber des Grafen müssen alles, was Robyn sagt, erst aufschreiben. Und ich habe gehört, dass sie nicht die schnellsten sein sollen.«

In diesem Moment drückte jemand die Türklinke hinunter. Nick wandte sich klopfenden Herzens um. Im nächsten Augenblick jedoch ließ er niedergeschlagen den Kopf hängen. Es war nur Harietta, die da in ihrem violetten Morgenmantel stand. Als sie den Zensor Maximus sah, riss sie erschrocken die Augen auf, lief hochrot an und zog den Gürtel enger um sich. Dann blickte sie in die Runde. »Entschuldigen Sie bitte meinen Aufzug, Herr Zensor. Ich konnte ja nicht wissen, dass Sie noch da sind«, murmelte sie verwundert. »Und Herr Münsterbach! Wieso sind Sie …? Ich dachte, Sie sind vorhin abgereist nach … nach … hab ich vergessen. Aber Sie wollten doch verreisen, oder? Und Sie sind doch auch gegangen. Sie hatten einen Koffer in der Hand und …«

»Das stimmt ja auch«, fiel ihr Nick schnell ins Wort, der sofort begriffen hatte, dass der falsche WM offenbar an diesem Tag von seiner Aufgabe hier im Haus abgezogen worden war. »Aber dann hat sich plötzlich eine Änderung ergeben, nicht wahr, Vater?«

Wilhelm Münsterbach runzelte kurz die Stirn, schließlich verstand er. »Ja, das stimmt, Harietta. Eine Änderung. Ich bleibe nun doch hier.«

»Das ist schön«, nickte Harietta, sichtlich erleichtert. Noch einmal warf sie einen Blick in die Runde. »Also, ich weiß ja nicht, was es mit diesem Treffen auf sich hat. Meiner Ansicht nach gehören alle Anwesenden dringend ins Bett, aber vielleicht sollte ich eine kleine Stärkung zubereiten, hm?« Noch bevor irgendjemand protestieren konnte, war sie durch die Tür verschwunden.

»Was wird eigentlich jetzt mit dieser Doppelgängerfigur geschehen, falls sie noch aufzufinden ist?«, fragte WM.

»Es ist schon etwas geschehen«, antwortete der Zensor. »Meine Wachen haben sie vorhin vor dem Haus abgefangen und in Gewahrsam genommen. Ich wusste ja nicht, ob ihr …« Er blickte zu Boden. »Ohne sie hätten wir es viel schwerer gehabt, etwas zu beweisen, falls ihr …«, sagte er leise. Das Thema war ihm sichtlich unangenehm. »Aber es ist ja alles gut gegangen. Gott sei Dank! Jedenfalls werden wir sie vor Gericht als Zeugen und gleichzeitig als Beweis auftreten lassen.«

WM lächelte. »Das hast du ganz richtig gemacht.«

Tullia rutschte unruhig auf ihrem Stuhl hin und her. »Aber nun erzählt doch endlich, was passiert ist. Levin und ich sind vor Schreck beinahe von diesem dämlichen Turm gefallen, als wir Constance und Fabiano ohne euch zurückkommen sahen.«

»Ja«, nickte Levin, »und dann konnten sie uns noch nicht einmal mehr erzählen, als dass ihr die Wachen gefesselt habt. Ansonsten hat Constance nur sehr ausführlich ihre Verletzung beschrieben, und Fabiano hat über die Sache mit den

Wachen berichtet, als hätte er allein gegen eine ganze Armee gekämpft.«

Ein belustigtes Schnauben war vom Sofa her zu hören, auf dem Bogomir es sich gemütlich gemacht hatte.

Nick, sein Vater und Bogomir erzählten daraufhin abwechselnd, was geschehen war, nachdem Constance und Fabiano den Rückweg angetreten hatten. Nur unterbrochen von Harietta, die, inzwischen bekleidet und sogar ein wenig zurechtgemacht, ein riesiges Tablett mit Essen und Getränken hereinhievte und WMs Einladung zu bleiben mit einem vehementen Kopfschütteln ausschlug.

»Ja«, sagte Nick, »und dann fanden wir tatsächlich das Ruderboot. Wir haben noch mehrfach nach Bogomir gerufen, aber irgendwann mussten wir einfach weg von dort. Außerdem, dachten wir, hat Bogomir die beste Tarnung der Welt und wird sicher nicht gefangen genommen werden. Aber ich habe mir trotzdem Sorgen gemacht, dir könnte etwas passiert sein, Bogomir! Du warst so plötzlich weg!«

Alle blickten gespannt zum Sofa, wo gerade ein riesiges Stück Käse Bissen um Bissen kleiner wurde und sich schließlich ganz in Luft auflöste. »Na ja«, sagte Bogomir. »Nachdem ich dich diese Treppenrutsche hochgeschubst hatte, dachte ich: Mal nachsehen, ob Verfolger schon da! Und dann: Komisch! Die feindliche Truppe stationiert zwei Wachen, Planquadrat Dammende. Restliche Truppe aber weiter Klippenpfad entlang. Also noch mal gedacht: Komisch! Ich zwischen den Wachen durch und hinterher. Pfad noch etwa hundert Meter weiter geradeaus, dann um scharfe Biegung nach rechts. Und was seh ich? Eine Bucht seh ich! Felsen seh ich! Großartiger Sichtschutz! Und in der Bucht? Na? Na? Ja, genau! Ein Segelschiff, groß! Ich denke: Au Backe! Falle! Dann ich rauf aufs Schiff. Hab beim Segelsetzen zugesehen. Langweilig! Trotzdem gedacht: Lasst euch Zeit, Jungs! Vielleicht schaffen es Nick und Objekt wegzurudern. Dann wurde abgelegt. Ich sofort gemerkt: Mist! Schnell, der Kahn! Bin zum Grafen und dem Buckelzensor geschlichen. Unterhaltung mitgehört. Miese Typen das, Mann, Mann, Mann! Buckeldings will Löcher in euer Boot schlagen lassen. ›Sicherer!‹, sagt er. Aber Graf will's nach Unfall aussehen lassen. Buckeltyp sauer, stimmt aber zu. Ich angewidert. Will reinschlagen. Aber nicht gemacht. Unauffälliger! Halte Ausschau. Da kommt ihr! Mist, Mann! So, erzähl du weiter, Bartstoppel, muss erst essen!« Ein Stück Braten schwebte vom Tablett zum Sofa und wurde dort in rasender Geschwindigkeit kleiner.

Nick berichtete, was seinem Vater und ihm widerfahren war, als das große Segelschiff neben ihnen aufgetaucht war. Doch bei der Erinnerung an den Grafen und Zensor Bucklinger und bei der Vorstellung, was sie Robyn womöglich anzutun bereit waren, wurde ihm beinahe übel, und er konnte nicht weitersprechen. Was, wenn sie herausfänden – oder schon herausgefunden hatten –, dass Robyn sie zu hintergehen versuchte? Was würde dann mit ihm geschehen?

»Er wird wiederkommen, ganz bestimmt!«, flüsterte ihm sein Vater zu und lächelte ihn aufmunternd an. »Und auf einmal«, übernahm WM das Wort, »haben die Verbrecher drei schwarze Gestalten auf unser Boot herabgelassen. Sie zerbrachen unsere Ruder und warfen sie ins Meer.«

»Abscheulich! Das ist abscheulich!« Der Zensor Maximus war bleich vor Entsetzen. »Das ist eindeutig ein Mordversuch. Dafür kommen sie auf Ewigkeiten nicht aus dem Gefängnis heraus. Das schwöre ich!«

WM nickte mit finsterer Miene. »Das will ich hoffen. Wie beide es genossen haben, mich zu bedrohen und einzusperren, war schon schlimm genug. Aber diese diebische Freude, als sie uns ohne Ruder zurückließen, das war abstoßend. Entmenschlicht. Gnadenlos!«

»Aber Gott sei Dank hattet ihr ja Bogomir!«, sagte Tullia.

»Nee«, erklärte ein voller Mund vom Sofa her. »Hatten sie noch nicht. Ich direkt nach den Vermummungskünstlern da das Seil runter. Und was ist? Ruder vorn Kopf ist! Hat mich glatt umgehauen. Sofort. Totalschaden! Aber zum Glück nicht aus dem Boot gefallen. Erst mal bewusstlos, klar! In Zwischenzeit haben die beiden gepaddelt, mit bloßen Armen. Ich irgendwann aufgewacht. Sehe: Nick ist ohnmächtig, Vater schwer besorgt und auch fast ohnmächtig. Montamar weit weg. Ich also gehandelt: die Arme lang, die Hände groß und auf ging's. Gar nicht einfach, Mann! Starke Strömung. Kompliment, Kameraden! Ohne euch wär'n wir längst auf offener See gewesen. Kompliment, Mann! Klar?«

Einige Sekunden lang herrschte Schweigen, während alle ihren Gedanken nachhingen.

»Oh Mann«, sagte Tullia, »und wir saßen die ganze Zeit auf diesem blöden Turm fest!«

»Ja«, sagte der Zensor. »Das war ein schlauer Schachzug vom Grafen, euch aus dem Verkehr zu ziehen, damit ihr nicht merkt, dass Nick nicht der echte Nick ist.«

Levin schüttelte niedergeschlagen den Kopf. »Wenn Tullia und ich dabei gewesen wären, wären wir viel mehr Ruderer gewesen. Dann wären Nick und Sie, Herr Münsterbach, erst gar nicht in diese Gefahr geraten und ...«

»Das fürchte ich doch«, unterbrach ihn der Zensor. »Die Gefahr wäre wahrscheinlich noch viel größer gewesen. Vermutlich hätten der Graf und Bucklinger das Boot dann tatsächlich leckgeschlagen. Glaubt mir: Es war sicher besser so. Jetzt muss nur noch Robyn zurückkehren und dann hat alles ein gutes Ende genommen.«

WM schaute seinen Freund verständnislos an. »Na ja, nicht so ganz, oder? Das *Buch der elf Wächter* ist schließlich auch verloren.«

»Nun«, hob der Zensor an. »Wir ...«

In diesem Augenblick öffnete sich auf einmal die Tür. Alle wandten sich erwartungsvoll um. Nick stockte der Atem. Dann jedoch, als er sah, wer dort im Türrahmen stand, schossen ihm vor lauter Enttäuschung die Tränen in die Augen.

Es war Franko. Er machte den Eindruck, als könne er sich vor Übermüdung kaum mehr auf den Beinen halten.

»Franko!« Levin sprang auf. »Was ist passiert? Wo ist ...?«

Franko drehte sich um. »Sie sind alle hier!«, sagte er laut.

Nick hörte eilige Schritte über den Flur laufen, und dann …
dann erschien Robyn neben Franko im Türrahmen.

»Robyn!« Nick sprang auf. Er rannte auf ihn zu und schloss
ihn zum zweiten Mal an diesem Tag in eine feste Umarmung.
Die Tränen rannen ihm über das Gesicht, aber nun waren es
Tränen der Freude und der Erschöpfung und Erleichterung.

Und auch Robyn begann zu schluchzen, jetzt, da endlich
alles vorbei war. Kurz darauf wurde Nick unsanft von Tullia
zur Seite gedrängt, die Robyn ebenfalls umarmte. WM und
Levin taten es ihr gleich.

Franko ließ sich mit letzter Kraft in einen Sessel fallen. »Alles
gelaufen wie geplant«, sagte er. Dann zog sich ein schwaches
Lächeln über sein Gesicht. »Robyns Wächter übergeben sich
wahrscheinlich immer noch.«

»Nein, tun sie nicht«, sagte Robyn. »Ich habe das ganz gering
dosiert. Die beiden waren immer nett zu mir, und ich wollte
wirklich nicht, dass …«

»Schon gut, schon gut«, lachte Franko. »Weiß ich doch.«

Schließlich trat auch der Zensor an Robyn heran.

»Danke, Robyn«, sagte er, »in meinem Namen und im Namen
von ganz Montamar: danke! Für alles, was du getan, und alles,
was du ertragen hast. Ohne dich wären wir jetzt vermutlich
nicht vollzählig hier beieinander. Und ohne dich wäre das *Buch
der elf Wächter* nicht mehr in Sicherheit.«

»Wieso?« WM blickte verwirrt zwischen dem Zensor und
Robyn hin und her. Dann sah er Nick an. »Der Graf hat doch
gesagt, dass Robyn das Buch preisgegeben hat.«

Nick lächelte. »Ja, aber er hat auch gesagt, dass Robyn versucht hat, einen Zettel zu essen.«

Nun schaute WM seinen Sohn an, als habe dieser endgültig den Verstand verloren. Alle anderen fingen lauthals an zu lachen.

»Keine Sorge, Vater«, grinste Nick, »mir geht es gut. Es ist alles ganz einfach zu erklären. Robyn sollte diesen Zettel essen, um dadurch seine Glaubwürdigkeit zu erhöhen. Ich hatte ihn darum gebeten. Genauso, wie ich ihn zuvor noch um etwas anderes gebeten hatte, als ich ihn dank Frankos Hilfe endlich gefunden hatte.« Er drehte sich zu Franko um, doch dieser war inzwischen in seinem Sessel eingeschlafen.

WM schüttelte den Kopf. »Ihr habt ausgerechnet den Sohn des Grafen mit eingeweiht?«

Tullia erklärte ihm daraufhin kurz, wie es zu Frankos Mitarbeit gekommen war.

»Meine Güte«, sagte WM leise, »dass dieser Verbrecher sogar mit seiner eigenen Frau und seinem Stiefsohn auf solche Weise umgeht! Was für ein Mensch ist das bloß?«

Nick musste schlucken. Sein Vater war nie auch nur ansatzweise so gemein zu ihm gewesen wie der Graf zu Franko, aber es war dennoch ein komisches Gefühl, ausgerechnet ihn so etwas sagen zu hören.

»Ich verstehe das alles noch immer nicht ganz«, sagte WM. Er wandte sich Robyn zu. »Wenn du doch offenkundig das Buch an diese … diese Unmenschen weitergegeben hast, wieso ist es dann dennoch in Sicherheit?«

Robyn lächelte. »Ganz einfach: Weil Nick mir für das Vortragen des Buches sehr klare Anweisungen gegeben hat.«

»Anweisungen?« WM blickte von Robyn zu Nick. »Was für Anweisungen?«

»Nun«, sagte Nick, »Robyn sollte beim Vortragen des *Buches der elf Wächter* pro Seite mehrere Sätze auslassen und in jedem der übrigen Sätze mindestens ein wichtiges Wort weglassen, austauschen oder hinzufügen. Vor allem Zahlen sollte er in jedem Fall ändern.«

»So«, erklärte der Zensor Maximus, »können sie vor allem mit dem Kapitel über die Konstruktion eines Figurisierungsapparates, das dem Grafen so wichtig ist, überhaupt nichts anfangen. Dieses Kapitel wimmelt nur so von Zahlen. Und die sind jetzt alle falsch.«

»Raffiniert«, nickte WM anerkennend. »Das ist äußerst raffiniert. Das heißt also«, fügte er nach einigen Sekunden des Nachdenkens hinzu, »dass die beiden der Überzeugung sind, sie hätten das *Buch der elf Wächter* in ihrem Besitz, und nicht ahnen, dass sie damit gar nichts anfangen können.«

»Richtig.« Der Zensor Maximus nickte. »Ebenso, wie sie sicherlich glauben, dass ihr zwei keine Gefahr mehr für sie darstellt. Sie denken, sie haben auf ganzer Linie gewonnen.« Er lächelte breit. »Die werden sich wundern! Und wie sie sich wundern werden!«

»Was genau hast du vor?« WM blickte seinen Freund an.

»Ich werde die beiden noch in dieser Nacht festnehmen lassen. Damit werden sie nicht rechnen.« Willibald Regeling

577

strahlte vor Freude über das ganze Gesicht. »Sie wissen ja nicht, dass ich an allen Planungen beteiligt war. Sie gehen davon aus, dass ich keine Ahnung habe, wer hinter all dem steckt. Aber vermutlich werden sie sich auch dann noch in Sicherheit wiegen, wenn sie die Erfahrung gemacht haben, wie sich Handschellen anfühlen. Wahrscheinlich werden sie sogar versuchen, mir zu drohen.« Sein Gesicht wurde plötzlich wieder ganz ernst. »Aber wartet mal ab, bis ich ihnen meine Beweise und meine Zeugen vorgestellt und ihnen deutlich gemacht habe, dass sie eine sehr, sehr lange Zeit im Gefängnis von Alcatar zubringen werden!«

WM nickte zufrieden. »Dann ist diese ganze leidige Geschichte endlich vorbei.«

Der Zensor lächelte in die Runde. »Ja, das ist sie.«

»Uuuuuaaah«, gähnte es in diesem Moment vom Sofa her, auf dem es seit einiger Zeit verdächtig still gewesen war.

Robyn drehte sich erschrocken um.

»Keine Sorge«, grinste Nick ihn an. »Das ist nur Bogomir.«

»Was genau meinst du mit ›nur‹, Brombeerstrauch?«

»Damit meine ich, dass du keine Gefahr für uns darstellst.«

»Hast du 'ne Ahnung, was ich für Gefahren darstelle, wenn du deine Wortwahl nicht in den Griff kriegst, klar?«

Robyn fing laut an zu lachen.

»Das ist nicht witzig!«, donnerte es sofort vom Sofa her. »Und als Rekrut hat man schon mal gar nicht zu lachen, klar?«

»Als Rekrut?« Robyn sah Nick verwundert an.

»Ja, Mann, als Rekrut! Du gehörst in unsere Spezialtruppe! Perfekter Einsatz heute, Glanzleistung, klar? Hut ab, Mann! Nehm dich morgen mit zum Spezialtruppenchef. Wird begeistert sein. Verkürzte Probezeit, jede Wette. Mann! Klar?«

»Äh, nein.«

»Nein?«

»Nein.«

»Warum?«

»Dieser ›Einsatz‹ hat mir vollkommen gereicht.« Robyn schüttelte den Kopf. »So etwas muss ich nicht noch einmal erleben. Ich möchte jetzt einfach nur hierbleiben und in Ruhe backen. Sonst nichts. Aber vielen Dank für das Angebot.«

Ja, es war letztlich tatsächlich alles gut gegangen, dachte Nick, als er einige Zeit später in seinem Bett lag und sich, obwohl er so müde war, dass er kaum mehr klar denken konnte, die Ereignisse dieses denkwürdigen Tages noch einmal durch den Kopf gehen ließ. Kurz bevor sie zu Bett gegangen waren, hatte sein Vater ihn noch mal zur Seite genommen und ihn fest an sich gedrückt »Danke!«, hatte er gesagt. »Danke, mein Sohn.«

Anschließend war Nick in Robyns Zimmer hinaufgeschlichen und hatte leise seine Tür geöffnet, um sich zu vergewissern, dass es seiner Figur auch wirklich gut ging. Mit einem Lächeln hatte er wahrgenommen, dass dieser tief und fest schlief, ein geöffnetes Backbuch neben sich auf dem Kopfkissen. Nick war auf Zehenspitzen zum Bett getapst, hatte vorsichtig das Buch fortgenommen und es auf den Nachttisch gelegt.

Auf Augenhöhe

Als Nick aufwachte, war es heller Tag. Er blickte auf seinen Wecker. Zu seinem Erstaunen standen die Zeiger auf Viertel nach drei. Es war also schon Nachmittag. Bald würde es wieder dunkel werden. Er konnte sich nicht erinnern, dass man ihn jemals so lange hatte schlafen lassen. Gerade wollte er die Bettdecke zurückschlagen und aufstehen, als sich die Tür öffnete und sein Vater um die Ecke schaute.

»Guten Tag, Langschläfer«, sagte er sanft. Er wandte sich zum Flur hin um und sagte: »Er ist jetzt wach, Harietta!« Dann trat er in Nicks Zimmer und schloss die Tür hinter sich. Warmherzig lächelnd setzte er sich auf Nicks Bett. Er sah bereits viel besser und frischer aus als in der vergangenen Nacht, in der sein Gesicht vor Anstrengung und Erschöpfung bleich und so knittrig wie Pergament gewesen war.

»Zeit aufzustehen, junger Mann!«, sagte er gut gelaunt. »Robyn hat inzwischen schon einige Torten und Brote gebacken.«

Nick richtete sich erschrocken auf. »Gebacken?« Er starrte seinen Vater an. »Und … und Harietta?«

WMs Lächeln wurde noch breiter. »Harietta hat ihm geholfen. Sie hat ihn richtig vermisst, glaube ich. Nicht, dass sie das je zugeben würde.«

Nick atmete auf.

»Ich habe sie heute Vormittag in das Wichtigste eingeweiht«, sagte sein Vater, mit einem Schlag wieder sehr ernst. »Sie war natürlich furchtbar entsetzt und aufgewühlt, aber ich denke, es war dennoch am besten so. Sie sagte – und dabei schien sie beinahe erleichtert –, dies erkläre einiges, über das sie sich bisweilen sehr gewundert habe.« Er holte tief Luft. »Das für mich Wichtigste aber, Nick, ist das, was ich dir jetzt sagen möchte.«

Nick starrte seinen Vater an. Hatte er gerade richtig gehört? Sein Vater hatte ihn noch nie zuvor »Nick« genannt.

»Ich möchte dir noch einmal von ganzem Herzen danken«, begann er. »Für alles, was du getan hast, und dafür, dass du nie aufgegeben hast.« Er lächelte genauso, wie er sonst immer nur Tullia angelächelt hatte.

»Willibald war vorhin hier. Wir haben sehr lange geredet, und er hat mir alles erzählt, was seit meiner Entführung geschehen ist. Ihr alle habt wirklich äußerst klug und mutig gehandelt, allen voran du!« WM starrte auf seine Fingernägel. Dann räusperte er sich. »Warum …?«

In dem Moment klopfte es. Ohne eine Antwort abzuwarten, öffnete Harietta die Tür. Sie stemmte ein riesiges Tablett voll mit süßem Brot, Obst, Pasteten, Saft und heißer Schokolade und stellte es auf den Tisch neben Nicks Bett. Dann kniff sie Nick in die Wange und ging hinaus.

»Danke, Harietta!«, riefen Nick und WM ihr wie aus einem Mund hinterher.

WM schenkte Nick einen Becher Schokolade ein. Dann schaute er wieder auf seine Finger. »Was ich dich fragen …«

»Kann ich bitte zuerst eine Frage stellen?« Nick sah, dass dies seinem Vater nicht lieb war, aber er konnte sich nicht zurückhalten. Er musste einfach wissen, was inzwischen geschehen war. »Was ist mit dem Grafen und dem Zensor?«

»Ach, natürlich!«, sagte sein Vater und schüttelte den Kopf. »Das kannst du ja noch gar nicht wissen. Nun, sie wurden beide in der Nacht festgenommen. Sie waren vollkommen überrascht, genau wie Willibald es vorhergesagt hat. Ihnen ist offensichtlich sämtliche Farbe aus dem Gesicht gewichen, als sie erfuhren, dass es uns beiden blendend geht. Willibald hat zusammen mit dem Präfectus Maximus der Inselwache die Verhöre geleitet. Und du wirst es nicht glauben, Nick, aber Zensor Bucklinger wollte ihn doch tatsächlich erpressen. Er sagte, er werde es öffentlich machen, dass das *Buch der elf Wächter* durch die Schuld des Zensor Maximus nicht mehr geheim und in Sicherheit ist. Als Beweis wollte er einige ausgewählte Auszüge aus dem Buch vervielfältigen lassen und in Umlauf bringen, damit jeder erfährt, dass der oberste Zensor sein Amt nachlässig ausgeübt hat. Es sei denn, sagte Bucklinger, er werde wieder freigelassen.«

»Nur er?«, entfuhr es Nick. »Nicht auch der Graf?«

»Nein«, lächelte WM. »Den wollte er fallen lassen wie eine heiße Kartoffel, um seine eigene Haut zu retten.«

»Was für ein mieser Doppelverräter!« Nick schüttelte den Kopf. »Und dann?«

WM zog amüsiert die Augenbraue hoch. »Dann ist dem armen Bucklinger gleich noch einmal die ganze Farbe aus dem Gesicht gewichen, als er erfuhr, dass der Graf und er getäuscht worden sind und nur über eine sehr fehlerhafte Version des Buches verfügen. Willibald hat ihn sogar glauben lassen, dass Robyn von Anfang an nur diese fehlerhafte Version auswendig gelernt hat, sozusagen als geplante Falle des Zensor Maximus.« WM trank einen Schluck Saft und griff zu einer Pastete. »Der Präfectus Maximus schätzt, dass die beiden mindestens zwanzig Jahre hinter Gittern bleiben werden: wegen Entführung, Mordversuchs und Staatsverrats. Tja«, sagte er grinsend, »die sehen wir wohl so bald nicht wieder!«

»Ich glaube, damit kann ich leben.« Nick musste jetzt auch grinsen.

»Sag mal«, fügte er nach kurzem Nachdenken hinzu, »hattest du eigentlich etwas damit zu tun, dass Tullia und ich von deinem Doppelgänger Geschenke bekommen haben, die wir schon hatten?«

Sein Vater nickte. »Der Graf hat mich gezwungen, ihm etwas zu nennen, das ihr euch schon lange wünscht, und ich dachte, dies ist die Gelegenheit, euch misstrauisch zu machen. Ich wusste ja nicht, wie gut dieser ... also ... wie gut mein Doppelgänger gelungen war und ob ihr ihn schon entlarvt hattet. Natürlich«, fügte er mit einem Lächeln an, das Nick irgendwie bitter vorkam, »wäre es ganz egal gewesen. Die Tatsache, dass *ich* überhaupt Geschenke mitbringe, hätte euch vermutlich schon misstrauisch genug gemacht.«

Nick wusste nicht recht, was er darauf sagen sollte. Zu selten hatten er und sein Vater so wie jetzt miteinander gesprochen. Er wollte diese Stimmung nicht zerstören.

Eine Weile befassten sich beide mit Hariettas Spezialitäten und jeder hing seinen Gedanken nach.

»Du wolltest mich vorhin doch etwas fragen«, fiel es Nick auf einmal wieder ein.

»Ja«, sagte WM leise. »Das will ich auch immer noch.« Er holte tief Luft. Es schien Nick, als müsse er sich Mut machen. »Warum hast du ein so großes Risiko auf dich genommen, um mich zu befreien?«

Nick runzelte die Stirn. Er verstand die Frage nicht recht. »Weil du .. weil ... Ich musste doch versuchen, dich da herauszuholen. Du bist mein Vater!«

»Ja«, flüsterte WM, »ja, das bin ich.« Er wandte den Kopf ab und blickte zum Fenster hinaus, aber Nick hatte bemerkt, dass seine Augen vor Tränen schwammen. Er sah seinen Vater blinzeln, um weitere Tränen zurückzuhalten. Verlegen griff Nick nach einem Stück Kuchen, obwohl er gar keinen Hunger mehr hatte.

Es dauerte ein paar Minuten, bis sich sein Vater schließlich räusperte. »Ich habe in diesen schlimmen Tagen sehr viel Zeit zum Nachdenken gehabt, Nick. Und ich habe begriffen, welch großes Unrecht ich dir in all den Jahren angetan habe. Mir ist bewusst geworden, dass es vor allem meine, nicht deine Schuld war, wie schlecht unser Verhältnis geworden ist.« Er atmete tief ein und aus, den Blick noch immer aus dem Fenster gerichtet. Schließlich begann er zu erzählen. »Eure Mutter hat, wie du weißt, schon vor eurer Geburt mit Feuereifer an Grabungen in Ägypten teilgenommen. Das war ihre Bestimmung als Archäologin, so sagte sie immer. Doch sie hat keine Sekunde gezögert und bereits Monate vor Tullias Geburt ihren Beruf aufgegeben, um sich nur um sie und später auch um dich kümmern zu können. Sie hat dies mit Selbstverständlichkeit getan und mit viel Liebe. Das heißt jedoch nicht, dass ihre Liebe zu ihrem Beruf erloschen wäre. Und so fand sie, als auch du in die Schule kamst, Arbeit in unserem Museum, wo sie in einem staubigen Raum Puzzlesteine aus winzigen Fundstücken zusammenfügte. Aber deine Mutter ist Jäger, nicht Sammler. Eines Tages bekam sie ein grandioses Angebot, die einmalige Gelegenheit, an der größten Grabung aller Zeiten teilzunehmen. Wir haben oft darüber gesprochen, deine Mutter und ich, ich habe sie gedrängt und sie hat den Kopf geschüttelt. Sie wollte euch nicht alleinlassen. Es dauerte lange, sehr lange, bis ich sie endlich überzeugt hatte, dass sie gehen musste.«

»Aber warum?«, flüsterte Nick. »Warum wolltest du sie denn überhaupt überzeugen? Wolltest du sie nicht … Ich meine: Wolltest du denn, dass sie weg ist?«

»Nein!« Sein Vater wandte ihm abrupt den Kopf zu und lächelte ihn an. »Ganz im Gegenteil, mein Sohn. Ganz im Gegenteil! Aber ich sah, dass sie ohne ihre Grabungen nicht wirklich zufrieden sein konnte, egal wie glücklich sie mit uns war. Und vor allem sah ich, dass sie es sich selbst und vielleicht auch mir niemals verziehen hätte, wenn sie dieses Angebot abgelehnt hätte. Ihr wart schließlich aus dem Gröbsten heraus, und ich hatte keinerlei Zweifel, dass wir gut miteinander auskommen würden in der Zeit, in der eure Mutter fort war.« WM hatte den Blick inzwischen wieder aus dem Fenster gerichtet. Nun griff er, ohne hinzusehen, nach Nicks Hand und hielt sie ganz fest in seiner. »Wie sehr man sich doch täuschen kann.« Er schüttelte den Kopf. »Zu Beginn lief eigentlich alles ganz gut. Zumindest dachte ich das. Ich hatte viel zu tun mit dem Haushalt und all den Dingen, die es auf einmal zu regeln gab. Vor allem aber mit der Sorge um euch. Ich bemühte mich, die Zeit, die ich erübrigen konnte, nur euch zu widmen. Aber es war nicht so sehr viel Zeit übrig. Und zudem machtet ihr den Eindruck, ganz gut mit der Situation leben zu können. Tullia fand Halt in ihrer Bücherwelt, sie las und schrieb viel, und ich unterstützte sie dabei, wo ich nur konnte. Auch du warst damals ein eher stilles Kind und hast viel gelesen. Und du warst viel draußen. Du hast täglich Stunden damit zugebracht, im Garten nach Steinen zu suchen und sie auf kleine Haufen zu sortieren. Als eure Mutter nach zwei Monaten zum ersten Mal wieder nach Hause kam, war sie genauso beruhigt wie ich. Ihr freutet euch unbändig darüber, dass sie da war, und es war für uns alle eine wunderschöne Zeit, aber ihr schient es auch mit Fassung zu tragen, als sie abreisen musste.« Er seufzte und drückte wieder Nicks Hand. »Es war ein schleichender Prozess, wie man so schön sagt. Ich habe die Zeichen damals nicht richtig gelesen, habe nicht gesehen, dass es dir immer schlechter ging, du dich immer mehr von mir zurückzogst. Du musst zunehmend gelitten haben. Und ich habe es nicht wahrgenommen. Dabei wäre es so leicht gewesen: Wie du mit deinen Steinen spieltest. Ich habe nicht verstanden, dass du dir vorstelltest, du wärest bei deiner Mutter und grübest mit ihr gemeinsam Funde aus. Und so hat sich zwischen uns, ohne dass ich es merkte, eine Distanz aufgebaut, die wir irgendwann beide nicht mehr überbrücken konnten. Wir haben verlernt, miteinander zu sprechen, vermutlich, weil ich dir nie signalisiert habe, dass ich bereit war, dir zuzuhören.«

»Nein«, wandte Nick leise ein, »das war es nicht. Vor allem hast du mir das Gefühl gegeben, dass du Schwäche nicht ertragen kannst. Schon gar nicht von deinem Sohn.«

WM nahm sich die Brille von der Nase und rieb sich mit Daumen und Zeigefinger die Augen. »Ja, du hast wohl recht. Auch diesen Fehler habe ich gemacht. Wenn deine Mutter wieder für ein paar Wochen bei uns war, hast du für niemanden sonst Augen oder Ohren gehabt. Du warst wieder glücklich. Und das hat mich natürlich gefreut. Auf der anderen Seite aber …« Er seufzte und blickte auf seine Brille, die er zwischen zwei Fingern baumeln ließ. »Du hast eben etwas von Schwäche gesagt, die ich nicht ertragen kann. Nun, das Absurde ist, dass ich selbst natürlich, wie jeder andere Mensch auch, ebenfalls meine Schwächen habe. Sehr, sehr große sogar. Und ich war … ich war eifersüchtig, denke ich. Und wohl auch ärgerlich, auf euch beide. Deine Mutter war die ganze Zeit nicht da, alles blieb an mir hängen, und ich bemühte mich wirklich nach Kräften, aber als Dank erfuhr ich von dir nur Ablehnung und musste mit ansehen, wie du deine Mutter angebetet hast. Es schien nicht gerecht. Und es hat mich verletzt. Und so … ich fürchte, so habe ich die Distanz zwischen uns noch weiter vergrößert. Denn ich wusste nicht anders zu reagieren als mit Abstand. Und mit noch größerer Strenge, wenn du einen Fehler gemacht hattest.« Sein Vater schluckte, zog ein Taschentuch hervor und wischte sich über die Augen. »Du musst dir so furchtbar einsam vorgekommen sein.« Er schüttelte den Kopf.

Auch Nick musste sich zusammenreißen, um nicht in Tränen auszubrechen. Er erinnerte sich noch zu gut an alles. Daran, wie sehr er seine Mutter vermisste und wie sehr er sich gleichzeitig immer bemühte, sie dies nicht spüren zu lassen, damit sie nicht von ihm enttäuscht war; daran, wie sehr er sich einen Vater gewünscht hatte, der Zeit und Verständnis für ihn hatte.

»Es tut mir so unendlich leid, mein Sohn«, flüsterte sein Vater, als er wieder sprechen konnte. »Alles!«

Eine Weile lang saßen sie eng umarmt auf dem Bett. Schließlich hob WM den Kopf, löste sich aus Nicks Armen und sah ihm fest in die Augen. »Ich weiß kaum, wie ich dich darum bitten soll«, sagte er, »aber ich werde es trotzdem versuchen. Meinst du, wir könnten noch einmal ganz von vorne anfangen? Vater und Sohn, du und ich?«

Nick hatte erst im Laufe dieses Gesprächs gemerkt, wie sehr er sich das immer gewünscht hatte. Und als sein Vater ihm nun diese Frage stellte, konnte er nur nicken. Es fehlten ihm die richtigen Worte.

»Heißt das, du könntest mir verzeihen?«

»Ja, Vater.« Nick lächelte gerührt.

Sein Vater legte die Arme um ihn und drückte ihn noch einmal fest an sich. »Du wirst es mir vielleicht im Moment noch nicht glauben können, Nick, aber als ich in diesem Turm saß und über so vieles, vor allem über dich und mich nachdachte, da ist mir eines ganz deutlich geworden: Ich liebe dich, mein Sohn, von ganzem Herzen. Und in Zukunft werde ich alles dafür tun, dass du daran nie wieder zweifeln musst.«

Reisepläne

Zwei Tage später gingen die Münsterbachs, Constance und Robyn zur Bergbahnstation, um in die Burg hinauf zu einem Festbankett zu fahren, das Willibald Regeling zum Dank für den guten Ausgang der Ereignisse veranstaltete. Am Nachmittag war eine Menge Regen gefallen, der auf den Gassen riesige Pfützen hinterlassen hatte. Und Constance hatte wieder einmal die falschen Schuhe an. »Robyn«, rief sie, »du musst mir da uberall hinuberhelpen«, was dieser auch tatsächlich tat. Nick und Tullia tauschten ein breites Grinsen aus. Vermutlich hatte sich Constance absichtlich diese Schuhe angezogen.

An der Bergbahnstation warteten bereits Levin und Fabiano auf sie, und auch Bogomir war da – klar daraus zu schließen, dass ständig jemand an Nicks Haaren zog oder ihm in den Oberarm kniff.

Nick fühlte sich glücklich und wehmütig zugleich. Glücklich, weil alles ein gutes Ende genommen hatte. Wehmütig, weil seine Tage auf Montamar nun gezählt waren.

Nick spürte einen Kloß im Hals, als er daran dachte, dass er Levin bald eine sehr lange Zeit nicht sehen würde. Er mochte Montamar mit seinem bunten Treiben und den vielen steilen Gassen, Treppen und Winkeln, und Levin war zu einem sehr, sehr guten Freund geworden. So wie es Lucas zu Hause war.

Nach der letzten Schulstunde hatten Nick, Tullia, Levin, Franko, Kalle und Lina noch eine Weile im Konferenzraum IIb zusammengestanden.

»Ich wünschte, ihr würdet nicht wegfahren. Ihr gehört doch jetzt irgendwie hierher«, hatte Franko gesagt.

Und Lina hatte hinzugefügt: »Ihr werdet mir sehr fehlen. Es wäre so schön, wenn ihr bleiben könntet.«

»Ja«, hatte Levin gemurmelt und traurig aus dem Fenster geblickt.

»Ich würde auch am liebsten noch länger hierbleiben«, hatte Tullia gesagt und Nick fragend angesehen.

Nick hatte nicht recht gewusst, was er hatte sagen sollen. Einerseits freute er sich auf zu Hause und auf Lucas, und er wollte auf keinen Fall ganz von dort wegziehen, andererseits würde er Montamar und seine Freunde hier schrecklich vermissen. »Ja«, hatte er schließlich geantwortet. »Ich auch. Aber es wird wohl nicht anders gehen.«

Dann war Franko losgelaufen, um seiner Mutter dabei zu helfen, ihr neues Haus auf Montamar einzurichten, und auch die anderen hatten sich auf den Heimweg gemacht.

Es war ein seltsames Gefühl, dachte Nick, wieder in dieser Bergbahn zu fahren. Auch wenn er wusste, dass die ganze Geschichte schon viel früher begonnen hatte: Für ihn hatte sie hier, bei dieser Fahrt hinauf zum Zensoriat ihren Anfang genommen.

Mit einem Ruck hielt die Gondel an. Nick, der direkt neben der Tür stand, wollte als Erster aussteigen, doch eine Hand auf seiner Schulter hielt ihn zurück. »Bleibt bitte noch kurz hier!«, sagte WM zu Tullia und ihm. »Ich wollte euch gern noch etwas fragen, bevor wir feiern gehen.« Er sah Nick und Tullia ernst an und räusperte sich. »Also … was würdet ihr sagen, wenn ich euch fragte, ob wir … ob wir vielleicht in Zukunft noch mehr Zeit auf Montamar verbringen wollen? Ich könnte mir vorstellen, dass wir immer abwechselnd für ein paar Monate hier und zu Hause leben. Robyn und Constance könnten sich bis zu unserer Rückkehr um das Haus kümmern. Aber ich will euch damit nicht überfallen. Wir machen das nur, wenn auch ihr euch das …«

Mehr konnte er nicht sagen, denn in diesem Moment fielen ihm Nick und Tullia vor Freude um den Hals.